改訂版

図解と設例で
理解する！

外国税額控除
の仕組みと
実務上の留意点

［令和6年
補訂版］

山内克巳
著

第一法規

改訂版はしがき

　本書初版は，令和2年2月に刊行し発行後3年を経過しようとしています。

　この初版発行後，税制については，令和2年度からの3回の年度改正が行われ，それぞれの年度において外国税額控除制度についても種々の改正が行われていますが，その中でも特に注目すべき大きな改正は，令和2年度に創設され令和4年4月1日からその適用が始まっている「グループ通算制度」（新制度）と，これに伴う法人税申告書様式の大幅改正ということになります。この新制度の特色としては，「グループ内の各々の法人を納税単位とした個別申告方式を制度の前提とする一方で，企業グループの一体性にも着目し，課税所得金額や法人税額の計算に当たり，企業グループをあたかも一つの法人であるかのように捉えて損益通算等の調整を行う仕組みも導入して，企業グループ全体の申告納税に与える影響等にも配意したこれまでにない仕組みになっている」ということを挙げることができます。

　そして，この新制度を採用した場合の外国税額控除制度は，上述した「企業グループをあたかも一つの法人であるかのように捉えた仕組み」の一つとして制度設計がされており，控除限度額を通算グループ全体の要素を用いて算定する仕組みとなっています。また，この新制度においては，グループ内の一の法人に修正や更正の事由が生じた場合に，その修更正事由をグループ内の他の法人の課税所得金額や法人税額の計算に波及させないという遮断措置が導入されていますが，外国税額控除制度にもこの遮断措置が講じられています。

　このように，これまでの税制では例のない遮断措置という新たな仕組みが導入されたことに伴い，外国税額控除制度においても，国外所得金額や控除限度額の計算方法，進行年度における制度の適用方法等にもこれに連動した新たな仕組みが導入・整備され，結果的に，従来の連結納税制度下

における制度を大幅に改組したものとなっています。

　また，この新制度は，使い勝手が悪い等の指摘のあった連結納税制度について利便性の向上，簡素化等を図る観点から見直しが行われて創設された制度であることから，従来の連結納税制度を採用していたほとんどの企業グループは新制度へそのまま移行したと考えられているほか，これまで連結納税制度を採用していなかった企業グループであっても新制度を新たに採用するところが増加すると考えられています。そのため，この新制度を採用した場合の外国税額控除制度は，限られた企業グループのための特殊なものというよりも，広く周知しておくべき，あるいは承知しておくべき一般的な制度に変容しているといっても過言ではないと考えています。

　これらのことを踏まえ，今回の改訂においては，第5章に「グループ通算制度を選択した場合の外国税額控除」という新たな章を設けてその解説をするとともに，令和2年度以降の種々の税制改正に関する事項も織り込み，最新の法体系を基盤とした現行の法人税法等の法令に則した内容となるよう，大幅な改組及び整備をして改訂版として刊行をすることとした次第です。

　企業の経理担当者の方をはじめ法人税事務に携わる職業会計人の方には，この「改訂版」が前版にも増してお役に立つこととなれは幸いです。

　おわりに，今回の改訂版の出版においても，編集，校正等にご協力を頂き，適切な助言を頂いた第一法規株式会社の出版編集局の諸氏には心からお礼を申し上げます。

令和4年11月

山内　克巳

（注）　令和6年補訂版では，令和5年度及び令和6年度の税制改正に基づく解説の見直しと，申告書別表及び記載例の更新を行いました。

はしがき

　近年の我が国では，経済社会のグローバル化の進展等に伴い，海外投資所得や海外拠点に対する課税，海外の企業活動をめぐる課税等について国際課税という問題がクローズアップされるようになってきています。

　一口に国際課税といっても，BEPS（税源侵食と利益移転）プロジェクトの議論でもみられるように，その対象範囲には様々な分野が存在しています。本書においては，このような国際課税の分野のうち，利用頻度が高く最も馴染みのある国際的二重課税の排除措置である外国税額控除制度についての解説をしています。

　我が国の外国税額控除制度は，全ての国外源泉所得と全ての外国税額を一括通算（合算）して控除税額を計算する一括限度額方式を基本としていますが，この制度の中には，①実際納付外国税額の控除，②みなし納付外国税額の控除，③合算課税に伴う外国税額の控除という三つの形態があります。そして，これらの異なる形態の外国税額の控除は，それぞれが別個独立したものとして制度を構築しているのではなく，最終的な税額控除額の算定段階においては，それら全てを一つに合算して控除限度額の計算や申告書別表（計算明細書）の作成をする仕組みとなっています。

　このため，これらの控除形態は互いに密接に関連し，かつ，制度の計算構造は，精緻化されていて極めて技術的色彩の強いものとなっており，複雑でわかり難いとの印象や誤解を与える制度となっています。

　加えて，平成21年以後の制度改正により，①外国子会社の配当に対して，外国税額控除方式とは異なる「国外所得免税方式」が採用されたこと，②控除限度額の計算方式に，一部，所得種類別的な計算方式が採用されたこと，③二重課税の排除の新制度として，「分配時調整外国税相当額の控除制度」などが従来の外国税額控除制度とは別のものとして創設されたこと，等によって，より一層，外国税額控除制度に対する「難解」という印象や誤解が助長されている感は否めません。

しかしながら，この外国税額控除制度は，一見，複雑で難解であると思われるようなものではあっても，その本質や基本的な仕組みさえ理解すれば，制度の詳細な部分については，その制度の根底に流れる法則によって自ずから理解が進むものであるといえます。

　このため，本書においては，外国税額控除制度における主要項目について，この制度の全体像等の理解に資するよう，制度改正時の趣旨やその内容を含めて，この制度の基本的仕組みや理念をイメージ図を用いながら分かりやすく解説するよう配意しています。

　また，各項目の解説に当たっては，制度の詳細な構造等の理解に資するよう，例えば，「外国税額控除の3形態及び損金算入との選択」，「地方法人税及び地方税を含めた外国税額控除制度の概要」，「具体的な外国法人税の控除額の計算」といった大きな項目によって体系的に説明項目を区分（整理）した上で，この理論的・体系的な大枠の区分の中に概論部分と細分化した詳細な説明部分を設けて，概要部分の解説と詳細部分の解説とが二段階で確認できる構成とし，必要とする記述事項，理解を深めるための記述事項等が容易に検索，確認できるようにしています。

　本書は，このような構造を採ることによって，外国税額控除制度に関心をもっておられる初心者の方から既に実務を担当されている方までの幅広い方々の参考に供することができる内容になるよう配意しています。

　なお，内容につきましては私見として取り上げた部分もあり，また，紙面の都合上，十分に意を尽くせなかったところもありますが，お気付きの点等がありましたら，ご意見等をお寄せ頂ければ幸いです。

　また，本書の出版に当たり，編集，校正等を通じ労を惜しまずご協力を頂き，適切な助言を頂いた第一法規株式会社の出版編集局の諸氏には心からお礼を申し上げます。

令和2年1月

山内　克巳

図解と設例で理解する！
改訂版 外国税額控除の仕組みと
実務上の留意点［令和6年補訂版］

第1章　総則

1　国際的二重課税の排除措置（外国税額控除の意義）と我が国の
　　選択した制度の概要·· 3
　(1)　国際的二重課税の発生の態様と各種排除措置·················· 3
　(2)　各種排除措置のメリットとデメリット························ 4
　(3)　我が国の選択した排除措置（外国税額控除制度）の概要········ 7
2　我が国の外国税額控除制度の沿革······························ 10
　(1)　制度創設から昭和63年12月の抜本改正までの変遷·············· 10
　(2)　昭和63年12月の抜本改正···································· 14
　(3)　平成元年から平成25年までの主要な改正······················ 21
　(4)　平成26年度及び平成27年度における国外所得金額の計算方法
　　　等の改正·· 23
　(5)　その後の諸改正·· 30

第2章　内国法人における一般的な外国税額控除

1　外国税額控除の3形態及び損金算入との選択···················· 37
　(1)　外国税額控除制度の3形態·································· 37
　(2)　外国税額の損金算入との選択································ 39
2　地方法人税及び地方税を含めた外国税額控除制度の概要·········· 43
　(1)　地方法人税からの外国税額控除······························ 43
　(2)　地方税からの外国税額控除·································· 44
3　外国法人税の意義·· 47
　(1)　外国法人税の概要·· 47

i

(2) 外国法人税に含まれる税・・・・・・・・・・・・・・・・・・・・・・・・・・・・・・・・・・・・ 47

(3) 外国法人税に含まれない税・・・・・・・・・・・・・・・・・・・・・・・・・・・・・・・・・・ 48

(4) 外国法人税に関する該当性の判断・・・・・・・・・・・・・・・・・・・・・・・・・・・ 49

4 外国税額控除の適用及び控除の時期・・・・・・・・・・・・・・・・・・・・・・・ 51

(1) 外国税額控除の適用時期・・・・・・・・・・・・・・・・・・・・・・・・・・・・・・・・・・・ 51

(2) 外国税額控除の控除時期・・・・・・・・・・・・・・・・・・・・・・・・・・・・・・・・・・・ 54

5 控除対象外国法人税額の意義等・・・・・・・・・・・・・・・・・・・・・・・・・・・・ 56

(1) 控除対象外国法人税額の意義・・・・・・・・・・・・・・・・・・・・・・・・・・・・・・ 56

(2) 高率負担の外国法人税の額・・・・・・・・・・・・・・・・・・・・・・・・・・・・・・・・ 56

(3) 通常行われる取引と認められない取引に係る外国法人税の額・・・ 65

(4) 我が国において所得を構成しないものに対する外国法人税の
額・・・ 66

(5) その他の適用除外となる外国法人税の額・・・・・・・・・・・・・・・・・・・・ 69

6 控除限度額の計算方法・・・・・・・・・・・・・・・・・・・・・・・・・・・・・・・・・・・・ 72

(1) 控除限度額の意義とその概要・・・・・・・・・・・・・・・・・・・・・・・・・・・・・・ 72

(2) 各事業年度の所得に対する我が国の法人税額の意義等・・・・・・・・ 74

(3) 各事業年度の所得金額（全世界の所得金額）の意義等・・・・・・・・ 74

(4) 各事業年度の調整国外所得金額の意義等・・・・・・・・・・・・・・・・・・・・ 75

(5) 各事業年度の調整国外所得金額の計算・・・・・・・・・・・・・・・・・・・・・・ 78

① 国外源泉所得・・ 78

イ 国外源泉所得の範囲　78

(イ) 国外事業所等帰属所得　78

(ロ) 国外資産の運用・保有所得　87

(ハ) 国外資産の譲渡所得　87

(ニ) 人的役務の提供事業の対価　88

(ホ) 国外不動産等の貸付対価　89

(ヘ) 利子等　90

(ト) 配当等　91

(チ)　国外において業務を行う者に対する貸付金の利子等　91

　　(リ)　使用料等　92

　　(ヌ)　広告宣伝のための賞金等　93

　　(ル)　保険年金等　93

　　(ヲ)　給付補填金等　93

　　(ワ)　匿名組合契約等に基づく利益分配　94

　　(カ)　国際運輸業所得　94

　　(ヨ)　租税条約で課税が認められた所得　95

　　(タ)　その他の国外源泉所得　96

　ロ　国外事業所等帰属所得への該当性の優先関係　96

②　租税条約において異なる定めがある等の場合‥‥‥‥‥‥‥96

③　調整国外所得金額の計算‥‥‥‥‥‥‥‥‥‥‥‥‥‥‥‥‥97

　イ　国外所得金額の計算の概要　97

　ロ　国外事業所等帰属所得に係る所得金額の一般的な計算　99

　　(イ)　国外事業所等帰属所得に係る所得金額の意義　99

　　(ロ)　法人全体の計算に準じて計算する場合の留意点　99

　　(ハ)　国外事業所等が内部取引により取得した資産　100

　　(ニ)　共通費用の配分　100

　　(ホ)　引当金及び準備金　105

　　(ヘ)　寄附金, 交際費等の損金不算入額の計算　106

　　(ト)　国外事業所等帰属所得に係る所得金額の計算に関する
　　　　書類の添付等　106

　ハ　国外事業所等帰属所得に係る所得金額の特殊な計算　107

　　(イ)　国外事業所等に帰せられるべき資本の額に応じた負債
　　　　の利子の損金不算入（加算調整）　107

　　(ロ)　銀行等の負債性資本に係る利子の損金算入（減算調
　　　　整）　117

　　(ハ)　保険会社の国外事業所等に帰せられるべき投資資産に

係る収益の額の益金不算入（減算調整）　118

(二)　特定内部取引の国外事業所等帰属所得に係る所得金額
の計算　120

ニ　その他の国外源泉所得に係る所得金額の計算　122

ホ　損金不算入とされる控除対象外国法人税額の取扱い　123

ヘ　調整国外所得金額の算出　124

(6)　国外所得金額及び外国税額の為替換算・・・・・・・・・・・・・・・・・・・・・126

①　国外所得金額の基礎となる収支等の為替換算（円換算）・・・・・126

②　外国法人税額の為替換算（円換算）・・・・・・・・・・・・・・・・・・・131

7　具体的な外国法人税の控除額の計算・・・・・・・・・・・・・・・・・・・・133

(1)　外国法人税控除額の計算の原則・・・・・・・・・・・・・・・・・・・・・・・133

(2)　外国法人税額が増額された場合の計算・・・・・・・・・・・・・・・・・・133

(3)　外国法人税額が減額された場合の計算・・・・・・・・・・・・・・・・・・134

(4)　控除余裕額と控除限度超過額の繰越・・・・・・・・・・・・・・・・・・・139

①　制度の趣旨と概要・・・・・・・・・・・・・・・・・・・・・・・・・・・・・139

②　控除対象外国法人税額が外国税額控除限度額を超える場合
の具体的な計算・・・・・・・・・・・・・・・・・・・・・・・・・・・・・・142

③　控除対象外国法人税額が外国税額控除限度額に満たない場
合の具体的な計算・・・・・・・・・・・・・・・・・・・・・・・・・・・・145

(5)　適格組織再編成があった場合の控除余裕額及び控除限度超過
額の取扱い・・・・・・・・・・・・・・・・・・・・・・・・・・・・・・・・・・・147

①　適格合併を行った場合の合併法人における処理・・・・・・・・・・148

②　適格分割等を行った場合の処理・・・・・・・・・・・・・・・・・・・149

8　外国税額控除を選択した場合の外国税額の所得調整等・・・・・・・・・151

(1)　法人税額から控除する外国税額の損金不算入等・・・・・・・・・・・・151

(2)　合算課税に伴う外国税額控除の場合のみなし合算外国税額の
益金算入・・・・・・・・・・・・・・・・・・・・・・・・・・・・・・・・・・・・152

(3)　外国税額が減額された場合の益金不算入等・・・・・・・・・・・・・・153

目次

(4) 公益法人等又は人格のない社団等についての適用範囲・・・・・・・154

第3章 みなし納付外国税額控除制度 (Tax Sparing Credit)

1 みなし納付外国税額控除の意義・・・・・・・・・・・・・・・・・・・・・・・・・・・・・・157

2 みなし納付外国税額の計算・・・・・・・・・・・・・・・・・・・・・・・・・・・・・・・161

3 みなし納付外国税額控除が適用される場合の控除対象外国法人
税額の計算・・162

第4章 内国法人における外国税額控除の申告及び諸手続等

1 法人税法第69条第1項（原則控除）の適用手続等・・・・・・・・・・・・165

(1) 確定申告書等の提出及び明細書等の添付・・・・・・・・・・・・・・・・・165

(2) タックスレシート等の保存・・・・・・・・・・・・・・・・・・・・・・・・・・・・・165

2 法人税法第69条第2項又は第3項（繰越控除）の適用手続等・・・・167

(1) 確定申告書等への明細書等の添付・・・・・・・・・・・・・・・・・・・・・167

(2) タックスレシート等の保存・・・・・・・・・・・・・・・・・・・・・・・・・・・・・167

3 みなし納付外国税額控除の適用手続等・・・・・・・・・・・・・・・・・・・・・168

4 確定申告書等の添付書類・・・・・・・・・・・・・・・・・・・・・・・・・・・・・・・・・168

5 明細書, タックスレシート等以外の添付・保存書類 ・・・・・・・・・・・169

6 外国法人税額の控除の順序及び還付等・・・・・・・・・・・・・・・・・・・・・171

7 文書化・・・172

(1) 国外事業所等帰属外部取引に関する事項・・・・・・・・・・・・・・・・172

(2) 国外事業所等と本店等との間の内部取引に関する事項・・・・・・・174

第5章 グループ通算制度を選択した場合の外国税額控除

1 グループ通算制度の創設趣旨とその概要・・・・・・・・・・・・・・・・・・・179

2 グループ通算制度における外国税額控除限度額の算定（概要）・・・181

(1) 外国税額控除制度における控除限度額の算定の基本的な仕組
み（単体納税の場合の仕組み）・・・・・・・・・・・・・・・・・・・・・・・・・・181

v

(2) グループ通算制度における控除限度額算定の仕組みの概要‥‥183

3　グループ通算制度におけるその他の特殊性（概要）‥‥‥‥‥186

(1) 当初申告税額控除額の固定措置（遮断措置）‥‥‥‥‥‥‥186

(2) 当初申告税額控除額との差額に関する進行事業年度における
　　調整‥‥‥‥‥‥‥‥‥‥‥‥‥‥‥‥‥‥‥‥‥‥‥‥‥186

(3) 当初申告税額控除額等の固定解除措置‥‥‥‥‥‥‥‥‥‥187

4　グループ通算制度における特有な取扱い（各論）‥‥‥‥‥189

(1) 通算法人に係る外国税額控除の計算方法‥‥‥‥‥‥‥‥‥190

　　①　控除限度額の計算‥‥‥‥‥‥‥‥‥‥‥‥‥‥‥‥‥190

　　②　調整前控除限度額の計算‥‥‥‥‥‥‥‥‥‥‥‥‥‥190

　　③　控除限度調整額の計算‥‥‥‥‥‥‥‥‥‥‥‥‥‥‥191

　　④　当初申告における計算例‥‥‥‥‥‥‥‥‥‥‥‥‥‥191

　　⑤　申告書の記載例‥‥‥‥‥‥‥‥‥‥‥‥‥‥‥‥‥‥192

(2) 外国税額の控除額に変動が生じた場合の控除額の計算方法‥‥195

　　①　税額控除額の期限内申告額による固定‥‥‥‥‥‥‥‥195

　　②　過不足額の進行事業年度における調整‥‥‥‥‥‥‥‥196

　　③　外国税額の控除額に変動が生じた場合の計算例‥‥‥‥197

(3) 固定措置（遮断措置）の不適用‥‥‥‥‥‥‥‥‥‥‥‥‥200

　　①　当初申告税額控除額の固定解除措置‥‥‥‥‥‥‥‥‥200

　　②　当初申告税額控除不足相当額等の固定解除措置‥‥‥‥201

　　③　期限内申告額の洗替え‥‥‥‥‥‥‥‥‥‥‥‥‥‥‥202

(4) その他の調整措置‥‥‥‥‥‥‥‥‥‥‥‥‥‥‥‥‥‥‥202

　　①　合併により解散した場合又は通算法人の残余財産が確定し
　　　　た場合における調整措置‥‥‥‥‥‥‥‥‥‥‥‥‥‥202

　　②　公益法人等に該当することとなった場合における調整措置‥‥203

(5) 進行事業年度の控除措置の適用に関する添付書類等‥‥‥‥‥203

(6) 進行事業年度加算措置に関する書類添付義務等‥‥‥‥‥‥205

(7) 外国税額控除のグループでの選択‥‥‥‥‥‥‥‥‥‥‥‥205

5	地方法人税の取扱い	・・・・・・・・・・・・・・・・・・・・・・・・・206
(1)	地方法人税における取扱いの概要	・・・・・・・・・・・・・・・・・・・206
(2)	地方法人税における外国税額控除の適用	・・・・・・・・・・・・・・・206
6	地方税（法人住民税）の取扱い	・・・・・・・・・・・・・・・・・・208
(1)	地方税における取扱いの概要	・・・・・・・・・・・・・・・・・・・・・208
(2)	地方税における外国税額控除の適用	・・・・・・・・・・・・・・・・・208

第6章 外国子会社合算税制等における外国税額控除

1	外国子会社合算税制における外国税額控除	・・・・・・・・・・・・・・・213
(1)	外国子会社合算税制の概要	・・・・・・・・・・・・・・・・・・・・・・213
(2)	二重課税の調整等	・・・・・・・・・・・・・・・・・・・・・・・・・・214
	① 合算課税の対象金額に係る外国法人税額の税額控除	・・・・・・・214
	② 法人税額等からの控除	・・・・・・・・・・・・・・・・・・・・・216
	③ 控除の対象となる外国法人税額	・・・・・・・・・・・・・・・・217
	④ 法人税額から控除する外国税額の益金算入	・・・・・・・・・・221
2	コーポレート・インバージョン対策合算税制における外国税額控除	・・・・・・・・・・・・・・・・・・・・・・・・・・・・・・・・・222
(1)	コーポレート・インバージョン対策合算税制の概要	・・・・・・・・222
(2)	外国子会社合算税制の適用との重複排除	・・・・・・・・・・・・・・222
(3)	合算課税の対象金額に係る外国税額の控除	・・・・・・・・・・・・・223
3	確定申告書への計算明細の記載及び関係書類の添付・保存等	・・・・224

第7章 内国法人における分配時調整外国税相当額等の控除

1	分配時調整外国税相当額の控除制度の創設	・・・・・・・・・・・・・227
2	集団投資信託の収益の分配に係る分配時調整外国税相当額の控除	・・・・・・・・・・・・・・・・・・・・・・・・・・・・・・・・・229
(1)	法人税における分配時調整外国税相当額の控除	・・・・・・・・・・229
(2)	地方法人税における内国法人の分配時調整外国税相当額の控	

vii

目次

　　　除‥‥‥‥‥‥‥‥‥‥‥‥‥‥‥‥‥‥‥‥‥‥‥‥231

　⑶　法人税関連制度の取扱い‥‥‥‥‥‥‥‥‥‥‥‥‥‥‥231

3　特定目的会社等に係る分配時調整外国税相当額の控除‥‥‥‥234

　⑴　特定目的会社の分配時調整外国税相当額の控除制度‥‥‥‥234

　⑵　特定目的会社に係る控除を行う場合における法人税関連制度

　　　の取扱い‥‥‥‥‥‥‥‥‥‥‥‥‥‥‥‥‥‥‥‥‥‥234

　⑶　投資法人等に係る分配時調整外国税相当額の控除‥‥‥‥‥235

4　特定目的会社等が外国子会社合算税制の適用を受けた場合の二

**　重課税の調整**‥‥‥‥‥‥‥‥‥‥‥‥‥‥‥‥‥‥‥‥‥236

　⑴　合算課税の対象金額に係る二重課税の調整‥‥‥‥‥‥‥‥236

　⑵　外国法人税の額とみなされる金額‥‥‥‥‥‥‥‥‥‥‥‥237

　⑶　2以上の外国法人税が課された場合等の外国法人税の額とみ

　　　なされる金額‥‥‥‥‥‥‥‥‥‥‥‥‥‥‥‥‥‥‥‥237

　⑷　納付したものとみなされる事業年度等‥‥‥‥‥‥‥‥‥‥238

　⑸　特定目的会社の利益の配当に係る源泉徴収等の特例等の適用‥‥238

　⑹　二重課税調整の適用を受ける場合の書類の保存‥‥‥‥‥‥239

第8章　個別事例に基づく内国法人に係る申告書別表の記載例

記載事例1　別表六(五)(利子等に係る控除対象外国法人税額等に

関する明細書)の記載例‥‥‥‥‥‥‥‥‥‥‥‥‥‥‥‥‥246

記載事例2　別表十七(三の五)(外国関係会社の課税対象金額等に

係る控除対象外国法人税額の計算に関する明細書)の記載例‥‥‥252

記載事例3　別表六(四)(控除対象外国法人税額に関する明細書)

の記載例‥‥‥‥‥‥‥‥‥‥‥‥‥‥‥‥‥‥‥‥‥‥‥‥257

記載事例4　別表六(三)付表一(地方税の控除限度額の計算の特例

に関する明細書)の記載例‥‥‥‥‥‥‥‥‥‥‥‥‥‥‥‥265

記載事例5　別表六(三)(外国税額の繰越控除余裕額又は繰越限度

超過額の計算に関する明細書)の記載例‥‥‥‥‥‥‥‥‥‥268

記載事例6 別表六(二の二)(当期の控除対象外国法人税額に関する明細書)の記載例・・・・・・・・・・・・・・・・・・273

記載事例7 別表六(二)付表三(国外事業所等帰属資本相当額の計算に関する明細書)の記載例・・・・・・・・・・・・・・・・・・277

記載事例8 別表六(二)付表二(国外事業所等に帰せられるべき資本に対応する負債の利子の損金不算入額の計算及び銀行等の資本に係る負債の利子の損金算入額の計算に関する明細書)の記載例・・282

記載事例9 別表六(二)付表一(国外事業所等帰属所得に係る所得の金額の計算に関する明細書)の記載例・・・・・・・・・・・・・・287

記載事例10 別表六(二)(内国法人の外国税額の控除に関する明細書)の記載例・・・・・・・・・・・・・・・・・・・・・・・・・・・・・・・290

[参考：関連する申告書の記載事例]

・**法人税申告書別表一**(各事業年度の所得に係る申告書：内国法人の分)・・・・・・・・・・・・・・・・・・・・・・・・・・・・・・・・・・・・296

・**法人税申告書別表四**(所得の金額の計算に関する明細書)・・・・・・・・298

・**地方税関係の申告書**

  ・**第七号の二様式**(外国の法人税等の額の控除に関する明細書(その2)：東京都)・・・・・・・・・・・・・・・・・・・・・・・・・・299

  ・**第七号の二様式**(外国の法人税等の額の控除に関する明細書(その1)：千葉県)・・・・・・・・・・・・・・・・・・・・・・・・・・300

  ・**第七号の二様式別表一**(控除余裕額又は控除限度額を超える外国税額の計算に関する明細書：東京都・千葉県)・・・・・・・・・301

  ・**第七号の二様式別表二**(控除限度額の計算に関する明細書：東京都・千葉県)・・・・・・・・・・・・・・・・・・・・・・・・・・・・・・・302

  ・**第二十号の四様式**(外国の法人税等の額の控除に関する明細書：習志野市)・・・・・・・・・・・・・・・・・・・・・・・・・・・・・・・303

  ・**第二十号の四様式別表一**(控除余裕額又は控除限度額を超える外国税額の計算に関する明細書：習志野市)・・・・・・・・・・304

ix

目次

・第二十号の四様式別表二（控除限度額の計算に関する明細書：
習志野市）・・305

第9章　外国法人における外国税額控除

1　制度創設の趣旨とその概要・・・・・・・・・・・・・・・・・・・・・・・・・・・・・・309
2　外国法人の外国税額控除制度特有のもの・・・・・・・・・・・・・・・・・311
　(1)　控除対象外国法人税額の範囲・・・・・・・・・・・・・・・・・・・・・・・・・・311
　(2)　控除限度額の計算・・・・・・・・・・・・・・・・・・・・・・・・・・・・・・・・・・・312
　(3)　国外源泉所得の範囲・・・・・・・・・・・・・・・・・・・・・・・・・・・・・・・・・313
3　適用要件・・314
4　分配時調整外国税相当額の控除・・・・・・・・・・・・・・・・・・・・・・・・314

【参考資料】

参考資料1　国外事業所等（恒久的施設）の範囲・・・・・・・・・・・・・・・319
参考資料2　国外源泉所得の意義に関する租税条約との差異・・・・・・・327
参考資料3　外国子会社から受ける配当等がある場合の外国税額控
　　　　　　除の控除限度額の計算・・・・・・・・・・・・・・・・・・・・・・・・・・338
参考資料4　国外事業所等帰属所得に関する調査及び事前確認に係
　　　　　　る事務運営要領・・・・・・・・・・・・・・・・・・・・・・・・・・・・・・・・345
参考資料5　外国税額控除に関する近年の主な裁判事例と裁決事例・・384
参考資料6　外国税額控除に関する申告書別表の様式と記載要領・・・391

凡　例

　本書の内容は，令和6年8月1日現在の法令・通達に拠っており，根拠法令・通達には次の略称を用いています。

法令・通達の名称	略称	
	本文中	（　）内
法人税法	法	法
法人税法施行令	令	令
法人税法施行規則	規則	規則
法人税基本通達	基通	基通
租税特別措置法	措置法	措法
租税特別措置法施行令	措置法令	措令
租税特別措置法関係通達（法人税編）	措置法通達	措通
所得税法施行令	所令	所令
租税条約等の実施に伴う所得税法，法人税法及び地方税法の特例等に関する法律	実特法	実特法
租税条約等の実施に伴う所得税法，法人税法及び地方税法の特例等に関する法律の施行に関する省令	実特規	実特規
地方税法	地法	地法
地方税法施行令	地令	地令
地方税法施行規則	地則	地則
東日本大震災からの復興のための施策を実施するために必要な財源の確保に関する特別措置法	復興財確法	復興財確法

　また，本書中，（　）内の根拠法令・通達は次のように表示しています。

（例）

令142の2⑦三　　　法人税法施行令第142条の2第7項第3号

基通16－3－1　　　法人税基本通達16－3－1

xi

第1章

総則

1 国際的二重課税の排除措置（外国税額控除の意義）と我が国の選択した制度の概要

(1) 国際的二重課税の発生の態様と各種排除措置

　国際的二重課税とは，同一の所得に対して2か国以上の課税権が競合することをいう。各国の租税制度は，その国の歴史的，政治的，経済的な諸要因等を背景に独自に発達してきたものであり，各国がそれぞれ固有の課税権を排他的又は普遍的に行使しようとすれば，必然的に国際的な二重課税の問題が生じることとなる。国際的二重課税は様々な場合に発生するが，その発生の態様は，①居住地国課税相互の競合，②源泉地国課税相互の競合及び③居住地国課税と源泉地国課税との競合に大別することができる。

　このような国際的二重課税に対する解決方法，すなわち，排除措置としては国内立法によるものと租税条約によるものとがある。国内立法による排除措置は相手国の協調を伴わないことから片務的救済と呼ばれ，租税条約によるものは双務的救済と呼ばれている。

　上記①及び②の二重課税は，租税条約によって居住者又は所得源泉地の規定（定義）を設けて，いずれか一方にその課税権を振り分け又は配分することによって解決するのが通常である。③の二重課税に対する排除措置として各国が導入している方法は，国外所得免除方式と外国税額控除方式との二つに大別することができる。

　上記前者の国外所得免除方式とは，国外源泉所得については企業の本国（居住地国）が課税権を放棄する方式をいい，居住地国は国内源泉所得のみに対する課税権を持つことになる。この方式は，いずれの国からの資本であれその生じた所得に対して同じ課税（税負担）の対象とするという意味で資本輸入国としての公平を図るものといえる。

　後者の外国税額控除方式とは，国外源泉所得に対する課税権の重複行使

第1章　総則

を一応そのまま認容した上で外国で納付した税額を居住地国で控除調整する方式をいい，居住地国は全世界所得に対して課税権を持つことになる。この方式は，国内投資と国外投資とを税法上差別せず，いずれの国に投資した場合であっても同じ課税（税負担）の対象とするという意味で資本輸出国としての公平を図るものといえる。

　なお，外国税額を損金扱いとする制度もあるが，この方式では，国外源泉所得に対して支払った税に相当する損金部分（P/L）しかその所得計算を通じて二重課税が排除されず（所得金額の全体に課される税額としての金額の二重課税が排除されず），かなりの部分の二重課税が排除されないこととなる。

(2) 各種排除措置のメリットとデメリット

　居住地国課税と源泉地国課税の競合による国際的二重課税の排除措置は，前述のように国外所得免除方式と外国税額控除方式との二つに大別されるが，各国においては，この二つの方式のいずれか，又はその折衷方式が排除措置として用いられている。また，外国税額控除方式であっても，控除限度額の算定方法等の相違から，完全税額控除方式，普通税額控除方式，一括限度額方式，国別限度額方式，所得種類別限度額方式等に区分される。

　各方式の概要及びその方式のメリット・デメリットは次のとおりである。

① 国外所得免除方式と外国税額控除方式

　両方式の概要については，前述したところであるが，国外所得免除方式によれば，自国の国民や企業が，所得の源泉地国においてその国及び他の国々の国民や企業と同じ条件のもとで競争しうることとなる。その反面，国内への投資と国外への投資との間に不平等をもたらすという問題が生じる。また，外国税額控除方式との対比で考えれば，国外所得免除方式に

は，控除限度額の計算，国外所得に対する調査等の執行上の困難性を伴う問題は生じないということになる。

　一方，外国税額控除方式によれば，国内源泉所得と国外源泉所得との間の課税の公平の維持が図れるのみでなく，投資や経済活動を国内において行うか国外において行うかについて税制の中立性を保つことにも役立つことになる。

②　完全税額控除方式と普通税額控除方式

　完全税額控除方式とは，外国で納付した税額の全額を自国の納付税額から控除することを認める方式をいい，普通税額控除方式とは，国外源泉所得に居住地国の法人税率（実効税率）を乗じた金額を限度として外国税額の控除を認める方式をいう。

　完全税額控除方式は，資本輸出に対して真の中立性を有するものといえるが，居住地国の予算編成が源泉地国の税率等によって左右されるという大きな欠点を有する。

③　一括限度額方式と国別限度額方式又は所得種類別限度額方式

　一括限度額方式とは，全ての国外源泉所得と全ての外国税額とを一括通算（合算）して控除限度額を計算する方式をいい，内国法人の全世界所得についての我が国の法人税額を全世界所得に対する国外所得の割合で按分した金額を控除限度額にするという方式で，次のようなメリット，デメリットがある。

〈一括限度額方式における控除限度額の算式〉

$$控除限度額 = \begin{array}{c} 各事業年度の \\ 所得に対する \\ 法人税の額 \end{array} \times \dfrac{各事業年度の国外所得金額}{\begin{array}{c} 各事業年度の所得金額 \\ （全世界所得） \end{array}}$$

〔メリット〕

・控除限度額の計算は，税務当局にとっても納税者にとっても比較的簡単

で手間がかからない。

・国外源泉所得と外国税額が一つのカテゴリーにまとめられるので高率課税国と低率課税国との租税が平準化され，全世界を通じた控除過不足額の相殺が可能となる。

〔デメリット〕

・源泉地国の欠損が通算されることによって全体の国外所得が減少し，利益を得た源泉地国で支払った外国税額の控除が認められなくなる場合も生ずる。

・高率課税国と低率課税国との租税が平準化されるため，投資先（資本受入国）での高率課税をさらに助長する結果となる。

　これに対し，国別限度額方式又は所得種類別限度額方式とは，控除限度額を国別又は所得種類別に区分して計算し，その範囲内で外国税額を控除する方式をいう。

　一括限度額方式との対比で考えると次のようなことがいえる。

〔メリット〕

・ある源泉地国又はある種類の所得で損失が生じても通算されないので，利益を得た源泉地国又は利益を得た所得で支払った外国税額の控除が認められる。

・高率課税国と低率課税国との租税の平準化，所得源泉地の移転の濫用を防止できる。

・源泉地を移転するのが容易な所得に集中的に注目することが可能となり，所得源泉地の操作を抑止することができる。（所得種類別限度額方式の特有事項）

〔デメリット〕

・国際取引の取引形態が複雑になってくると，その所得の源泉地が必ずしも国別に定かでない等の事態が生じることが予想され，国ごと又は所得種類ごとに適正な限度額計算を行うことが相当過重な事務負担となる。

・居住地国の税法が定める定義などに基づいて所得を分類・区分する困難

さが伴う。（所得種類別限度額方式の特有事項）

・意図的な操作によって所得の種類を変換することに対する対策が必要となる。（所得種類別限度額方式の特有事項）

(3) 我が国の選択した排除措置（外国税額控除制度）の概要

① 我が国の選択した排除措置の内容

　国際的二重課税の排除措置としての諸制度及び各制度のメリット，デメリットについては，前述したとおりであるが，現在，我が国の選択している制度は，「外国税額控除方式→普通税額控除方式→一括限度額方式」である。すなわち，「資本輸出国としての公平を図るもの→外国税額が我が国の国内源泉所得に食い込んで控除されないもの」であって，かつ，「控除限度額の計算が比較的簡単で手間がかからないもの」であるということができる。

　なお，現在の控除限度額の計算は，次のように行うこととされており，その計算の基礎となる調整国外所得金額は，国外源泉所得に係る所得のみについて法人税を課するものとした場合に課税標準となるべき金額に相当するもの（非課税国外所得を除き，その事業年度の所得金額の90％を上限とする。）とされている。

$$\text{控除限度額} = \begin{array}{c}\text{各事業年度の}\\\text{所得に対する}\\\text{法人税の額}\end{array} \times \dfrac{\text{各事業年度の調整国外所得金額}}{\begin{array}{c}\text{各事業年度の所得金額}\\\text{（全世界所得）}\end{array}}$$

　もっとも，外国税額を損金の額に算入する方法も選択的に認められているが，通常は税額控除方式の方が有利であるため，一般的に税額控除方式が用いられている。

② 我が国の外国税額控除制度の概要

　法人税法上，我が国の外国税額控除制度の基盤をなす仕組みは，次の二つである。

イ　法人の納付する外国法人税額の控除

　我が国の国際課税の原則は全世界所得課税であり，内国法人は，その居住地国である我が国において全ての所得に対して課税されることとなる。すなわち，外国に支店，事業所，工場等を有する内国法人は，これらの事業活動により外国のどこで所得を得ても，全世界に日本の課税権が及ぶということである。一方，外国法人が我が国において稼得した所得に対して我が国で課税が行われるのと同様に，内国法人の海外支店等の所在する海外の所得源泉地国においても，国家主権の発動として，その国によって課税の行われることが一般的である。

　このように海外の所得源泉地国で生じた所得については，源泉地国と我が国の課税権がバッティングするわけで，これが「法人の納付する税額」の国際的二重課税ということである。そこで，企業活動から生じた所得に対して適切な課税をする観点から，この二重課税を排除することが国際的なルールとなっており，我が国は，その排除措置として「外国税額控除方式」を採用し，外国で納めた税額（我が国の実効税率に見合う部分に限る。）を自国の税額から控除することを認めることとしている。

［参考］

　外国税額控除方式では，支店等の進出形態であれば，この外国税額控除方式で国際的二重課税の調整を行うことができる。しかし，これが子会社形態による場合には，親子会社は別法人で，しかも子会社は外国の企業であるため，この子会社に対して日本国に課税権はないことになる。したがって，所在地国である外国でしか課税されないのであるが，配当の形で所得の一部が還流してきた場合はどうするのか，という問題がある。

　一般的に，配当は，所在地国で法人税が課された後の送金となるので，外国で課税された所得の分配である配当に対して我が国においても課税を行うと，この配当部分に国際的二重課税が生じることとなりその調整をする必要が生じる。この調整に関しては，支店形態の進出とのイコールフッティングを図る観点から，その子会社が納付した法人税を親会社である内国法人が納付したものとして，配当に見合う部分の税額を外国税額控除の対象にすることで，従来，その調整を行うこととしてきた。これが「間接外国税額控除制度」であるが，平成21年度の税制改正において，企業の配当政策に対する税制の中立性や制度の簡素化の観点から，この調整方

式が変更され，子会社からの配当は課税しないことにより調整を行うことに改められた。

言い換えれば，外国子会社からの配当に関しては，国際的二重課税の排除措置として，部分的に国外所得免税方式を採用したともいえる制度（「外国子会社配当益金不算入制度」（法23の2））の導入である。

□ みなし納付外国法人税額控除

外国で実際に納付した外国法人税の控除制度のほかに，みなし納付外国法人税額控除制度（Tax Sparing Credit）と称する制度がある。

開発途上国の多くは外資の導入，自国の経済開発その他の目的のために租税上各種の特別措置を講じている。しかしながら，先進国が，国際的二重課税排除の方法として外国税額控除制度を採用している限り，こうした開発途上国からの所得に対して通常の課税を行うと，開発途上国における減免税額はそのまま先進国側の税収増（減免所得に対する居住地国での実効税率による追加課税）となってしまい，せっかく開発途上国が導入した租税上の特別措置による減免の効果が無に帰することになる。

そこで，特別措置又は租税条約により開発途上国で軽減免除された税額をあたかも納付したようにみなした上で，先進国での外国税額控除を認めようとする仕組み（制度）を設け，これにより，上記のような弊害の発生を防止している。

第1章　総則

2　我が国の外国税額控除制度の沿革

　我が国の外国税額控除制度における「制度の仕組み」に関する変遷は，次のとおりである。

（1）制度創設から昭和63年12月の抜本改正までの変遷

①　国別限度額方式による外国税額控除制度の創設

　国際的二重課税の排除措置として我が国の選択している方法は，外国税額控除方式（一括限度額方式）であることは前述したとおりであるが，この外国税額控除制度の創設された昭和28年当初においては，現在の一括限度額方式ではなく国別限度額方式が採用されていた。

　この外国税額控除制度の創設（導入）に当たっては，次のようなことがあったとされている。

ⅰ　従来は，国際間の二重課税はやむを得ないものとされていたが，我が国の商社等の海外活動の促進に資するため，二重課税を排除する必要がある。

ⅱ　海外との通商貿易が再開されて今後日本法人の海外雄飛が大いに期待される時代となり，従来のように国際間の二重課税はやむを得ないものとしていたのでは海外発展の機運も阻害される。

(注)　制度創設当初の控除限度額は，次のように計算することとされていた。

法人のその事業年度の所得
のうち，外国から生じた所　× 42%（又は35%）
得に対応する部分の金額

[参考]　法人税が単一税率であったためにこのような規定であったが，昭和30年の税制改正で法人税率が2段階となったことを契機に，国別計算ではあるが，その事業年度の法人税額に全世界所得のうちに占める国外所得の割合を乗じて求める方式に改められている。

10

② 一括限度額方式への移行，国別欠損金の取扱い等の変遷

イ 一括限度額方式への移行

　外国税額控除制度の創設当初の国別限度額方式が，その後一括限度額方式に変更されることになるのであるが，その移行には次のような経緯をたどっている。

(イ) 一括限度額方式との選択適用

　まず，昭和37年の改正で一括限度額方式との選択適用が認められることとなった。

　この改正は，次のような理由によるものである。

　国別限度額方式では，ある国で控除限度額に余裕額がでる反面，他の国では控除不足が生じるというような結果を生じるため，それぞれ所得を生じた外国における過不足額の相殺を認め，一般的に納税者に有利で，かつ，簡便な方法である一括限度額方式を認める。

　ただし，ある国に赤字があり，他の国では利益を生じたような場合のために，従来の国別限度額方式によることを選択することも認めることとされた。

　このような改正の背景としては，「日本の実効税率相当分だけのものを枠にしてその枠の中に入る外国税額をいくらでも控除する。外国で課せられた税金が日本の国内所得に食い込んで控除されたら困るということが最小限守らなければならない一つのよりどころとなるが，そうでない限りにおいては国別限度で計算しなければならないという理論的な必然性はない」という従来からあった考え方について，整備を図ろうということがあったとされている。

(ロ) 一括限度額方式への統一

　昭和38年の改正では，国別限度額方式が廃止され一括限度額方式に統一された。これは，欠損国の欠損金額を通算しないこととしたことに伴い，国別限度額方式を存続させる必要がなくなったため，控除限度額の計算の簡便化を図ったものである。なお，その後，欠損金額を

通算することとされた（昭和58年改正）が，国別限度額方式は復活されていない。

ロ　国別欠損金の取扱いの変遷

国別欠損金の取扱いは，次のような変遷をたどっている。

(イ)　国別欠損金の除外計算制度の創設

一括限度額方式が採用された年の翌年である昭和38年の改正で，一括限度額方式を採用する場合においては，欠損国の欠損金額を通算しないこととされた。この改正に当たっては，国別限度額方式の煩わしさの解消を図ってこの制度の利用を容易にすることが目的とされた。

(ロ)　国別欠損金の通算制度の選択適用

昭和46年の改正では，欠損国の欠損金額を通算するかしないかは納税者の選択によることに改められた。これは，国別欠損金の除外計算制度の規定を追加して，実質的に国別計算を強いることとなっていた状況を改め，多少手間をかけてもなお国別計算による効用を期待しうる納税者のみがこの制度を選択すればよいこととし，簡素化が図られたものである。

(ハ)　国別欠損金の除外計算制度の廃止

昭和58年の改正で，国別欠損金の通算に係る選択適用制度が廃止され，欠損国の欠損金額はすべて通算することに改められた。これは，国別欠損金の除外計算制度が，一括限度額方式への移行に際して設けられた例外的な取扱い（国別限度額方式の利点を残すために設けられた例外的な取扱い）であることから，一括限度額方式の定着により，同方式の考え方を徹底すべきであるとの趣旨によるものである。

ハ　非課税所得の取扱いの変遷

非課税所得の取扱いに関する変遷は，次のとおりである。

(イ)　非課税所得の除外計算制度

昭和37年の改正で採用された一括限度額方式の下においては，「外国法人税を課さない国」に源泉がある所得は，国外所得の計算上除外

することとされていた。

　このような非課税所得に対しては，「理論的にいうなら，１％の所得税がかかる時にそれをベース（国外所得の計算）に入れるなら，ゼロの場合も入れていい」という議論もあったが，ベースに入れることによって各国における控除過不足額の相殺を許し，この相殺の許容が一部の国の高率課税を誘発する根拠にもなる等の理由から，法人税のない国の所得は一括限度額方式といっても国外所得から外すという方針がとられることになったとされている。

㈡　非課税所得の除外計算制度の廃止

　昭和45年において，「外国法人税を課さない国」とは法人税自体の存在しない国だけを意味するとする，納税者にとって有利な制度に改められ，さらにその翌年の昭和46年には，共産圏諸国を除き法人税制のない国というのはほとんど存在しないとの理由から，この非課税所得の除外計算制度は廃止されることになった。

二　その他の改正事項

　昭和38年の改正では，外国税額控除限度額の計算等を国外所得の発生事業年度から外国税の課された事業年度に変更する簡素化や，控除余裕額や控除限度超過額の繰越を認める措置の創設も行われている。

③　昭和63年12月までの改正経緯の総括

　このように，控除限度額の計算，特に国外所得の計算については，昭和28年から昭和58年までの間に様々な改正が行われているが，これらの改正経緯からは，次のことを指摘することができる。

ⅰ　我が国企業の海外事業活動の振興を図るという政策的要請の下で整備されたものを，基本的には維持してきていること。

ⅱ　外国税額控除制度本来の趣旨に即しつつ，納税者の利用を容易にする方向において多くの改正が行われてきていること。

ⅲ　一括限度額方式の導入後は，この方式の基本的な考え方である「所得

を国内所得と国外所得とに区分し，国外の所得及び税額についてはこれを合算して計算する」という趣旨を徹底させるとともに，控除限度額の計算の簡素，合理化が図られてきていること。

(2) 昭和63年12月の抜本改正

　昭和63年12月に行われた本制度の抜本改正の内容は，次のとおりである。

①　抜本改正の概要

　従来の外国税額控除制度には，諸外国の制度に比べて相当寛大な面がある，あるいは国際的二重課税の排除という制度本来の趣旨を超えた控除が行われる問題点がある等の指摘を踏まえ，控除限度額，控除対象となる外国税額の範囲等について以下のような抜本的な見直しが行われた。

イ　控除限度額について，新たに次のような制限が設けられた。

　⑷　控除限度額の計算の基礎となる国外所得から，外国で課税されない国外所得の2分の1を除外する。

　⑻　全所得に占める国外所得の割合は原則として90％を限度とする。

ロ　高率外国税額の高率対応部分が，次のとおり外国税額控除の対象から除外された。

　⑷　50％を超える高率で課される外国税額のうち，50％を超える部分に対応する部分を外国税額控除の対象から除外する。

　⑻　特に利子に係る外国の源泉税については，法人の所得率に応じて，10％超あるいは15％超で課される源泉税の超過部分を外国税額控除の対象から除外する。

ハ　控除余裕額及び控除限度超過額の繰越期間を5年から3年に短縮する。

② 従来の一括限度額方式の問題点と抜本改正による対応策の選択

イ 一括限度額方式の問題点

　　昭和63年12月の抜本改正当時の状況をみると，企業における国際取引の増大と経済摩擦すら生じている状況及び国民の税負担の公平さに対する関心の高まりという社会情勢の下において，従来の一括限度額方式には，次のような問題点があると指摘されていた。

　i　我が国の実効税率を超える高率で課税された外国税額が，他の軽課税ないし非課税とされた国外源泉所得から生じる控除枠を利用して控除されてしまうという，控除枠の彼此流用の問題

　ii　控除限度額計算上の国外所得割合が極端に高くなっている結果，控除限度額が算出法人税額そのもの又はこれに近い金額となってしまい，場合によっては，外国税額控除後の我が国の法人税納付額がなくなってしまうことがあるという，所得の内外区分の問題

ロ　問題点に対する対応（税制改正）

　　このような一括限度額方式の問題点に対処するために，昭和63年12月に抜本改正と称される改正が行われ，国外所得の算定の基本的な仕組みに関して次のような修正が加えられた。

　i　控除限度額の計算の基礎となる国外所得の計算から外国法人税が課税されない所得（以下「非課税国外源泉所得」という。）に係る所得金額の2分の1（【現在は，全額に変更】）を除外し，非課税国外源泉所得の全てを外国税額控除の計算対象には含めないこととする。

　　これは，外国で非課税とされる所得について控除限度額を設けず我が国で課税されることとなっても，その所得に二重課税の問題は生じないとの考え方を基本としている。また，限度管理の簡便さという一括限度額方式の利点を維持しつつ，必要な修正を加えることを目的としたものでもあるとされている。

　ii　全世界所得に占める国外所得の割合は，原則として全世界所得の90%を限度とする。

第1章　総則

　これは，国外所得が全世界所得の90％を超える法人に限って外形標準的に国外所得割合を90％に制限しようとするものである。（【国外使用人割合が90％を超える法人等に対しては，特別の緩和措置が設けられたが，現在その措置は廃止】）

　これは，最低でも全世界所得の10％程度は国内の本社等の貢献により発生したものとみることがおおむね妥当ではないかという考え方を基本にしているとされている。

　以上のような内容を含んだ昭和63年12月の抜本改正において注意すべき事項は，この改正が従来の一括限度額方式の維持を前提にしているという点である。すなわち，我が国の国際的二重課税に対する排除措置の仕組みの基本的な変更までは行わず，あくまで限度額計算の簡便さという利点を有する一括限度額方式を維持しているということである。

[参考]　昭和63年12月の抜本改正時の考え方

　昭和63年12月の抜本改正の主要項目に関する考え方の要旨は，次表のとおりであるが，基本的な部分における考え方は現在も維持されており，現行制度の理解に資するものと考えられる。

| 1　控除対象外国法人税の額の意義（外国法人税のシーリング等） | 　国際的二重課税の排除という外国税額控除制度本来の趣旨からすれば，ある特定の所得に対して課された外国法人税を，その所得に対して我が国が課する法人税及び地方税の範囲内で控除すれば，十分であるといえる。すなわち，ある特定の所得に対して課された外国法人税額が，その所得に対して我が国が課する税額を超える場合であっても，我が国の税額の範囲内でその外国法人税額を控除すれば，その所得については二重課税は生じておらず，十分な外国税額控除を行ったことになるはずである。控除しきれない外国法人税額があったとしても，それは単に外国で高率な課税が行われたことを意味するにすぎず，この部分については我が国で税額控除を行う必要はないというわけである。
　しかしながら，我が国の外国税額控除制度は，全ての国外所得を一括して控除限度額を計算し，この範囲内で全ての外国税額を控除するという一括限度額方式を採っているため，外国法人税が，その課税の基因となった所得に対して我が国の実効税率を超える高率なものであったとしても，他の軽課税ないし非課税とされた国外所得により生じる控除枠を利用して我が国の税額から控除されてしまうということになる。 |

このようなことから，抜本改正以後の外国税額控除制度においては，限度管理について一括限度額方式を維持しつつも，控除枠の彼此流用による高率外国税額の控除をできるだけ排除するために，外国法人税の額のうち，その課税の基因となった所得に対して我が国の実効税率をはるかに超える高率な部分の金額（以下「所得に対する負担が高率な部分の金額」という。）については，控除対象となる外国法人税の額には含めないこととされ，外国税額控除の適用を入口で排除することとされた。

　「控除対象外国法人税の額」とは，内国法人が納付することとなる外国法人税の額からこの外国税額控除の対象とされない「所得に対する負担が高率な部分の金額」を除いた金額をいい，まさにこの金額が外国税額控除の対象とされることになる。

① 原則的計算		内国法人が納付する外国法人税の額のうち「所得に対する負担が高率な部分の金額」は，その外国法人税の額のうち，その外国法人税を課す国又は地域においてその外国法人税の課税標準とされる金額の50％（【現在は，35％に変更】）に相当する金額を超える部分の金額である。 　すなわち，その税額の課税標準に対する比率（いわゆる表面税率）が我が国の法人税（地方税を含む。）の実効税率とおおむね同様と考えることができる50％（【現在は，35％に変更】）を超えるような外国法人税については，その超える部分の税額を控除対象外国法人税の額から除くこととしたものである。
② 特例的計算（金融保険業を営む内国法人等の利子に係る外国源泉税についての計算）	イ 計算方法の概要	利子収入がその法人の本来的な事業収入又は本来的事業類似収入とみられる金融業等の内国法人については，その利子の収入金額を課税標準として源泉徴収の方法により課される外国法人税（以下「外国源泉税」という。）について，その内国法人の一定の所得率（以下「特定所得率」という。）が10％以下である場合にはその税額のうち利子収入の10％を超える部分の金額を，特定所得率が10％超20％以下の場合にはその税額のうち利子収入の15％を超える部分の金額を，それぞれ「所得に対する負担が高率な部分の金額」とすることとされ，特定所得率が20％を超える場合には，所得に対する負担が高率な部分の金額はないものとされた。
	ロ 特例的計算の趣	このような法人の利子収入に対する外国源泉税は，表面税率（収入金額に対する税額の

		旨等	比率）は高率なものでなくても，利子に係る純所得（利子収入からそれを稼得するために要したコストを控除した金額）に対しては，我が国の法人税（地方税を含む。）の実効税率をはるかに超える高率なものである場合があるため，その利子に係る純所得との関係で，その所得に対する負担が高率な部分の金額を算出しようとするものである。

すなわち，金融保険業等の内国法人の特定所得率は，その法人が受け取る利子の純所得と利子収入との間の比率と同じであると擬制できる（企業全体の特定の所得率と大差はない）と考えたことによるものである。

なお，所得に対する負担が高率な部分の金額を外国税額控除の対象から除くことの趣旨が，その所得に対して我が国で課税することとなる税額を超える部分を除くということであるならば，その基準（利子収入に対する率）は，理論的には，その利子の所得率に基づき我が国の法人税等の実効税率を乗じた率によって判断すればよいということになる。つまり，我が国の実効税率を50％とすれば，利子の所得率が10％であれば，その外国源泉税のうち利子収入の5％を超える部分を，利子の所得率が20％であれば，その外国源泉税のうち利子収入の10％を超える部分を，それぞれ所得に対する負担が高率な部分として外国税額控除の対象にしなければよいということになる。

しかしながら，現行制度においては，利子の所得率として，本来なら個々の利子ごとにその純所得を算出してその利子の所得率を求めるべきところを企業全体の所得率を用いることとしていることから，理論上計算されるものにそれぞれ5％のアローワンスを上乗せして基準の率が定められている。（現在，原則部分については，実効税率を50％から35％に引き下げて高率部分の判定をしているのであるが，この特例的計算部分の率については，その変更が行われていない。）

	③ みなし納付外国税額控除における控除対象外国法人税額の計算	みなし納付外国税額控除（タックス・スペアリング・クレジット）が適用される場合においても，みなし納付外国法人税額を含めた外国法人税額（実際納付分とみなし納付分の合計額）のうち「所得に対する負担が高率な部分の金額」は，控除対象外国法人税の額とはされないこととなる。 　この場合，「所得に対する負担が高率な部分の金額」とされる部分の金額は，みなし納付分から先に成るものとされる。また，「所得に対する負担が高率な部分の金額」とされる金額のうち，実際納付分から成る部分の金額については，内国法人の所得金額の計算上損金の額に算入できるが，みなし納付分から成る部分の金額については，損金算入は認められない。
	④ 合算課税に伴う外国税額控除における控除対象外国法人税の額とみなされる金額の計算	合算課税（タックス・ヘイブン対策税制：第6章参照）において，外国関係会社の所得に対して課される外国法人税額のうち，その内国法人が納付する控除対象外国法人税の額とみなされる金額（（部分）課税対象金額に対応するもの）は，次のように計算される。 （算式） 次のイと口の金額のうちいずれか小さい金額 イ　$\dfrac{\text{内国法人が納付したとみなされる外国法人税額}}{\text{外国関係会社の課税対象年度の所得に課された外国法人税の額}} \times \dfrac{\text{（部分）課税対象金額}}{\text{調整適用対象金額}}$ 口　内国法人に係る（部分）課税対象金額 　外国関係会社は，税負担が著しく低いタックス・ヘイブン等に所在するものであるから，通常は，所得に対して高率な外国法人税が課税される場合は少ないと考えられる。 　しかしながら，上記イの金額の全額を内国法人が納付する控除対象外国法人税の額として認めることとすると，本来内国法人が受け取るべき高率課税の所得を，タックス・ヘイブン等にある外国関係会社にシフトさせ，その一部が控除対象外国法人税の額とされないこととなるような高率な外国法人税額の全額について，合算課税によって外国税額控除の適用を受けようといった企業行動の誘因ともなりうるので，上記イの金額のうち上記口の金額に達する金額までしか，内国法人が納付する控除対象外国法人税の額とはみなさないこととしたものである。

第1章　総則

| 2　国外所得金額のシーリング等 | ①　非課税国外所得の2分の1を除外する趣旨(【現在は, 全額(100%)の除外に変更】) | 　非課税国外源泉所得に係る所得金額の2分の1に相当する金額を国外所得金額の計算上控除することとしているのは, 控除枠の彼此流用の問題を是正するためである。すなわち, 個々の外国法人税が, その外国法人税の課税原因となった国外源泉所得に係る所得に対して我が国で課税する法人税及び地方税を超える高率なものであっても, 他の外国で非課税又は軽課税とされた国外源泉所得に係る所得があれば, これらの所得から生じる控除限度額を利用して, 我が国の法人税又は地方税の額から控除されてしまうという問題を是正するためである。
　非課税国外源泉所得は, 外国で課税を受けない所得であるから, 我が国でこれに対して課税しても, 国際的二重課税の問題はそもそも生じないことから, このような所得を控除限度額の計算上考慮する必要はないと考えるわけである。
　このような意味からすれば, 非課税国外源泉所得に係る所得金額は, その全額を国外所得金額の計算上控除することとすべきであるが, 仮にそうしたとした場合には, (a)外国で課税されない国外源泉所得に係る所得と外国で軽課税を受ける国外源泉所得に係る所得との取扱いにバランスを欠くこととなり, (b)両者の取扱いがあまりにバランスを欠くこととなる場合には, 外国で課税されない所得を軽課税国を経由して稼得するなど, この規定を回避する企業行動を招く等の問題がある。
　したがって, このような面を考慮して, 非課税国外源泉所得に係る所得金額の2分の1 (50%)を国外所得金額から除くこととしたものである。(【現在, 一部除外の考え方は不採用】) |
| | ②　国外所得金額のシーリング設定の趣旨(【現在は, 国外使用人割合の緩和措置を廃止】) | 　国外所得金額を, (a)所得金額の90%に相当する金額, 又は(b)所得金額に国外使用人割合を乗じた金額のいずれか大きい金額までに制限することとされているのは, 次の理由による。
　国外所得金額は, 基本的にはソース・ルールの規定に従い, 個々の取引ごとにその取引により生じる所得を国内源泉所得と国外源泉所得とに振り分け, 次にこれら内外の所得に対し一定のルールにより費用を配賦し(費用配賦), それらを積み上げて計算することとされている。
　しかしながら従来用いられていた所得のソース・ルールは, 相当程度の割切りを伴っているということができ, また, 費用配賦基準も多くの割切りを前提としている。 |

以上のような割切りは，制度の簡素化，納税者や税務当局の事務負担の軽減の見地からある程度やむを得ないものであるとも考えられるが，このような割切りの結果，一部の業態については，企業全体の所得金額が国外に大きく偏り，国内で相当程度の事業活動を行っているにもかかわらず，所得の全額又はそれ以上が恒常的に国外所得金額になるといった事態が生じることがある。

それぞれのソース・ルールや費用配賦基準は一定の合理性を持つにもかかわらず，これらを用いて積み上げていった結果としての国内所得金額と国外所得金額の比率が，全体として，企業の内外における取引量，内外従業員の割合，本社機能の貢献等に照らしてみた時に，その企業の内外における活動の実態を必ずしも反映しないことが生じるのである。

したがって，昭和63年12月の改正は，制度の簡素化等の見地から従来の所得のソース・ルール，費用配賦基準等を基本的には維持しつつも，国外所得金額が著しく高く所得金額の90％を超える法人に限って，最低，所得金額の10％程度は国内の本社等の貢献により発生したものとみることが妥当であるとして，外形標準的に国外所得金額を所得金額の90％に制限することとしたものである。

ただし，企業の国外使用人割合が90％を超える場合には，国外における事業活動のウエイトが実質的にも高いことが明らかであるので，国外所得金額は，所得金額に国外使用人割合を乗じて計算した金額を上限とすることもできることとした。（【現在，ただし書の考え方は不採用】）

(黒田東彦編『国際課税Ⅰ　外国税額控除制度』を要約して筆者作成)

(3) 平成元年から平成25年までの主要な改正

　昭和63年12月の抜本改正以後の平成元年から平成25年までの間においても，外国税額控除制度について種々の改正が行われているが，その多くは，関係法令の改正に伴う整備であり，制度の仕組みに関する改正は以下のようなものがあるに過ぎず，平成21年の間接外国税額控除制度の廃止を除けば，基本的な仕組みに関する改正は行われていないといえる。

① 平成 4 年度の改正

　非課税国外所得の除外が，従来の「2分の1」から「3分の2」に拡大された。

② 平成13年度の改正

　外国法人税の定義が明確化されるとともに，通常行われない取引に係る外国法人税については外国税額の控除の対象から除くこととされた。

③ 平成21年度の改正

イ　企業の配当政策に対する税制の中立性，制度の簡素化等の観点から，従来の「間接外国税額控除制度」が廃止され，「外国子会社配当益金不算入制度」（国外所得免税方式ともいうべき国外配当所得の益金不算入制度）が導入された。これに伴い，この配当等に課される外国源泉税等については国際的二重課税の排除という問題がなくなったことから，外国税額控除制度の対象となる外国法人税の額の範囲から，この配当等の額に対して課される外国法人税の額等が除外されることとなった。

ロ　外国税額控除の適用を受けた外国法人税の額が後に減額された場合において，その減額に係る調整措置については，外国税額控除の適用を受けた事業年度開始の日後 7 年以内に開始する各事業年度において減額された場合に限ることとされた。

ハ　外国税額控除の適用を受ける場合に確定申告書に添付することとされている書類のうち，一定の書類については，添付することに代えて保存することによりその適用を認めることとされた。

④ 平成23年 6 月の改正

イ　外国法人税の定義の明確化として，税率が納税者と外国当局等との合意により決定されたような，外国法人税として捉えることが不適当な部分は外国法人税に含まれない旨の改正が行われた。

ロ　租税条約相手国等との国際的二重課税を適切に排除する観点から，租税条約により条約相手国等に課税を認めた所得については外国税額控除が適用できるよう，租税条約にいわゆる「源泉地の置換え規定」がない場合でも国外源泉所得に該当するものとして外国税額控除の対象とすることとされた。

⑤　平成23年12月の改正

イ　制度の適正化を図る観点から，(a)外国税額控除の対象外である「高率」な外国法人税の水準を，我が国の法人実効税率と同等に引き下げ（50％→35％），(b)控除限度額の計算上，非課税の国外所得の全額を国外所得から除外し（「3分の2」から「全額（経過的に6分の5）」），(c)国外所得割合の90％制限に対する国外使用人割合による特例を廃止する，といった改正が行われた。

ロ　各種税制措置の横断的な見直しの一環として，外国税額控除の「当初申告要件」が廃止され，確定申告書，修正申告書又は更正の請求書のいずれかに適用金額の記載がされた書類を添付すること等により，外国税額控除の事後的な適用が認められることとなった。また，控除等の金額に係る当初申告限度額要件も緩和され，当初申告時の適用金額を増額することができることとされた。

(4)　平成26年度及び平成27年度における国外所得金額の計算方法等の改正

①　平成26年度及び平成27年度の内国法人に係る改正の概要

外国法人等に対する課税原則の変更（総合主義からOECDモデル条約に沿った帰属主義への変更）に伴い，外国税額控除制度においても，総合主義から帰属主義への変更，国外源泉所得に係る規定の整備等の措置が講じられ，国外源泉所得の範囲，国外所得金額の計算方法等について，昭和63年12月の抜本改正以後の「制度の仕組み」が，大幅に改められた。

また，いわゆる損金算入配当に係る外国子会社配当益金不算入制度の改正（我が国での課税対象部分の拡大）に伴い，所要の整理が行われた。

具体的には，内国法人の外国税額控除制度について，次のような改正が行われている。

イ　国外源泉所得

(イ)　外国税額控除の控除限度額の基礎となる国外源泉所得の範囲について，「国内源泉所得以外の所得」という規定の仕方を改め，積極的に「国外源泉所得」として定義することとされた。

(ロ)　国外源泉所得の一つとして「国外事業所等帰属所得」が新たに規定され，その所得は，国外事業所等がその内国法人から独立して事業を行う事業者であるとしたならば，その国外事業所等が果たす機能，その国外事業所等において使用する資産，その国外事業所等とその内国法人の本店等との間の内部取引その他の状況を勘案した場合に，その国外事業所等に帰せられることとなるべき所得と位置付けられた。

(ハ)　控除限度額の計算は，国外所得金額を「国外事業所等帰属所得に係る所得金額」と「それ以外の国外源泉所得に係る所得金額」に区分した上で計算することとされた。

(ニ)　外国税額控除の適用を受ける内国法人等の本店等と国外事業所等との間の内部取引の対価の額とした額が独立企業間価格と異なることにより外国税額控除の控除限度額の計算における国外所得金額が過大となる場合には，国外所得金額の計算については，その内部取引は独立企業間価格によるものとされた。

ロ　控除対象外国法人税の額

内国法人の外国税額控除の対象とならない外国法人税の額として，新たに次のものが追加された。

(イ)　国外事業所等と本店等との間の内部取引等につき課される外国法人税の額

(ロ)　租税条約の限度税率を超える部分の外国法人税額

ハ　文書化

外国税額控除の適用を受ける内国法人は，以下の内容を記載した書類を作成しなければならないこととされた。

(イ)　他の者との間で行った取引から生ずる所得が国外事業所等帰属所得である場合のその取引に係る内容の明細等を記載した書類

(ロ)　本店等と国外事業所等との間の内部取引に係る内容の明細等を記載した書類

ニ　地方法人税における外国税額控除制度の創設

地方法人税の創設に伴って，地方法人税における外国税額控除制度が創設された。

ホ　損金算入配当に係る外国源泉税等の取扱い

損金算入配当が益金不算入の対象から除外されたことに伴い，外国子会社から受ける剰余金の配当等に係る外国源泉税等の損金不算入制度及び外国源泉税等の外国税額控除制度に関する規定の見直しが行われた。

②　改正後の内国法人における外国税額控除制度の概要
イ　制度の仕組み

改正後（現行）の内国法人の外国税額控除制度は，次の算式による控除限度額の下に，外国で課税された一定の税額（控除対象外国法人税の額）をその事業年度の所得に対する法人税の額から控除するというものである。

$$控除限度額 = \begin{array}{c} 各事業年度の \\ 所得に対する \\ 法人税の額 \end{array} \times \frac{\begin{array}{c} 各事業年度の調整国外所得金額 \\ （非課税国外所得を除き，分母の90％を上限） \end{array}}{\begin{array}{c} 各事業年度の所得金額 \\ （全世界所得） \end{array}}$$

また，改正後の制度は，基本的には，従来の一括限度額方式による計算を踏襲しながらも，所得種類別的な計算方式も一部採用し，国外所得金額（非課税国外所得などの調整前のものをいう。以下同じ。）を「国

外事業所等帰属所得に係る所得の金額」と「それ以外の国外源泉所得に係る所得の金額」とに区分した上で、その金額を次のように計算することになった。

$$国外所得金額 = \begin{matrix}国外事業所等帰属\\所得（１号所得）\\に係る所得の金額\end{matrix} + \begin{matrix}それ以外の国外源泉所\\得（２号〜16号所得）\\に係る所得の金額\end{matrix}$$

□ 主要事項の概要

なお、国外所得金額に関する改正後の「国外事業所等帰属所得の概要」及び「国外所得金額の計算と国外源泉所得の概要」は、それぞれ以下の図のとおりである。

【国外事業所等帰属所得の概要】

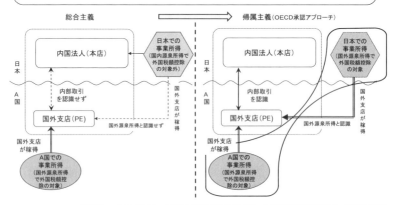

(出典：「平成26年度改正関係参考資料（国際課税関係）」（財務省））

【国外所得金額の計算と国外源泉所得の概要】

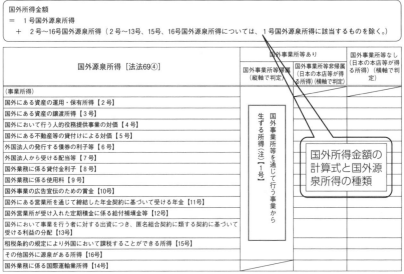

(出典:「平成27年度税制改正の解説」(財務省)を一部編集)

③ 国外源泉所得の区分の改正

　平成26年度・平成27年度の税制改正による改正後の内国法人における国外源泉所得の概要は、以下のとおりである。

　この改正で、「国外事業所等帰属所得」が国外源泉所得の一つとして位置付けられ、改正後の国外源泉所得は、次表のような16種類に改められている。

　なお、租税条約において国外源泉所得の源泉地や所得区分等について次表と異なる定めがある場合には、その異なる租税条約の定めによることになる。

第1章　総則

国外源泉所得の区分	内　容（概　要）
イ　国外事業所等帰属所得	国外事業所等（恒久的施設）を通じて事業を行う場合において，その国外事業所等がその内国法人から分離・独立した企業であると擬制したならば，その国外事業所等が果たす機能，使用する資産，国外事業所等に帰せられるリスクその他の状況等を勘案した場合に，その国外事業所等に帰せられることとなるべき所得（国外事業所等の譲渡による所得を含む。）
ロ　国外資産の運用・保有所得 ハ　国外資産の譲渡所得 ニ　人的役務の提供事業の対価 ホ　国外不動産等の貸付対価 ヘ　利子等（所得税法上の利子等その他） ト　配当等（所得税法上の配当等その他） チ　貸付金利子等 リ　使用料等 ヌ　広告宣伝のための賞金等 ル　保険年金等 ヲ　給付補塡金等 ワ　匿名組合契約等に基づく利益分配 カ　国際運輸業所得 ヨ　租税条約で課税が認められた所得	イの所得をAOA（OECDの恒久的施設帰属所得を算定するアプローチ）に従って算定することに関連した各種の整備が行われているが，それ以外については，基本的に，平成26年度及び平成27年度の税制改正前のそれぞれの国外源泉所得と同様である。 (注)　所得の金額の計算に当たっては，「国外事業所等帰属所得」と「国際運輸業所得」に重複該当する所得は，後者の所得として区分する。また，「国外事業所等帰属所得」と「左記の国外源泉所得（国際運輸業所得を除く。）」に重複該当する所得は，国外所得金額の計算上，「国外事業所等帰属所得」として区分する。
タ　その他の国外源泉所得	イからヨまで以外の所得で，その源泉が国外にある一定のもの（国外において行う業務に関して受ける損害賠償金，国外にある資産の受贈，国外において行う業務又は国外にある資産に関して供与を受ける経済的利益など） (注)　いわゆるバスケット条項の所得である。

④　地方法人税の外国税額控除制度

　地方法人税における外国税額控除制度は，法人税について外国税額控除を受ける場合で，その課税事業年度の控除対象外国法人税の額が法人税の控除限度額を超えるときに，一定の控除限度額の範囲内で，その超える金

額をその課税事業年度の地方法人税額から控除するというものである。なお，この場合の地方法人税の控除限度額の算定方法は法人税と同様となっており，その概要は，次のとおりである（実際には，下図の控除限度額を計算する算式中の「国外源泉所得」は，「調整国外所得金額」となる。）。

(注) 我が国の外国税額控除制度は，控除の対象とする外国法人税の範囲に外国の地方税も含めていることとの関係で，外国税額控除額の計算においても，法人税や地方法人税から控除するだけではなく，道府県民税や市町村民税からも控除できることになっている。その場合，控除対象外国法人税の額は，まず，法人税の控除限度額の範囲から，次いで，地方法人税の控除限度額の範囲から控除し，次に，道府県民税，市町村民税の順序で，それぞれの控除限度額の範囲内で順次控除することになる。

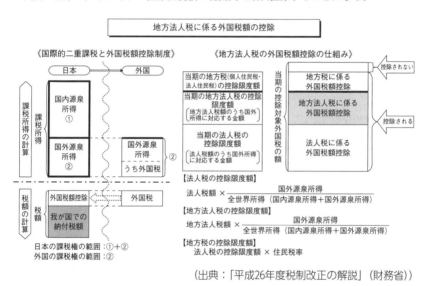

(出典：「平成26年度税制改正の解説」（財務省））

⑤ 損金算入配当に係る外国源泉税等の取扱い

　外国子会社から受ける損金算入配当が益金不算入の対象から除外されたことに伴い，この除外される配当に係る部分の外国源泉税等が損金不算入の対象外となったほか，国際的二重課税の排除という観点から，この益金不算入の対象から除外される剰余金の配当等の額に係る部分の外国源泉税等が外国税額控除制度の対象とされることになった。

第1章　総則

(注)　外国税額控除の適用を受ける場合には，その外国源泉税等の額は損金不算入となる。

⑥　外国法人における外国税額控除制度の創設

平成28年4月1日以後に開始する事業年度分の外国法人の所得に対する課税については帰属主義への移行が図られているが，これにより，我が国の国内に存する外国法人の恒久的施設が本店所在地国以外の第三国で稼得した所得については，恒久的施設帰属所得として我が国の法人税の課税対象所得とされることとなった。

そのため，この課税によって生じる第三国と我が国における二重課税を調整するため，外国法人の恒久的施設のための外国税額控除制度が創設された（詳細は第9章参照）。

(5)　その後の諸改正

①　平成29年度の改正

平成29年度では，「控除対象所得税額等相当額の控除制度」が新制度として創設され，従来の外国税額控除制度とは区分して，別途，税額控除が認められることになった。

この「控除対象所得税額等相当額の控除制度」とは，内国法人が外国子会社合算税制等の適用を受ける場合には，外国関係会社等に対して課された我が国の所得税，法人税等の額の合計額のうち合算対象とされた金額に対応する部分に相当する金額をその内国法人の法人税（地方法人税を含む。）から控除するというものである（我が国が課する税の二重課税の問題であるため，この制度について，本書での解説はしていない。）。

②　平成30年度の改正

平成30年度では，外国法人などの課税に当たり基礎となる「恒久的施設」の定義の見直しが行われているが，この改正に伴い，外国税額控除制度における「国外事業所等」の意義についても同様の整備が行われた。

また，国際的二重課税の排除という観点から，「分配時調整外国税相当額の控除制度」が新制度として創設され，従来の外国税額控除制度とは区分して，別途，税額控除が認められることになった。

この「分配時調整外国税相当額の控除制度」とは，法人が集団投資信託の収益の分配などの支払を受ける場合には，その収益の分配などに係る分配時調整外国税相当額（収益の分配に係る源泉徴収税額から控除された一定の外国所得税の額）は，源泉徴収段階だけでなく，法人税（地方法人税を含む。）の申告時においてもその事業年度の所得に対する税額からの控除等を行う，すなわち，申告時の税額控除方式による精算を行うというものである。

③ 令和元年度の改正

令和元年度では，次の改正が行われた。

イ　外国税額控除の対象から除外される外国法人税額である「我が国で所得と認識されない金額に対して課されるもの」の範囲に，「内国法人が株主等となっている外国法人に対する更正処分等（その内国法人との間の取引に係るものを除く。）が行われたことにより，その増額した所得金額を内国法人に対するみなし配当の支払として課される外国法人税額」を加える。

ロ　合算課税の適用を受ける場合に控除される外国法人税額については，企業集団等所得課税規定（連結納税及びパススルー課税の規定）の適用がないものとして計算した場合における税額（個別計算外国法人税額）とする。

④ 令和2年度の改正

令和2年度では，次の改正が行われた。

イ　控除対象外国税額の範囲の見直し

我が国で所得と認識されない金額に対して課されるものとして外国税

第1章　総則

額控除の対象から除外される外国法人税の額に，次の外国法人税の額を
加える。

 i 外国法人の所得について，これを関連者である内国法人の所得とみ
なしてその内国法人に対して課される外国法人税（中間介在の外国子
法人は存在しないとみなして課税される税，等）の額

 ii 内国法人の国外事業所等所在地国において，その国外事業所等から
関連者及び本店等（関連者等）への支払金額等がないものとして調整
をした場合に得られる所得に対して課される追加の外国法人税（その
支払金額等が所得の一部であるとして，実質的にその支払金額等に対
して課される税）の額

ロ　特定目的会社等が合算課税の適用を受ける場合の調整

 特定目的会社等（特定目的会社，投資法人，特定目的信託の受託法人
及び法人課税信託の受託法人）が合算課税を受ける場合に，外国関係会
社の所得に対して課される外国法人税の額のうち，合算対象とされた金
額に対応する部分の国際的二重課税の排除措置（外国税額控除）を新た
に設ける。

ハ　連結納税制度がグループ通算制度へ移行することに伴い，このグルー
プ通算制度下における外国税額控除に関する規定を創設し，令和4年4
月1日以後に開始する事業年度から適用する（詳細は第5章参照）。

⑤　令和3年度の改正

令和3年度では，内国法人が外国法人から受ける剰余金の配当等の額に
係る取扱いについて，次のような見直しが行われた。

 i 外国子会社配当益金不算入制度の適用を受ける部分の金額に係る外
国源泉税等の額の損金算入については，その剰余金の配当等の額のう
ち外国子会社合算税制等との二重課税の調整の適用を受ける金額に対
応する部分に限ることとする（改正前：全額損金算入）。

 ii 外国子会社配当益金不算入制度の適用を受けない部分の金額に係る

外国源泉税等の額の外国税額控除の適用については，その剰余金の配当等の額のうち外国子会社合算税制等との二重課税の調整の適用を受ける金額に対応する部分に限り，その適用を認めないこととする（改正前：全額不適用）。

⑥ 令和 4 年度の改正

令和 4 年度では，次の改正が行われた。

i 外国市場デリバティブ取引又は店頭デリバティブ取引の決済により生ずる所得は，国外源泉所得である「国外にある資産の運用又は保有により生ずる所得」に含まれないことを法令上明確化する。

ii グループ通算制度の適用に際し，外国税額控除に関する修更正事由の発生に伴い生じる遮断措置の適用に当たっては，進行事業年度調整措置の内容につき税務当局による税務調査時の説明を義務化するとともに，その調整措置を適用した期限内申告書の記載内容がその説明と異なる場合の遮断措置を不適用とする等，外国税額控除制度における遮断措置の適正な運用等のための諸整備を行う。

⑦ 令和 5 年度の改正

令和 5 年度では，連結納税制度に関する事項の記載が令和 5 年 4 月 1 日以後開始する事業年度分の法人税の各種申告書において基本的に不要となることを踏まえ，外国税額控除制度に関係する各種申告書の様式及び記載要領に大幅な改正と整備が行われた。

⑧ 令和 6 年度の改正

令和 6 年度では，グローバルミニマム課税制度（所得合算ルール：IIR）の整備に伴い，次の改正が行われた。

i 外国税額控除制度の対象外国法人税に，「外国において適格国内ミニマム課税（QDMTT）により課される税」が含まれることを明記す

第1章　総則

　　る。

ⅱ　外国税額控除制度の対象外国法人税に,「外国において所得合算
　　ルール（IIR）により課される法人税に相当する税」及び「外国にお
　　いて軽課税所得ルール（UTPR）により課される税」が含まれないこ
　　とを明記する。

第2章

内国法人における
一般的な外国税額控除

1　外国税額控除の3形態及び損金算入との選択

(1) 外国税額控除制度の3形態

　内国法人の外国税額控除には，次の形態がある。

　　ⅰ　直接外国税額控除──┬─実際に納付した外国税額の控除
　　　　　　　　　　　　　└─みなし納付外国税額の控除

　　ⅱ　合算課税に伴う外国税額控除

　直接外国税額控除とは，内国法人が外国に開設した支店の事業所得や本店からの投資等による利子，配当等のような自らが国外で稼得した所得に対して自らが納税義務者として課される外国の租税について，その内国法人の法人税額から税額控除することをいう。

　この直接外国税額控除の中には，みなし納付外国税額の控除というものがある。

　開発途上国の多くは外資の導入，自国の経済開発等の目的のために各種の税制上の減免措置を講じているが，先進国が，国際的二重課税の排除方法として外国税額控除制度を採用している場合に，このような減免された所得に対して通常の課税を行うと，その減免額がそのまま先進国の税収増（減免所得に対する居住地国での実効税率による追加課税）になってしまうという結果が生ずる。そこで，実際には外国税額を納付していないが，開発途上国で軽減又は免除された税額をあたかも実際に納付したものとみなして外国税額控除を認めようとするものである。

　次に，合算課税に伴う外国税額控除という形態がある。

　ここにいう合算課税とは，内国法人が軽課税国等に実体のない名目だけの外国子会社等を設立してこれに所得を留保させている場合には，一定の条件のもとで，その外国子会社等に留保した所得を親会社であるその内国法人の所得に合算して課税するというものであるが，この形態の外国税額控除とは，内国法人がこの合算課税の適用を受ける場合には，その外国子

第2章　内国法人における一般的な外国税額控除

会社等の所得に対して課される外国法人税の額のうち合算課税される留保所得金額に対応する部分をその内国法人が自ら納付する外国法人税の額とみなして，その内国法人の法人税額から税額控除することをいう。

　なお，これらの三つの形態の外国税額控除は，それぞれ別個独立した税額控除制度として運用されるのでなく，最終的な税額控除額の算定段階においては一つのものとして合算してその金額を計算する仕組みになっているため，互いに密接に関連したものとなっている。

(注)　平成30年度の税制改正により，いわゆるファンドを通じて稼得する収益の分配等の所得に対する国際的二重課税の排除措置として「分配時調整外国税相当額の控除制度」が創設された。この制度は，従来の外国税額控除制度とは区分した別の制度として構築されているとともに，その内容も特異なものであることから，本書では，第7章でその解説を記載するにとどめている。

　上記の外国税額控除制度について，内外の所得と税額との関係を含めた制度の全体像をイメージで示すと，次のようになる。

1 外国税額控除の３形態及び損金算入との選択

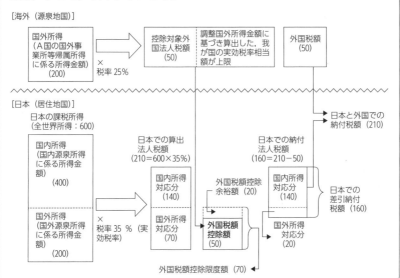

(2) 外国税額の損金算入との選択

① 基本的な取扱い

　内国法人の外国法人税の控除の適用は，原則として所得税額の控除の場合と同様，その法人の選択に任せることとされている。したがって，その選択をする場合には，法人税の確定申告書，修正申告書又は更正の請求書に控除を受けるべき金額や控除対象外国法人税の額に関する明細を記載した書類を添付して税額控除制度の適用をすることになる。

　一方，その選択をしない場合は，その外国税額は，企業会計の処理等に

そって所得の金額の計算上損金の額に含めることになる。

　また，外国法人税について税額控除の選択をした場合には，その外国法人税の額のうち控除対象外国法人税の額とされる金額は，その事業年度の所得の金額の計算上損金の額に算入できないこととされている（法41）。この場合，損金不算入となる金額は，控除限度額を勘案した後の実際の控除額又は還付額の範囲内の金額ではなく，外国において納付した控除対象外国法人税の額となる。ただし，この金額は，あくまで控除対象外国法人税の額であり，高率負担部分の外国法人税の額などの外国税額控除制度の対象とならないものも含めた外国法人税の額の全ての金額ということではない。

(注)1　平成21年度の税制改正において，外国子会社から受ける配当等の益金不算入制度（法23の２）が導入されているが，この制度の対象となる剰余金の配当等の額は我が国において課税しないということになるので，この配当等に対して仮に外国源泉税が課されていても国際的二重課税の調整という問題は生じないことになる。このため，この外国源泉税については，外国税額控除制度の対象から除外される（法69①，令142の２⑦三）。また，収益・費用の対応という考え方から，収益が課税所得から除かれるのであるから，費用である外国源泉税（租税公課）も損金には算入されないことになる（法39の２）。

　　2　平成23年12月の税制改正において，当初申告時に選択した場合に限り適用が可能な「当初申告要件が設けられている措置」のうち，その措置の目的・効果や課税の公平の観点から，事後的な適用を認めても問題がないものについては，「当初申告要件」を廃止し，所要の書類を添付することにより事後的に更正の請求が認められることとされ，また，控除等の金額が当初申告の際に記載された金額に限定される「控除額の制限がある措置」についても，更正の請求により，適正に計算された正当額まで当初申告時の控除額を増額できることとされた。

　　　これにより，外国税額控除制度も，この取扱いの適用対象となっている。

　　　ただし，いったん外国税額控除制度を適用した場合には，後にその制度の適用をとりやめることはできないと解されている。したがって，当初の確定申告で外国税額控除を適用した場合には，後の修正申告又は更正の請求でその適用をとりやめて，外国税額の損金算入を行うということはできないことになる。

　なお，外国税額の損金算入と税額控除との選択等の仕組みをイメージで示すと，次のようになる。

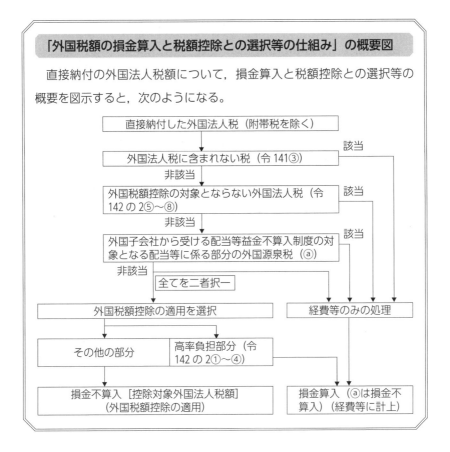

② 複数の外国法人税に対する選択

　ところで，外国税額の控除について，その外国法人税が2以上ある場合（例えば，二つ以上の国外源泉所得に対して外国法人税が課されているような場合）において，それぞれについて異なる選択をすることができるかどうかという問題がある。この点について，損金算入と外国税額控除との選択は，一括して行わなければならないこととされており，その選択については各事業年度を単位とすることとされているにすぎない。事業年度を選択の単位としているのは，各事業年度において納付することとなる外国法人税額を一括して控除計算することとしているからである。

第2章　内国法人における一般的な外国税額控除

　したがって，外国法人税について税額控除か損金算入かの選択はできる
が，仮に法人が，ある事業年度において確定した外国法人税の一部につい
てだけ税額控除の対象に含め，他の残りを損金算入した場合にどうするの
かが問題となるが，その場合には，その事業年度に納付する外国法人税は
全てについて税額控除を選択したものとみなされ，その事業年度に納付す
る控除対象外国法人税の額の全額が損金の額に算入されないことになる
（基通16－3－1）。

　なお，税額控除と損金算入との選択について，ある事業年度において税
額控除を適用しなかった場合には，その事業年度前における控除限度超過
額の繰越し又は余裕額の使用（これらの制度の内容については，本章の7
(4)を参照）は打ち切られることとなる（令144②，145②）。

42

2　地方法人税及び地方税を含めた外国税額控除制度の概要

2 地方法人税及び地方税を含めた外国税額控除制度の概要

　我が国の外国税額控除制度は，控除の対象とする外国法人税の範囲に外国の地方税も含めていることとの関係で，外国税額控除額の計算においても，国税である法人税や地方法人税から控除するだけではなく，地方税である道府県民税や市町村民税からも控除できることになっている。その場合，控除対象外国法人税の額は，まず，法人税の控除限度額の範囲から，次いで，地方法人税の控除限度額の範囲から控除し，次に，道府県民税，市町村民税の順序で順次控除することになっている。

㊟　本書では，この「2」の項目及び特筆すべき場合を除き，地方法人税及び地方税に関する部分の記載は省略しているため，留意されたい。

(1) 地方法人税からの外国税額控除

①　地方法人税から控除する外国税額控除

　内国法人が各課税事業年度において法第69条第1項《外国税額の控除》の適用を受ける場合において，その課税事業年度の控除対象外国法人税の額が法人税の控除限度額を超えるときは，基本的に法人税と同様の仕組みによりその超える金額を一定の控除限度額の範囲内で，その課税事業年度の地方法人税額から控除することとされている（地方法人税法12）。

②　控除限度額

　地方法人税における外国税額控除の控除限度額は，地方法人税の額に令第142条第1項《控除限度額の計算》に規定する割合，すなわちその事業年度の所得金額のうちに占める国外所得金額の割合を乗じて計算した金額とされる（地方法人税法施行令3①）。

43

第2章　内国法人における一般的な外国税額控除

〈算式〉

$$控除限度額 = 地方法人税の額 \times \frac{その事業年度の調整国外所得金額}{その事業年度の所得金額}$$

(注)　地方法人税の計算の基礎となった基準法人税額のうちに，使途秘匿金課税，土地等の譲渡に係る追加課税が含まれている場合には，その基準法人税額からこれらを控除した残額を基準法人税額とみなして課税標準法人税額を計算し，これに10.3%の税率を乗じて計算した金額を，上記算式の地方法人税の額とする必要がある（地方法人税法施行令3①）。

③　申告要件

　地方法人税について外国税額控除の適用を受けるためには地方法人税確定申告書，修正申告書又は更正の請求書に控除を受けるべき金額及びその計算に関する明細を記載した書類を添付しなければならないこととされている（地方法人税法12⑮）。この場合に控除されるべき金額は，その金額として記載された金額を限度とすることとされている。

(2)　地方税からの外国税額控除

①　地方税から控除する外国税額控除

　法人税及び地方法人税の控除限度額を超える控除対象外国法人税の額は，さらに地方税の控除限度額の範囲内で道府県民税及び市町村民税（都民税を含む。）の法人税割額から順次控除できることになっている（地法53㊳，321の8㊳）。

(注)　外国税額の繰越控除と余裕額の繰越しにおける地方税部分の取扱いについては，本章の7(4)を参照のこと。

②　控除限度額

イ　原則的計算（標準税率方式）

　内国法人が地方税の外国税額控除の適用を受ける場合の地方税の控除限度額は，原則として，次の算式により計算する（地令9の7⑥本文，

48の13⑦本文，57の2）。

(イ)　道府県民税の控除限度額

　　法人税の控除限度額×1.0%（標準税率）

(ロ)　市町村民税の控除限度額

　　法人税の控除限度額×6.0%（標準税率）

(ハ)　特別区の存する区域における都民税の控除限度額

　　法人税の控除限度額×7.0%（標準税率）

　このように，地方税の控除限度額は，法人税の控除限度額に法人税割の標準税率を乗じて計算することになる。

□　超過税率が適用される場合の特則的計算

　原則として，上記イのように法人税割の標準税率を用いて地方税における控除限度額の計算をするのであるが，標準税率を超える税率（超過税率）で法人税割を課す都道府県又は市町村に事務所又は事業所（以下「事務所等」という。）を有する法人の場合には，法人の選択により，次のように実際に適用されている法人税割の税率（法人税割の実際税率）を用いて控除限度額を計算することができることとされている（地令9の7⑥ただし書，48の13⑦ただし書，57の2，地則3の2，10の2の6）。

(イ)　道府県民税の控除限度額

　ⅰ　非分割法人（事務所等を1の道府県のみに有する法人）

　　・控除限度額＝法人税の控除限度額×その事業年度に適用される法人税割の実際税率

　ⅱ　分割法人（事務所等を2以上の道府県に有する法人）

　　・控除限度額＝関係道府県ごとに次により計算した金額の合計額

$$\cdot\ \frac{\text{法人税の}}{\text{控除限度額}}\times\frac{\text{その道府県における従業員数}}{\text{従業員の総数}}\times\frac{\text{その事業年度に適用されるその道府県の道府県民税の}}{\text{法人税割の実際税率}}$$

（ロ）　市町村民税の控除限度額

　　ⅰ　非分割法人（事務所等を1の市町村のみに有する法人）

　　　・控除限度額＝法人税の控除限度額×その事業年度に適用される法人税割の実際税率

　　ⅱ　分割法人（事務所等を2以上の市町村に有する法人）

　　　・控除限度額＝関係市町村ごとに次により計算した金額の合計額

　　　・$法人税の控除限度額 \times \dfrac{その市町村における従業員数}{従業員の総数} \times その事業年度に適用されるその市町村の市町村民税の法人税割の実際税率$

（ハ）　特別区の存する区域における都民税の控除限度額

　　ⅰ　非分割法人（事務所等を都の特別区のみに有する法人）

　　　・控除限度額＝法人税の控除限度額×その事業年度に適用される法人税割の実際税率

　　ⅱ　分割法人（事務所等を都の特別区にも有する法人）

　　　・控除限度額＝（イ）に準じて計算した控除限度額＋（ロ）に準じて計算した控除限度額

3 外国法人税の意義

(1) 外国法人税の概要

　外国税額控除の対象となる外国法人税とは，法第69条第 1 項において，外国の法令により課される法人税に相当する税で政令で定めるものと規定され，この委任規定である令第141条第 1 項では，外国の法令に基づき外国又はその地方公共団体により法人の所得を課税標準として課される税と定められている。そして，同条第 2 項に外国法人税に含まれるものが規定され，同条第 3 項には外国法人税に含まれないものが規定されている。

　つまり，令第141条第 1 項において外国法人税の基本的・形式的な定めを置き，同条第 2 項及び第 3 項で実質的にみて法人税に相当する税と相当するとはいえない税を掲げて，これにより，外国法人税の範囲を明確にしようとしているのである。

(2) 外国法人税に含まれる税

　外国における税制は区々であり，一律に所得金額を課税標準とするものだけではないので，外国又はその地方公共団体によって課される次に掲げる租税も，外国の法人税に含まれるものとされている（令141②）。

① 　超過利潤税その他法人の所得の特定の部分を課税標準として課される税

② 　法人の所得又はその特定部分を課税標準として課される税の付加税

③ 　法人の所得を課税標準として課される税と同一の税目に属する税で，法人の特定の所得につき，徴収上の便宜のため，所得に代えて収入金額その他これに準ずるものを課税標準として課されるもの

④ 　法人の特定の所得につき，所得を課税標準とする税に代え，法人の収入金額その他これに準ずるものを課税標準として課される税

⑤ 　外国の法令等により，いわゆる適格国内ミニマム課税（QDMTT）に

47

より課することとされる自国内最低課税額に係る税

(3) 外国法人税に含まれない税

外国又はその地方公共団体により課される税であっても，次の税は外国法人税には含まれないとされている（令141③）。

これらの税が外国法人税に含まれないとされているのは，次の①及び②については，税の特性である納付の強制性に着目するもので納付や還付に関し納税者の裁量が広範なためである。③については，税率の決定に関する裁量が広いものではあるが，明文の規定がない以上，外国法人税に該当しないとはいえないとする最高裁判決（最高裁平成21年12月3日第一小法廷判決）を踏まえたものである。④及び⑤については，グローバルミニマム課税制度（所得合算ルール：IIR）との調整を図るためのものである。⑥については，所得を課税標準とする税ではないから当然のことといえる。

① 税を納付する者が，その税の納付後，任意にその金額の全部又は一部の還付を請求することができる税

② 税の納付が猶予される期間を，その税の納付をすることとなる者が任意に定めることができる税

③ 税の納付をすることとなる者と，外国若しくはその地方公共団体又はこれらの者により税率の合意をする権限を付与された者との合意により，複数の税率の中から税率が決定される税（その複数の税率のうち最も低い税率（その最も低い税率がその合意がないものとした場合に適用されるべき税率を上回る場合にはその適用されるべき税率）を上回る部分に限る。）

なお，この「複数の税率」には，適用される税率が2以上ある場合のほか，幅をもって定められている場合などが含まれ，また，「合意」には，外国の法令の規定に基づいてなされる合意のほか，運用によりなされる合意などが含まれる。

④ 外国の法令等により，いわゆる所得合算ルール（IIR）により課することとされる各対象会計年度の国際最低課税額に対する法人税に相当する税

⑤ 外国の法令等により，いわゆる軽課税所得ルール（UTPR）により課することとされる税

⑥ 外国法人税に附帯して課される加算税等の附帯税に相当する税その他これに類する税

(4) 外国法人税に関する該当性の判断

　外国法人税に該当するかどうかは，前記(1)から(3)までを踏まえて判断するが，外国法人税は，その所得又はこれに代わるべきものに対して課されるものであるから，それが通常の所得に対するものであるか，超過所得に対するものであるかを問わない。また，その納付の方法が申告納税方式か，賦課課税方式か，源泉徴収方式かどうかも問わない。

　なお，我が国における利子・配当等に対する所得税のように，所得に代えて収入金額を課税標準として課される税も外国法人税に該当する（前記(2)の③参照）。これと似ているものとして，配当から控除されるいわゆる配当控除（外国にある配当支払法人が，その支払原資である所得に対して課される法人税に充てるためにその支払額から控除するもの）があるが，これは，我が国における源泉所得税と同等のものではなく全く別のものであるとされている。したがって，外国税額控除の対象となる外国法人税には該当しない（基通16－3－4）。

(注)　例えば，外国法人と内国法人との間の使用料の支払取引がいわゆる税引手取契約になっていて外国法人税を外国法人が負担している場合であっても，その税金相当額はグロスアップした取引金額の対価の一部であると理解できるとともに，その税の納税義務者（負担者）はあくまで内国法人であることから，この場合の税は内国法人において外国税額控除が認められることになる（国税庁の質疑応答事例）。

[参考] 租税の意義
　国や地方公共団体（以下「国等」という。）は，国民や住民等に多くの公共サービスを提供している。防衛，警察といったものから，公共施設の建設，防水等といった

49

第2章　内国法人における一般的な外国税額控除

環境の整備，さらには，教育・福祉といったものまで多種多様であるが，その費用の
多くは税によって賄われている。

　また，税は，現代国家において資金調達以外の種々の機能も果たしているが，本来
の機能は，このような広い意味での公共サービスを提供するために必要な資金を調達
することにあるといってよい。

　そして，一般の取引とは異なり，ある一定の特別な給付に対する直接の対価として
支払われるものではない。

　したがって，租税は，国等が提供するサービスに対する反対給付ではなく，公共の
サービスを提供するための資金を調達する目的で，法律の定めに基づいて国民や住民
等に課される金銭給付であるといえる。

(注) 1　租税は，その特色や他の国家収入との相違点をみると，①公共サービスのため
の資金調達を目的とすること（租税の公益性），②一方的，権力的課徴金の性質
をもつこと（租税の権力性），③特別の給付に対する反対給付の性質をもたない
こと（租税の非対価性），④納税者の能力に応じて一般的に課されること，及び
⑤金銭給付であることを原則とするといった特徴がある。

　　　租税は，国民の富の一部を強制的に国家の手に移す手段であるから，国民の財
産権への侵害という性質をもたざるを得ず，一方的・権力的課徴金の性質をもつ
ことになり，現代において租税の賦課・徴収が必ず法律の根拠に基づいて行われ
なければならない（租税法律主義）とされているのは，租税のこのような性質に
よるものである。

　　　また，租税は，多くの納税義務者にかかわりをもつから，相手方の意思いかん
にかかわらず画一的に（すなわち同一の状況にある者は同一に，そして同一の状
況にある事実は同一に）取り扱うのでなければ，その適用が区々となり，納税者
相互間の公平を維持することが困難になる。

　　　さらに，租税は，租税法に定める特定の要件に該当するときは，課税庁である
国又は地方公共団体によって，一方的に（または強行的に）納税の義務が課され，
その義務の履行が求められるというものであり，納税の義務は租税法によって制
定され，かつ，租税法によって義務の内容が定まる。したがって，租税は，契約
によって法律関係が形成されるような任意性を原則的に欠いている。

　 2　租税の意義は，上記のとおりであり，①国家の経済活動に基づく財産運用収入
や事業収入，②反対給付の性質を有する水道等の使用料や証明書発行等のための
事務手数料，③特別利害関係者から徴収される受益者負担金，④資金の調達以外
の目的で課される罰金，交通反則金等の刑事上の制裁の性質をもつもの等とも区
別される。

4 外国税額控除の適用及び控除の時期

(1) 外国税額控除の適用時期

外国税額控除の適用時期は，原則的には，外国法人税の納付義務の確定した日の属する事業年度である。そして，この場合の納付義務の確定した日（以下「納付義務確定日」という。）は，我が国の国税通則法の規定に準じて判断することとなることから，例えば，申告納税方式により納付する外国法人税については，申告書の提出日（その日が法定申告期限前である場合には，その法定申告期限），あるいは，更正又は決定の通知があった日（更正又は決定により納付する部分の税額に限る。）となる。したがって，これらの日を含む内国法人の事業年度において外国税額控除の適用を受けることになる（法69①）。

これを外国税額控除の適用を受ける内国法人の事業年度という側面からみてみると，外国法人税の課税の対象となった国外源泉所得の発生事業年度（帰属事業年度）と，その所得に対して課税された外国法人税について外国税額控除の適用を受ける事業年度（納付義務確定日の属する事業年度）とが別の事業年度となる場合が多いということになる。しかしながら，このことは制度上も当然に予定されており，そのために，次の(2)の後段のとおり，控除時期の調整を行う制度が設けられている。

また，適用時期に関する上記原則を厳格にあてはめると，制度の適用関係が複雑化し実態にそぐわない面もあるので，次の(2)とは別に，課税上の弊害を生じない範囲で企業経理の実態に適合した処理を認める，次のような取扱いが認められている。

① 外国法人税の費用計上事業年度における税額控除

税額控除の対象となる外国法人税を費用として計上する時期については，企業経理上，必ずしも厳密な意味での発生主義が採られているとは限

第2章　内国法人における一般的な外国税額控除

らず，例えば，実際にその外国法人税を納付した時点で費用に計上する会計処理も採用され，そのような処理が税務上も是認されている場合が少なくない。

このような場合にも，費用計上事業年度と外国税額控除の適用事業年度とがそれぞれ別の事業年度となるが，国際的な二重課税の排除という制度の趣旨に鑑みれば，税額控除の適用時期について原則どおりの厳密な考え方をしなくても制度の目的を逸脱することにはならないといえる。

そこで，このような場合には，その外国法人税を費用として計上する事業年度において外国税額控除の適用を受けることができるものとして取り扱うこととされている。ただし，この場合に，事業年度ごとに法人が任意に適用時期を選択できるというものではなく，処理の継続性が要求され，また，その費用計上時期が税務上も認められる合理的な基準によるものでなければならないとされている（基通16－3－5）。なお，この取扱いは，既に納付義務の確定した外国法人税に係る外国税額控除の適用時期について弾力的な取扱いを認めるというものであるから，例えば未収の利子，配当等について源泉徴収されるべき外国税額等についてまで対象になるということではない。

②　予定納付等をした外国法人税の適用時期

予定納付等をした外国法人税であっても，原則としてその納付が確定した時点で外国税額控除の対象になる。そして，その後確定申告等により確定する外国法人税についても，その確定申告等の時点で納付が確定する追加部分のものは，重畳的にその時点で外国税額控除の対象にするというのが原則ということになる。したがって，このような原則に従って外国税額控除の適用をしようとすれば，予定納付等をした外国法人税と，確定申告等により追加的に納付することとなる外国法人税とは，それぞれ別の事業年度において税額控除の対象にするということが原則となる。

しかしながら，確定申告等の段階で計算される税額（以下「年度税額」

52

という。）が予定納付等をした税額を下回って，予定納付等をした税額の全部又は一部が確定申告等の段階で還付されることもあり得るから，そのような場合には，単に予定納付等の税額と年度税額との差額の算出ということにとどまらず，いったん税額控除の適用を受けた外国法人税が減額された場合のその後の税額控除額の複雑な調整（法69⑫，令147）もしなければならないことになる。このようなことを考慮すると，予定納付等を一種の仮払いとみて，年度税額が確定したところで一括して外国税額控除の対象にするという方法の方が簡便であるし，また，そのような取扱いをしたとしても課税上の弊害が生ずることはないといえる。

　そのため，法人が，予定納付等をした外国法人税を仮払金等として経理しておき，確定申告等があった事業年度において，その確定申告等により納付することとなる最終的な税額（過納となる場合には，その過納分を差し引いた税額）を基礎として外国税額控除の適用を受けることとしている場合には，その計算を認めることとされている。ただし，この場合の外国税額控除の適用時期の選択は，継続性が条件とされている。また，処理の統一性の観点から，故意に外国法人税の一部についてだけ原則的な方法を採用し，他の外国法人税については一括控除の方法によるというようなことは認められない（基通16－3－6）。

③　国外からの利子，配当等について送金がされない場合の外国税額の税額控除

　国外の投融資先等から支払を受ける利子や配当，使用料については，現地の外貨事情その他のやむを得ない事由により送金許可が得られないため，長期間（おおむね2年以上）にわたってその支払を受けることができないと認められる事情がある場合に，その送金が許可される日まで収益計上を見合わせることができることになっている（基通2－1－31）。

　この場合，その利子，配当又は使用料については，既に現地で外国法人税（源泉徴収される所得税等）が課されていることがあり，このような場

53

合には，その外国法人税について外国税額控除の適用を受ける時期が問題
となるが，この点については，その利子，配当又は使用料を収益計上する
こととなった時点で国外源泉所得が発生し，同時に外国法人税を納付した
ものとして取り扱うことが自然であると考えられる（次の(2)の後段の外
国税額の繰越控除と余裕額の繰越控除の制度が予定している適用時期のズ
レの発生形態とは異質なものであり，外国税額のみを発生主義により先行
計上し，税額控除を後に適用対象とするというのは不合理である。）。

　そこで，国外からの利子，配当又は使用料について，長期にわたってそ
の支払を受けることができないと認められる事情がある場合には，その利
子，配当又は使用料に対して課される外国法人税の額については，その送
金がその後許可されたこと等によりその利子，配当又は使用料を収益とし
て計上することとなる日の属する事業年度において外国税額控除の対象と
することとし，その収益計上日の属する事業年度前においては，外国税額
控除の対象とはしないものとして取り扱うこととされている（基通16－3
－7）。

(2) 外国税額控除の控除時期

　我が国の法人税における所得計算は，発生主義によることを基本として
いる。

　ところが，外国における課税が，その課税の原因となった国外源泉所得
の発生した時期を含む我が国における事業年度中に行われるとは限らな
い。利子，配当などの投資所得に対する源泉徴収課税の場合には，国外源
泉所得の発生時期と課税時期が比較的接近するが，例えば，事業所得に対
する課税の場合には，国外源泉所得の発生時期からある程度の期間が経過
した後に課税が行われることが通例であり，国外源泉所得の発生事業年度
（帰属事業年度）と外国税額控除の適用を受ける事業年度（納付義務確定
日の属する事業年度）が別の事業年度となる場合が多いということであ
る。

4　外国税額控除の適用及び控除の時期

　このようなことから，現行の外国税額控除制度は，個々の国外源泉所得とそれに対する外国法人税を個別的に対応させるということはせず，必ずしも対応関係のない各事業年度の国外所得金額に我が国の実効税率を乗じて計算される控除限度額の範囲内で外国法人税を控除させる仕組みを採用している（法69①，令142①）。

　また，控除限度超過額（納付した控除対象外国法人税の額がその事業年度の控除限度額を超えて控除しきれない場合の，その控除しきれない部分の金額）は，その後3年以内の事業年度において控除限度額に余裕が生じたときに控除し，逆に，控除余裕額（控除限度額がその事業年度に納付した控除対象外国法人税の額を超えるため余裕が生じた場合には，その余裕額）は，その後3年以内の事業年度における控除限度額の別枠として使用することができることとされている（法69②，③）。

　これによって，国外源泉所得の発生時期と控除対象外国法人税の額の納付時期とのズレ，すなわち，外国税額控除の控除時期のズレが前後3年の期間を通じて調整されることになっている（詳細は，後述の7（4）を参照のこと）。

55

第2章　内国法人における一般的な外国税額控除

5　控除対象外国法人税額の意義等

(1) 控除対象外国法人税額の意義

　外国法人税の基本的な意義は，前記3のとおりであるが，外国税額控除の対象となる外国法人税の具体的な範囲や金額は，法第69条第1項に規定されているように，最終的に「控除対象外国法人税の額」（以下「控除対象外国法人税額」という。）として整理されている。

　これは，外国税額控除制度の国際的二重課税の排除という趣旨を踏まえ，対象となる控除すべき外国法人税の額から次のようなものを除外し，これを「控除対象外国法人税額」として整理しているのである（詳細は，次の(2)から(5)までを参照）（法69①，令142の2）。

① 　所得に対する負担が高率な外国法人税の額

② 　通常行われる取引と認められない取引に基因して生じた所得に対して課される外国法人税の額

③ 　日本の法令では法人税が課されない金額を課税標準として外国において課される外国法人税の額

④ 　租税条約による限度税率超過税額などの一定（令142の2⑧）の外国法人税の額

(注)　平成21年度の税制改正において外国法人税の範囲について整備が行われた。すなわち，その税の性質として外国法人税に該当し得るものは「控除対象外国法人税額」の範囲に含めるものの，外国税額控除制度の趣旨からみて相応しくないものについては「控除対象外国法人税額」から除くという法令上の整理が行われている（法69①，令142の2）。

(2) 高率負担の外国法人税の額

① 　高率負担の外国法人税額の概要

　我が国の外国税額控除制度は一括限度額方式を採用していることから，この方式の下では，我が国の実効税率を超える高率で課された外国法人税

が他の軽課税ないし非課税とされた国外源泉所得から生じる控除枠を利用して控除されてしまうという「控除枠の彼此流用の問題」が発生する。このため，我が国の外国税額控除制度においては，次のとおり，外国税額控除の対象とされる外国法人税の額から，その所得に対する負担が高率な部分を除くこととされている（法69①）。

イ　35％を超える高率で課される外国税額の高率部分の除外

　　この外国法人税の額から除かれる金額は，内国法人の納付することとなる外国法人税の額のうち，その外国法人税を課す国又は地域において外国法人税の課税標準とされる金額に100分の35を乗じて計算した金額を超える部分の金額とされている（令142の2①）。

　　外国税額控除の対象から除外される「高率」な外国法人税の水準は，この措置が導入された昭和63年当時の法人実効税率が地方税込みでおおむね50％であったことを踏まえて，当初「50％超」とされていたが，その後の法人税率の累次の引下げにより我が国の法人実効税率との水準差が広がったため，平成23年12月の法人税率の引下げを契機として，「高率」と判定する基準も35％に引き下げられている。

　　なお，租税条約による「みなし納付外国法人税額」がある場合には，高率部分として控除対象外国法人税の額から除外される部分は，まず，このみなし部分から成るものとされる（令142の2③）。

⒡　外国法人税については，もともと企業の会計上費用として計上している金額のうち，外国税額控除の対象とされる金額のみを税務上は損金不算入としているにすぎないから（法41），高率部分として控除対象外国法人税額から除外された部分の金額については，企業会計どおりの損金算入が認められるということになる。

　　ただし，租税条約による「みなし納付外国法人税額」については，企業会計上費用計上とはなっておらず，したがって，控除対象外国法人税額から除外された部分がみなし納付外国法人税額から成る場合には，その金額については，外国税額控除が認められないことに加えて，追加的な損金算入も認められないということになる。

ロ　利子等に係る高率外国源泉税の高率部分の除外

　　外国法人税のうち利子等（法第69条第4項第6号及び第8号《国外源

泉所得》に掲げる国外源泉所得をいう。）の収入金額を課税標準として源泉徴収の方法により課されるものについては，上記イによらず，別途高率部分の判断を行うこととされている。

すなわち，利子に係る源泉税は，グロスの利子収入を課税標準とするため，次の表２の左欄に掲げる内国法人が納付することとなる利子等に係る外国法人税（利子等の収入金額を課税標準として源泉徴収方式で課税される外国法人税をいう。）の額のうち，右欄の算式によって求めたその法人の擬制的な所得率に応じた次の表１の右欄の金額を高率な部分として控除対象外国法人税の額から除外することとされている（令142の２②）。

ただし，利子等の収入金額を課税標準として源泉徴収方式で課される外国法人税であっても，例えば，海外の支店が得た利子収入に係る源泉所得税がその支店が所在する国で課される法人税から控除される場合のように，その源泉徴収を行う国又は地域において税額控除の対象とされるものについては，高率負担部分の判定は要しないこととされており（令142の２②本文かっこ書），この税額控除が認められる場合には，法人が税額控除を行うか（損金算入を選択するか）どうかにかかわらず，高率負担部分の判定を行う必要はないとされている（基通16－３－28）。

表１：擬制的所得率に応じた高率負担部分

擬制的所得率	所得に対する負担が高率な部分の金額
10%以下	その利子等の収入金額の10%を超える部分の金額
10%超20%以下	〃　15%　〃
20%超	なし（零）

(注)　利子等の所得に対する負担が高率な部分の金額の基準は，昭和63年の制度導入時のままとなっている。現在，実効税率の引下げに伴い，他の高率部分の判定は，制度導入時の50%から変更されて35%に基づき行うこととされているにもかかわらず，この特例的計算部分の率は変更されていない。

5　控除対象外国法人税額の意義等

表2：法人業務に応じた擬制的所得率の算定方法

法人の区分	擬制的所得率
i　金融業（金融商品取扱業を含む。）を主として営む内国法人（令142の2②一）	$\dfrac{各事業年度の所得金額の合計額(A)}{各事業年度の総収入金額の合計額(B)}$
ii　生命保険業又は損害保険業を主として営む内国法人（令142の2②二，三）	$\dfrac{(A)}{左の事業における総収入金額(B)に相当する金額}$
iii　i及びii以外の事業を主として営む内国法人で，次の算式により求めた利子収入割合が高い（20％以上である）法人（令142の2②四）$\left[\dfrac{各事業年度の利子等の収入金額の合計額(C)}{(C)+各事業年度の売上総利益の額の合計額}\right]$	$\dfrac{(A)}{(B)-各事業年度の売上原価の額の合計額}$

(注)1　「各事業年度」とは，外国法人税を納付することとなる事業年度（「納付事業年度」という。）及びその納付事業年度開始の日前2年以内に開始した各事業年度（「前2年内事業年度」という。）をいう。

2　「総収入金額」とは，その事業年度において益金の額に算入すべき収入金額によることとされ，現金主義による収入金額ではない（基通16−3−31）。また，総収入金額は，原則として，その法人の全ての収入金額をいうのであるから，営業収入はもとより，営業外の収入金額も含まれる。ただし，有価証券及び固定資産（資産）の譲渡に係る収入金額については，その収入金額からその資産の譲渡直前の帳簿価額を控除した残額（譲渡利益相当額）を収入金額とみなすこととされている（令142の2②，基通16−3−24，16−3−25）。

なお，有価証券及び固定資産に係る譲渡損は，他の有価証券及び固定資産に係る譲渡利益と通算した上で収入金額を計算することになる。

また，有価証券及び固定資産の売却に係る収入金額と実質的に同一の性格を有する次の金額も，上記の総収入金額に係る特段の取扱い（売却利益のみを総収入金額に含める取扱い）が適用される（基通16−3−33）。

① 固定資産の交換の場合の交換取得資産の価額及び交換取得資産とともに取得した交換差金等の額

② 収用等の特例の適用を受ける補償金，清算金，代替資産，交換取得資産の価額

なお，収用等の場合に交付を受ける収益補償金，経費補償金等は，その全額を総収入金額に含めることになる。

③ 特定の資産を交換した場合の圧縮記帳の特例の適用上，時価により譲渡したものとみなされる交換譲渡資産の価額

④ 借地権の譲渡対価の額

⑤ 借地権の設定等に伴って収受する権利金等の金額で，その設定等が令第138条第1項の規定に該当する場合

3　次のような内部取引による益金は収入金額ではないので，総収入金額には含まれない（基通16−3−32）。

① 引当金，準備金及び特別勘定の洗替え，取崩し等による益金算入額

② 資産の評価替え又は資産評定による評価益の益金算入額

③ 保険差益に係る特別勘定その他の特別勘定の益金算入額

第 2 章　内国法人における一般的な外国税額控除

④　圧縮記帳をした買換資産をその取得の日から 1 年以内に事業の用に供さなかったこと等による益金算入額

　　ただし，生命保険事業及び損害保険事業を主として営む法人については，総収入金額の算定に当たり，特段の規定（規則29①②）が設けられており，これにより責任準備金の戻入額の加算，責任準備金・支払準備金の繰入額の減算等を行い，総収入金額の調整を行うことになる。

4　擬制的所得率の算定方法は，その法人の営む主たる事業によって異なることとなるが，法人の営む主たる事業が上記表のいずれの事業に該当するかは，おおむね日本標準産業分類を基準に判定することになる。また，法人が 2 以上の事業を兼営している場合において，その 2 以上の事業のうちいずれの事業が主たる事業であるかの判定については，それぞれの事業の収入金額，所得金額の状況，使用人の数等，その事業の規模を表す事実を総合的に勘案して判定することとなる（基通16- 3 -29）。

5　外国税額控除の適用を受けた事業年度後の事業年度において，収入金額の計上洩れ等により適用事業年度の擬制的所得率又は利子収入割合（上記表 2 の ⅲ の左欄の算式で求めた割合。以下同じ。）に異動が生じ，これにより控除対象外国法人税額に異動が生じた場合には，その異動後の控除対象外国法人税額（再計算後の控除対象外国法人税額）に基づいて，適用事業年度に遡って，税額控除額の修正を行う必要が生じることとなる（基通16- 3 -30）。

6　金融業，金融商品取引業，生命保険事業又は損害保険事業以外の事業を主として営む法人については，利子収入割合が高い場合（20％以上である場合）に限って，利子等に係る外国源泉税の高率負担部分（課税標準の10％又は15％を超える部分）の判定を行う必要があることとされている（令142の 2 ②四かっこ書）。

　　この場合，売上総利益の額の合計額は，次の算式により求めることとされている（規則29③）。

$$\frac{\text{納付事業年度及び前 2 年内事業年度の棚卸資産}}{\text{の販売又はそれ以外の事業の収入金額の合計額}} - \frac{\text{納付事業年度及び前 2 年内事}}{\text{業年度の売上総原価の合計額}}$$

　　なお，この算式は，売上総利益を算出するためのものであるから，棚卸資産の販売に係る契約が解除されたことにより収受する違約金のように，偶発的な損害の補填という損害賠償金的な性質を有するものは，「棚卸資産の販売の収入金額」には含まれないものとされ（基通16- 3 -34），営業外損益及び特別損益に属する収入金額は，それ以外の事業の収入金額には含まれないものとされている（基通16- 3 -35）。

設例　**利子等に係る高率負担部分の外国源泉税の計算例**

　次表の前提等のような状況で，利子等（法第69条第 4 項第 6 号及び第 8 号（国外源泉所得）に掲げる国外源泉所得をいう。）に係る高率負担部分の外国源泉税と，その利子等に係る控除対象外国法人税額の計算例を示すと，次のようになる。

前提等	ⅰ　金融業を営む内国法人Ａは，今期（自Ｘ1年4月1日至Ｘ2年3月31日）において，次のⅱに掲げる利子収入に対してそれぞれ右欄に掲げる外国税額控除の対象とすべき外国源泉税を納付している。 ⅱ　利子収入と外国源泉税 | 利子収入の内容	利子の収入金額	外国源泉税
---	---	---
Ｂ国の企業に対する貸付金の利子収入	4,500	450
Ｃ国の国債の利子収入	15,000	1,000
Ｄ国の社債の利子収入	7,500	1,000	 ⅲ　内国法人Ａの3年間における擬制的所得率（前記の表2を参照）は，9％である。 ⅳ　円換算レートは全て100円とし，外国源泉税の税率は租税条約による限度税率と仮定する。
解説	内国法人Ａの擬制的所得率が9％であるので，上記ⅱの表の外国源泉税がそれぞれの利子収入に対して10％を超えている場合には，その超えている部分が高率負担部分の外国源泉税ということになり，この部分を除外したものが利子等に係る控除対象外国法人税額の合計額となる。 ⅰ　貸付金の利子収入に係る外国源泉税 　　　4,500（利子収入）×10％＝450＝450（外国源泉税） 　　→　高率負担部分はなく450が控除対象外国法人税額となる。 ⅱ　国債の利子収入に係る外国源泉税 　　　15,000（利子収入）×10％＝1,500＞1,000（外国源泉税） 　　→　高率負担部分はなく1,000が控除対象外国法人税額となる。 ⅲ　社債の利子収入に係る外国源泉税 　　　7,500（利子収入）×10％＝750＜1,000（外国源泉税） 　　→　高率負担部分は250（1,000－750）であり，750が控除対象外国法人税額となる。 ⅳ　利子等に係る控除対象外国法人税額の合計額 　　上記の結果，利子等に係る控除対象外国法人税額の合計額は，220,000円となる。 　　　（450×100円）＋（1,000×100円）＋（750×100円）＝220,000円

②　高率負担の外国法人税額の判定単位

　上記①のように，高率負担部分は外国法人税の額から除外する必要があるが，この場合，納付外国法人税の額のうちに高率負担部分があるかどう

第2章　内国法人における一般的な外国税額控除

かの判定は，一の外国法人税ごとに，かつ，その外国法人税の課税標準ご
とに判定することになる（基通16－3－22）。したがって，同一の所得に
対して別個の税としての国税と地方税が併課される場合には，それぞれ国
税，地方税の別に高率負担部分の判定を行うことになる。

　ところで，外国税額控除は，予定納付等をした外国法人税であっても，
その納付が確定した時点で外国税額控除の対象とし，その後，確定申告等
により確定する外国法人税についても，その確定申告等の時点で納付が確
定する部分のものについては，重畳的にその時点で外国税額控除の対象と
するということも可能である（前記4(1)の②を参照）。そのため，このよ
うな重畳的な控除を実施した場合の高率負担部分の判定方法（個々に判定
するか否か）が問題となるが，これについては，次のように取り扱うこと
とされている（基通16－3－23）。

　すなわち，予定納付等に係る外国法人税は，確定外国法人税額に対する
一種の前払金又は仮払金としての性質を有するものであることから，その
外国法人税が35％を超える高率で課税されているのかどうかという判定を
この前払い又は仮払いの時点で行うのは適当でないこと等から，その判定
については，予定納付等の時点では行わず，確定申告等の時点で，予定納
付等をした外国法人税の額（適格合併等により事業の全部又は一部の移転
を受けている場合にあっては，適格合併等に係る被合併法人等がその事業
に係る所得に基因して予定納付等をした外国法人税のうち法第69条第1項
の規定を適用したものを含む。）を控除する前の金額で一括して行うこと
とされている（基通16－3－23）。

　このような場合の予定納付を含めた高率負担部分の取扱いを例示すれ
ば，次のようになる。

62

5 控除対象外国法人税額の意義等

> **設例** **高率負担部分と制度適用の諸手続との関係**
>
> 次表の前提等のような状況で高率負担部分が算定された場合の取扱い
> を具体的に示すと，次のようになる。

前提等	ⅰ 確定申告等により追加的に納付することとなった税額（確定申告等により確定した税額150で，予定納付等により納付した税額120）……30 （150－120＝30） ⅱ ⅰのうち租税公課として損金算入する額 ……30 ⅲ 確定申告等により確定した税額150のうち高率負担部分（35％超の部分）……45 ⅳ 控除対象外国法人税額の減額とみなされるもの（ⅲ－ⅰ）……15
解説	上記の場合，ⅲ＞ⅰ（45＞30）であり，確定申告等の時点で高率負担部分45が発生するのみで，追加的な控除対象外国法人税額は発生しないため（「150－45＝105」＜120），新たに外国税額控除の適用対象とするもの（損金不算入とするもの）は発生しない。 　反面，ⅲ＞ⅰであるため，予定納付等の時点で控除対象外国法人税額とした120のうちの15について減額という問題が発生する。 　この減額されたとみなされる控除対象外国法人税額（上記のⅳ）の「15」は，確定申告等の時点での外国税額控除においてその他の控除対象外国法人税額から控除する等，令第147条《外国法人税が減額された場合の特例》の規定を適用するとともに（後記の7 (3)を参照），損金の額に算入することになる（基通16－3－23の注書）。

③　外国法人税額が増減した場合の調整

次に，外国法人税額に異動が生じ，その税額の増減額が課税標準額の増減額と同じ比率で異動しない場合には，当初に算出した高率負担部分の金額にも異動が生じることとなるため，高率負担部分の再計算等を行わなければならないことになる。

これについては，外国法人税が増額した場合の再計算等においては法第69条の規定（後記7 (2)を参照）を適用し，減額された場合の再計算等においては令第147条《外国法人税が減額された場の特例》の規定（後記7

(3)を参照）を適用するということになるが，取扱いの概要は次のイから
ニまでのとおりである。

　なお，適格合併等により事業の全部又は一部の移転を受けている場合に
あっては，その適格合併等による被合併法人等がその事業に係る所得に基
因して納付した外国法人税額について，この規定の適用を受けた場合も含
まれる（基通16－3－26）。

イ　増加した控除対象外国法人税額（外国税額控除の対象とされない高率
　負担部分を除外した後の外国法人税の額）が納付（増加）することと
　なった外国法人税の額以下である場合

　(イ)　納付（増加）することとなった外国法人税の額のうち増加した控除
　　対象外国法人税額に相当する金額は，外国税額控除の対象とし，損金
　　の額に算入しない。

　(ロ)　納付（増加）することとなった外国法人税の額のうち高率負担部分
　　は，損金の額に算入し，外国税額控除の対象とはしない。

ロ　増加した控除対象外国法人税額が納付（増加）することとなった外国
　法人税の額を超える場合

　(イ)　増加した控除対象外国法人税額のうち納付（増加）することとなっ
　　た外国法人税の額に相当する金額は，外国税額控除の対象とし，損金
　　の額に算入しない。

　(ロ)　増加した控除対象外国法人税額のうち納付（増加）することとなっ
　　た外国法人税の額に相当する金額を超える部分の金額は，外国税額控
　　除の対象とし，益金の額に算入する。

ハ　減少した控除対象外国法人税額が還付を受けることとなった（減少す
　る）外国法人税の額以下である場合

　(イ)　還付を受けることとなった（減少する）外国法人税の額のうち減少
　　した控除対象外国法人税額に相当する金額は，外国税額控除の対象と
　　し，益金の額に算入しない。

　(ロ)　還付を受けることとなった（減少する）外国法人税の額のうち高率

負担部分は，外国税額控除の対象とせず益金の額に算入する。

ニ 減少した控除対象外国法人税額が還付を受けることとなった（減少する）外国法人税の額を超える場合

(イ) 減少した控除対象外国法人税額のうち還付を受けることとなった（減少する）外国法人税の額に相当する金額は，外国税額控除の対象とし，益金の額に算入しない。

(ロ) 減少した控除対象外国法人税額のうち還付を受けることとなった（減少する）外国法人税の額に相当する金額を超える部分の金額は，外国税額控除の対象とし，損金の額に算入する。

(3) 通常行われる取引と認められない取引に係る外国法人税の額

内国法人が通常行われる取引と認められない次の①及び②のような取引に基因して生じた所得に対して課される外国法人税を納付することとなる場合には，外国税額控除の対象から除くこととされている（法69①，令142の2⑤）。

① 内国法人が，その内国法人が金銭の借入れをしている者又は預入を受けている者と特殊の関係のある者に対して，その借入れ又は預入の金銭の額に相当する額の金銭の貸付けをする取引

なお，この場合の取引は，その貸付けに係る利率その他の条件に比べて，特に有利な条件であると認められる場合に限られる。

② 貸付債権その他これに類する債権を譲り受けた内国法人が，その債権に係る債務者（内国法人に対してその債権を譲渡した者と特殊の関係にある者に限られる。）からその債権に係る利子の支払を受ける取引

なお，この場合の取引は，内国法人が譲渡者に対し，その債権から生ずる利子のうち譲渡者がその債権を有していた期間に対応する部分の金額を支払う場合において，その支払う金額が，次のイ及びロに掲げる額の合計額に相当する額であるときに限られる。

イ 債権から生ずる利子の額から債務者が住所又は本店若しくは主たる

第2章　内国法人における一般的な外国税額控除

事務所を有する国又は地域において内国法人がその利子につき納付した外国法人税の額を控除した額のうち，譲渡者がその債権を所有していた期間に対応する部分の額

ロ　利子に係る外国法人税額のうち，譲渡者がその債権を所有していた期間に対応する部分の額の全部又は一部に相当する額

なお，この外国法人税額には，令第142条の2第3項《控除対象外国法人税額とされないもの》に規定するみなし納付外国法人税の額が含まれる。

㊟　上記①及び②における「特殊の関係のある者」とは，次の者をいう（令142の2⑥）。

ⅰ　令第4条《同族関係者の範囲》に規定する個人又は法人

ⅱ　次に掲げる事実その他これに類する事実が存在することにより，二の者のいずれか一方の者が他方の者の事業の方針の全部又は一部につき実質的に決定できる関係にある者

　　a　他方の者の代表権限を有する役員又は役員の2分の1以上が，一方の者の役員若しくは使用人を兼務している者又は一方の者の役員若しくは使用人であった者であること

　　b　他方の者がその事業活動の相当部分を一方の者との取引に依存して行っていること

　　c　他方の者がその事業活動に必要とされる資金の相当部分を一方の者の借入れにより又は一方の者の保証を受けて調達していること

ⅲ　その者の内国法人に対する債務の弁済につき，その内国法人が金銭の借入れをしている者，預入を受けている者等が保証をしている者

(4) 我が国において所得を構成しないものに対する外国法人税の額

次の①から⑤までの税額は，外国税額控除の対象とされる外国法人税の額から除外されている。

なお，このうち①，④及び⑤は，我が国では課税所得を構成しないものに対する税額であり，②は，我が国では課税権を行使しない二次調整に係るみなし課税の税額で我が国の法人税額に相当しないと考えられるからである。また，③は，外国子会社から受ける配当等の益金不算入制度（法23の2）の適用対象となるもの（我が国では課税をしないもの）に係る外国

源泉税額であるため，国際的二重課税は調整済みであるとして，外国税額
控除の適用を認めないとするものである。

①　資本の払戻し等の場合の税額

　法第24条第1項各号《配当等の額とみなす金額》に掲げる事由により交
付を受ける金銭の額及び金銭以外の資産の価額に対して課される税額（交
付の基因となった株式又は出資の取得価額を超える部分の金額に対して課
される部分を除く。）（令142の2⑦一）

②　相互協議による対応的調整（みなし配当）の場合の税額

　移転価格課税において，相互協議の結果，我が国の内国法人に減額更正
を行う場合において，相手国の居住者等（我が国における非居住者又は外
国法人で，租税条約の規定により我が国以外の居住者又は法人とされるも
のをいう。）に支払わなければならない金額に対し，これを配当等の額と
みなして課される税額（令142の2⑦二）

③　外国子会社からの益金不算入配当の場合の税額

　外国子会社から受ける剰余金の配当等を課税標準として課される外国法
人税の額で，益金不算入制度（法23の2）の対象となる外国子会社から受
ける剰余金の配当等の額（損金算入配当などの益金不算入制度の適用除外
部分を除く。③において同じ。）に係る外国法人税の額（剰余金の配当等
の額の計算の基礎となった外国子会社の所得のうち内国法人に帰せられる
ものを課税標準として内国法人に対して課される外国法人税の額を含む。）
で同制度の適用を受けるもの（法23の2①～③，令142の2⑦三，基通16
－3－36の2）

　なお，同制度の適用を受けた外国子会社であるかどうかによって，その
外国源泉税額に係る外国税額控除の適用が左右されるわけではない。

(注)1　上記の「外国法人税の額」には，かっこ書で記載されているように「内国法人に

第2章　内国法人における一般的な外国税額控除

帰せられるものを課税標準として内国法人に対して課される外国法人税の額」が含まれることとされているが，これは，例えば，その外国子会社の所在地国でいわゆるパス・スルー課税が適用される事業体で，我が国においては外国法人に該当するものの所得のうち，その所在地国において構成員である内国法人に帰せられるものとして計算される金額に対して課される外国法人税の額が含まれるということである（基通16－3－36）。

2　その剰余金の配当等の額が，その外国子会社の所得金額の計算上損金の額に算入されるものである場合や，自己株式等の取得に係るみなし配当（我が国の法人税法上の「みなし配当」となる部分に限る。）である場合のように，益金不算入の対象外とされる金額であるとき（法23の2②）は，この剰余金の配当等に係る外国源泉税額は，外国税額控除の対象となる（令142の2⑦三）。

[参考]

外国子会社配当益金不算入制度の下では，益金不算入となる剰余金の配当等の額に係る外国源泉税額は，その益金不算入の適用により既に国際的二重課税は調整されているので，外国税額控除の適用を受けることはできないとされている（法69①，令142の2⑦三）。一方，その外国源泉税額の所得計算上の取扱いは，外国子会社配当益金不算入制度によってその収益である配当等の額を益金不算入とするのであるから，費用と収益の対応という考え方から，課税対象から除外される収益を得るために要する費用も損益（実際には損金の額）から除外する必要があるとして，これを損金不算入にするという整理がされている（法39の2）。

④　国外事業所等と本店等との間の内部取引等につき課される外国法人税の額

国外事業所等から本店等への支払について，その国外事業所等の所在する国又は地域においてその支払金額を課税標準として課される外国法人税の額（令142の2⑦四）

⑤　更正処分等に伴い，配当等の支払とみなされたもの等に課される外国法人税の額

内国法人が株主等である外国法人に対する更正又は決定に相当する処分（課税標準等又は税額等に係るもので，その内国法人との間の取引に係るものを除く。）が行われたことによる次のもの（令142の2⑦五）

イ　増額されたその外国法人の所得金額相当額を内国法人に対する配当等の支払とみなして，その外国法人の本店等の所在地国において課さ

68

れる外国法人税額

ロ　他の者の所得の金額に相当する金額に対し，これを内国法人（その内国法人と当該他の者との間に関連者関係（規則29の２）がある場合におけるその内国法人に限る。）の所得の金額とみなして課される外国法人税額（中間介在の外国子法人は存在しないものとみなして課される税などの額）

⑥　実質的に支払金額等に対して課される外国法人税の額

内国法人の国外事業所等所在地国において外国支店等に課される外国法人税額（他の外国法人税の課税標準となる所得となる金額に，関連者及び本店等に対する利子等の支払金額などを加算すること等の調整を加えて計算される所得の金額を課税標準として課される外国法人税で，その税額計算において当該他の外国法人税の額等を控除することとされている追加の外国法人税の額）で，当該他の外国法人税の課税標準となる所得の金額に相当する金額に係る部分を除くもの（令142の２⑦六）

(5)　その他の適用除外となる外国法人税の額

その他の適用除外となる外国法人税の額には，次の①及び②がある。

次の①は，外国子会社合算税制及びコーポレート・インバージョン対策合算税制に関するものであるが，合算課税の対象となる特定外国関係会社，対象外国関係会社又は特定外国法人から配当を受けた場合には，その配当に課税すると二重課税が生じる（適用対象金額の計算上，支払配当を控除しないで合算所得を計算する）ことから，過去に合算課税された金額がある場合，この金額の範囲内で配当を受けた内国法人において，益金不算入として配当課税をしないこととされている（措法66の８①，66の９の４①）。

このため，上記(4)③の外国子会社から受ける配当等の益金不算入制度（以下この(5)において「配当益金不算入制度」という。）の適用対象とな

る剰余金の配当等と同様，合算課税の規定の適用を受ける部分の金額（剰余金の配当等の額）には二重課税が生じないものとして外国税額控除の対象としないこととし，外国法人税の額から除外している（令142の2⑧）。

また，次の②については，現地で課された外国法人税の額が租税条約の限度税率を超えて課税されたものであるときは，その限度税率超過部分の課税は最終的に解消されることになることから，外国税額控除の対象外とするのである。

① **合算税制の対象となった外国法人から受ける益金不算入の配当等**

次のような外国法人税の額が，これに当たることになる。

イ　外国子会社合算税制又はコーポレート・インバージョン対策合算税制の対象となった外国法人（配当益金不算入制度の対象法人である外国子会社を除く。）から受ける剰余金の配当等の額（その外国法人に係る合算課税の規定の適用を受ける部分の金額に限る。）に係る外国法人税の額で，剰余金の配当等の額及び合算税制により益金不算入とされるものを課税標準として課されるもの（令142の2⑧一，三）

ロ　外国子会社合算税制又はコーポレート・インバージョン対策合算税制の対象となった外国法人から受ける剰余金の配当等の額（配当益金不算入制度の規定の適用を受ける部分の金額のうち，合算課税の規定の適用を受ける部分の金額に限る。）に係る外国法人税の額で，剰余金の配当等の額及び合算税制により益金不算入とされるものを課税標準として課されるもの（令142の2⑧二，四）

② **租税条約の限度税率超過部分等**

我が国が租税条約を締結している相手国等において課される外国法人税の額のうち，その租税条約の規定（その外国法人税の軽減又は免除に関する規定に限る。）により条約相手国等において課することができることとされる額を超える部分に相当する金額又は免除することとされる額に相当

する金額（令142の2⑧五）

㊟　我が国の税法では，外国法人や非居住者に対して利子，配当，使用料等の支払をする場合，あらかじめ一定の書式による届出書を提出させて租税条約に定める限度税率により所得税の源泉徴収をすることになっており（実特法3の2，実特規2），これと同じ課税方式を採っている外国から支払を受ける利子，配当，使用料等については，原則として租税条約上の制限税率を超える税率で課税をされることはない。しかしながら，国によっては，利子，配当，使用料等の支払段階ではいったん国内法の税率により源泉徴収をしておいて，その後一定の申請書等を提出させて条約締結国の居住者であることを確認した上で，後日，制限税率超過部分を還付するという方式を採っている国がある。

　上記②本文の取扱いは，後者の課税方式を採っている国との間の租税条約であっても，限度税率に関する規定は，両当事国が利子，配当，使用料等の投資所得に対する課税権の配分（制限）につき合意をし，最終的にこの限度税率を超える課税は行わないという合意があると解されていることから，限度税率超過部分の金額を居住地国において税額控除の対象とすべきではない，ということを理由とするものである。

　例えば，使用料の支払の際に源泉徴収された外国法人税の額のうちの限度税率超過部分の金額は，外国税額控除の対象とはならず，法第41条《法人税額から控除する外国税額の損金不算入》の規定により損金不算入とされることはないため，その使用料の支払日の属する事業年度の損金の額に算入されることになる。なお，この限度税率超過部分について，後日その部分が還付されることとなった場合には，その還付されることとなった日の属する事業年度に益金の額に算入することになる（国税庁の質疑応答事例「租税条約に定める限度税率を超える外国法人税の額の取扱い」）。

第2章　内国法人における一般的な外国税額控除

6　控除限度額の計算方法

(1) 控除限度額の意義とその概要

　外国法人税の法人税額からの控除については，各国における租税負担率に差異があるため，無条件に外国で納付した法人税額の全額を控除することは適当ではない。すなわち，外国における税負担が我が国の税負担より重いときは，外国税額の全額を控除すると，国際的二重課税の排除という趣旨を超えて，我が国に納付すべき租税をその差額だけ減少させる結果となるからである。

　したがって，各事業年度における法人税額からの控除は，我が国の実効税率を考慮し，原則として「各事業年度において納付の確定した控除対象外国法人税額」と「外国法人税額の納付の確定した日を含む事業年度の所得金額に対して課される我が国の法人税額のうち国外所得金額に対応するものとして計算した金額」のうちのいずれか低い金額を限度にするということになる（法69①，令142①）。

　これが，外国税額控除制度における控除限度額の設定の意義である。

①　各事業年度において納付の確定した控除対象外国法人税額

　原則として，その事業年度中に納付の確定した外国法人税（詳細は，前述の「3　外国法人税の意義」を参照）が控除の対象とされる。ここで納付の確定した税額とは，現実に租税の納付義務の確定したものをいい，納付の確定があったかどうかは，現地における租税に関する法令の規定により判定することとされ，それが明確でない場合には，我が国の法令（国税通則法）に準じて取り扱われることになる。

　ただし，実際には，種々の技術的な問題などもあり，制度の趣旨に反しない範囲で前述の「4(1)　外国税額控除の適用時期」のような弾力的な取扱いが認められることになっている。

72

② 外国法人税額の納付の確定した日を含む事業年度の所得金額に対して課される我が国の法人税額のうち国外所得金額に対応するものとして計算した金額

　国外所得金額は必ずしも一つの外国に限定されないため，その計算は，次の算式のように全ての外国についてまとめて計算することとされている（令142）。この方式を，「一括限度額方式」と呼んでいる。

$$\begin{array}{l}\text{外国税額控除} \\ \text{の当期の控除} \\ \text{限度額}\end{array} = \begin{array}{l}\text{各事業年度の所得} \\ \text{に対する我が国の} \\ \text{法人税額}\end{array} \times \dfrac{\begin{array}{c}\text{各事業年度の} \\ \text{調整国外所得金額}\end{array}}{\begin{array}{c}\text{各事業年度の所得金額} \\ \text{（全世界の所得金額）}\end{array}}$$

　なお，その法人の各事業年度における所得金額，調整国外所得金額，法人税額及び外国税額控除限度額の関係をイメージで示すと，次のようになる。

「外国税額控除限度額」の概要図

　国外源泉所得の中に非課税とされるもの（非課税国外源泉所得）がある場合における外国税額控除限度額の概要を図示すると，次のようになる。

　また，上記の外国税額控除限度額を計算する場合に使用される各々の用語の意義等は，次の(2)から(4)のとおりである。

第2章　内国法人における一般的な外国税額控除

(2) 各事業年度の所得に対する我が国の法人税額の意義等

　上記(1)②の算式中の「各事業年度の所得に対する我が国の法人税額」
は，次に掲げるⅰからⅶまでの規定を適用しないで計算した場合の法人税
の額とされ，附帯税の額を除くものとされている（令142①）。

　なお，次のⅰからⅶまでに掲げられていない租税特別措置法等による各
種の税額控除等の規定の適用がある場合には，その特別措置による税額控
除等の適用後の法人税額となる。

ⅰ　法第67条《特定同族会社の特別税率》の規定

ⅱ　法第68条《所得税額の控除》の規定

ⅲ　法第69条《外国税額の控除》の規定

ⅳ　法第70条《仮装経理に基づく過大申告の場合の更正に伴う法人税額の
　　控除》の規定

ⅴ　措置法第62条第1項《使途秘匿金の支出がある場合の課税の特例》の
　　規定

ⅵ　措置法第62条の3第1項及び第9項《土地の譲渡等がある場合の特別
　　税率》の規定

ⅶ　措置法第63条第1項《短期所有に係る土地の譲渡等がある場合の特別
　　税率》の規定

(3) 各事業年度の所得金額（全世界の所得金額）の意義等

　上記(1)②の算式中の「各事業年度の所得金額」（分母）は，次に掲げる
規定を適用しないで計算した場合のその事業年度の所得金額をいう（令
142②）。

　すなわち，控除限度額の計算は，当期の法人税額のうちの国外源泉所得
に対応する部分を求める計算であるため，各事業年度の所得を区分して考
察するという必要性に基づき，次のような過去の欠損金等は除外すること
になっている。

ⅰ　法第57条及び第58条《欠損金及び災害による損失金の控除》

74

ⅱ 法第64条の4《公益法人等が普通法人に移行する場合の所得の金額の計算》

ⅲ 措置法第59条の2《対外船舶運航事業を営む法人の日本船舶による収入金額の課税の特例》

ⅳ 措置法第67条の12及び第67条の13《組合事業等による損失がある場合の課税の特例》の規定

(注) 措置法第67条の12及び第67条の13は，平成17年度税制改正で特定の組合事業に係る損失の先行計上を認めない措置として導入されたものであるが，この措置による所得調整は国内源泉分と国外源泉分に区分することの困難さを考慮し，その所得調整をしないで控除限度額計算上の所得金額を計算することとされた。

(4) 各事業年度の調整国外所得金額の意義等

① 概要

上記（1）②の算式中の「各事業年度の調整国外所得金額」（分子）は，次に掲げる規定を適用しないで計算した場合のその事業年度の国外所得金額から非課税国外所得金額（次の②を参照）を控除した金額をいい，その事業年度の所得金額の90％を上限とした金額とされる（令142③）。

(注) 国外所得金額の具体的内容については，後述の「(5)③　調整国外所得金額の計算」を参照。

ⅰ 法第57条及び第58条《欠損金及び災害による損失金の控除》

ⅱ 法第64条の4《公益法人等が普通法人に移行する場合の所得の金額の計算》

ⅲ 措置法第59条の2《対外船舶運航事業を営む法人の日本船舶による収入金額の課税の特例》

ⅳ 措置法第67条の12及び第67条の13《組合事業等による損失がある場合の課税の特例》の規定

なお，調整国外所得金額の範囲をイメージで示すと，次のようになる。

第2章　内国法人における一般的な外国税額控除

「調整国外所得金額」の概要図

国外源泉所得の中に非課税とされるもの（非課税国外源泉所得）がある場合における調整国外所得金額の概要を図示すると，次のようになる。

全世界所得　　国内源泉所得　　非課税国外源泉所得
　　　　　　　　　　　　　　　　　国外源泉所得
益金の額
（A）　　　　　　　　　　　　　　▶調整国外所得金額
損金の額　　　　　　　　　　　　国外源泉所得に係る所得金額
（B）　　　　　　　　　　　　　（非課税国外源泉所得分は除外）
所得金額
（A－B）
　　　　　　　　　　　　　　　　90％のチェック
　　　　　　　　　　　　　　　（全世界所得の90％が上限）

---

② 非課税国外所得金額の除外

　調整国外所得金額の計算においては，国外源泉所得のうちに外国法人税が課されない国外源泉所得がある場合には，その外国法人税が課されない国外源泉所得に係る所得の金額を国外源泉所得金額から控除する必要がある（令142③）。

イ 外国法人税が課されない国外源泉所得の意義

　外国法人税が課されない国外源泉所得の意義は，次のとおりである（令142④）。

(イ)　内国法人の国外事業所等を通じて行う事業に帰せられる国外源泉所得の場合

　　国外源泉所得を生じた国又は地域及び国外事業所等の所在する国又は地域の双方がその国外源泉所得につき「外国法人税を課さないこととしていること」との要件を満たす国外源泉所得をいう。例えば，貸付金の債務者の所在地（源泉地国）でその貸付金に係る利子に対して課税が行われず，かつ，債権者である国外事業所等の所在地国でもその受領した利子に課税が行われないような場合のその利子（国外源泉所得）が該当することとなる。

76

㈹　上記㈤に掲げる国外源泉所得以外の国外源泉所得の場合

　国外源泉所得を生じた国又は地域（源泉地国）がその国外源泉所得につき「外国法人税を課さないこととしていること」との要件を満たす国外源泉所得をいう。

　なお，上記㈤及び㈹にいう「外国法人税を課さないこととしていること」の意味は，その外国が制度上その国外源泉所得に対して外国法人税を課することとしていないことをいうのであって，例えば，外国支店の所得が赤字であるが故に法人税の納付がない場合，つまり，仮に黒字であれば法人税の課税があるような場合には，「外国法人税を課さないこととしていること」には当たらない。また，「外国法人税を課さないこととしていること」には，租税条約等の規定により外国法人税が課されないこととされている場合（みなし納付外国法人税額控除の適用がある場合を除く。）は含まれる（基通16－3－21）。

ロ　国外所得金額を計算する場合の共通費用の額の配分

　調整国外所得金額を計算する場合において，外国法人税が課されない国外源泉所得があるときには，国外源泉所得に係る所得の金額の計算上の損金の額に配分される共通費用の額を，合理的な基準によって「外国法人税が課されない国外源泉所得に係る所得」と「それ以外の国外源泉所得に係る所得」のそれぞれの金額の計算上の損金の額として配分する必要がある（令142⑤）。

③　国外所得金額の制限

　調整国外所得金額の計算においては，上記②による非課税国外所得金額の除外後の国外所得金額が，上記(3)の各事業年度の所得金額（全世界の所得金額）の90％に相当する金額を超える場合には，その90％に相当する金額が国外所得金額とされる（令142③）。これは，我が国に本社を置いている以上は，少なくとも全世界所得のおおむね10％程度は我が国の本社等の貢献により発生したものとみることが妥当であるとの考えに基づくもの

77

第2章　内国法人における一般的な外国税額控除

である。

(注)　上記の90％の制限の規定は，昭和63年12月の税制の抜本的改革の一環として導入されたものである。当初は，国外使用人割合を使用した90％制限の緩和措置（特例）が設けられていたが，この特例は，ごく限られた特定の法人のみが恩典を受けるもので適当ではないと考えられ，制度の適正化の観点から平成23年12月の税制改正において廃止されている。

(5) 各事業年度の調整国外所得金額の計算

① 国外源泉所得

イ　国外源泉所得の範囲

　　外国税額控除の控除限度額の計算における国外所得金額の計算の基礎となる国外源泉所得は，次に掲げるものをいう（法69④）。

(イ)　国外事業所等帰属所得

a　国外事業所等帰属所得の概要

　　　この国外源泉所得は，内国法人が国外事業所等を通じて事業を行う場合において，その国外事業所等がその内国法人から独立して事業を行う事業者であるとしたならば，その国外事業所等が果たす機能，その国外事業所等において使用する資産，その国外事業所等とその内国法人の本店等との間の内部取引その他の状況を勘案した場合に，その国外事業所等に帰せられることとなるべき所得（その国外事業所等の譲渡により生ずる所得を含み，国際運輸業所得に該当するものを除く。以下「国外事業所等帰属所得」という。）をいうものとされている（法69④一，令145の2）。

(注)　上記の「国外事業所等」とは，我が国が租税条約（条約相手国等内にある恒久的施設に相当するものに帰せられる所得に対して租税を課することができる旨の定めのあるものに限る。以下同じ。）を締結している相手国等については，その租税条約の相手国等内にあるその租税条約に定める恒久的施設に相当するものをいう。外国居住者等の所得に対する相互主義による所得税等の非課税等に関する法律の適用を受ける外国についてはその法律に定める国内事業所等に相当するものをいい，その他の国等についてはその国等にある恒久的施設に相当するものをいう（法69④一，令145の2①）。

78

なお，内国法人の国外事業所等が複数ある場合には，それぞれの国外事業所等ごとに国外事業所等帰属所得を認識し，その計算を行うことになる。また，国外事業所等とは恒久的施設に相当するものであるため，同一国に複数の事業活動の拠点が所在する場合には，その同一国の複数の拠点の集合を１つの国外事業所等として国外事業所等帰属所得を計算することになる（基通16－３－９の２）。

ところで，2010年改正後のモデル租税条約７条では，恒久的施設帰属所得について，①恒久的施設の果たす機能及び事実関係に基づいて，外部取引，資産，リスク，資本を恒久的施設に帰属させ，②恒久的施設と本店等との内部取引を認識し，③その内部取引が独立企業間価格で行われたものとして，恒久的施設帰属所得を算定するアプローチ（Authorised OECD Approach, 以下「AOA」という。）に従って算定することが義務付けられているところであり，我が国もモデル租税条約が目指す二重課税及び二重非課税の排除の実現を進めていくために，内国法人の国外事業所等帰属所得についても，外国法人の国内の恒久的施設帰属所得と同様に，内国法人の本店等と国外事業所等との間の内部取引を認識する等をして国外事業所等帰属所得の算出を AOA に従って行うこととしている。

b　国外事業所等帰属所得に係る内部取引の範囲

上記 a における内部取引とは，原則として，内国法人の国外事業所等と本店等との間で行われた資産の移転，役務の提供その他の事実で，独立の事業者の間で同様の事実があったとしたならば，これらの事業者の間で，資産の販売，資産の購入，役務の提供その他の取引が行われたと認められるものをいう（法69⑤）。

内国法人の本店等とは，その内国法人の本店，支店，工場その他これらに準ずるものであってその国外事業所等以外のものをいい（法69④一），その内国法人の国外事業所等以外の全ての部分を示す言葉である。

（注）　上記の「その他これらに準ずるもの」とは，次に掲げるものをいう（令145の2②）。
　　　i　法第2条第12号の19イに規定する事業を行う一定の場所に相当するもの
　　　ii　法第2条第12号の19ロに規定する建設・据付工事又はその指揮監督の役務提供を行う場所に相当するもの
　　　iii　法第2条第12号の19ハに規定する自己のために契約を締結する権限のある者に相当する者
　　　iv　iからiiiまでに掲げるものに準ずるもの

c　特定の内部取引

i　債務保証・再保険等

　　AOAでは，恒久的施設はその法人の一構成部分でありその法人全体と同一の信用力を有しているとの考え方に基づいて，恒久的施設と本店等との間の内部債務保証を内部取引として認識しないこととされている。また，AOAでは恒久的施設と本店等との間の再保険については，恒久的施設と本店等との間での保険リスク管理機能の移管であるとした上で，このような機能は保険会社の重要な起業家的リスク引受機能に該当しないため，機能の移管によって保険リスクは移転せず，内部再保険は認識しないとされている。

　　このようなAOAの考え方を踏まえ，独立の当事者間で行われる資金の借入れに係る債務の保証，保険契約に係る保険責任についての再保険の引受けその他の取引に係る債務の保証（債務を負担する行為であって債務の保証に準ずるものを含む。）といった種類の取引については，恒久的施設と本店等の間の内部取引においては認識しないこととされている（法69⑤，令145の14）。

ii　内部利子及び内部使用料等

　　内国法人の国外事業所等帰属所得を算定する場合において，その内国法人の国外事業所等が，租税条約（国外事業所等帰属所得に対して租税を課することができる旨の定めがあるものに限るものとし，内部取引から所得が生ずる旨の定めのあるものを除く。）

の相手国等に所在するときは，その内部取引には，その内国法人の国外事業所等と本店等との間の利子（手形の割引料等の経済的な性質が利子に準ずるものを含む。）の支払に相当する事実（一定の金融機関等に該当する内国法人の国外事業所等と本店等との間の利子の支払に相当する事実を除く。）その他一定の事実は，含まれないものとされる（法69⑦，令145の15，基通16－3－46）。

　　㊟　上記の「一定の金融機関等」とは，金融機関，農水産業協同組合，保険会社，㈱日本政策投資銀行又は金融商品取引業者（第一種金融商品取引業を行う者に限る。）をいう（令145の15②）。
　　　　また，内部取引に含まれないこととされる「その他一定の事実」とは，次の事実とされている（令145の15③）。
　　ⅰ　次に掲げるものの使用料の支払に相当する事実
　　　a　工業所有権その他の技術に関する権利，特別の技術による生産方式又はこれらに準ずるもの
　　　b　著作権（出版権及び著作隣接権その他これに準ずるものを含む。）
　　　c　令第13条第8号イからネまで《減価償却資産の範囲》に掲げる無形固定資産（国外における同号ヨからネまでに掲げるものに相当するものを含む。）
　　ⅱ　上記ⅰのaからcまでに掲げるものの譲渡又は取得に相当する事実（これらのものの譲渡による所得や，取得の結果として生ずべき減価償却費及び評価損益についても，同様に認識しない。）

d　外国法人の恒久的施設帰属所得に関する取扱いの準用

　　内国法人の国外事業所等帰属所得に関する基本的な考え方は，外国法人の恒久的施設帰属所得に関するものと同様である。

　　そこで，外国法人課税における恒久的施設帰属所得についてみてみると，この恒久的施設帰属所得は，恒久的施設や本店等が果たす機能の分析及び恒久的施設や本店等に関する事実の分析により，恒久的施設が果たす機能，恒久的施設に帰せられるリスク，恒久的施設において使用する資産，恒久的施設に帰せられる外部取引，恒久的施設と本店等との間の内部取引，その他の恒久的施設帰属所得の認識に影響を与える状況を特定し，その特定したこれらの状況を総

第2章　内国法人における一般的な外国税額控除

合的に勘案してその所得を認識することとされている。

(注)　上記の勘案すべき「恒久的施設が果たす機能」には，例えば，恒久的施設が果たすリスクの引受け又はリスクの管理に関する人的機能，資産の帰属に係る人的機能，研究開発に係る人的機能，製造に係る人的機能，販売に係る人的機能，役務提供に係る人的機能等が含まれるとされる。また，勘案すべき「恒久的施設において使用する資産」とは，恒久的施設を通じて行う事業に用いている資産をいい，このような資産は，恒久的施設帰属所得の稼得に貢献し，その所得の認識に影響を与えることになるものである。

　この場合，AOA の下でのモデル租税条約7条の解釈としては，2つのステップの分析が必要であると説明されている。第1ステップでは，機能及び事実の分析によって，恒久的施設が引き受ける経済的に重要な活動及び責任を特定しなければならないとされ，第2ステップでは，擬制された企業によって遂行された機能，使用された資産及び引き受けられたリスクに照らし，移転価格算定の手段を類推適用して，擬制された企業間の内部取引の報酬を決定するとされる。

　したがって，内国法人の国外事業所等帰属所得についても，上記の外国法人課税における恒久的施設帰属所得と同様の考え方に基づき，その所得等の帰属の特定，金額の算定等を行うということになる。

　そのため，上記のような考え方に基づく外国法人に関する諸規定を準用してその特定，算定等をすることになるが，基通16-3-37《国外事業所等帰属所得を認識する場合の準用》及び基通16-3-9の3《国外事業所等帰属所得に係る所得の金額を計算する場合の準用》においても，以下のような外国法人課税における恒久的施設帰属所得の帰属の特定，金額の算定等に関する取扱いを準用することになっている。

・基通20-2-1《恒久的施設帰属所得の認識に当たり勘案されるその他の状況》

　恒久的施設帰属所得の認識に当たって勘案する「その他の状

況」には，為替相場の変動等の市場リスクや恒久的施設に帰せられる外部取引が含まれる。

・基通20－2－2 《恒久的施設帰属所得の認識》

恒久的施設帰属所得の認識に当たっては，取引等ごとに，恒久的施設や本店等が果たす機能の分析，恒久的施設や本店等に関する事実の分析により，恒久的施設が果たす機能などの恒久的施設帰属所得の認識に影響を与える諸状況を特定し，その特定したそれらの状況を総合的に勘案して所得を認識する。

・基通20－2－3 《恒久的施設が果たす機能の範囲》

恒久的施設が果たす機能には，恒久的施設が果たすリスクの引受け又はリスク管理に関する人的機能や，資産の帰属，研究開発，製造販売，役務提供に係る人的機能等が含まれる。

・基通20－2－4 《恒久的施設において使用する資産の範囲》

恒久的施設において使用する資産には，賃借の有形固定資産，使用許諾を受けた無形資産等でその恒久的施設において使用するものが含まれる。

・基通20－5－2 《内部取引から生ずる恒久的施設帰属所得に係る所得の金額の計算》

内部取引から生ずる恒久的施設帰属所得に係る所得の金額の計算については，内国法人の所得計算に関する収益及び費用・損失の計算，その他の益金等，棚卸資産の評価，減価償却資産の償却等，繰延資産の償却，その他の損金，圧縮記帳，リース取引，借地権の設定等，外貨建取引の換算等に至る一連の取扱いを準用する。

・基通20－5－4 《外国法人における短期所有株式等の判定》

本店等との間の内部取引により，恒久的施設に帰属し又は恒久的施設に帰属しないこととなった株式等については，これらの内部取引により恒久的施設においてその取得又は譲渡があった

ものとして受取配当等の益金不算入制度上の短期所有株式等の
判定をする。

・基通20－5－5 《損金の額に算入できない保証料》
本店等との間の資金の借入れに係る債務の保証料（これに準ず
るものを含む。）の額は，恒久的施設の損金の額に算入しない。

・基通20－5－7 《損金の額に算入できない償却費等》
租税条約（本店等との間の内部取引から所得が生ずる旨の定め
のあるものを除く。）の適用がある場合には，内部使用料の対
象となる内部取得に係る無形資産の償却費や評価損等の額は恒
久的施設の損金の額に算入しない。

・基通20－5－8 《販売費及び一般管理費等の損金算入》
本店等との間の内部取引により生ずる販売費，一般管理費等に
ついては，債務確定の基準に準ずる基準により恒久的施設の損
金の額に算入する。

・基通20－5－9 《本店配賦経費の配分の基礎となる費用の意義》
恒久的施設帰属所得に係る所得計算上損金として配分すること
ができる共通費用については，恒久的施設を通じて行う事業と
それ以外の事業に共通する費用で，本店等において行われる事
業活動の重要な部分に関連しないものをいう。

・基通20－5－15 《外国保険会社等の投資資産の額の運用利回り》
外国保険会社等の恒久的施設帰属所得に係る所得計算上益金算
入される投資資産の運用収益の計算の基礎となる平均的な運用
利回りの算定は，投資資産の日々の平均残高，各月の末の平均
残高など，少なくとも各月末の平均残高以上の精度をもった金
額を基礎として計算をするものとする。

・基通20－5－18 《恒久的施設に係る資産等の帳簿価額の平均的な
残高の意義》
恒久的施設に帰せられるべき資本に対応する負債利子の損金不

算入額を計算するための恒久的施設に係る資産などの平均的な帳簿残高は，基通20－5－15と同様，少なくとも各月末の平均残高以上の精度をもった金額とする。

・基通20－5－19《総資産の帳簿価額の平均的な残高及び総負債の帳簿価額の平均的な残高の意義》

恒久的施設に帰せられるべき資本相当額を計算するための総資産及び総負債の平均的な帳簿残高は，基通20－5－15と同様，少なくとも各月末の平均残高以上の精度をもった金額とする。

・基通20－5－21《恒久的施設に帰せられる資産の意義》

恒久的施設に帰せられるべき資本に対応する負債の利子の損金不算入規定の適用をする場合の「恒久的施設に帰属する資産」の判定は，原則として，その恒久的施設を通じて行う事業に用いているか否かで行う。ただし，無形資産及び金融資産については，それぞれの資産に関連するリスクの引受け又はリスクの管理に関する人的機能の遂行状況により判定する。

・基通20－5－23《比較対象法人の純資産の額の意義》

同業法人比準法により恒久的施設に帰せられるべき資本相当額を計算する場合における比較対象法人の純資産額等については，それぞれの法令の予定する「貸借対照表」に計上されている総資産の帳簿価額から総負債の帳簿価額を控除した金額をいう。

・基通20－5－26《金銭債務の償還差損等》

恒久的施設に帰せられるべき資本に対応して損金不算入となる負債利子には，金銭債務の償還差損のうちその償還期間に応じて均分に償却した金額が含まれる。

・基通20－5－27《短期の前払利息》

短期の前払費用（基通2－2－14）として損金の額に算入された前払利息の額も，恒久的施設に帰せられるべき資本の額に対

応する負債の利子の損金不算入制度の対象となる。

・基通20-5-28《負債の利子の額の範囲》

　　恒久的施設に帰せられるべき資本の額に対応する負債の利子の損金不算入制度の対象となる負債の利子に準ずるものには，手形割引における手形売却損，営業保証金や敷金の利子などが含まれる。

・基通20-5-29《原価に算入した負債の利子の額》

　　固定資産の取得価額等に算入した負債の利子であっても，恒久的施設に帰せられるべき資本の額に対応する負債の利子の損金不算入制度の対象となる。

・基通20-5-30《原価に算入した負債の利子の額の調整》

　　恒久的施設に帰せられるべき資本の額に対応して損金不算入となる負債利子の額のうちに固定資産の取得価額等に含めたため損金の額に算入されていない部分の金額（原価算入額）がある場合には，確定申告書においてその原価算入額のうち損金不算入額から成る部分の金額を限度として期末の固定資産の取得価額等を減額することができる。

・基通20-5-33《繰延ヘッジ処理等における負債の利子の額の計算》

　　恒久的施設における受取配当等の益金不算入額の計算上控除する負債の利子の額や共通費用として配賦する負債の利子の額等の計算は，繰延ヘッジ処理に係る損益の額又は特例金利スワップ取引等の受払額のうち支払利子の額に対応する部分の金額を加減算した後の金額を基礎とする。

・基通20-5-34《資本等取引に含まれるその他これらに類する事実》

　　恒久的施設帰属所得に係る所得計算を内国法人の所得計算の規定に準じて計算する場合における資本等取引には，恒久的施設

の事業拡大のために行う本店等からの恒久的施設への資金供与が含まれる。

(ロ) **国外資産の運用・保有所得**

国外にある資産（例えば，次に掲げる資産）の運用又は保有により生ずる所得をいう（法69④二，令145の3）。

ⅰ　外国の国債や地方債，外国法人の発行する債券又は外国法人の発行する金融商品取引法第2条第1項第15号に掲げる約束手形に相当するもの

(注)　「債券」の範囲には，社債，株式等の振替に関する法律又は廃止前の社債等登録法の規定に相当する規定により振替口座簿に記載若しくは記録又は登録されたため，債券の発行されていない公社債が含まれる（基通16−3−38，20−2−6）。

ⅱ　非居住者に対する貸付金に係る債権でその非居住者の行う業務に係るもの以外のもの

ⅲ　国外にある営業所等又は国外において契約の締結の代理をする者を通じて締結した保険契約（外国保険業者，生命保険会社，損害保険会社又は少額短期保険業者の締結した保険契約をいう。）その他これに類する契約に基づく保険金の支払又は剰余金の分配（これらに準ずるものを含む。）を受ける権利

(注)　外国市場デリバティブ取引又は店頭デリバティブ取引の決済により生ずる所得は，この(ロ)の国外源泉所得には含まれない（令145の3②）。

(ハ) **国外資産の譲渡所得**

次に掲げる国外にある資産の譲渡（ⅲについては伐採又は譲渡）により生ずる所得をいう（法69④三，令145の4）。

ⅰ　国外にある不動産

ⅱ　国外にある不動産の上に存する権利，国外における鉱業権又は国外における採石権

ⅲ　国外にある山林

ⅳ　外国法人の発行する株式又は外国法人の出資者の持分で，その外

国法人の発行済株式の総数又は出資の総額の一定割合以上の株式又
は出資を所有する場合にその外国法人の本店等の所在する国又は地
域においてその譲渡による所得に対して外国法人税が課されるもの

v　不動産関連法人の株式（出資を含む。viにおいて同じ。）

（注）「不動産関連法人」とは，その有する資産の価額の総額のうちに占める次に
掲げる資産の価額の合計額の割合が50％以上である法人をいう（令145の4
②）。

a　国外にある土地等（土地若しくは土地の上に存する権利又は建物及びそ
の附属設備若しくは構築物をいう。以下このvにおいて同じ。）

b　その有する資産の価額の総額のうちに占める国外にある土地等の価額の
合計額の割合が50％以上である法人の株式

c　b又はdに掲げる株式を有する法人（その有する資産の価額の総額のう
ちに占める，国外にある土地等及びb，c，dに掲げる株式の価額の合計額の
割合が50％以上であるものに限る。）の株式のうち，bに該当するものを除
いた株式

d　cに掲げる株式を有する法人（その有する資産の価額の総額のうちに占
める，国外にある土地等並びにb，c，dに掲げる株式の価額の合計額の割合
が50％以上であるものに限る。）の株式のうち，b及びcに該当するものを
除いた株式

vi　国外にあるゴルフ場の所有又は経営に係る法人の株式を所有する
ことがそのゴルフ場を一般の利用者に比して有利な条件で継続的に
利用する権利を有する者となるための要件とされている場合におけ
るその株式

vii　国外にあるゴルフ場その他の施設の利用に関する権利

㈡　人的役務の提供事業の対価

国外において人的役務の提供を主たる内容とする事業で次に掲げる
ものを行う法人が受けるその人的役務の提供に係る対価をいう（法69
④四，令145の5）。

i　映画若しくは演劇の俳優，音楽家その他の芸能人又は職業運動家
の役務の提供を主たる内容とする事業

ii　弁護士，公認会計士，建築士その他の自由職業者の役務の提供を
主たる内容とする事業

ⅲ　科学技術，経営管理その他の分野に関する専門的知識又は特別の
技能を有する者のその知識又は技能を活用して行う役務の提供を主
たる内容とする事業（機械設備の販売その他事業を行う者の主たる
業務に付随して行われる場合におけるその事業及び建設・据付工事
の指揮監督の役務提供を主たる内容とする事業を除く。）

なお，上記の人的役務提供事業から除かれる「機械設備の販売そ
の他事業を行う者の主たる業務に付随して行われる場合におけるそ
の事業」とは，次に掲げるような行為に係る事業をいう（基通16―
3―39，20―2―12）。

a　機械設備の販売業者が機械設備の販売に伴いその販売先に対し
その機械設備の据付け，組立て，試運転等のために技術者等を派
遣する行為

b　工業所有権，ノウハウ等の権利者がその権利の提供を主たる内
容とする業務を行うことに伴いその提供先に対しその権利の実施
のために技術者等を派遣する行為

㋬　国外不動産等の貸付対価

国外にある不動産，国外にある不動産の上に存する権利や国外にお
ける採石権の貸付け（地上権又は採石権の設定その他他人に不動産，
不動産の上に存する権利又は採石権を使用させる一切の行為を含む。），
国外における租鉱権の設定又は非居住者や外国法人に対する船舶若し
くは航空機の貸付けによる対価をいう（法69④五）。

なお，上記の船舶又は航空機の貸付けによる対価に関して，次のよ
うな一連の取扱いが示されている（基通16―3―40）。

ⅰ　一般に用船（又は用機）契約には，船体又は機体そのものの貸付
けであるいわゆる裸用船（機）契約と，船体又は機体とともに運航
役務の提供を行ういわゆる定期用船（機）契約又は航海用船（機）
契約とがあるが，国外源泉所得の対象となる船舶又は航空機の貸付
けによる対価は裸用船（機）契約に基づいて支払を受ける対価に限

られており，定期用船（機）契約又は航海用船（機）契約に基づい
て支払を受ける対価はこれに含まれない。

ⅱ　いわゆる定期用船（機）契約又は航海用船（機）契約に基づく国
内及び国外にわたって行われる用船（機）は，単純な船体又は機体
の貸付けのほかに，運航役務の提供を行うものであるから，その対
価は，国際運輸業所得（後述(カ)を参照）に該当する。

ⅲ　国外源泉所得に該当する船舶又は航空機の貸付けは，貸付先が非
居住者又は外国法人であることは要件とされているが，貸付けを受
けた船舶又は航空機を事業の用に供する場所は要件とされていない
ので，たとえその非居住者又は外国法人がその貸付けを受けた船舶
又は航空機を専ら国内において事業の用に供する場合であっても，
その貸付けの対価は国外源泉所得に該当する。したがって，裸用船
（機）契約に基づいて居住者又は内国法人に対して船舶又は航空機
を貸し付けた場合には，その居住者又は内国法人がその船舶又は航
空機を専ら国外において事業の用に供したとしてもその貸付けの対
価は国外源泉所得に該当しないこととなる。

(注)　例えば，国外事業所等を有しない海運会社（内国法人）が，外国法人又は非
居住者に裸用船契約により船舶を賃貸して用船料を収受している場合，その所
得がここにいう「国外不動産等の貸付対価」である国外源泉所得に該当するか
否かは，国外事業所等の有無にかかわらず判定することとされているため，こ
れに該当することになる（国税庁の質疑応答事例「外国税額控除における国外
所得金額の範囲」）。

(ヘ)　利子等

所得税法第23条第1項《利子所得》に規定する利子等及びこれに相
当するもののうち次に掲げるものをいう（法69④六）。

ⅰ　外国の国債や地方債又は外国法人の発行する債券の利子

(注)　上記の「債券」の範囲には，社債，株式等の振替に関する法律又は廃止前
の社債等登録法の規定に相当する規定により振替口座簿に記載若しくは記録
又は登録されたため，債券の発行されていない公社債が含まれる（基通16－
3－41，20－2－6）。

ii　国外にある営業所に預け入れられた預貯金の利子

iii　国外にある営業所に信託された合同運用信託やこれに相当する信託，公社債投資信託又は公募公社債等運用投資信託やこれに相当する信託の収益の分配

(ト)　**配当等**

所得税法第24条第1項《配当所得》に規定する配当等及びこれに相当するもののうち次に掲げるものをいう（法69④七）。

i　外国法人から受ける剰余金の配当，利益の配当や剰余金の分配又は金銭の分配や基金利息に相当するもの

ii　国外にある営業所に信託された投資信託（公社債投資信託並びに公募公社債等運用投資信託及びこれに相当する信託を除く。）又は特定受益証券発行信託若しくはこれに相当する信託の収益の分配

(チ)　**国外において業務を行う者に対する貸付金の利子等**

国外において業務を行う者に対する貸付金（これに準ずるものを含み，以下「国外業務者への貸付金」という。）でその業務に係るものの利子（債券現先取引から生ずる差益として一定のものを含む。）をいう（法69④八）。

なお，外国法人又は非居住者の業務の用に供される船舶又は航空機の購入のためにその外国法人又は非居住者に対して提供された貸付金は，国外業務者への貸付金に該当することとされ，内国法人又は居住者の業務の用に供される船舶又は航空機の購入のためにその内国法人又は居住者に対して提供された貸付金は，国外業務者への貸付金以外の貸付金とされる（令145の6③）。

(注)1　上記の「これに準ずるもの」には，国外において業務を行う者に対する債権で次に掲げるようなものが含まれる（基通16－3－42）。
　　　a　預け金のうち預貯金以外のもの
　　　b　保証金，敷金その他これらに類する債権
　　　c　前渡金その他これに類する債権
　　　d　他人のために立替払をした場合の立替金
　　　e　取引の対価に係る延払債権

第2章　内国法人における一般的な外国税額控除

　　　　f　保証債務を履行したことに伴って取得した求償権
　　　　g　損害賠償金に係る延払債権
　　　　h　当座貸越に係る債権
　　2　上記の「債券現先取引」とは、債券をあらかじめ約定した期日にあらかじ
　　　め約定した価格で（あらかじめ期日及び価格を約定することに代えて、開始
　　　以後に期日及び価格の約定をすることができる場合にあっては、その開始以
　　　後に約定した期日に約定した価格で）買い戻し、又は売り戻すことを約定し
　　　て譲渡し、又は購入し、かつ、その約定に基づきその債券と同種及び同量の
　　　債券を買い戻し、又は売り戻す取引とされている（令145の6①）。
　　3　上記の「差益として一定のもの」とは、国外において業務を行う者との間
　　　で行うその業務に係る債券現先取引において、債券の購入対価の額をその債
　　　券と同種及び同量の債券を売り戻す際の対価の額が上回る場合におけるその
　　　売戻し対価の額から購入対価の額を控除した金額に相当する差益とされる（令
　　　145の6②）。

(リ)　使用料等

　　国外において業務を行う者から受ける次に掲げる使用料又は対価で
　その業務に係るものをいう（法69④九、令145の7①）。

　i　工業所有権等（工業所有権その他の技術に関する権利、特別の技
　　術による生産方式若しくはこれらに準ずるもの）の使用料又はその
　　譲渡による対価

　ii　著作権（出版権及び著作隣接権その他これに準ずるものを含む。）
　　の使用料又はその譲渡による対価

　iii　機械、装置、車両及び運搬具、工具、器具及び備品の使用料

　　なお、上記ii又はiiiに掲げる資産で、外国法人又は非居住者の業務
　の用に供される船舶又は航空機において使用されるものの使用料は国
　外源泉所得に該当する使用料とされ、内国法人又は居住者の業務の用
　に供される船舶又は航空機において使用されるものの使用料は国外源
　泉所得に該当する使用料以外の使用料とされる（令145の7②）。

　(注)1　上記iの工業所有権等とは、特許権、実用新案権、意匠権、商標権の工業
　　　所有権及びその実施権等のほか、これらの権利の目的にはなっていないが、
　　　生産その他業務に関し繰返し使用し得るまでに形成された創作、すなわち、
　　　特別の原料、処方、機械、器具、工程によるなど独自の考案又は方法を用い
　　　た生産についての方式、これに準ずる秘けつ、秘伝その他特別に技術的価値

を有する知識及び意匠等をいい，ノウハウはもちろん，機械，設備等の設計及び図面等に化体された生産方式，デザインもこれに含まれる。一方，海外における技術の動向，製品の販路，特定の品目の生産高等の情報又は機械，装置，原材料等の材質等の鑑定や性能の調査，検査等は，これに該当しない（基通16－3－43，20－3－2）。

2　上記 i の工業所有権等の使用料とは，工業所有権等の実施，使用，採用，提供若しくは伝授又は工業所有権等に係る実施権若しくは使用権の設定，許諾若しくはその譲渡の承諾につき支払を受ける対価の一切をいい，上記 ii の著作権の使用料とは，著作物の複製，上演，演奏，放送，展示，上映，翻訳，編曲，脚色，映画化その他著作物の利用又は出版権の設定につき支払を受ける対価の一切をいう。したがって，これらの使用料には，契約を締結するに当たって支払を受けるいわゆる頭金，権利金等のほか，これらのものを提供し，又は伝授するために要する費用に充てるものとして支払を受けるものも含まれる（基通16－3－44）。

3　上記 iii の器具及び備品には，美術工芸品，古代の遺物等のほか，観賞用，興行用その他これらに準ずる用に供される生物が含まれる（基通16－3－45）。

(ヌ)　広告宣伝のための賞金等

国外において事業を行う者からその国外において行う事業の広告宣伝のために賞として支払を受ける金品その他の経済的な利益をいう（法69④十，令145の8）。

(ル)　保険年金等

国外にある営業所又は国外において契約の締結の代理をする者を通じて締結した外国保険業者の締結する保険契約その他の年金に係る契約に基づいて受ける年金（年金の支払の開始の日以後にその年金に係る契約に基づき分配を受ける剰余金，割戻しを受ける割戻金，その契約に基づき年金に代えて支給される一時金を含む。）をいう（法69④十一）。

(注)　上記の「外国保険業者の締結する保険契約その他の年金に係る契約」とは，外国保険業者，生命保険会社若しくは損害保険会社の締結する保険契約又はこれに類する共済に係る契約であって，年金を給付する定めのあるものとされる（令145の9）。

(ヲ)　給付補塡金等

次に掲げる給付補塡金，利息，利益又は差益をいう（法69④十二）。

i 所得税法第174条第3号に掲げる給付補塡金のうち国外にある営業所が受け入れた定期積金に係るもの（定期積金の給付補塡金）

ii 所得税法第174条第4号に掲げる給付補塡金に相当するもののうち国外にある営業所が受け入れた同号に規定する掛金に相当するものに係るもの（相互掛金の給付補塡金）

iii 所得税法第174条第5号に掲げる利息に相当するもののうち国外にある営業所を通じて締結された同号に規定する契約に相当するものに係るもの（抵当証券の利息）

iv 所得税法第174条第6号に掲げる利益のうち国外にある営業所を通じて締結された同号に規定する契約に係るもの（金投資口座の差益）

v 所得税法第174条第7号に掲げる差益のうち国外にある営業所が受け入れた預貯金に係るもの（外貨投資口座の差益）

vi 所得税法第174条第8号に掲げる差益に相当するもののうち国外にある営業所又は国外において契約の締結の代理をする者を通じて締結された同号に規定する契約に相当するものに係るもの（一時払保険の差益）

(ワ) **匿名組合契約等に基づく利益分配**

国外において事業を行う者に対する出資につき，匿名組合契約（これに準ずる一定の契約を含む。）に基づいて受ける利益の分配をいう（法69④十三）。

(注) 匿名組合契約に準ずる一定の契約とは，当事者の一方が相手方の事業のために出資をし，相手方がその事業から生ずる利益を分配することを約する契約とされる（令145の10）。

(カ) **国際運輸業所得**

国際運輸業（国内及び国外にわたって船舶又は航空機による運送の事業）を行うことにより生ずる所得のうち，国外において行う業務につき生ずべき所得をいう（法69④十四）。

具体的には，船舶による運送の事業にあっては国外において乗船し又は船積みをした旅客又は貨物に係る収入金額を基準とし，航空機による運送の事業にあってはその国外業務に係る収入金額又は経費，業務の用に供する固定資産の価額その他その国外業務が運送の事業に係る所得の発生に寄与した程度を推測するに足りる要因を基準として判定したその内国法人の国外業務につき生ずべき所得とされている（令145の11）。

なお，国際運輸業のうちの国際海上運輸業（国内及び国外にわたって行う船舶による運送の事業）を行うことにより生ずる所得のうち国外において行う業務につき生ずべき所得に係る所得の金額を計算する場合における原価の額は，原則として個々の運送ごとに計算するのであるが，その計算が困難であると認められる場合には，継続して次の算式により計算した金額をその運送の原価の額とすることができる（基通16－3－19の8）。

$$\text{国際海上運輸業に係る}\atop\text{その事業年度の運送の}\atop\text{原価の額の合計額} \times \frac{\text{分母の金額のうち国外において}\atop\text{行う業務に係るもの}}{\text{国際海上運輸業に係るその事業}\atop\text{年度の運送収入の額の合計額}}$$

㈢ 租税条約で課税が認められた所得

租税条約の規定により相手国等において租税を課することができることとされる所得のうち相手国等において外国法人税が課されるものをいう（法69④十五，令145の12）。

このため，租税条約の規定において相手国等に課税を認めることについて積極的に言及されていない所得については対象外となる。例えば，租税条約において，その他所得条項（条約に明示的な規定がない所得について，源泉地国での課税を禁止し，居住地国のみに課税権を認める条項）がないために，源泉地国でも課税されるような所得は，「条約上相手国に課税権を認めた所得」には該当しないものと考えられている。

第2章　内国法人における一般的な外国税額控除

(タ)　その他の国外源泉所得

(イ)から(ヨ)までに掲げたもの以外のもので，その源泉が国外にある所得として次に掲げるものをいう（法69④十六，令145の13）。

i　国外において行う業務又は国外にある資産に関し受ける保険金，補償金又は損害賠償金（これらに類するものを含む。）に係る所得

ii　国外にある資産の贈与を受けたことによる所得

iii　国外において発見された埋蔵物又は国外において拾得された遺失物に係る所得

iv　国外において行う懸賞募集に基づいて懸賞として受ける金品その他の経済的な利益に係る所得

v　iからivまでに掲げるもの以外のもので，国外において行う業務又は国外にある資産に関し供与を受ける経済的な利益に係る所得

ロ　国外事業所等帰属所得への該当性の優先関係

上記イ(イ)の国外事業所等帰属所得と上記イ(ロ)から(ワ)まで並びに(ヨ)及び(タ)に掲げる所得との優先関係については，特段の規定を設けず，国外源泉所得該当性の判定の段階ではこれらの所得の重複性を排除しないこととしている。ただし，内国法人の外国税額控除に係る控除限度額の計算の基礎となる国外所得金額の計算段階では，国外源泉所得を「国外事業所等帰属所得」と「その他の国外源泉所得」の2つにグルーピングするため，その際には，国外事業所等帰属所得への該当性を優先させることとしている（令141の2）。

なお，国際運輸業所得と国外事業所等帰属所得との関係については，前述（イ(イ)a）のとおり，国際運輸業所得の該当性が優先されることになっている。

②　租税条約において異なる定めがある等の場合

租税条約において国外源泉所得について上記①と異なる定めがある場合には，その租税条約の適用を受ける内国法人については，国外源泉所得

は，その異なる定めがある限りにおいて，その租税条約に定めるところによることとされる（法69⑥）。

また，内国法人の国外事業所等が単純購入非課税の定めのある租税条約の相手国に所在する場合には，上記イ(イ)の国外事業所等帰属所得に関して，単純購入非課税の扱いが行われる。

具体的には，内国法人の国外事業所等が，租税条約（内国法人の国外事業所等が本店等のために棚卸資産を購入する業務及びそれ以外の業務を行う場合に，その棚卸資産を購入する業務から生ずる所得が，その国外事業所等に帰せられるべき所得に含まれないとする定めのあるものに限る。）の相手国等に所在し，かつ，その内国法人の国外事業所等が本店等のために棚卸資産を購入する業務とそれ以外の業務を行う場合には，その国外事業所等のその棚卸資産を購入する業務から生ずる国外事業所等帰属所得は，ないものとされる（法69⑧）。

③ 調整国外所得金額の計算

イ 国外所得金額の計算の概要

外国税額控除の控除限度額の計算の基礎となる国外所得金額は，国外源泉所得に係る所得のみについて各事業年度の所得に対する法人税を課するものとした場合に課税標準となるべきその事業年度の所得の金額に相当するものとして政令で定める金額をいい（法69①），具体的には，国外所得金額は次のⅰ及びⅱに掲げる国外源泉所得に係る所得の金額の合計額（その合計額が零を下回る場合には，零）とされている（令141の2）。

ⅰ 法第69条第4項第1号に掲げる国外源泉所得
ⅱ 法第69条第4項第2号から第16号までに掲げる国外源泉所得

上記ⅰは主として海外支店の所得である「国外事業所等帰属所得」であり，上記ⅱは主として内国法人の本店等が海外から得る資産の運用等による所得のような「その他の国外源泉所得」である。

上記 ii に掲げる国外源泉所得については，法第69条第4項第2号から第13号まで，第15号及び第16号に掲げる国外源泉所得にあっては国外事業所等帰属所得に該当するものが除かれている。したがって，例えば，外国法人の発行する債権の利子が海外支店に帰属する場合のように，その国外源泉所得が1号所得（国外事業所等帰属所得）と6号所得（利子等）の双方に該当する場合には，上記 i の所得への該当性が優先される。ただし，1号所得（国外事業所等帰属所得）と14号所得（国際運輸業所得）との関係では，14号所得への該当性が優先される。

なお，国外所得金額の具体的な計算プロセスの簡略図を示すと，次のとおりである。

国外所得金額の計算プロセスの概要図

共通経費の配分も含めた国外所得金額の計算プロセスの概要を図示すると，次のようになる。

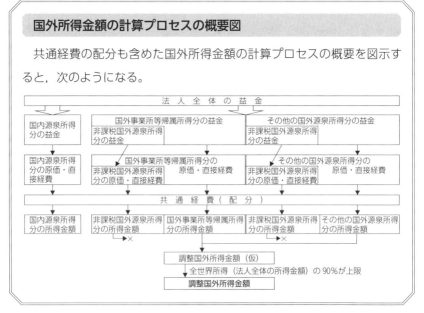

そして，上記イの国外所得金額の計算の概要を踏まえた，調整国外所得金額の具体的な計算において留意すべき事項等は，以下のとおりである。

ロ　国外事業所等帰属所得に係る所得金額の一般的な計算

　(イ)　国外事業所等帰属所得に係る所得金額の意義

　　　「国外事業所等帰属所得に係る所得の金額」とは，国外事業所等が
　　内国法人から独立して事業を行う事業者であるとした場合にその国外
　　事業所等に帰せられるべき所得に係る所得の金額のことであり（法69
　　④一），具体的には，国外事業所等を通じて行う事業に係る益金の額
　　から損金の額を減算して計算することとされている（令141の3①）。

　　　そして，「国外事業所等帰属所得に係る所得の金額」の計算上，益
　　金の額又は損金の額に算入すべき金額は，別段の定めがあるものを除
　　き，国外事業所等を通じて行う事業につき，内国法人の各事業年度の
　　所得の金額の計算に関する法令の規定に準じて計算した場合に益金の
　　額又は損金の額となる金額とされている（令141の3②）。

　(ロ)　法人全体の計算に準じて計算する場合の留意点

　　　所得の金額について，内国法人の各事業年度の所得の金額の計算に
　　関する法令の規定に準じて計算する場合には，次の点に留意する必要
　　がある。

　　ⅰ　内国法人の国外事業所等と本店等との間の内部取引に係る販売
　　　費，一般管理費その他の費用については，債務の確定しないもので
　　　あっても，その事業年度の損金の額に算入される（令141の3③一）。

　　ⅱ　国外事業所等を開設するための内国法人の本店等から国外事業所
　　　等への資金の供与又は国外事業所等から本店等への剰余金の送金等
　　　については，資本等取引に含まれる（令141の3③二）。

　　ⅲ　貸倒引当金の計算に当たっては，貸倒引当金の設定対象となる金
　　　銭債権には，内国法人の国外事業所等と本店等との間の内部取引に
　　　係る金銭債権に相当するものは含まない（令141の3④）。

　　ⅳ　国外事業所等帰属所得に係る所得の金額の計算における減価償却
　　　の損金算入，延払基準による計上，収益の額の計上等の内国法人の
　　　仮決算又は確定した決算において経理することが法令上の要件とさ

れている規定を準用する場合には，国外事業所等における記帳を基礎とするのではなく，法人全体の仮決算又は確定した決算による経理が基礎とされる（基通16－3－9（1））。

(ハ) 国外事業所等が内部取引により取得した資産

国外事業所等と本店等との間で国外事業所等における資産の購入その他資産の取得に相当する内部取引がある場合には，その内部取引の時にその資産を取得したものとして，上記(イ)により準じて計算することとされる内国法人の各事業年度の所得の金額の計算に関する法令を適用することとされる（令141の3⑤）。したがって，国外事業所等が本店等から棚卸資産を取得して外部に販売した場合には，外国税額控除における国外所得金額の計算上は，本店等を介したその内部取引に係る再取得価額をベースに売上原価の計算を行うこととなる。

また，減価償却費の損金算入限度額，資産の評価損の損金算入額等の計算をする場合の内部取引で取得したものの取得価額については，その内部取引の時の時価により取引が行われたものとして計算をした金額が基礎となる（基通16－3－9(2)）。

(注) 上記のような取扱いが原則であるが，令第141条の7第1項《特定の内部取引に係る国外事業所等帰属所得に係る所得の金額の計算》の規定の適用がある場合には，例外として，その取得価額は，その内部取引の時における時価ではなく，その内部取引の直前の本店等における帳簿価額によることとなる。

(二) 共通費用の配分

a 共通費用の配分の原則

その事業年度の所得金額の計算上損金の額に算入された販売費，一般管理費その他の費用で国外事業所等帰属所得に係る所得を生ずべき業務又はそれ以外の業務の一方のみの業務に関連して生じたもの（直接費用）は，その関連する業務に係る損金として配賦すべきであるが，これについては当然のこととして法令上も特に定めが置かれていない。

これに対して上記の業務の双方に関連して生じたものの額（共通

費用の額）がある場合には，その共通費用の額は，これらの業務に
係る収入金額，資産の価額，使用人の数その他の基準のうちこれら
の業務の内容及び費用の性質に照らして合理的と認められる基準に
よって，その共通費用の額の一部を，国外事業所等帰属所得に係る
所得の金額の計算上の損金の額として配分しなければならないとさ
れている（令141の3⑥）。

b 販売費及び一般管理費の配分

その事業年度における共通費用の額（引当金勘定への繰入額，準
備金の積立額，特別勘定の金額及び負債の利子を除く。以下，この
㈡において同じ。）については，個々の業務ごと，かつ，個々の費
目ごとに合理的と認められる基準により国外事業所等帰属所得に係
る所得を生ずべき業務（以下，この㈡において「国外業務」とい
う。）に配分するのであるが，この原則によりその計算をすること
が困難であると認められるときは，全ての共通費用の額を一括し
て，次の算式のようにその事業年度の売上総利益の額（利子，配当
等及び使用料については，その収入金額）のうちに占める国外業務
に係る売上総利益の額の割合を用いて国外業務に係る損金の額とし
て配分すべき金額を計算することができることとされている（基通
16-3-12）。

〈算式〉

$$
\begin{array}{l} \text{その事業年} \\ \text{度において} \\ \text{生じた共通} \\ \text{費用の額} \end{array} \times \frac{\text{分母の金額のうち国外業務に係る売上総利益の}\\\text{額並びに利子，配当等及び使用料の収入金額}}{\begin{array}{l}\text{棚卸資産の販売その他の事}\\\text{業に係る売上総利益の額}\end{array} + \begin{array}{l}\text{利子，配当等及び}\\\text{使用料の収入金額}\end{array}}
$$

ただし，その事業年度に受けた配当等の収入金額のうちに法第23
条の2第1項《外国子会社から受ける配当等の益金不算入》の規定
の適用を受ける配当等（以下b及びcにおいて「外国子会社配当
等」という。）の収入金額がある場合における外国子会社配当等に
係る「算式の分母の配当等の収入金額」は，外国子会社配当等の収

入金額からその事業年度において益金の額に算入されない金額を控除した金額によることになる（基通16－3－12（注2））。

また，内国法人（金融及び保険業を主として営む法人を除く。）の国外業務に係る収入金額の全部又は大部分が利子，配当等又は使用料であり，かつ，その事業年度の所得の金額のうちに占める調整国外所得金額（前述の(4)①を参照）の割合が低いなどのため課税上弊害がないと認められる場合には，その事業年度の販売費，一般管理費その他の費用の額のうち国外業務に関連することが明らかな費用の額のみが共通費用の額であるものとして国外業務に係る損金の額として配分すべき金額を計算することもできることとされている（基通16－3－12（注1））。

c　負債利子の配分

国外業務とそれ以外の業務の双方に関連して生じた販売費，一般管理費その他の費用に含まれる負債の利子（社債発行差金の償還差損の額，手形の割引料，貿易商社のユーザンス金利等の負債の利子に準ずるものを含み，銀行等の負債性資本の利子を除く。以下同じ。）についても，合理的な基準により国外業務部分の損金として適正に配賦する必要があるが，この場合の負債の利子の額（以下「共通利子の額」という。）については，上記bの一般的な販売費及び一般管理費とはその性質が異なることから，その性質に着目して，業種に応じて定めた次のⅰからⅲまでのような方式によって国外業務に配分することになっている（基通16－3－13）。

ⅰ　卸売業及び製造業

次の算式により計算した金額が国外業務に係る損金の額とされる。

〈算式〉

$$\text{その事業年度における共通利子の額の合計額} \times \frac{\text{分母の各事業年度終了の時における国外事業所等に係る資産の帳簿価額の合計額}}{\text{その事業年度終了の時及びその事業年度の直前事業年度終了の時における総資産の帳簿価額の合計額}}$$

ⅱ　銀行業

　　次の算式により計算した金額が国外業務に係る損金の額とされる。

〈算式〉

$$\text{国外事業所等に係る貸付金，有価証券等のその事業年度中の平均残高} \times \frac{\text{その事業年度における共通利子の額の合計額}}{\text{預金，借入金等のその事業年度中の平均残高} + \left[\text{その事業年度終了の時及びその事業年度の直前事業年度終了の時における自己資本の額の合計額} - \text{左の各事業年度の終了の時における固定資産の帳簿価額の合計額}\right] \times \frac{1}{2}}$$

ⅲ　その他の事業

　　その事業の性質に応じ，ⅰ又はⅱに掲げる方法に準ずる方法により計算した金額を国外業務に係る損金の額とする。

(注)1　上記ⅰの算式中の「国外事業所等に係る資産」及びⅱの算式中の「国外事業所等に係る貸付金，有価証券等」には，その事業年度において収益に計上すべき利子，配当等の額がなかった貸付金，有価証券等を含めないことができる。

　　2　上記ⅰの算式中の「国外事業所等に係る資産」及びⅱの算式中の「国外事業所等に係る貸付金，有価証券等」に，外国子会社配当等に係る株式又は出資が含まれる場合には，これらの算式における「国外事業所等に係る資産の帳簿価額」及び国外事業所等に係る「有価証券等のその事業年度中の平均残高」の計算は，その株式又は出資の帳簿価額からその帳簿価額にその事業年度における外国子会社配当等の収入金額のうちに占める法第23条の2第1項《外国子会社から受ける配当等の益金不算入》の規定により益金の額に算入されない金額の割合を乗じて計算した金額を控除した金額による。

　　3　上記ⅱの算式中の「自己資本の額」は，確定した決算に基づく貸借対

第2章　内国法人における一般的な外国税額控除

　　表の純資産の部に計上されている金額によるものとし，また，「固定資産の
　　帳簿価額」は，その貸借対照表に計上されている法第2条第22号《固定資
　　産の定義》に規定する固定資産の帳簿価額による。

d　確認による共通費用の配分

　　共通費用の額及び共通利子の額を国外事業所等帰属所得に係る所
得を生ずべき業務とそれ以外の業務に配分する場合の簡便計算法
は，原則として上記b及びcの方法によることとされているが，こ
れらの取扱いは，全ての業種，業態等を想定した，いわば最大公約
数としての合理的な方法を示しているものであり，かつ，個々の業
務ごと，かつ，個々の費目ごとの計算が困難な場合の配賦計算の簡
便法でもあることから，個々の法人にこれらの方法をあてはめた場
合，その法人の業務内容等に適合しないこともあると考えられる。
そのような場合には，原則的な配賦計算方法のみの採用に限定され
るのではなく，その法人の業務内容等に適合した別の簡便な配賦計
算方法も採り得るものと考えられる。

　　そこで，共通費用の額及び共通利子の額の国外業務への配分計算
について簡便法を採る場合には，原則としてはb又はcの方法によ
ることとしつつ，これらの方法によることがその法人の業務内容等
に適合しないと認められるときは，あらかじめ所轄税務署長（又は
所轄国税局長）とのアグリーメントにより，その法人の業務内容等
に適合した別の簡便な配賦計算方法を採ることができることとされ
ている（基通16－3－14）。

e　共通費用の配分に関する書類の作成

　　前述のaからdまでのように共通費用の配分を行った場合には，
配分の計算の基礎となる費用の明細及び内容，配分の計算方法及び
その計算方法が合理的であるとする理由を記載した書類を作成しな
ければならないこととされている（令141の3⑦，規則28の5）。

6 控除限度額の計算方法

㈭ 引当金及び準備金

a 引当金及び準備金の繰入額等

　国外事業所等帰属所得に係る所得の金額の計算上，損金の額となる引当金勘定への繰入額並びに損金の額となる準備金（特別償却準備金を含む。）の積立額及び特別勘定の金額は，国外事業所等ごとに計算を行うことになるが，その場合，これらは上記 b の一般的な販売費及び一般管理費とはその性質が異なることから，その性質に着目して，以下のような留意事項が定められている（基通16－3－15）。

i 　個別評価金銭債権に係る貸倒引当金のうち国外事業所等帰属所得に係る所得の金額の計算上損金の額に算入すべき金額は，内国法人が国外事業所等に帰せられる個別評価金銭債権の損失の見込額として仮決算又は確定した決算において貸倒引当金勘定に繰り入れた金額（その金額が個別評価金銭債権について令第96条第1項の規定に準じて計算した繰入限度額を超える場合には，その超える部分の金額を控除した金額）とされる。

ii 　一括評価金銭債権に係る貸倒引当金のうち国外事業所等帰属所得に係る所得の金額の計算上損金の額に算入すべき金額は，内国法人が一括評価金銭債権の貸倒れによる損失の見込額として仮決算又は確定した決算において貸倒引当金勘定に繰り入れた金額のうち国外事業所等に係るものとして合理的に計算された金額（その金額がその国外事業所等に帰せられる一括評価金銭債権の額の合計額に国外事業所等貸倒実績率を乗じて計算した金額を超える場合には，その超える部分の金額を控除した金額）とされる。

（注）1 　上記 ii の「国外事業所等貸倒実績率」とは，国外事業所等が内国法人から独立して事業を行う事業者であるとして，令第96条第6項に規定する貸倒実績率を計算した場合のその貸倒実績率をいう。

2 　貸倒引当金の繰入額等については，国外事業所等における記帳を基礎とするのではなく，法人全体の仮決算又は確定した決算による経理が基

礎とされる。

3　内国法人が，全ての国外事業所等につき，各々の国外事業所等の国外事業所等貸倒実績率に代えてその内国法人全体の貸倒実績率により計算を行っている場合には，継続適用を条件としてこれが認められる。

b　引当金及び準備金の取崩額等

国外事業所等帰属所得に係る所得の金額の計算上損金の額に算入した引当金，準備金又は特別勘定の取崩し等による益金算入がある場合には，その益金の額のうち，その繰入れ，積立て又は経理をした過去の事業年度において損金の額に算入された金額に対応する部分の益金の額をその取崩し等に係る事業年度の国外事業所等帰属所得に係る所得の金額の計算上益金の額に算入することとなる（基通16－3－16）。

(ヘ)　寄附金，交際費等の損金不算入額の計算

国外事業所等帰属所得に係る所得の金額の計算に当たり，寄附金の損金不算入額及び交際費等の損金不算入額を計算する場合には，各国外事業所等をそれぞれ一の法人とみなして計算することとされている。なお，この場合における計算の基礎となる資本金の額及び資本準備金の額の合計額又は出資金の額は，その国外事業所等に対応する部分の金額によるのではなく，その内国法人の事業年度終了の日における資本金の額及び資本準備金の額の合計額又は出資金の額によることとされている（基通16－3－19）。

(ト)　国外事業所等帰属所得に係る所得金額の計算に関する書類の添付等

外国税額控除の適用を受ける内国法人は，確定申告書，修正申告書又は更正の請求書にその事業年度の国外事業所等帰属所得に係る所得の金額の計算に関する明細を記載した書類を添付しなければならないこととされている（令141の3⑧）。国外事業所等帰属所得の計算は，業務，業態，各社の個別の事情等によりその計算方法等も区々であることから，申告書別表とは別に，国外所得金額の計算明細に関する書類が必要となるからである。

106

ハ　国外事業所等帰属所得に係る所得金額の特殊な計算

(イ)　国外事業所等に帰せられるべき資本の額に応じた負債の利子の損金不算入（加算調整）

a　概要

　　国外事業所等を通じて行う事業に係る負債の利子の額のうち，その国外事業所等に係る自己資本の額がその国外事業所等に帰せられるべき資本の額に満たない場合には，その満たない金額に対応する部分の金額を，国外所得金額の計算上損金不算入とする。つまり国外所得金額に加算調整（税額控除額を増加させることになる納税者に有利な調整）をするのである（令141の4①）。

　　この加算調整額を算式で示すと，次のとおりである（令141の4⑧）。

〈算式〉

$$
\begin{array}{c}
\text{国外事業所等を通}\\
\text{じて行う事業に係}\\
\text{る負債の利子の額}
\end{array}
\times
\frac{
\begin{array}{c}
\text{国外事業所等に帰せ}\\
\text{られるべき資本の額}
\end{array}
-
\begin{array}{c}
\text{国外事業所等に係}\\
\text{る自己資本の額}
\end{array}
}{
\begin{array}{c}
\text{国外事業所等に帰せられる}\\
\text{負債の帳簿価額の平均残高}
\end{array}
}
$$

(注)1　上記算式中の分子の額がマイナスとなる場合には，零となる。また，その分子の額が分母の額を超える場合には，分母の額が上限となる。

　　2　上記算式中の左欄の「利子」には，手形の割引料，社債発行差金の償還差損の額その他経済的な性質が利子に準ずるものも含まれる（令141の4①）。

　　3　上記算式中の左欄の「国外事業所等を通じて行う事業に係る負債の利子の額」は，次のⅰからⅲまでの合計額からⅳの金額を控除した残額とされている（令141の4②）。

　　　ⅰ　国外事業所等を通じて行う事業に係る負債の利子の額（ⅱ及びⅲの金額を除く。）

　　　ⅱ　内部取引において内国法人の国外事業所等からその内国法人の本店等に対して支払う利子に該当することとなるものの金額

　　　ⅲ　共通費用の額のうち国外事業所等帰属所得に係る所得金額の計算上損金の額として配分した金額に含まれる負債の利子の額（次のⅳの金額を含む。）

　　　ⅳ　銀行等の資本に係る負債の利子の減算調整を行う金額（次の(ロ)の項目を参照）

4 この加算調整額は，国外事業所等ごとに計算する必要がある。また，同一国に複数の事業活動の拠点が所在する場合には，その同一国の複数の拠点の集合を1つの国外事業所等として加算調整額の計算を行うことになる。

b 国外事業所等に帰せられるべき資本の額

　上記aの算式中の分子の「国外事業所等に帰せられるべき資本の額」とは，次の資本配賦法又は同業法人比準法のいずれかの方法により計算した金額とされる（令141の4③）。

[資本配賦法]

　資本配賦法とは，内国法人の自己資本の額に，内国法人の資産の額の国外事業所等に帰せられるべき資産の額の割合を乗じて，その国外事業所等に帰せられるべき資本の額を計算しようとする方法であり，具体的には，次のA又はBに掲げる内国法人の区分に応じ，それぞれ次のA又はBの方法により計算した金額をもって国外事業所等に帰せられるべき資本の額とする方法をいう（令141の4③一）。

A 銀行等以外の内国法人	資本配賦原則法	資本配賦原則法を算式で示すと，次のとおりである（令141の4③一イ）。 〈算式〉 $$\left[\begin{array}{c}総資産の帳\\簿価額の平\\均残高\end{array} - \begin{array}{c}総負債の帳\\簿価額の平\\均残高\end{array}\right] \times \dfrac{国外事業所等帰属資産の額について，発生し得る危険を勘案して計算した金額}{総資産の額について，発生し得る危険を勘案して計算した金額}$$
		※ 資本配賦原則法とは，ⅰの金額からⅱの金額を控除した残額に，ⅲの金額のⅳの金額に対する割合を乗じて計算する方法をいう。 　ⅰ　その内国法人の総資産の帳簿価額の平均的な残高として合理的な方法により計算した金額 　ⅱ　その内国法人の総負債の帳簿価額の平均的な残高として合理的な方法により計算した金額 　ⅲ　国外事業所等帰属資産（その内国法人の事業年度終了の時の国外事業所等に帰せられる資産をいう。以下同じ。）の額について，発生し得る危険を勘案して計算した金額 　ⅳ　その内国法人の事業年度終了の時の総資産の額について，発生し得る危険を勘案して計算した金額 　(注)1　総資産の帳簿価額及び総負債の帳簿価額は，会計帳簿に記載した資産又は負債の金額による（令141の4⑨）。 　　　2　「発生し得る危険」とは，一般的に信用リスク，市場リスク及び業

務リスクといわれるもの並びにこれらに類するリスクをいい，具体的には，次に掲げる危険をいう（規則28の6）。

　(i)　取引の相手方の契約不履行により発生し得る危険

　(ii)　保有する有価証券等（有価証券その他の資産及び取引をいう。）の価格の変動により発生し得る危険

　(iii)　事務処理の誤りその他日常的な業務の遂行上発生し得る危険

　(iv)　上記(i)から(iii)までに類する危険

3　保険会社の資本配賦原則法については，平成28年6月28日付「恒久的施設帰属所得に係る所得に関する調査等に係る事務運営要領の制定について（事務運営指針）」の5−2《保険会社の資本配賦原則法の適用》を参照のこと。

資本配賦簡便法	資本配賦簡便法を算式で示すと，次のとおりである（令141の4⑥一）。 〈算式〉 $$\left[\begin{array}{c}総資産の帳\\簿価額の平\\均残高\end{array} - \begin{array}{c}総負債の帳\\簿価額の平\\均残高\end{array}\right] \times \dfrac{国外事業所等帰属資産の帳簿価額}{貸借対照表に計上されている総資産の帳簿価額}$$

※　銀行等以外の内国法人（預金受入れ等の財務大臣の承認を受けていない㈱日本政策投資銀行及び保険会社を除く。以下同じ。）は，資本配賦原則法に代えて，資本配賦簡便法により国外事業所等に帰せられるべき資本の額を計算することができる（令141の4⑥）。

　資本配賦簡便法とは，内国法人の総資産の額及び国外事業所等に帰せられる資産の額について，帳簿価額を用いることにより計算の簡素化を図ったもので，ⅰの金額からⅱの金額を控除した残額に，ⅲの金額のⅳの金額に対する割合を乗じて計算する方法をいう。

ⅰ　その内国法人の総資産の帳簿価額の平均的な残高として合理的な方法により計算した金額

ⅱ　その内国法人の総負債の帳簿価額の平均的な残高として合理的な方法により計算した金額

ⅲ　国外事業所等帰属資産の帳簿価額

ⅳ　その内国法人の事業年度終了の時の貸借対照表に計上されている総資産の帳簿価額

(注)1　総資産の帳簿価額及び総負債の帳簿価額は，会計帳簿に記載した資産又は負債の金額による（令141の4⑨）。

　　2　「銀行等」の意義については，次の規制資本配賦法の解説を参照のこと。

B 銀行等である内国法人	規制資本配賦法	規制資本配賦法を算式で示すと，次のとおりである（令141の４③一ロ）。 〈算式〉 $$\text{規制上の自己資本の額} \times \frac{\text{国外事業所等帰属資産の額について，発生し得る危険を勘案して計算した金額}}{\text{総資産の額について，発生し得る危険を勘案して計算した金額}}$$

※　規制資本配賦法とは，銀行等の規制上の自己資本の額に，ⅰの金額のⅱの金額に対する割合を乗じて計算する方法をいう。

ⅰ　その銀行等の国外事業所等帰属資産の額について，発生し得る危険を勘案して計算した金額

ⅱ　その銀行等の事業年度終了の時の総資産の額について，発生し得る危険を勘案して計算した金額

なお，規制上の自己資本の額とは，銀行法第14条の２第１号《経営の健全性の確保》に規定する自己資本の額に相当する金額，金融商品取引法第46条の６第１項《自己資本規制比率》に規定する自己資本規制比率に係る自己資本の額に相当する金額その他これらに準ずる自己資本の額に相当する金額をいう（令141の４③一ロ）。

また，ここでいう銀行等とは，次の内国法人をいう（令141の４③一ロ，141の５①）。

・預金保険法第２条第１項《定義》に規定する金融機関

・農水産業協同組合貯金保険法第２条第１項《定義》に規定する農水産業協同組合

・㈱日本政策投資銀行（日本政策投資銀行法第９条第１項《預金の受入れ等を開始する場合の特例》に規定する財務大臣の承認を受けたものに限る。）

・金融商品取引法第２条第９項《定義》に規定する金融商品取引業者（同法第28条第１項《通則》に規定する第一種金融商品取引業を行う者に限る。）

※　リスクウェイト資産の算定の特例

国外事業所等が多数存在する場合のその国外事業所等に係るリスクウェイト資産の算定に関する事務負担を考慮して，貸出債権に係る信用リスクの割合が著しく高い場合には，貸出債権に係る信用リスクのみを用いてリスクウェイト資産の額の計算を行うことができることとされている。

具体的には，銀行等が上記ⅰ又はⅱの金額を計算する場合において，信用リスク額（銀行等の各事業年度終了の時の総資産の額について取引の相手方の契約不履行により発生し得る危険を勘案して計算した金額をいう。）の全リスク額に対する割合が80％を超え，かつ，貸出債権リスク額（その銀行等の事業年度終了の時の貸出債権の額について取引の相手方の契約不履行により発生し得る危険を勘案して計算した金額をいう。）のその信用

リスク額に対する割合が50％を超えるときは，上記 i の金額は次の(i)の金額と，上記 ii の金額は次の(ii)の金額とすることができることとされている（規則28の10）。

(i) その内国法人の事業年度終了の時の国外事業所等に帰せられる貸出債権の資産の額について，取引の相手方の契約不履行により発生し得る危険を勘案して計算した金額

(ii) 貸出債権リスク額

※ その他

銀行及び金融商品取引業者の規制資本配賦法については，平成28年6月28日付「恒久的施設帰属所得に係る所得に関する調査等に係る事務運営要領の制定について（事務運営指針）」の5－4《銀行の規制資本配賦法の適用》，5－6《金融商品取引業者である内国法人の規制資本配賦法の適用》，5－8《信用リスク額等の意義》及び5－9《信用リスク割合等が著しく高い場合の銀行の規制資本配賦法の適用》を参照のこと。

［同業法人比準法］

同業法人比準法とは，その国外事業所等に帰せられる資産の額に，国外事業所等の所在地国で事業を行う同業他社の自己資本比率を乗じて，その国外事業所等に帰せられるべき資本の額を計算しようとする方法であり，具体的には，次のA又はBに掲げる内国法人の区分に応じ，それぞれ次のA又はBの方法により計算した金額をもってその国外事業所等に帰せられるべき資本の額とする方法をいう（令141の4③二）。

| A 銀行等以外の内国法人 | リスク資産資本比率比準法 | リスク資産資本比率比準法を算式で示すと，次のとおりである（令141の4③二イ）。

〈算式〉

国外事業所等帰属資産の額について，発生し得る危険を勘案して計算した金額 × $\dfrac{\text{比較対象法人の貸借対照表に計上されている純資産の額}}{\text{比較対象法人の総資産の額について，発生し得る危険を勘案して計算した金額}}$

※ リスク資産資本比率比準法とは，国外事業所等帰属資産の額について発生し得る危険を勘案して計算した金額に， i の金額の ii の金額に対する割合を乗じて計算する方法をいう。

i その内国法人の事業年度終了の日以前3年内に終了した比較対象法人の各事業年度のうちの比較対象事業年度（その比較対象法人の純資産の額の総資産の額に対する割合が同種の事業を行う法人の割合に比して著 |

しく高い場合に該当する事業年度を除く。）終了の時の貸借対照表に計上されているその比較対象法人の純資産の額。ただし，その比較対象法人が国外事業所等所在地国に本店又は主たる事務所を有する法人以外の法人である場合には，その法人の国外事業所等（その国外事業所等所在地国に所在するものに限る。）に係る純資産の額

ⅱ　比較対象法人の比較対象事業年度終了の時の総資産の額について，発生し得る危険を勘案して計算した金額。ただし，その比較対象法人が国外事業所等所在地国に本店又は主たる事務所を有する法人以外の法人である場合には，その法人の国外事業所等（その国外事業所等所在地国に所在するものに限る。）に係る資産の額について，発生し得る危険を勘案して計算した金額。

（注）1　比較対象法人とは，その内国法人の国外事業所等を通じて行う主たる事業と同種の事業を国外事業所等所在地国（その国外事業所等が所在する国又は地域をいう。）において行う法人で，その同種の事業に係る事業規模その他の状況が類似するものをいう。ただし，その法人が国外事業所等所在地国に本店又は主たる事務所を有する法人以外の法人である場合には，その国外事業所等所在地国を通じてその同種の事業を行うものに限られる。以下同じ。

2　比較対象法人の純資産の額の総資産の額に対する割合が同種の事業を行う法人のその割合に比して著しく高い場合とは，次の①の割合が②の割合のおおむね2倍を超える場合をいう（規則28の7①）。

①　(i)の金額の(ii)の金額に対する割合

（ⅰ）比較対象法人の事業年度終了の時の貸借対照表に計上されている純資産の額。ただし，その比較対象法人が国外事業所等所在地国に本店又は主たる事務所を有する法人以外の法人である場合には，その法人の国外事業所等（その国外事業所等所在地国に所在するものに限る。）に係る純資産の額。

（ⅱ）(i)の比較対象法人の事業年度終了の時の貸借対照表に計上されている総資産の額。ただし，その比較対象法人が国外事業所等所在地国に本店又は主たる事務所を有する法人以外の法人である場合には，その法人の国外事業所等に係る資産の額。

②　その内国法人の国外事業所等を通じて行う主たる事業と同種の事業を国外事業所等所在地国において行う法人の平均的な純資産の額の平均的な総資産の額に対する割合

ここでいう平均的な純資産の額の平均的な総資産の額に対する割合とは，同種の事業を国外事業所等所在地国において行う法人の貸借対照表（その内国法人の事業年度終了の日以前3年内に終了したその法人の事業年度に係るものに限る。）に基づき合理的な方法により計算することとされている（規則28の7②）。

3　保険会社のリスク資産資本比率比準法については，平成28年6月28

6　控除限度額の計算方法

		日付「恒久的施設帰属所得に係る所得に関する調査等に係る事務運営要領の制定について（事務運営指針）」の5－3《保険会社のリスク資産資本比率比準法の適用》を参照のこと。
	簿価資産資本比率比準法	簿価資産資本比率比準法を算式で示すと，次のとおりである（令141の4⑥二）。 〈算式〉 国外事業所等帰属資産の帳簿価額の平均残高 × （比較対象法人の貸借対照表に計上されている純資産の額）／（比較対象法人の貸借対照表に計上されている総資産の額） ※　銀行等以外の内国法人は，リスク資産資本比率比準法に代えて簿価資産資本比率比準法により国外事業所等に帰せられるべき資本の額を計算することができる（令141の4⑥）。 　簿価資産資本比率比準法とは，国外事業所等帰属資産の帳簿価額の平均的な残高として合理的な方法により計算した金額に，ⅰの金額のⅱの金額に対する割合を乗じて計算する方法をいう（令141の4⑥二）。 ⅰ　比較対象法人の比較対象事業年度終了の時の貸借対照表に計上されている純資産の額。ただし，その比較対象法人が国外事業所等所在地国に本店又は主たる事務所を有する法人以外の法人である場合には，その法人の国外事業所等（その国外事業所等所在地国に所在するものに限る。）に係る純資産の額。 ⅱ　比較対象法人の比較対象事業年度終了の時の貸借対照表に計上されている総資産の額。ただし，その比較対象法人が国外事業所等所在地国に本店又は主たる事務所を有する法人以外の法人である場合には，その法人の国外事業所等（その国外事業所等所在地国に所在するものに限る。）に係る資産の額。
B　銀行等である内国法人	リスク資産規制資本比率比準法	リスク資産規制資本比率比準法を算式で示すと，次のとおりである（令141の4③二ロ）。 〈算式〉 国外事業所等帰属資産の額について，発生し得る危険を勘案して計算した金額 × （比較対象法人の規制上の自己資本の額に係る部分の金額）／（比較対象法人の総資産の額について，発生し得る危険を勘案して計算した金額） ※　リスク資産規制資本比率比準法とは，銀行等の国外事業所等帰属資産の額について発生し得る危険を勘案して計算した金額に，ⅰの金額のⅱの金額に対する割合を乗じて計算する方法をいう。 ⅰ　銀行等の事業年度終了の日以前3年内に終了した比較対象法人の各事業年度のうちの比較対象事業年度（その比較対象法人の純資産の額の総資産の額に対する割合が同種の事業を行う法人の割合に比して著しく高い場合に該当する事業年度を除く。）終了の時の規制上の自己資本の額又は外国の法令の規定によるこれに相当するものの額。ただし，その比

113

第2章　内国法人における一般的な外国税額控除

較対象法人が国外事業所等所在地国に本店又は主たる事務所を有する法
人以外の法人である場合には，これらの金額のうちその法人の国外事業
所等（その国外事業所等所在地国に所在するものに限る。）に係る部分
に限られる。

ⅱ　比較対象法人の比較対象事業年度終了の時の総資産の額について，発
生し得る危険を勘案して計算した金額。ただし，その比較対象法人が国
外事業所等所在地国に本店又は主たる事務所を有する法人以外の法人で
ある場合には，その法人の国外事業所等（その国外事業所等所在地国に
所在するものに限る。）に係る資産の額について，発生し得る危険を勘
案して計算した金額。

(注) 1　比較対象法人の純資産の額の総資産の額に対する割合が同種の事業
を行う法人の割合に比して著しく高い場合とは，「Ａ　銀行等以外の
内国法人」と同様の場合（前掲「リスク資産資本比率比準法」(注) 2 の
①の割合が②の割合のおおむね 2 倍を超える場合）をいう（規則28の
7 ③④）。

2　銀行及び金融商品取引業者のリスク資産規制資本比率比準法につい
ては，平成28年 6 月28日付「恒久的施設帰属所得に係る所得に関する
調査等に係る事務運営要領の制定について（事務運営指針）」の 5 －
5 《銀行のリスク資産規制資本比率比準法の適用》及び 5 － 7 《金融
商品取引業者である内国法人のリスク資産規制資本比率比準法の適用》
を参照のこと。

c　国外事業所等に係る自己資本の額

　　上記 a の算式中の分子の「国外事業所等に係る自己資本の額」と
は，国外事業所等に係る資産の帳簿価額の平均的な残高として合理
的な方法により計算した金額から国外事業所等に係る負債の帳簿価
額の平均的な残高として合理的な方法により計算した金額を控除し
た残額とされる（令141の 4 ①）。また，これらの帳簿価額は，会計
帳簿に記載した金額によることとされている（令141の 4 ⑨）。

d　危険勘案資産額の計算日の特例

(a)　特例の内容

　　危険勘案資産額に関し，内国法人の行う事業の特性，規模その
他の事情により，その事業年度以後の各事業年度の確定申告書の
提出期限（仮決算による中間申告書を提出する場合には，その中

間申告書の提出期限）までにその危険勘案資産額を計算すること
が困難な常況にあると認められる場合には，その各事業年度終了
の日（仮決算による中間申告書を提出する場合には，その中間申
告書に係る期間終了の日）前6月以内の一定の日における次の⒀
のⅰからⅳまでの金額について発生し得る危険を勘案して計算し
た金額をもって危険勘案資産額とすることができることとされて
いる（令141の4④）。

⒀　危険勘案資産額とは，恒久的施設帰属資本相当額を計算する場合におい
て，リスクを勘案して計算する必要がある内国法人の資産の額をいい，具
体的には事業年度終了の時における次に掲げる資産の額について発生し得
る危険を勘案して計算した金額をいう（令141の4④）。
ⅰ　資本配賦原則法を用いて恒久的施設帰属資本相当額を計算する場合に
おける国外事業所等帰属資産の額及び総資産の額
ⅱ　規制資本配賦法を用いて恒久的施設帰属資本相当額を計算する場合に
おける国外事業所等帰属資産の額及び総資産の額
ⅲ　リスク資産資本比率比準法を用いて恒久的施設帰属資本相当額を計算
する場合における国外事業所等帰属資産の額
ⅳ　リスク資産規制資本比率比準法を用いて恒久的施設帰属資本相当額を
計算する場合の銀行等の国外事業所等帰属資産の額

(b)　特例の適用要件

上記(a)の特例は，その適用を受けようとする最初の事業年度の
確定申告書の提出期限（仮決算による中間申告書を提出する場合
には，その提出期限）までに，納税地の所轄税務署長に対し，申
告書の提出期限までに危険勘案資産額を計算することが困難であ
る理由，危険勘案資産額を計算する事業年度終了の日前6月以内
の一定の日その他の事項を記載した届出書を提出した場合に限
り，適用することとされている（令141の4⑤，規則28の8）。

e　国外事業所等に帰せられるべき資本の額の計算方法の選定・変更

国外事業所等に帰せられるべき資本の額の計算は，国外事業所等
（同一国に複数の拠点が所在する場合には，その複数の拠点の集合）
ごとに行う必要がある。

第2章　内国法人における一般的な外国税額控除

　そして，その計算方法は，国外事業所等ごとに資本配賦法と同業法人比準法のいずれかを選択することになるが，選択した方法は，その国外事業所等を通じて行う事業の種類の変更その他これに類する事情がない限り，継続適用する必要があるとされている（令141の4⑦）。

　ただし，国外事業所等に帰せられるべき資本の額の計算方法の変更であっても，資本配賦法の間での変更（例えば，資本配賦簡便法から資本配賦原則法への変更），又は同業法人比準法の間での変更（例えば，リスク資産資本比率比準法から簿価資産資本比率比準法への変更）は，特段の制限なく行うことができることとされている。

f　損金不算入（加算調整）の適用要件

　この損金不算入（加算調整）は，確定申告書，修正申告書又は更正の請求書に国外所得金額に加算される金額及びその計算に関する明細を記載した書類の添付があり，かつ，国外事業所等に帰せられるべき資本の額の計算の基礎となる事項を記載した書類その他の一定の書類の保存がある場合に限り適用することができる（令141の4⑩，規則28の9）。

　したがって，上記の要件を充足させないことによって，国外事業所等に帰せられるべき資本の額の配賦計算を行わず，国外所得金額の加算調整を行わない（国外所得金額を大きくしない）という選択も可能となる。ただし，銀行・証券会社等の金融機関については，次の(ロ)の「銀行等の負債性資本に係る利子の損金算入（減算調整）」との関係上，加算調整が必須とされている。

㊟　上記の「一定の書類」とは，次のA又はBの内国法人の区分に応じ，それぞれA又はBに掲げる書類とされている（規則28の9）。
　A　銀行等以外の内国法人……次に掲げる書類
　　a　内国法人がリスク資産資本比率比準法又は簿価資産資本比率比準法を用いて国外事業所等に帰せられるべき資本の額を計算する場合には，そ

116

の内国法人に係る比較対象法人の選定に係る事項を記載した書類並びに
これらの計算方法に係る前掲のⅰ及びⅱの金額（前掲ｂの［同業法人比
準法］の表のリスク資産資本比率比準法又は簿価資産資本比率比準法の
欄のそれぞれのⅰ及びⅱの金額）の基礎となる書類

b　危険勘案資産額の計算の根拠を明らかにする事項を記載した書類

c　ａ及びｂのほか国外事業所等に帰せられるべき資本の額の計算の基礎
となる事項を記載した書類

B　銀行等……次に掲げる書類

a　銀行等が規制資本配賦法を用いて国外事業所等に帰せられるべき資本
の額を計算する場合には，規制上の自己資本の額の計算の基礎となる書
類

b　銀行等がリスク資産規制資本比率比準法を用いて国外事業所等に帰せ
られるべき資本の額を計算する場合には，その内国法人に係る比較対象
法人の選定に係る事項を記載した書類並びにその比較対象法人のリスク
資産規制資本比率比準法に係る前掲のⅰ及びⅱの金額（前掲ｂの［同業
法人比準法］の表のリスク資産規制資本比率比準法の欄のⅰ及びⅱの金
額）の基礎となる書類

c　危険勘案資産額の計算の根拠を明らかにする事項を記載した書類

d　ａからｃまでのほか国外事業所等に帰せられるべき資本の額の計算の
基礎となる事項を記載した書類

㈡　銀行等の負債性資本に係る利子の損金算入（減算調整）

　銀行等の自己資本の額には，銀行法や金融商品取引法等において，
利子を生じない資本だけでなく，一定の劣後債のように利子が生ずる
負債も含められている。このような自己資本に含められる負債は銀行
等の全体の便益のための負債であることから，その利子費用について
は，国外事業所等に対して適切に配分される必要がある。そこで，銀
行等である内国法人の有する資本に相当するものに係る負債（負債性
資本）につきその事業年度において支払う利子の額のうち，その内国
法人の国外事業所等に帰せられるべき資本の額に対応する部分の金額
は国外所得金額の計算上損金の額に算入する（減算調整する）ことと
されている（令141の5①）。

　この減算調整すべき金額は，次の算式により計算することとされる
（令141の5②）。

117

〈算式〉

$$
\text{規制上の自己資本の額に係る負債につき内国法人が支払う負債の利子の額} \times \frac{\text{規制資本配賦法又はリスク資産規制資本比率比準法により計算した，その国外事業所等に帰せられるべき資本の額}}{\text{規制上の自己資本の額}}
$$

(注) 1　上記算式中の「規制上の自己資本の額」とは，銀行法第14条の2第1号《経営の健全性の確保》に規定する自己資本の額に相当する金額，金融商品取引法第46条の6第1項《自己資本規制比率》に規定する自己資本規制比率に係る自己資本の額に相当する金額その他これらに準ずる自己資本の額に相当する金額をいう（令141の5②，141の4③一ロ）。
　　2　上記算式中の「利子」には，社債発行差金の償還差損の額その他経済的な性質が利子に準ずるものも含まれる（令141の5①）。

(ハ)　保険会社の国外事業所等に帰せられるべき投資資産に係る収益の額の益金不算入（減算調整）

　　AOAでは保険会社の投資資産は保険リスクを引き受けた構成部分に帰属するものと整理されていることを踏まえ，保険会社である内国法人の国外事業所等に係る投資資産の額がその国外事業所等に帰せられるべき投資資産の額を上回る場合には，その上回る部分に相当する金額（以下「投資資産超過額」という。）に係る収益の額は，国外所得金額の計算上益金の額に算入しない（減算調整する）こととされている（令141の6①）。

　a　投資資産

　　投資資産とは，法第142条の3第1項に規定する投資資産をいう（令141の6①）。したがって，保険料として収受した金銭その他の資産を保険契約に基づく将来の債務の履行に備えるために運用する場合のその運用資産をいい，具体的には，保険業法施行規則第47条各号に掲げる方法により運用を行う資産とされる（法142の3①，規則60の5）。

　b　国外事業所等に帰せられるべき投資資産の額

　　国外事業所等に帰せられるべき投資資産の額は，次の算式により

計算した金額とされている（令141の6②）。これは、その引き受けた保険リスクを反映していると考えられる責任準備金等を指標として国外事業所等に帰せられるべき投資資産の額を算定しようとするものである。

〈算式〉

$$
\text{保険会社の投資資産の額} \times \frac{\text{その国外事業所等の外国の法令に基づく責任準備金の額及び支払備金の額の合計額}}{\text{保険会社の保険業法に規定する責任準備金の額及び支払備金の額の合計額}}
$$

c　投資資産超過額に係る収益の額

　　投資資産超過額に係る収益の額は、保険会社である内国法人の国外事業所等に係る投資資産の額から上記bにより計算したその国外事業所等に帰せられるべき投資資産の額を控除した残額に、その保険会社である内国法人の投資資産の運用利回り（保険会社である内国法人全体のその事業年度の投資資産から生じた収益の額のその事業年度の投資資産の額の平均的な残高に対する割合）として合理的な方法により計算した割合を乗じて計算した金額とされている（令141の6③）。

d　適用除外

　　次のいずれかに該当する場合には、減算調整（国外事業所等帰属所得に係る所得の金額の計算上減算すべき投資資産超過額に係る収益の額はないものとする調整）の取扱いは適用されない（令141の6④）。

i　投資資産超過額が上記bにより計算したその国外事業所等に帰せられるべき投資資産の額の10％以下である場合

ii　その国外事業所等に係る投資資産の額が内国法人の投資資産の額の5％以下である場合

iii 上記cにより計算した投資資産超過額に係る収益の額が1,000万円以下である場合

なお，この適用除外の扱いは，上記iからiiiまでのいずれかに該当する旨を記載した書類及びその計算に関する書類を保存している場合に限り適用される（令141の6⑤）。ただし，これらの書類を保存していなかった場合においても，その保存がなかったことについてやむを得ない事情があると認められるときは，これらの書類の提出がその後あった場合に限り，適用除外の扱いを受けることができることとされている（令141の6⑥）。

e　投資資産の額の算定時期

保険会社である内国法人のその事業年度の投資資産の額及び国外事業所等に係る投資資産の額は，その内国法人の事業年度終了の時における貸借対照表に計上されている金額によるものとされている（令141の6⑦）。

㈡　特定内部取引の国外事業所等帰属所得に係る所得金額の計算

内国法人の本店等がその有する国外不動産を直接第三者に譲渡した場合には，その国外不動産に係る譲渡損益が発生し，外国税額控除の目的上，国外資産の譲渡所得として国外源泉所得とされる。他方で，内国法人の本店等がその有する国外不動産を国外事業所等に内部譲渡した場合には，帰属主義の原則的な考え方によれば，この内部取引は時価により行われたものとされ，国外事業所等におけるその国外不動産の取得価額は時価により認識されることになる。そのため，国外事業所等がその国外不動産を第三者に時価で直ちに譲渡した場合には，その国外事業所等帰属所得の計算上はその国外不動産に係る譲渡損益は発生しないこととなる。一方，外国税額控除制度上，内部取引は国外事業所等帰属所得に係る所得金額の計算においてのみ認識されることになるため，内国法人の本店等において内部取引に係る損益がその計算上認識されることはないということになる。

したがって，このような取引においては，帰属主義の原則的な考え方のみに基づいて処理をすると，内国法人の本店等と国外事業所等のいずれにおいても，外国税額控除における所得金額の計算上はその国外不動産に係る譲渡損益が認識されないことになってしまうことになる。

このような所得金額の計算におけるアンバランスを是正するため，内国法人の国外事業所等と本店等との間で，その国外事業所等による資産（国外不動産の譲渡所得や貸付対価などの国外事業所等に帰属しなくても国外源泉所得を生ずべき資産）の取得又は譲渡に相当する内部取引があった場合には，その内部取引は，その資産の内部取引の直前の帳簿価額に相当する金額により行われたものとして，国外事業所等帰属所得に係る所得の金額を計算することとされている（令141の7①）。

また，この場合の「帳簿価額に相当する金額」とは，内国法人の国外事業所等と本店等との間の内部取引が次のa又はbの内部取引のいずれに該当するかに応じ，それぞれ次のa又はbに定める金額とされている（令141の7②）。

a　国外事業所等による本店等からの資産の取得に相当する内部取引
　　内部取引の時にその内部取引に係る資産の他の者への譲渡があったものとみなして，その資産の譲渡により生ずべきその内国法人の所得の金額を計算するとした場合にその資産の譲渡に係る原価の額とされる金額に相当する金額

b　国外事業所等による本店等への資産の譲渡に相当する内部取引
　　内部取引の時にその内部取引に係る資産の他の者への譲渡があったものとみなして，その資産の譲渡により生ずべきその内国法人の国外事業所等帰属所得に係る所得の金額を計算するとした場合にその資産の譲渡に係る原価の額とされる金額に相当する金額
　なお，国外事業所等におけるその内部取引に係る資産の取得価額

は，上記 a に定める金額とされ，その内部取引による資産の取得のために要した費用がある場合には，これを加算した金額とされる（令141の7③）。

二　その他の国外源泉所得に係る所得金額の計算

　㈠　その他の国外源泉所得に係る所得金額の計算の概要

　　　その他の国外源泉所得（令第141条の2第2号に掲げる，国外事業所等帰属所得以外の15種類の国外源泉所得をいう。以下同じ。）に係る所得の金額は，その国外源泉所得に係る所得のみについて法人税を課するものとした場合に課税標準となるべきその事業年度の所得の金額に相当する金額とされている（令141の8①）。

　㈡　共通費用の額の配分

　　　その事業年度の所得金額の計算上損金の額に算入された販売費，一般管理費その他の費用のうち「その他の国外源泉所得」を生ずべき業務とそれ以外の業務の双方に関連して生じたものの額（共通費用の額）がある場合には，その共通費用の額は，これらの業務に係る収入金額，資産の価額，使用人の数その他の基準のうちこれらの業務の内容及び費用の性質に照らして合理的と認められる基準によって「その他の国外源泉所得」に係る所得金額の計算上の損金の額として配分することとされている（令141の8②）。

　　　そして，配分計算の取扱いについては，国外事業所等帰属所得の場合と同様の考え方に基づく次のような取扱いが定められている。

　・基通16－3－19の3《その他の国外源泉所得に係る所得の金額の計算における共通費用の額の配賦》

　・基通16－3－19の4《その他の国外源泉所得に係る所得の金額の計算における負債の利子の額の配賦》

　・基通16－3－19の5《その他の国外源泉所得に係る所得の金額の計算における確認による共通費用の額等の配賦方法の選択》

　　　なお，共通費用の額の配分を行った場合には，配分の計算の基礎と

なる費用の明細及び内容，配分の計算方法及びその計算方法が合理的であるとする理由を記載した書類を作成しなければならないこととされている（令141の8③，規則28の11）。

(ハ) 引当金，準備金，寄附金及び交際費等の取扱い

引当金，準備金，寄附金及び交際費等の取扱いについても，国外事業所等帰属所得の場合と同様に，「その他の国外源泉所得」の発生の源泉となる業務に係る部分の金額を基礎とした，次のような取扱いが定められている。

・基通16－3－19の6《その他の国外源泉所得に係る所得の金額の計算における引当金の繰入額等》

・基通16－3－19の7《その他の国外源泉所得に係る所得の金額の計算における引当金の取崩額等》

・基通16－3－19の7の2《その他の国外源泉所得に係る所得の金額の計算における損金の額に算入されない寄附金，交際費等》

なお，寄附金や交際費等の損金不算入額については，その法人の全体の損金不算入額を支出額で按分して，「その他の国外源泉所得」に係る所得の金額の計算上配分するということになっている。

(二) 「その他の国外源泉所得」に係る所得金額の計算に関する書類の添付

外国税額控除の適用を受ける場合には，確定申告書，修正申告書又は更正の請求書にその他の国外源泉所得に係る所得金額の計算に関する明細を記載した書類を添付しなければならないこととされている（令141の8④）。

ホ 損金不算入とされる控除対象外国法人税額の取扱い

外国税額控除の適用を受ける場合には，納付した控除対象外国法人税額は，損金の額に算入しないこととされている（法41）。この損金不算入とされる控除対象外国法人税額は，国外所得金額の計算上も損金の額に算入しないことになる（申告書別表六（二）参照）。

第2章　内国法人における一般的な外国税額控除

ヘ　調整国外所得金額の算出

　　国外所得金額の計算のイメージを図示すると次頁のとおりであり，算出した左側の「その他の国外源泉所得に係る所得金額」と右側の「国外事業所等帰属所得に係る所得金額」を合計したものが，その内国法人の外国税額控除における国外所得金額ということになる。

　　そして，まず，この国外所得金額からその内訳となる非課税国外所得金額（前述の(4)②を参照）の全額を控除し，次に，その控除後の金額とその事業年度のその法人全体の所得金額（前述の(4)①を参照）の90％とのいずれか少ない金額を計算する。

　　その結果として算出されたものが外国税額控除の控除限度額を計算する際（前述の(1)②を参照）の基礎となる調整国外所得金額ということになる。

　㊟　「その他の国外源泉所得に係る所得金額」，「国外事業所等帰属所得に係る所得金額」又は「非課税国外所得金額」は，それぞれに区分して計算することになるが，全ての国のものを通算して計算することとなるため，これらの所得金額が赤字となる国があったとしても，その国の欠損金額を計算から除外することはできない。

6 控除限度額の計算方法

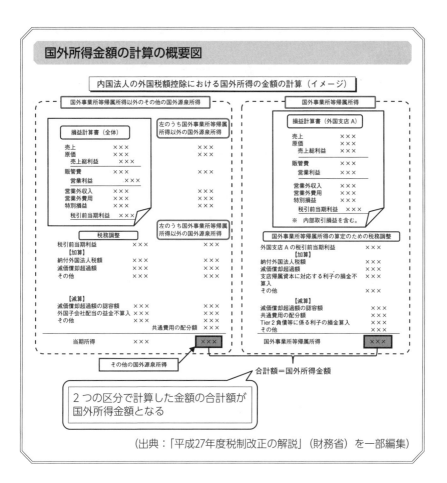

(出典:「平成27年度税制改正の解説」(財務省)を一部編集)

第2章 内国法人における一般的な外国税額控除

設例　調整国外所得金額の計算の概要

国外事業所等帰属所得が赤字で，その他の国外源泉所得が黒字である場合を例として，非課税国外所得金額がないときの調整国外所得金額の計算の概要を例示すると，次のようになる。

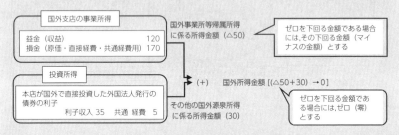

(注) 1　国外所得金額は，「国外事業所等帰属所得に係る所得金額」と「その他の国外源泉所得に係る所得金額」の合計額であるが，本設例では零となる。
　　 2　実際には，全世界所得（法人全体の所得金額）の90％が調整国外所得金額（上限）となる。

(6) 国外所得金額及び外国税額の為替換算

　外国税額控除の計算をする場合の国外所得は一般に外貨による取引がその基礎となっていることが多く，課される外国法人税も外貨によって納付することが通常である。

　そこで，国外所得金額の計算の基礎となる収支等及び外国法人税の納付が外貨によって行われている場合の為替換算が問題となるが，それについては，次のように行うこととされている。

①　国外所得金額の基礎となる収支等の為替換算（円換算）

　外貨建取引に係る会計処理等については，企業会計上，「外貨建取引等会計処理基準」（以下「外貨建会計基準」という。）及び「外貨建取引等の

会計処理に関する実務指針」が公表されているが，これらの会計基準等にも配意しつつ，税務上も外貨建取引に関する換算規定などの整備が行われている。

この整備された外貨建取引の換算（期末の外貨建債権債務等の為替換算を除く。）に関する規定の主な内容は次のとおりである。

イ　外貨建取引の発生時の換算

法人が外貨建取引を行った場合には，その外貨建取引の金額の円換算額（外国通貨で表示された金額を本邦通貨表示の金額に換算した金額）は，その外貨建取引を行った時の外国為替の売買相場により換算した金額によることとされている（法61の8①）。

そして，ここにおける外貨建取引の意義については，外国通貨で支払が行われる資産の販売及び購入，役務の提供，金銭の貸付け及び借入れ，剰余金の配当など，その支払が外国通貨で行われる全ての取引が含まれるとされている。

ロ　先物外国為替契約等による場合の換算の特例

上記イの原則に対し，外貨建ての資産の取得又は負債の発生の基因となる外貨建取引に伴って将来に支払い，又は受け取ることとなる取引発生時の外国通貨の円換算額を先物外国為替契約により確定させ，その先物外国為替契約の締結の日にその旨等を帳簿書類に記載した場合には，その確定させた円換算額をもってその外貨建ての資産又は負債の円換算額とするとされている（令122①）。

また，外貨建取引によって取得し，又は発生する資産又は負債の金額の決済時の円換算額を先物外国為替契約等により確定させ，その先物外国為替契約等の締結の日にその旨等を帳簿書類に記載した場合には，その先物外国為替契約等により確定させた円換算額により換算することとされている（法61の8②）。

ハ　法人税基本通達における為替換算

このような税法上の規定と前記の会計基準等との整合性にも配意し，

法人税基本通達において具体的な円貨換算の取扱いが定められており，収支等に関する主なもの（期末の外貨建債権債務等の為替換算を除く。）を掲げると次のとおりである。

(イ)　いわゆる外貨建て円払いの取引（基通13の２－１－１）

　　　外貨建会計基準では，売買価額その他取引価額が外国通貨で表示されている取引をもって外貨建取引としており，例えばメーカーズリスク特約のある取引のようないわゆる外貨建て円払いの取引は，企業会計上は「外貨建取引」の範疇に含まれる。しかしながら，外国通貨による支払を前提とする法人税法上においては「外貨建取引」には該当しない。法人税法上は，このような外貨建て円払いの取引による取引金額の算定を，取引金額を為替レートの変動にリンクさせた場合のその不確定な取引金額の見積計算の問題として処理する。

　　　ただし，外貨建て円払いの取引についてその取引金額を見積もる場合のその見積方法については，別途，外貨建取引の円換算の例に準ずることを認めるとともに（基通13の２－１－２(注)６），メーカーズリスクに関する取扱い（基通13の２－１－11）により，法人税法上の外貨建取引の換算の場合との差異を最小限にとどめ，実質的に企業会計と税法との間に差異が生じないようにしている。

(ロ)　外貨建取引の円換算（基通13の２－１－２）

　　　外貨建取引の円換算については，外貨と円貨との翻訳という立場に立って，その取引日におけるTTM（対顧客直物電信売買相場の仲値）によることを原則とするが，従来の会計慣行も考慮して，売上その他の収益又は資産については取引日のTTB（対顧客直物電信買相場），仕入その他の費用（原価及び損失を含む。以下同じ。）又は負債については取引日のTTS（対顧客直物電信売相場）を用いることも，継続適用を条件に認められる。

　　　なお，次のような実務上の取扱いもあるので，注意する必要がある。

i　為替換算に用いる為替レートは，原則として，その法人の主たる取引金融機関のものによることとする。ただし，法人が同一の方法により入手等をした合理的な為替レート（新聞等の公表レート）を使用する場合も，継続適用を条件に認める（基通13の2－1－2㊟1）。

ii　外貨建会計基準では，取引の発生した日における為替レートのほか，合理的な基礎に基づいて算定された月又は週の平均相場や取引が発生した日の直近の一定の日の為替レートを用いることもできることとされていることから，税務上も継続適用を条件として同様の立場をとる（基通13の2－1－2㊟2）。

iii　当該日（為替相場の算出の基礎とする日）に為替相場がない場合には，同日前の最も近い日の為替相場による。また，当該日に為替相場が2以上ある場合には，その当該日の最終の相場（当該日が取引日である場合には，取引発生時の相場）による。ただし，取引日の相場については，取引日の最終の相場によっているときはこれも認める（基通13の2－1－2㊟3）。

iv　本邦通貨により外国通貨を購入し直ちに資産を取得し若しくは発生させる場合のその資産，又は外国通貨による借入金（社債を含む。）に係るその外国通貨を直ちに売却して本邦通貨を受け入れる場合の借入金については，現にその支出し，又は受け入れた本邦通貨の額をその円換算額とすることができる（基通13の2－1－2㊟4）。

v　期末時の円換算を要することとなるような外貨建ての資産の取得又は負債の発生の取引は，その支払が本邦通貨によって行われている場合であっても，外貨建取引があった場合と同様に，その取得又は発生時において，本通達を適用して換算を行う（基通13の2－1－2㊟5）。

第2章　内国法人における一般的な外国税額控除

(ハ) 多通貨会計を採用している場合の外貨建取引の換算（基通13の2－
1－3）

　法人が，外貨建取引を取引発生時には外国通貨で記録し，各月末，
事業年度終了の時等一定の時点において本邦通貨に換算するというい
わゆる多通貨会計（準多通貨会計）を採用している場合においては，
各月末等の規則性を有する1月以内の一定期間ごとの一定の時点にお
いて本邦通貨への換算を行い，その一定の時点をその外貨建取引に係
る取引発生時であるものとして基通13の2－1－2《外貨建取引の円
換算等》の取扱いを適用しているときは，これが認められる。この場
合，円換算に係る為替相場については，その一定期間を基礎として計
算した平均値も使用することができる。

(ニ) 先物外国為替契約等がある場合の収益，費用の換算等（基通13の2
－1－4）

　外貨建ての取引に係る売上金額その他の収入金額又は仕入金額その
他の費用の額につき円換算を行う場合において，収入金額又は費用の
額に係る本邦通貨の額がその計上を行うべき日までに先物外国為替契
約等により確定しているときは，基通13の2－1－2《外貨建取引の
円換算等》にかかわらず，その確定している本邦通貨の額をもってそ
の円換算額とすることができる。

　これは，外貨建会計基準と同様の円換算を認めることとしたもので
あるが，為替予約等の振当方法，為替予約差額の配分方法等に関する
整備をした上で，損益面においても外貨建ての資産又は負債と同様の
円換算を認めることとしたものである。

(ホ) 前渡金等の振替え（基通13の2－1－5）

　外貨建ての売買取引に関して受け入れた前受金又は支払った前渡金
（その後売買代金に充てられるもの）については，その取引が完結し
たときに，その前受金又は前渡金に係る部分に限りそれらの帳簿価額
をもってそのまま収益，費用等の額とし，外貨建会計基準と同様，改

めてその収益，費用等の計上日の為替相場による円換算を行わないことができるものとされている。

(ヘ) **海外支店等の資産等の換算の特例（基通13の2－1－8）**

内国法人の国外にある支店が有する財務諸表は，内国法人の決算に当たり，本店の財務諸表に合算される。この場合における国外支店等の財務諸表項目の換算については，一般に次の二つの方法が認められている。

ⅰ 本店の処理に準ずる方法

ⅱ 全ての財務諸表項目について決算時の為替相場による円換算額を付す方法

上記ⅱは，決算日レート法と呼ばれる換算方法であるが，税務においても，ⅰの方法のほかこのⅱの方法も認められる。

(注) 上記の円換算に当たっては，継続適用を条件として，収益及び費用（前受金等の収益性負債の収益化額及び前払金等の費用性資産の費用化額を除く。）の換算につき，外貨建会計基準と同様，取引日の属する月若しくは半期又はその事業年度の一定期間内におけるTTM，TTB又はTTSの平均値も使用することができる。この場合，国外支店等に係る当期利益の額又は当期損失の額の円換算額は，その国外支店等に係る貸借対照表に計上されている金額の円換算額となる（基通13の2－1－8の(注)）。

② 外国法人税額の為替換算（円換算）

外国法人税の額に関する換算については，法人税基本通達にその取扱いが定められており，次の区分に応じ，それぞれ次に掲げる外国為替の売買相場（基通13の2－1－3《多通貨会計を採用している場合の外貨建取引の換算》の適用を受ける場合の相場を含む。）により換算した円換算額によることとされている（基通16－3－47）。

イ 源泉徴収に係る外国法人税（ハに該当するものを除く。）

次の区分に応じ，それぞれ次に掲げる為替相場

ⅰ 利子，配当等を収益に計上すべき日の属する事業年度終了の日までにその利子，配当等に対して課された外国法人税（次のⅱに該当する

ものを除く。）は，その利子，配当等の額の換算に適用する為替相場
（利子について，いわゆる期間対応により未収収益を計上するため一
の計算期間に係る利子を2以上の事業年度にわたって収益に計上する
場合には，その2以上の事業年度のうちその外国法人税を課された日
の属する事業年度に係る利子の額の換算に適用する為替相場）

ⅱ　利子，配当等に課された外国法人税で，その課された日の属する事
業年度において費用（仮払経理を含む。）の額として計上するものは，
その費用の額の換算に適用する為替相場

ロ　国内から送金する外国法人税（ハに該当するものを除く。）

その納付すべきことが確定した日の属する事業年度において外貨建て
の取引に係る費用の額として計上する金額の換算に適用する為替相場

ハ　国外事業所等において納付する外国法人税

その納付すべきことが確定した日の属する事業年度の本支店合併損益
計算書の作成の基準とする為替相場

ニ　租税条約により納付したものとみなされる外国法人税

その外国法人税を納付したものとした場合に適用すべきイからハまで
に掲げる為替相場

(注)　減額された外国法人税の額は，通常，その減額された日の属する外貨建取引に係る
収益の額として計上する金額の円換算に適用する為替相場となる。

7　具体的な外国法人税の控除額の計算

(1)　外国法人税控除額の計算の原則

　外国税額控除制度は，外国法人税の納付の確定した日を含む事業年度（前述4の(1)を参照）において，控除限度額の計算をし，その限度額の範囲内で，その確定した外国法人税の額をその事業年度の所得金額に係る確定した法人税額（所得税額及び外国法人税の額の控除をする前の法人税額をいう。）等から控除するという，税額の確定時点を重視した計算方式を採用している。

　これは，外国によっては，外国法人税の確定時期と課税期間の終了時期との間に相当な時期的なずれが生じること，外国法人税の課税標準の計算期間が必ずしもその法人の事業年度と同一とは限らないこと等といった事情もあり，具体的な控除額の計算は，その計算の簡易化等の見地から，その外国法人税の課税標準たる所得の生じた事業年度まで遡ってするのではなく，上記のような方式に基づいて行うこととされているのである。

　ただし，その確定金額は，通常，一度確定したものがその後に増額したり減額したりするという問題もあるほか，課税標準額である各事業年度の国外所得の金額にも変動が生ずるという問題がある。

　そこで，このような事情変更があるときでも円滑に税額控除ができるよう，控除税額の再計算や，次の(2)から(4)までのような調整計算を行うことになっている。

(2)　外国法人税額が増額された場合の計算

　外国税額控除は，外国法人税を納付することとなった日（納付確定日）の属する事業年度において適用を受けることができることは，前述の4(1)のとおりである。したがって，ある事業年度における各種の所得に対して2以上の外国法人税が課されるときは，それぞれの外国法人税につい

第2章　内国法人における一般的な外国税額控除

て，その納付することとなる日の属する各々の事業年度において外国税額控除を行うこととなる。

　ただし，例えば，前期以前において納付した外国法人税で既に外国税額控除の適用を受けたものが，当期において外国において増額更正等が行われたことにより，同一の課税標準に対する外国法人税を追加的に納付することとなったという場合には，この原則は適用されない。

　すなわち，このような場合には，当期に追加的に納付することとなった外国法人税の額を一個の独立した税として取り扱って計算するのではなく，前期以前に納付したその外国法人税の税額と当期に追加的に納付することとなった税額を合計し，その合計額に基づいて，そのうちどれだけが所得に対する負担が高率な部分であり，その結果どれだけが控除対象外国法人税額とされるのかを再計算し，そのようにして算出された控除対象外国法人税額から前期以前において納付した外国法人税の額のうちで控除対象外国法人税額として外国税額控除の適用を受けた金額を控除した金額をもって，当期の控除対象外国法人税額としなければならないということである（基通16－3－26）。

　つまり，増額後の外国法人税額について，控除対象外国法人税額となる金額を計算し，増額前において控除対象外国法人税額とされた金額との差額を当期の控除対象外国法人税額とするわけである。

(3) 外国法人税額が減額された場合の計算

　例えば，既に納付した控除対象外国法人税額について，我が国の更正に類似する制度などにより，外国税額控除の適用を受けた後においてその外国法人税額が減額される場合がある。また，我が国の予定納税に類似する制度などにより，税額の精算によって予納額につき還付されることもある。このように減額された外国法人税額がある場合においては，税額控除との関係が問題となるが，これについては，前後6年間での調整を行うことになっている（法69⑫，令147）。

134

この前後6年間の調整の概要図及び設例を示すと，次のとおりである。

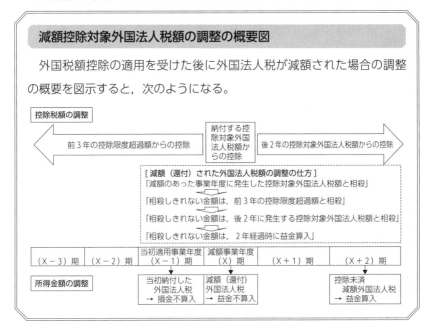

設例 減額控除対象外国法人税額の計算例

次表の前提等のような状況で外国法人税額が減額された場合の減額控除対象外国法人税額の取扱いを具体的に示すと，次のようになる。

前提等	i　内国法人Aは，前期に，B国にあるC支店（国外事業所等）の法人税に関して，課税標準が30,000で外国法人税額12,000の申告をして，その税額を納付したため，前期に我が国の外国税額控除を受けた。 ii　当期になって，この課税標準の正当額が25,000であることが判明したため，B国において課税標準25,000，外国法人税額10,000とする減額更正処分を受け，外国法人税額2,000の還付を受けた（会計上，益金に計上）。 iii　円換算レートは全て100円とし，この外国法人税に租税条約の限度税率超過の問題は生じないものとする。 iv　上記の減額部分を考慮しない今期の控除対象法人税額は500,000円とし，繰越控除の調整対象となるものはないものとする。
解説	上記の場合，減額控除対象外国法人税額は，次のようになり，この減額控除対象外国法人税額175,000円を当期の他の控除対象外国法人税額500,000円から控除することになる。 i　前期の12,000のうちの控除対象外国法人税額 　　30,000×35％＝10,500＜12,000（外国法人税） 　　→高率負担部分1,500（12,000－10,500）を除いた，10,500が控除対象外国法人税額である。 ii　当期の減額後の10,000のうちの控除対象外国法人税額 　　25,000×35％＝8,750＜10,000（外国法人税） 　　→高率負担部分1,250（10,000－8,750）を除いた，8,750が控除対象外国法人税額である。 iii　当期の減額控除対象外国法人税額 　・iの金額10,500－iiの金額8,750＝1,750 　・1,750×100円＝175,000円が減額控除対象外国法人税額となり，他の控除対象外国法人税額500,000円からこの金額を控除した325,000円によって当期の外国税額控除を行うことになる。 　（還付金額のうちの減額控除対象外国法人税額1,750は益金不算入となる一方，残額の250は高率負担部分の税額の返金であり，そのまま益金算入となる。）

なお，上記の「減額控除対象外国法人税額の調整の概要図」にある調整
は，具体的には，次によることとされている。

① 　外国税額控除を受けた事業年度（適用事業年度）開始の日後7年以内
　に開始する各事業年度において，外国法人税額のうちの控除対象外国法
　人税額が減額される場合には，その減額されることとなった日の属する
　事業年度（これを「減額に係る事業年度」という。）以後の各事業年度
　については，その減額に係る事業年度において納付することとなる他の
　控除対象外国法人税額から，その減額されることとなった部分の金額
　（これを「減額控除対象外国法人税額」という。）を控除した金額につい
　て，法第69条第1項から第3項までの規定を適用する（令147①）。

　　すなわち，減額に係る事業年度に他に納付することとなった外国法人
　税額と相殺した後の残額をその事業年度の控除対象外国法人税額として
　税額控除の計算をすることにより，過去の年度に受けた税額控除の取戻
　しをするということである。

　　そして，減額控除対象外国法人税額については，次の④に掲げる金額
　を除き，各事業年度の所得の金額の計算上益金の額に算入しないことと
　される（法26③）。また，この場合の控除対象となる他に納付すること
　となる外国法人税額は，その減額控除対象外国法人税額と異なる国で課
　税されたものでも差し支えない。

② 　上記①の場合において，減額控除対象外国法人税額の方が他に納付す
　る控除対象外国法人税額よりも多いため控除しきれないとき又はその減
　額に係る事業年度に納付した控除対象外国法人税額がないときには，そ
　の減額に係る事業年度開始の日前3年以内に開始した各事業年度の控除
　限度超過額（既に控除余裕額に充てられたことにより，ないものとされ
　た部分の金額を除く。）から，その減額控除対象外国法人税額（その減
　額に係る事業年度において他の納付した控除対象外国法人税額から控除
　されなかった金額に限る。）を控除する。

　　その場合，控除限度超過額が2以上の事業年度にわたり生じていると

きは，最も古い事業年度のものから新しい事業年度のものへという順で，順次控除する（令147③）。

③　上記①及び②によって，減額控除対象外国法人税額をその減額に係る事業年度の他の納付した控除対象外国法人税額及び既往3年以内の繰越限度超過額から控除してなお控除しきれない場合には，その控除できなかった金額は，その減額に係る事業年度の翌事業年度以後2年以内の事業年度において納付することとなる外国法人税額から控除する。

　すなわち，控除しきれない減額控除対象外国法人税額は，その後2年間繰り越して，その2年間に将来納付することとなる外国法人税額から控除し，その控除後の外国法人税額につき法第69条第1項から第3項までの規定を適用するのである（令147④）。

　この場合において，減額控除対象外国法人税額が2以上の事業年度にわたり生じたものであるときは，最も古い事業年度に生じたものから順次控除する。また，その控除する事業年度に新たに生じた減額控除対象外国法人税額がある場合においても，その控除は，まず前事業年度以前において控除しきれなかった減額控除対象外国法人税額を控除し，次にその事業年度に新たに生じた減額控除対象外国法人税額を控除することになっている（令147⑤）。

④　上記①から③までによって減額控除対象外国法人税額を控除して，なお控除しきれない金額がある場合には，その控除しきれなかった金額は，その減額に係る事業年度の翌事業年度開始の日以後2年以内に開始する各事業年度のうち最後の事業年度の所得の金額の計算上益金の額に算入する（法26③かっこ書，令26）。

　これは，過去に外国税額控除の対象とした控除対象外国法人税額が減額された場合には，当初の外国税額控除を受ける段階でその控除対象外国法人税額が損金不算入とされていることから，その減額に伴う減額控除対象外国法人税額は原則として益金の額に算入されないのであるが，上記①から③までによって控除しきれなかった減額控除対象外国法人税

額がある場合は，既往の税額控除（税額の減額）という減税の適用関係を調整する代替的な便法として，例外的に当初に損金不算入とした控除対象外国法人税額を益金の額に算入するという方法（損益調整による方法）が採られているのである。

ただし，これらの調整対象事業年度のうちのいずれかの事業年度において，納付することとなった控除対象外国法人税額につき税額控除の適用を受けないでその控除対象外国法人税額を所得金額の計算上損金の額に算入したときは，この調整措置は打ち切られ，その損金の額に算入した事業年度の所得金額の計算上，益金の額に算入することになる（令144②，145②，147④）。

(注)　外国法人税額が減額された場合の調整方法は上記①から④のとおりであるが，これに類似するものとして問題になるのが，我が国の欠損金の繰戻還付制度に類する制度に基づいて外国法人税額の還付を受けた場合の取扱いである。

欠損金の繰戻還付制度は，形式的には納付した外国法人税額が減額されたことにはならないが，実質的には，その還付を受けた金額だけ外国法人税の負担額が減るものである。したがって，その実質に着目して，外国法人税額について減額更正があった場合と同様に取り扱うのが相当であり，還付されることとなった日において外国法人税額につき減額があったものとして上記の調整規定を適用することとされている（基通16－3－20）。

(4) 控除余裕額と控除限度超過額の繰越

① 制度の趣旨と概要

イ　制度の趣旨

外国税額控除（以下，イにおいて「本控除」という。）は，外国法人税の納付確定日の属する事業年度において適用を受けることが原則であるが，その控除額の算定に際しての控除限度額の計算の基礎となる調整国外所得金額の算出は発生主義に基づき行うこととなるため，この外国法人税と調整国外所得金額の両者は，必ずしも時期的な対応関係を有するとはいえないこともある（前述の4を参照）。

そのため，ある事業年度に納付することとなった控除対象外国法人税

第2章　内国法人における一般的な外国税額控除

額をその事業年度の控除限度額の範囲内でしか控除させないとすると次のような弊害が生じることとなる。

ⅰ　例えば，当期に国外所得があり，これに対する外国法人税の納付が翌期であるような場合には，当期において控除限度額は生じるものの，控除対象外国法人税額の納付がないため本控除の適用が受けられないほか，翌期においては，控除対象外国法人税額はあるものの，その翌期に国外所得がなければ，やはり本控除の適用は受けられないことになる。

ⅱ　逆に，納税が先行して当期に控除対象外国法人税額を納付することとなったもののそれに対する国外所得の計上が翌期となるような場合には，当期においては控除限度額がないため本控除の適用を受けられないほか，翌期においては，控除対象外国法人税額がないこととなるため，やはり本控除の適用は受けられないことになる。

このようなことでは，国際的二重課税の排除という本控除の目的は果たし得ないことになる。そこで現行の外国税額控除制度においては，当期の控除限度額が当期の控除対象外国法人税額を超え，控除限度額に余裕がある場合には，その余裕額（控除余裕額）を翌期以降に繰り越し，翌期以降に生じた控除限度超過額をこの控除余裕額の範囲内で控除できることとしている。

また，逆に，当期の控除対象外国法人税額が当期の控除限度額を超え，外国税額控除をしきれない場合には，その超えた部分の金額（控除限度超過額）を翌期以降に繰り越し，翌期以降に控除限度額に余裕が生じた場合（控除対象外国法人税額が控除限度額に満たない場合）に，その余裕額の範囲内で控除できることとしている。

このような，控除余裕額の繰越使用による加算的な控除制度と，控除限度超過額の繰越制度により，外国税額の納付確定時期と国外所得の発生時期とのズレが調整されることになっている。

ただし，この調整制度は，前後3年間ずつで打ち切られることになっ

140

ている。

□　概要

　「控除余裕額と控除限度超過額の繰越」の制度とは，次頁の概要図のとおりであるが，具体的には，次の(イ)及び(ロ)の調整制度のことをいう。外国税額控除制度の対象とされる税には，国税（法人税・地方法人税）に限らず地方税（法人住民税）も含まれていることから，この調整制度もそれを踏まえた後述の②及び③のような詳細なものとなっている。

(イ)　控除余裕額の繰越使用による控除

　　ある事業年度の控除対象外国法人税額がその年度の外国税額控除限度額を超える場合（控除限度超過額がある場合）には，前3年内事業年度の控除余裕額（控除限度額で使用されなかったもの）を限度として，古い年度分より順にその事業年度の控除限度額に加算して，その控除限度超過額についての控除を認める（法69②，令144①）。

(ロ)　控除限度超過額の繰越控除

　　ある事業年度の控除対象外国法人税額がその年度の外国税額控除限度額に満たない場合（控除余裕額がある場合）には，その控除余裕額を限度として，前3年内事業年度の控除対象外国法人税額で控除しきれなかった額を古い年度に確定したものから順にその事業年度において控除することを認める（法69③，令145①）。

(注)　上記の調整規定に関する用語の意義は，次のようになっている。
　i　外国税額控除限度額
　　　法人税の控除限度額，地方法人税の控除限度額及び地方税の控除限度額の合計額をいう（前述の2を参照）。
　ii　地方税の控除余裕額
　　　地方税の控除余裕額とは，次の区分に応じそれぞれ次によって計算した金額をいう（令144⑥）。
　(i)　内国法人が各事業年度において納付することとなる控除対象外国法人税額がその事業年度の法人税の控除限度額及び地方法人税の控除限度額の合計額を超えない場合には，その事業年度の地方税の控除限度額に相当する金額（すなわち道府県民税及び市町村民税の外国税額控除限度額と同額となる。）
　(ii)　内国法人が各事業年度において納付することとなる控除対象外国法人税額が

その事業年度の法人税の控除限度額及び地方法人税の控除限度額の合計額を超え，かつ，その超える部分の金額がその事業年度の地方税の控除限度額に満たない場合には，その事業年度の地方税の控除限度額からその超える部分の金額を控除した金額

なお，地方税の控除余裕額についても，その対象税目に応じ道府県民税の控除余裕額と市町村民税の控除余裕額とに区別される。

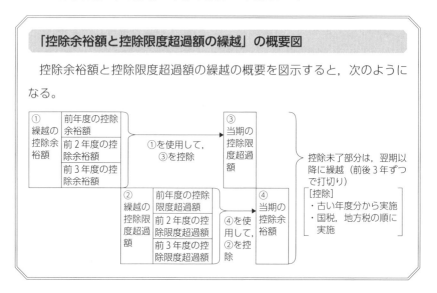

② 控除対象外国法人税額が外国税額控除限度額を超える場合の具体的な計算

イ 計算の概要

その事業年度において控除限度超過額がある場合において，前3年以内の控除余裕額があるときは，その控除限度超過額のうちその控除余裕額を限度として，その控除限度超過額について，その事業年度の法人税額から控除できるとされる（法69②）。その事業年度の法人税，地方法人税及び地方税の外国税額控除限度額のほか既往3年間の控除余裕額に達するまで外国税額控除ができるということである。

なお，国税の控除余裕額と地方税の控除余裕額とがある場合にいずれ

から先に使用するか，又は2以上の事業年度について控除余裕額がある場合にどの事業年度のものから使用するかの問題があるが，これについては，次によることとされている。

　すなわち，その事業年度開始の日前3年以内に開始した各事業年度の国税の控除余裕額及び地方税の控除余裕額は，最も古い事業年度に生じたものから順次その事業年度の控除限度超過額に使用するものとし，同一事業年度の国税の控除余裕額と地方税の控除余裕額は，まず国税の控除余裕額，次に地方税の控除余裕額の順に，その控除限度超過額に達するまで，その事業年度に繰り越して使用することとし，その結果，繰り越して使用される国税の控除余裕額の合計額とその事業年度の控除限度超過額とのいずれか少ない金額について法人税額から控除できることとなる（令144①）。

　このように控除余裕額を古い事業年度のものから使用することにしているのは，前3年以内という期間的制限があるため，古い事業年度の控除余裕額を先に使用する方が法人にとって有利になるからである。

控除限度超過額の繰越と上積控除等の簡略図

（X）期に控除余裕額が発生する場合に，（X－1）期に発生し繰り越した控除限度超過額（繰越控除対象外国法人税額）があるときを例として，控除限度超過額の繰越と（X）期の上積控除等について簡略図を示すと，次のようになる。

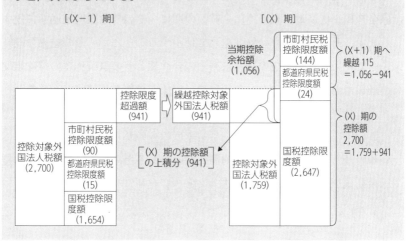

□　余裕額の使用に関する注意事項

　　この余裕額の使用について注意すべきことは，次のとおりである。

(イ)　前3年以内の各事業年度のうちのいずれかの事業年度において，納付すべきことが確定した控除対象外国法人税額を損金の額に算入した事業年度があるとき（法人税額からの控除を受けないとき）は，その損金算入事業年度以前の事業年度は，この計算上，除外される（令144②）。

　　すなわち，損金算入事業年度の前に仮に控除余裕額があったとしても，いったん控除対象外国法人税額を所得金額の計算上損金の額に算入した事業年度以後においては，その控除余裕額はなくなったものと

するということである。

㈹　控除限度額の加算の対象となる前3年以内の各事業年度の国税，地方税の控除余裕額は，これらの控除余裕額の生じた事業年度の確定申告書（期限後申告書を含む。），修正申告書又は更正の請求書に添付した明細書（別表六(三)）に控除余裕額として記載された金額以下とされる（法69㉖）。

㈥　法人が，その事業年度において控除限度額に加算しうる金額に満たない金額を加算した場合でも，本来加算すべき金額だけ控除余裕額とそれに相当する額の控除限度超過額がなくなるものとされる（令144④）。

③　控除対象外国法人税額が外国税額控除限度額に満たない場合の具体的な計算

イ　計算の概要

その事業年度において控除余裕額がある場合において，前3年以内の控除限度超過額があるときは，その控除限度超過額に相当する額の外国法人税は，その事業年度の控除余裕額の範囲内で，外国税額控除ができるとされる（法69③）。

なお，この場合，既往3年間の控除限度超過額の繰越控除をどのように計算するかが問題となるが，その計算は，具体的には，次のようにして行うことになっている。

すなわち，控除対象外国法人税額について繰越控除が認められるのは，その事業年度に国税の控除余裕額又は地方税の控除余裕額が生じた場合に限られるのであるが，その事業年度に納付すべきことが確定した控除対象外国法人税額は，まず国税の外国税額控除限度額により法人税額から控除され，それでも控除しきれない部分は，地方税の法人税割額から控除される。

また，事業年度によっては，国税の控除余裕額が生ぜず，地方税にだ

け控除余裕額が生ずることもあるが，その場合には，法人税では繰越控除は行われず，地方税法の規定によって道府県民税又は市町村民税からの繰越控除だけが行われることとなる。

設例　控除余裕額の繰越と上積控除等の簡略図

（X）期に控除限度超過額が発生する場合に，（X－1）期に発生し繰り越した控除余裕額（繰越控除限度額）があるときを例として，控除余裕額の繰越と（X）期の上積控除等について簡略図を示すと，次のようになる。

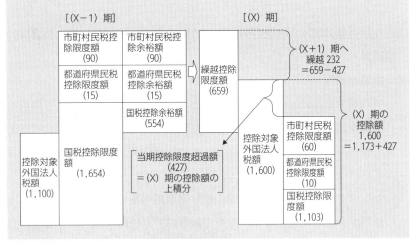

□　控除限度超過額に関する注意事項

控除限度超過額について注意すべきことは，次のとおりである。

(イ)　その事業年度に控除余裕額が生じた場合の前期以前の控除限度超過額の繰越額の計算については，まず，前3年以内の各事業年度の控除限度超過額を，最も古い事業年度のものから順次その事業年度の国税の控除余裕額に達するまで繰り越して法人税額から控除し，次に，残りの控除限度超過額を同様にその事業年度の道府県民税の控除余裕額

に達するまで控除することになる（令145①）。

　そして，なお残りの控除限度超過額があるときは，同様にそれをその事業年度の市町村民税の控除余裕額に達するまで繰り越して市町村民税の法人税割額から控除する（地令9の7②，48の13②，57の2）。

　この計算をする場合において，前3年以内の各事業年度のうちに，納付すべきことが確定した控除対象外国法人税額を損金の額に算入した事業年度があるときは，前記②ロ(イ)と同様，その損金算入事業年度以前の各事業年度の控除限度超過額は，ないものとされる（令145②）。

(ロ)　繰越控除の対象となる前3年以内の控除限度超過額は，これらの控除限度超過額の生じた事業年度の確定申告書（期限後申告書を含む。），修正申告書又は更正の請求書に添付した明細書に，控除限度超過額として記載された金額に限られる（法69㉖）。

(ハ)　その事業年度において繰越控除できる金額に満たない繰越控除しかしなかった場合でも，その繰越控除できる金額はなくなったものとされる（令145③）。

(5) 適格組織再編成があった場合の控除余裕額及び控除限度超過額の取扱い

　適格合併等（適格合併，適格分割又は適格現物出資をいう。）が行われた場合の合併法人等（合併法人，分割承継法人又は被現物出資法人をいう。）のその適格合併等の日の属する事業年度以後の各事業年度においては，被合併法人等（被合併法人，分割法人又は現物出資法人をいう。）の控除限度額及び控除対象外国法人税額のうち移転事業に係る部分の金額（適格合併等の日前3年以内に開始した各事業年度に生じたものに限る。）は，被合併法人等の事業年度に対応する合併法人等の事業年度において生じたものとみなし，その移転を受けた合併法人等の事業年度の計算の基礎に加算して（控除限度額及び控除対象外国法人税額とみなして），その合併法人等の控除に充てることができることとされている（法69⑨，令

147

146)。また，地方税においても，これと同様の特例が設けられている。

この引継特例の簡略図及び設例を示すと，次のとおりである。

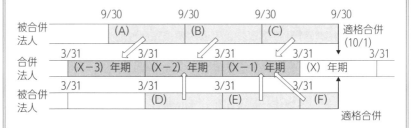

「適格組織再編成があった場合の仕組み」の概要図

適格合併（X年10/1）の場合を例として，適格組織再編成があった場合の控除余裕額及び控除限度額の引継ぎについてその概要を図示すると，次のようになる。

[引継ぎに係る被合併法人と合併法人のみなし対応事業年度]

	被合併法人の事業年度	合併法人の事業年度
①	被合併法人の合併前3年内事業年度（②のものを除外）〔(A)(B)(C)(D)(E)〕	被合併法人の合併前3年内事業年度開始の日の属する事業年度
②	被合併法人の合併前3年内事業年度のうち，合併事業年度（合併法人の適格合併の日の属する事業年度）開始の日以後に開始したもの〔(F)〕	合併法人の合併事業年度開始の日の前日の属する事業年度

(注) 引継ぎについては，適用事業年度（上記の図では（X）期）以後の各事業年度以後において，みなし対応事業年度のものとして控除等の適用をすることになる。

なお，組織再編成の区分に応じた具体的な取扱いは，次のとおりとされている。

① **適格合併を行った場合の合併法人における処理**

適格合併を行った合併法人のその適格合併の日の属する事業年度（以下「合併事業年度」という。）以後の各事業年度において外国税額の控除を行

う場合には，①被合併法人の控除余裕額のうちその最後事業年度で生じた控除限度超過額に充てられた後の残額及び②被合併法人の控除限度超過額のうちその最後事業年度で生じた控除余裕額に充てられた後の残額を，合併法人の控除余裕額及び控除限度超過額とみなして，合併法人の合併事業年度以後の各事業年度に繰り越すことができる（令146①③⑦〜⑨）。

② **適格分割等を行った場合の処理**

イ **適格分割等を行った場合の引継特例**

　　適格分割又は適格現物出資（以下「適格分割等」という。）により分割法人又は現物出資法人（以下「分割法人等」という。）から事業の全部又は一部の移転を受けた分割承継法人又は被現物出資法人（以下「分割承継法人等」という。）のその適格分割等の日の属する事業年度（以下「分割等事業年度」という。）以後の各事業年度において外国税額の控除を行う場合には，①分割法人等の分割前事業年度において生じた控除限度超過額に充てられた後の控除余裕額の残額のうち移転事業に係る国外所得金額に対応する部分の金額（按分計算をした金額）及び②分割法人等の分割等前事業年度において生じた控除余裕額に充てられた後の控除限度超過額の残額のうち移転事業に係る控除対象外国法人税額に対応する部分の金額（按分計算をした金額）を，それぞれ，分割承継法人等の控除余裕額及び控除限度超過額として，分割承継法人等の分割等事業年度以後の各事業年度に繰り越すことができる（令146④⑦〜⑨）。

ロ **特例の適用要件**

　　上記イの特例は，適格分割等に係る分割法人等から事業の移転を受けた分割承継法人等が適格分割等の日以後原則として３月以内に，その適格分割等に係る引継金額などを記載した書類をその分割承継法人等の納税地の所轄税務署長に提出した場合に限り適用される（法69⑩，規則29の３）。

第2章　内国法人における一般的な外国税額控除

ハ　適格分割等を行った場合の分割法人等における処理

　適格分割等に係る分割承継法人等が上記イの特例の適用を受ける場合には，分割法人等の控除限度額及び控除対象外国法人税額のうち分割承継法人等の控除限度額とみなされる金額及び分割承継法人等の控除対象外国法人税額とみなされる金額は，ないものとされる（法69⑪）。

　また，これと同様に，分割法人等の控除余裕額及び控除限度超過額のうち分割承継法人等の控除余裕額及び分割承継法人等の控除限度超過額とされる金額に相当する金額についても，ないものとされる（令146⑩）。

8 外国税額控除を選択した場合の外国税額の所得調整等

8 外国税額控除を選択した場合の外国税額の所得調整等

(1) 法人税額から控除する外国税額の損金不算入等

　法人税額から控除する控除対象外国法人税額は，法人の各事業年度の所得金額の計算上，損金の額に算入しない。また，法人税額から控除しきれなかったため還付されることとなる控除対象外国法人税額についても，法人の各事業年度の所得金額の計算上，損金の額に算入しない（法41）。

　なお，法人が，その事業年度において確定した外国法人税の一部のみを税額控除の対象に含め，残りの部分を損金の額に算入した場合であっても，その事業年度において納付する外国法人税の全てについて税額控除を選択したものとしてみることとされており，その事業年度の控除対象法人税額の全額が所得の金額の計算上，損金の額にされないということになる（法41，基通16－3－1）。

（注）　平成21年度の改正で外国子会社配当益金不算入制度（法23の2）が導入され，外国子会社から受ける剰余金の配当等の額は，原則として我が国において課税しないこととされた。

　　　したがって，益金不算入とされる剰余金の配当等の額に対して課される外国源泉税等の額については，二重課税の調整をする必要がないことから外国税額控除をすることはできないし（令142の2⑦三），剰余金の配当等の額が課税所得から除外される関係から，収益・費用の対応の考え方に基づき，その費用である外国源泉税等の額も損金不算入とされる（法39の2）。

　　　なお，その損金不算入とされた外国源泉税等の額が還付された場合には，支払時に損金不算入とされたものの還付であることから，還付により収益に計上されている外国源泉税等の額は，逆に益金不算入となる（法26②）。

151

第2章　内国法人における一般的な外国税額控除

(2) 合算課税に伴う外国税額控除の場合のみなし合算外国税額の益金算入

①　外国子会社合算税制（措法66の6～66の9）に伴う外国税額控除の場合

　外国子会社合算税制において，特定外国関係会社に係る課税対象金額又は対象外国関係会社に係る部分課税対象金額が合算して課税される場合に，その外国関係会社の所得に対して課される外国法人税の額のうちその課税対象金額又は部分課税対象金額に対応する部分の金額については，その株主等である内国法人の所得に対して課されたものであるとみなし，その内国法人が納付する控除対象外国法人税額（みなし合算外国税額）として，国際的二重課税の排除の観点から，外国税額控除が認められる（措法66の7①）。

(注)　外国税額控除の計算の詳細等については，第6章（外国子会社合算税制等における外国税額控除）を参照。

　なお，外国税額控除の適用を受ける場合に，このみなし合算外国税額は，その内国法人の所得の金額の計算上，益金の額に算入される（措法66の7②）。

　また，この益金の額に算入される金額及び外国子会社合算税制により益金算入された（部分）課税対象金額に相当する金額は，外国税額控除の控除限度額の計算に当たっては，それぞれ国外所得金額の一部に含まれるものとされる（措令39の18⑫⑬）。ただし，その所得に対して外国法人税が課されないものの益金算入額については，その益金算入額の全額が国外所得に含まれないこととされる（措令39の18⑫ただし書）。

②　コーポレート・インバージョン対策合算税制（措法66の9の2～66の9の5）に伴う外国税額控除の場合

　コーポレート・インバージョン対策合算税制の適用に当たっては，特定外国関係法人に係る課税対象金額又は対象外国関係法人に係る部分課税対

152

象金額について合算課税を行う内国法人は，その外国関係法人の所得に対して課された外国法人税のうち課税対象金額又は部分課税対象金額に対応する部分の金額について，上記①と同様の趣旨から，外国税額控除の適用が認められる（措法66の9の3①）。

このため，このコーポレート・インバージョン対策合算税制に伴うみなし合算外国税額の益金算入等の取扱いも，上記①の場合と同様である。

(3) 外国税額が減額された場合の益金不算入等

内国法人が外国税額控除の適用を受けた後にその外国法人税が減額される場合もあるが，この場合の所得調整等については，次によることとされている（前述の7(3)を参照）。

① その減額に係る事業年度において納付することとなる控除対象外国法人税額から，その減額されることとなった部分の金額（これを「減額控除対象外国法人税額」という。）を控除した金額について，法第69条第1項から第3項までの規定を適用する（法69⑫）。

この場合，減額控除対象外国法人税額については，②に掲げる金額を除き，各事業年度の所得の金額の計算上益金の額に算入しない（法26③）。

② 減額控除対象外国法人税額を一定期間で控除しても，なお控除しきれない場合には，その控除しきれなかった金額は，その減額に係る事業年度の翌事業年度開始の日以後2年以内に開始する各事業年度のうち最後の事業年度の所得金額の計算上益金の額に算入する（法26③かっこ書，令26）。

過去に外国税額控除の対象とした控除対象外国法人税額が減額された場合には，当初の外国税額控除を受ける段階でその控除対象外国法人税額が損金不算入とされていることから，その減額に伴う減額控除対象外国法人税額は原則として益金の額に算入されないのであるが，控除しきれなかった減額控除対象外国法人税額がある場合には，既往の税額控除

153

の適用関係を調整する便法として，例外的に損益項目で調整することとし，当初に損金不算入とした減額控除対象外国法人税額に相当する金額を益金の額に算入する方法が採られているのである。

ただし，これらの各事業年度のうちいずれかの事業年度において納付することとなった外国法人税の額につき外国税額控除の適用を受けないでその外国法人税の額を損金の額に算入したときは，その損金の額に算入した事業年度の所得の金額の計算上，益金の額に算入することになる。

(4) 公益法人等又は人格のない社団等についての適用範囲

外国税額控除は，内国法人等（国内に本店又は主たる事務所を有する内国法人，国内に恒久的施設を有する外国法人）に適用するのが原則であるが，その内国法人が法人税法別表第2に掲げる公益法人等である場合又は人格のない社団等である場合には，これらの法人の収益事業以外の事業の所得となるべきものについて課された外国法人税については，税額控除の適用の対象とはされない（法69⑬）。

第3章

みなし納付外国税額控除制度
(Tax Sparing Credit)

1 みなし納付外国税額控除の意義

　一般に開発途上国においては，自国の経済開発を促進するため，特定産業につき国内税法上租税の特別減免措置を講じていることが多く，さらに，租税条約において，配当，利子，使用料などの投資所得につき源泉地国での課税を軽減していることが多い。

　ところが，このような減免措置を講じても，その法人の居住地国（先進国側等）において国外所得を含めて課税する制度を採用している場合には，開発途上国における減免税額はそのままその居住地国の税収増（外国税額控除の額の減少）となってしまい，このような開発途上国における租税の減免措置も，企業進出のインセンティブとしては効果がないことになる。

　そこで，我が国と特定の開発途上国との間の租税条約では，「みなし納付外国税額控除」の制度を採用し（条約上に規定等をし），開発途上国における国内法又は条約による減免税額について，これを支払ったものとみなして先進国で税額控除をすることとしている。この制度を導入すれば，開発途上国の減免措置は本来のインセンティブ効果を発揮し，先進国の企業資本が開発途上国に導入され，その国の経済発展を助けることになるからである。

　なお，内国法人のみなし納付外国税額控除制度の概要等の簡略図及び設例を示すと，次のとおりである。

157

「みなし納付外国税額控除」の概要図

　A国支店で免税（特別措置）がある場合に，みなし納付外国税額控除を適用するメリット等の概要を図示すると，次のようになる。

① A国支店で通常課税　　② A国支店で免税のみ　　③ みなし納付外国税額控除を適用

①
支店の所得 → 全世界所得
→ × 実効税率
本社の税額 ⇒ 日本での差引納付分
⇒ 直接外国税額控除分
支店の税額
↳ A国で納付

②
支店の所得 → 全世界所得
→ × 実効税率
本社の税額 ⇒ 日本で全額納付
支店の税額
↳ 免税（納付なし）

③
支店の所得 → 全世界所得
→ × 実効税率
本社の税額 ⇒ 日本で税額の一部のみを納付
⇒ みなし納付外国税額控除分
支店の税額
↳ 免税（納付なし）

1 みなし納付外国税額控除の意義

みなし納付外国税額控除の計算例

次表の前提等のような状況で，みなし納付外国法人税額の取扱いを具体的に示すと，次のようになる。

前提等	i　内国法人Aは，B国にあるC社に技術ノウハウの提供を行い，150,000の使用料を受領した（この使用料が唯一の国外源泉所得で，この使用料収入部分の我が国における課税所得も同一金額と仮定）。 ii　B国における使用料に対する源泉徴収税率は原則10％であるが，B国は技術導入の観点から外国からの技術導入に関する使用料については，その課税を免除している。 iii　我が国とB国との間の租税条約においては，上記ⅱの免税措置は，みなし納付外国税額控除制度の対象とされ，その場合，10％の税率による外国源泉税が課されたものとみなすこととされている。なお，円換算レートは100円とする。 iv　我が国における実効税率を35％と仮定し，上記ⅰ以外の課税所得金額は12,000,000円とする。
解説	上記の場合，みなし納付外国法人税額と我が国における納付税額は，次のようになる。 i　B国における課税 　　150,000（使用料収入）×0％＝0（外国源泉税） ii　我が国における課税 　・課税所得 　　150,000（使用料収入の課税所得）×100円＋12,000,000円（他の課税所得）＝27,000,000円 　・算出法人税額 　　27,000,000円（課税所得）×35％（実効税率）＝9,450,000円 　・外国税額控除額（みなし納付外国法人税額） 　　150,000（使用料収入）×10％×100円＝1,500,000円 　・差引納付法人税額 　　9,450,000円－1,500,000円＝7,950,000円 iii　内国法人Aの実際の納税合計額 　　0円（B国の外国源泉税）＋7,950,000円（我が国の差引納付法人税額）＝7,950,000円

また，我が国が締結した租税条約に規定するみなし納付外国税額控除の

159

第3章　みなし納付外国税額控除制度（Tax Sparing Credit）

対象となる減免措置については，条約別にその主なものの概要をみてみると次表のようになっている。

条約相手国	租税条約等の規定	対象となる減免措置の対象
ザンビア	条約22②(c)	利子，使用料，創始産業法の特別措置等
スリランカ	条約15②(b)(c)	使用料，内国歳入法の特別措置
タイ	条約21③～⑤	配当，使用料，投資奨励法の特別措置
中国	条約23③④，交換公文	配当，利子，使用料，外国企業所得税法の特別措置等
バングラデシュ	条約23③④	配当，利子，使用料，特定輸出加工地区の特別措置等
ブラジル	条約22②(b)	配当，利子，使用料，経済開発促進奨励の国内法の特別措置

160

2　みなし納付外国税額の計算

　租税条約上，みなし納付外国税額控除の対象となる相手国の租税上の措置は，一般に，租税条約の規定に基づく減免措置と相手国の国内法に基づく特別減免措置に大別される。

　租税条約の規定に基づく減免措置は，利子，配当，使用料等の投資所得を対象とするのがほとんどであるが，相手国の国内法に基づく特別減免措置は，創始産業又は指定企業に対し一定期間の法人税課税を免除するもののほか，一定の投資所得を減免するもの，一定の税額控除を認めるものなど様々である。

　この減免税額を納付したものとみなす「みなし納付外国税額」の計算は，まず，みなし納付外国税額控除の対象となる減免措置の適用がないものとして，通常の方法により法人税額を算定し，その算定した法人税額から，減免措置を適用して計算した場合の法人税額を控除する方法による。つまり，減免措置の対象となる所得等をいわゆる上積所得等とみなして，その上積所得等に対応する税額をみなし納付外国税額控除の対象にするというものである。

161

第3章　みなし納付外国税額控除制度（Tax Sparing Credit）

3 みなし納付外国税額控除が適用される場合の控除対象外国法人税額の計算

　内国法人にみなし納付外国税額控除が適用される場合には，原則として「実際に納付した税額（実際納付分）」に「みなし納付分」も加えた税額の全額が控除対象外国法人税額とされるが，減免された各々の租税についての納付税額（実際納付分とみなし納付分の合計額）が，次に定める金額（減免された租税が次に掲げる外国法人税のいずれに該当するかに応じ，それぞれ次に定める金額をいう。）を超える場合には，その超える部分の金額は，所得に対する負担が高率な部分の金額として，内国法人の控除対象外国法人税額から除かれる（法69①，令142の2）。

　この場合，高率な部分の金額は，まず「みなし納付分」から成るものとし，残余があれば，「実際納付分」の一部をこれに充てるということになる（令142の2③）。

ⅰ　減免された租税がⅱ以外の外国法人税である場合

　　租税が減免されなかったとした場合に課税標準とされる金額の35％に相当する金額

ⅱ　減免された租税が金融保険業を営む内国法人等の利子の収入金額を課税標準として課される外国源泉税である場合

　　a　その内国法人の所得率が10％以下の場合……利子収入の10％に相当する金額

　　b　その内国法人の所得率が10％超20％以下の場合……利子収入の15％に相当する金額

(注)　「金融保険業を営む内国法人等」及び「所得率」については，前述の第2章5(2)を参照。

162

第4章

内国法人における外国税額控除の申告
及び諸手続等

1 法人税法第69条第1項（原則控除）の適用手続等

1 法人税法第69条第1項（原則控除）の適用手続等

(1) 確定申告書等の提出及び明細書等の添付

　外国税額の控除の適用を受けようとする場合には，確定申告書，修正申告書又は更正の請求書に控除を受けるべき金額及びその計算に関する明細を記載した書類並びに控除対象外国法人税額の計算に関する明細等を記載した書類（以下「明細書」という。）を添付しなければならない（法69㉕，規則29の4①）。そして，控除をされるべき金額の計算の基礎となる控除対象外国法人税額は，高率負担部分の変動が生じた場合等の特別の事情があると認められる場合を除いて，その明細書に記載された金額が限度とされる（法69㉕）。

(注)1　上記は，本章で記述している「内国法人における外国税額控除の申告及び諸手続等」の一つであるが，他の諸手続等と同様，制度を適用するための必須の要件である。

　　2　平成29年度の税制改正以後の控除については，確定申告書に限らず，修正申告書又は更正の請求書に明細書を添付すること等により，事後的にも外国税額控除の適用を受けることができることとなり，また，当初申告の適用金額を更正する場合も含めその額を増額することもできることとされた。

(2) タックスレシート等の保存

　外国税額控除の適用を受ける場合には，控除対象外国法人税額を課されたこと等を証する書類（タックスレシート等）を保存しなければならない（法69㉖，規則29の4②）。

　具体的には，次のとおりである。

ⅰ　外国法人税を課されたことを証するその税に係る申告書の写し又はこれに代わるべきその税に係る書類

ⅱ　外国法人税が既に納付されている場合には，その納付を証する書類

ⅲ　控除対象外国法人税額に該当する旨及び控除対象外国法人税額を課さ

165

れたことを証する書類

iv　控除限度額の計算の基礎を証する地方税に係る申告書の写し又はこれ
　　に代わるべき書類

　なお，その書類の保存がない場合においても，その書類の保存がなかっ
たことについてやむを得ない事情があると税務署長が認めるときは，その
保存がなかった金額について外国税額控除を行うことができることとされ
ている（法69㉘）。

2 法人税法第69条第2項又は第3項（繰越控除）の適用手続等

(1) 確定申告書等への明細書等の添付

納付の確定した控除対象外国法人税額が国税の控除限度額と比較して過不足がある場合に，前期以前の繰越控除限度額又は繰越控除対象外国法人税額を当期に繰り越して使用するためには，最も古い事業年度後の各事業年度の確定申告書，修正申告書又は更正の請求書にその各事業年度の控除限度額及び控除対象外国法人税額を記載した書類を添付し，かつ，当期の確定申告書，修正申告書又は更正の請求書にその繰り越されるべき金額等を記載した書類を添付しなければならない（法69㉖）。

(2) タックスレシート等の保存

上記1の場合と同様，控除対象外国法人税額を課されたこと等を証する書類（タックスレシート等）を保存しなければならないこととされている（法69㉖）。なお，その書類の保存がない場合においても，その書類の保存がなかったことについてやむを得ない事情があると税務署長が認めるときは，その保存がなかった金額について外国税額控除を行うことができることとされている（法69㉘）。

167

第4章　内国法人における外国税額控除の申告及び諸手続等

3　みなし納付外国税額控除の適用手続等

　みなし納付外国税額控除を適用する場合において確定申告書，修正申告書又は更正の請求書に添付すべきこととされている書類には，控除を受けるべきみなし納付外国税額の計算の明細を記載した書類及びみなし納付外国税額を証明する書類を含むこととされており（実特規10），これらの書類の添付がある場合に限り適用を受けることができることとされている。

4　確定申告書等の添付書類

　外国税額控除の明細書の様式及び記載事項は，納税者の便宜と計算の確実性を考慮して，国税と地方税との間で統一が図られ，法人税においては別表六(二)，別表六(二)付表一〜四，別表六(二の二)，別表六(三)，別表六(三)付表一〜三，別表六(四)，別表六(四の二)，別表六(五)となっている。なお，この別表により既往事業年度の控除余裕額又は控除限度超過額の残高を当期の使用可能額又は繰越控除可能額として計算することもできるようになっているほか，みなし納付外国税額控除を含めた様式となっている。

168

5 明細書，タックスレシート等以外の添付・保存書類

5 明細書，タックスレシート等以外の添付・保存書類

　法人税の確定申告書，修正申告書又は更正の請求書には，外国税額控除の適用に際して上記1から4まで以外に，さらに次の書類を添付しなければならない（令141の3⑧，141の8④，規則29の4）。

①　国外事業所等帰属所得に係る所得金額又はその他の国外源泉所得に係る所得金額の計算に関する明細を記載した書類

②　外国税額控除の適用を受けようとする税が外国法人税に該当することについての説明及び控除対象外国法人税額の計算に関する明細を記載した書類

③　納付することとなった外国法人税額について税額控除の適用を受けている場合において，その外国税額につき減額がされたときは，その減額された事業年度において減額された金額及び減額されることとなった日，並びにその外国法人税額がその事業年度前の事業年度において外国税額控除の計算の基礎となったことについての説明及び減額控除対象外国法人税額の計算に関する明細を記載した書類

④　適格合併等により引き継ぐ被合併法人等において生じた減額控除対象外国法人税額がある場合には，適格合併等前の事業年度において減額された金額及び減額されることとなった日，並びにその外国法人税額が被合併法人等の適格合併等前の事業年度において外国税額控除の計算の基礎となったことについての説明及び減額控除対象外国法人税額の計算に関する明細を記載した書類

⑤　外国関係会社の課税対象金額等に係る外国法人税額の控除の適用を受ける場合には，その適用を受けようとする税が外国法人税に該当することについての説明及び控除対象外国法人税の額とみなされる金額の計算に関する明細を記載した書類

⑥　その事業年度開始の日前7年以内に開始した事業年度において④に掲

169

げた外国税額控除の適用を受けた場合において，その適用に係る外国関係会社の所得に対して課される外国法人税の額でその事業年度に減額されることとなったものがあるときは，その減額された金額及びその減額されることとなった日，並びに減額があったものとみなされる金額の計算に関する明細を記載した書類

⑦　措置法第66条の7第1項《内国法人の外国関係会社に係る所得の課税の特例》又は措置法第66条の9の3第1項《特殊関係株主等である内国法人の外国関係法人に係る所得の課税の特例》の規定による外国税額控除の適用を受ける場合には，その適用を受けようとする税が外国法人税に該当することについての説明及び控除対象外国法人税額とみなされる金額の計算に関する明細を記載した書類

⑧　その事業年度開始の日前7年以内に開始した事業年度において⑦に掲げた外国税額控除の適用を受けた場合において，その適用に係る外国関係法人の所得に対して課される外国法人税額でその事業年度において減額されたものがあるときは，その減額された金額及びその減額されることとなった日，並びに減額があったものとみなされる金額の計算に関する明細を記載した書類

⑨　上記⑤又は⑦の場合に，税を課されたことを証するその税に係る申告書の写し又はこれに代わるべきその税に係る書類及びその税が既に納付されている場合にはその納付を証する書類

　なお，これには，その外国法人税に係る申告書の写し又は現地の税務官署が発行する納税証明書等のほか，更正若しくは決定に係る通知書，賦課決定通知書，納税告知書，源泉徴収の外国法人税に係る源泉徴収票その他これらに準ずる書類又はこれらの書類の写しなどが含まれる（基通16－3－48）。

6 外国法人税額の控除の順序及び還付等

　外国法人税額の控除は，法人の各事業年度の所得に係る法人税額から控除するが，このほか所得税額の控除，仮装経理に基づく過大申告の場合の更正に伴う法人税額の控除又は措置法の規定による試験研究を行った場合の法人税額の特別控除などがあるときには，まず措置法の規定による特別控除を行い，次に仮装経理に基づく過大申告の場合の更正に伴う法人税額の控除を行い，最後に所得税額及び外国法人税額の控除を行う。

　これは，所得税額控除及び外国税額控除以外の控除は，算出税額の範囲で控除することにとどめる制度であるのに対して，この二つの制度は，還付という制度があるためである。

　この場合，所得税額及び外国法人税額の控除は，留保所得に対する法人税額，使途秘匿金に対する法人税額及び土地譲渡益に対する法人税額を含めた法人税額から控除し，また，外国法人税額控除のほか，所得税額の控除額があるときは，いずれを先に控除するかは法人の選択によるが，一般的には，まず所得税額の控除を行い，次に外国法人税額の控除をすることとなる（震災等の場合の所得税額の還付のときは注意）。

　また，納付することとなる控除対象外国法人税額のうち，確定申告書に記載された各事業年度の所得に対する法人税額から控除されるべき金額で控除しきれない金額に相当する税額は還付される（法74①三，78①）。なお，外国法人税額の還付は，あくまでも確定申告に限るから，中間申告にあっては，法人税額から控除しきれない場合であっても，還付しない。これは，中間申告が予定納税制度をとっていることによる。

㊟　分配時調整外国税相当額の控除等がある場合には，第7章2(3)③及び④を参照のこと。

第4章　内国法人における外国税額控除の申告及び諸手続等

7 文書化

　外国税額控除の適用を受ける者は，他の者との間で行った取引のうちその取引から生ずる所得が国外事業所等に帰せられるものに係る明細を記載した書類及び本店等と国外事業所等との間の内部取引に係る明細を記載した書類を作成しなければならない（法69㉙㉚）。

　具体的には次のとおりである。

（1）国外事業所等帰属外部取引に関する事項

　外国法人が外部の者と行う取引から生ずる所得の恒久的施設への帰属については，その恒久的施設の果たす機能や事実関係の分析によって判定することとされている。これと同様に，内国法人については，外国税額控除における国外所得金額を計算する上で，国外事業所等に帰せられる所得を計算する場合に，機能・事実分析によって，取引から生ずる所得の帰属を判定することとされている。

　そこで，外国法人と同様に，外国税額控除の適用を受ける内国法人は，他の者と行った取引のうち，国外所得の金額の計算上，その取引から生ずる所得が国外事業所等に帰せられるもの（以下「国外事業所等帰属外部取引」という。）は，次の事項を記載した書類を作成しなければならないこととされている（法69㉙，規則30の3）。

① 国外事業所等帰属外部取引の内容を記載した書類

　これは，国外事業所等帰属外部取引がどのような取引であるかを説明する書類であるが，国外事業所等帰属外部取引が第三者との取引であることから，私法上の要請により契約書等が存在するため，契約書等に記載された内容を整理したもの等がこれに該当することになる。

② 国外事業所等及び本店等が国外事業所等帰属外部取引において使用した資産の明細並びに国外事業所等帰属外部取引に係る負債の明細

　これは，国外事業所等及び本店等が国外事業所等帰属外部取引に関し

172

て使用した資産（無形資産を含む。）の種類，内容，契約条件等が分かる書類及び国外事業所等帰属外部取引に関連した負債の種類や内容等が分かる書類である。なお，貸借対照表上簿価を有していない無形資産であっても，取引に関して重要な価値を有し所得の源泉になると認められるものについては記載が必要となる。

③　内国法人の国外事業所等及び本店等が果たす機能並びにその機能に関連するリスクに係る事項を記載した書類

　　これは，国外事業所等及び本店等がどのような機能を果たしているのか，どのようなリスクを負っているのかを説明するための書類である。

　　この場合の機能とは，リスクの引受け及び管理に関する人的機能，資産の帰属に係る人的機能その他の機能をいい，リスクとは，為替相場の変動，市場金利の変動，経済事情の変化その他の要因による国外事業所等帰属外部取引に係る利益又は損失の減少又は増加又は減少の生ずるおそれをいうが，機能の整理に当たっては，「研究開発」，「設計」，「調達」，「製造」，「市場開拓」，「販売」等の企業活動において，国外事業所等及び本店等の機能がどこで，どのように果たされているかの整理が必要となる。

④　内国法人の国外事業所等及び本店等が国外事業所等帰属外部取引において果たした機能に関連する部門並びにその部門の業務の内容を記載した書類

　　これは，資産やリスクの帰属，その結果としての取引の帰属において，どのような人的機能が遂行されたのかを説明するために，国外事業所等及び本店等が外部取引において果たした機能に関連する企業内部の部門やその部門の業務内容等を説明するための書類である。どのような部門においてどれほどの人員を配置し，それらの人員がどのような業務を行っているかを具体的に整理しておく必要がある。

第4章　内国法人における外国税額控除の申告及び諸手続等

(2) 国外事業所等と本店等との間の内部取引に関する事項

　内部取引は私法上の取引ではないことから，企業内部における人・モノ・金等の動きがどのような取引を構成することになるのかを明確にするための文書化の役割（機能・事実分析）は極めて重要である。

　この文書化により，納税者は，内部取引に関する自身の認識を表した文書を作成することで，税務リスクを軽減し，予見可能性を高めることが可能となる。税務当局にとっても，納税者の作成した文書を出発点として機能・事実分析を行うことで事務の効率化が図られるとともに，税務執行の明確化にも資することになる。

　そこで，外国税額控除の適用を受ける内国法人は，国外事業所等と本店等との間の内部取引に関し，次の書類を作成しなければならないこととされている（法69㉚，規則30の4）。

① 　内国法人の国外事業所等と本店等との間の内部取引に係る資産の移転，役務の提供その他の事実を記載した注文書，契約書，送り状，領収書，見積書その他これらに準ずる書類若しくはこれらに相当する書類又はその写し

　　これは，国外事業所等及び本店等との間で内部取引を認識している場合に，それがどのような取引であるのかを説明する書類である。内部取引は，通常の私法取引とは異なり，契約書等は当然に作成されるものではないため，契約書等類似の書類を作成し，その記載内容には，第三者間で取引を行う場合に，通常，記載される又は取り決められる取引条件，取引内容等について明示されていることが必要となる。

② 　内国法人の国外事業所等及び本店等が内部取引において使用した資産の明細並びに内部取引に係る負債の明細を記載した書類

　　具体的内容は，国外事業所等帰属外部取引の場合と同様である（③及び④において同じ。）。

③ 　内国法人の国外事業所等及び本店等が果たす機能並びにその機能に関連するリスクに係る事項を記載した書類

174

④ 　国外事業所等及び本店等が内部取引において果たした機能に関連する部門並びにその部門の業務の内容を記載した書類

⑤ 　その他内部取引に関連する事実（資産の移転，役務の提供その他内部取引に関連して生じた事実をいう。）が生じたことを証する書類

　　これは，国外事業所等及び本店等との間での認識された内部取引に関連して発生する事実を証明する書類である。内部取引により資産の移転が生じた場合に，その移転に伴い第三者（運送業者等）との間で交わされた契約書等の写しや，その内部取引により移転された資産を外部に販売するための移送や加工等が行われた場合のその移送や加工等の事実を証する書類がこれに該当することになる。

第5章

グループ通算制度を選択した場合の
外国税額控除

1 グループ通算制度の創設趣旨とその概要

従来の連結納税制度は，グループ全体を一つの納税主体（一法人）と捉えて課税する制度であり，企業が効率的にグループ経営を行えるというメリットはあるが，税額の計算が煩雑である等の指摘があった。

そのため，企業の機動的な組織再編を促し，企業グループの一体的で効率的な経営を後押しして，企業の国際的な競争力の維持・強化を図る等の観点から，令和2年度の税制改正において制度の簡素化等の見直しが行われ，「連結納税制度」から「グループ通算制度」への移行及び改組が図られた（令和4年4月施行）。

このグループ通算制度（新制度）は，具体的には，申請による選択適用の下で，グループ内の法人格を有する各々の法人を納税単位として課税所得金額及び法人税額の計算並びに申告を各法人が行うという個別申告方式の制度を前提とする一方，同時に，企業グループの一体性にも着目し，課税所得金額及び法人税額の計算上その構成された企業グループをあたかも一つの法人であるかのように捉えて損益通算等の調整を行う制度も導入し，企業グループ全体の申告納税に与える影響等にも配意したこれまでにない仕組みの制度となっている。

本書で取り上げている外国税額控除制度については，上述した「企業グループをあたかも一つの法人であるかのように捉え」た制度の一つであり，控除限度額を通算グループ全体の要素を用いて算定するなどの制度となっている。

また，グループ通算制度では，その適用を受けている各法人に修更正事由が生じた場合には，企業グループ内の一の法人の事後的な課税所得金額又は法人税額の修正をその企業グループ内の他の法人の課税所得金額又は法人税額の計算に波及させない遮断措置（仕組み）が導入されているが，外国税額控除制度も，この遮断措置の対象として位置付けられている。

第5章　グループ通算制度を選択した場合の外国税額控除

【参考】　連結納税制度からグループ通算制度への移行に関する要点

　連結納税制度からグループ通算制度への移行に関する要点をまとめれば，次の概要図のとおりとなる。

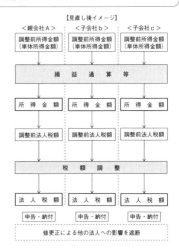

(出典：「令和2年度税制改正の解説」(財務省))

2 グループ通算制度における外国税額控除限度額の算定（概要）

（1）外国税額控除制度における控除限度額の算定の基本的な仕組み（単体納税の場合の仕組み）

　外国法人税の法人税額からの控除については，我が国の実効税率を考慮し，原則として「各事業年度において納付の確定した控除対象外国法人税額」と「外国法人税の額の納付の確定した日を含む事業年度の所得金額に対して課される我が国の法人税額のうち国外所得金額に対応するものとして計算した金額」のうち，いずれか少ない金額を限度に控除をすることとしている（前掲の第2章の6を参照）。

　そして，具体的な計算に当たっては，納税単位となる法人ごとに，次の算式により計算することとされている（法69①，令142）。

$$
\substack{\text{外国税額控除}\\ \text{の当期の控除}\\ \text{限度額}} = \substack{\text{各事業年度の所得}\\ \text{に対する我が国の}\\ \text{法人税額}} \times \frac{\text{各事業年度の調整国外所得金額}}{\substack{\text{各事業年度の所得金額}\\ \text{（全世界の所得金額）}}}
$$

　なお，その法人の各事業年度における所得金額，調整国外所得金額，法人税額及び外国税額控除限度額の関係をイメージで図示すると，次のようになる。

第5章　グループ通算制度を選択した場合の外国税額控除

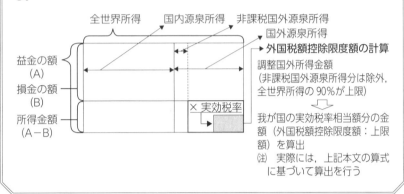

　また，上記の算式中（分子）の「各事業年度の調整国外所得金額」は，その事業年度の国外所得金額から非課税国外所得金額を控除した金額をいい，その事業年度のその法人全体の所得金額の90％を上限とした金額とされ（令142③），この調整国外所得金額の範囲をイメージで図示すると，次のようになる。

2 グループ通算制度における外国税額控除限度額の算定（概要）

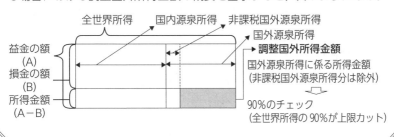

(2) グループ通算制度における控除限度額算定の仕組みの概要

　グループ通算制度における控除限度額の算定過程における各要素の基本的部分は，一般の個別申告方式の場合とほぼ同様であるが，グループ通算制度においては，企業グループをあたかも一つの法人であるかのように捉えた制度として構築し，その控除限度額を通算グループ全体の要素を用いて算定するなどの仕組みも採用しているという制度の特殊性から，控除限度額の算定に次のような独特な仕組みが採用されている。

① 控除限度額は，その通算法人の通算事業年度（通算親法人の事業年度終了の日に終了するものに限る。）の法人税額及びその通算事業年度終了の日においてその通算法人との間に通算完全支配関係がある他の通算法人のその終了の日に終了する各事業年度の法人税額の合計額のうち，その通算法人のその通算事業年度の国外所得金額に対応するものとして計算した金額とする（法69⑭，令148）。

② 控除限度額の算出過程においては，具体的には，「（調整前控除限度額（A）の算出）→（控除限度調整額（B）の算出）→（控除限度額（（A）－（B））の算出）→（税額控除額の算出（控除限度額と控除対象外国法人税額とのいずれか少ない金額）」といった順序によって計算を行う。

第5章　グループ通算制度を選択した場合の外国税額控除

　なお，グループ通算制度における控除限度額の計算の概要図を示すと，次のとおりである。

「グループ通算制度における控除限度額の計算の仕組み」の概要図	
① 調整前控除限度額の計算	「各通算法人の法人税額の合計額 ×（その通算法人の調整国外所得金額 ÷各通算法人の所得金額の合計額から欠損金額の合計額を控除した金額）」 (注)　この計算は，マイナスの調整国外所得金額を有する通算法人についても行うこととなるので，その場合にはマイナスの調整前控除限度額が算出される。
調整国外所得金額	「調整前国外所得金額 － 調整金額」
調整前国外所得金額	「国外所得金額 － 非課税国外所得金額（零を超えるもの） ＋ 加算調整額」
加算調整額	マイナスの非課税国外所得金額を有する通算法人が存在する場合に，そのマイナスの非課税国外所得金額をグループ全体のプラスの非課税国外所得金額を上限として各通算法人に加算前国外所得金額の比で配分することにより，調整国外所得金額の計算に際して加算要素として勘案するが，その加算調整する金額。
調整金額	グループ全体の調整国外所得金額がグループ全体の所得金額の90％を超える場合に，その90％相当額が上限となるよう比例的に調整するための金額
② 控除限度調整額の計算	マイナスの調整国外所得金額を有する通算法人が存在する場合に，その通算法人のマイナスの調整国外所得金額に対応したマイナスの調整前控除限度額を，プラスの調整前控除限度額の比で各通算法人に配分することにより，グループ全体の控除限度額の計算に際して減算要素として勘案するが，その勘案する金額
③ 控除限度額の計算	「控除限度額 ＝ ①の調整前控除限度額 － ②の控除限度調整額」

2 グループ通算制度における外国税額控除限度額の算定（概要）

| ④ 税額控除額の算出 | 「 控除限度額 ↔ 控除対象外国法人税額 」
（比較：いずれか少ない金額） |

(注) 地方法人税については，基本的に法人税と同様の仕組みにより外国税額控除を行う
ことになる。ただし，グループ通算制度における外国税額控除は，グループ調整計算
を基礎とする個別申告方式であることから，例えば地方法人税の額が算出されない通
算法人であってもプラスの調整国外所得金額を有していれば外国税額控除に係る控除
限度額が算出される可能性がある。その結果，外国税額控除の適用を受けるべき金額
について地方法人税の額から控除しきれない金額が生ずるケースが発生することとな
り，その金額に相当する税額は還付することになっている（地方法人税法12，19，
22，27の2）。

第5章　グループ通算制度を選択した場合の外国税額控除

3　グループ通算制度におけるその他の特殊性（概要）

　グループ通算制度においては，各制度（税制上の各種取扱い）にグループ通算制度特有の種々の取扱いがあり，外国税額控除制度においても，前記「2　グループ通算制度における外国税額控除限度額の算定（概要）」以外にも次のような取扱いがある。

(1) 当初申告税額控除額の固定措置（遮断措置）

　通算法人が外国税額控除の適用を受ける場合において，通算法人の適用事業年度（通算親法人の事業年度終了の日に終了するものに限るものとし，被合併法人の合併の日の前日の属する事業年度，残余財産の確定の日の属する事業年度及び公益法人等に該当することとなった日の前日の属する事業年度を除く。）の税額控除額が当初申告税額控除額と異なることが判明したときは，税務当局による進行事業年度調整措置（次の(2)）の適用及びその内容についての説明を前提に，再計算を行うものの，当初申告税額控除額をその後も適正な税額控除額とみなし，その是正は次の(2)による（修更正事由の影響を遮断：法69⑮）。

(2) 当初申告税額控除額との差額に関する進行事業年度における調整

イ　進行事業年度の控除措置

　通算法人の進行事業年度において，過去適用事業年度における税額控除額が過去当初申告税額控除額を超える場合には，その超える金額に相当する金額（「税額控除不足相当額」）をその進行事業年度の法人税額から控除する（法69⑱）。

ロ　進行事業年度の加算措置

　通算法人の進行事業年度において，過去当初申告税額控除額が過去適用事業年度における税額控除額を超える場合には，その進行事業年度の法人

186

税額は，その超える金額に相当する金額（「税額控除過大相当額」）を加算した金額とする（法69⑲）。

㊟　法人税法上の「税額控除不足額相当額」及び「税額控除超過額相当額」については，本書の文中では，「税額控除不足相当額」及び「税額控除過大相当額」と記載している。

(3) 当初申告税額控除額等の固定解除措置

　　通算法人の適用事業年度又は進行事業年度について，通算法人又は他の通算法人が，税額控除額等の計算の基礎となる事実の全部又は一部を隠蔽し，又は仮装して法人税の負担を減少させ，又は減少させようとする場合等に該当するときは，当初申告税額控除額等の固定措置は不適用とし，再計算結果による遡及是正（再度の修更正に備えた期限内申告額の洗替えを含む。）を行う（法69⑯）。

㊟　遮断措置の適正な運用等のための取扱いとして，次のことも定められている（法69⑰⑳㉑㉒㉜㉝，基通16－3－53）。
　①　適用事業年度の当初申告税額控除額を税額控除額とみなす措置（遮断措置）を適用しないことによってその適用事業年度に係る修正申告書の提出又は更正がされた後における遮断措置の適用については，原則として，その修正申告書又はその更正に係る更正通知書に添付された書類に税額控除額として記載された金額を当初申告税額控除額とみなす。
　②　法人税に関する調査を行った結果，通算法人の各事業年度（確定申告書の提出期限が到来していないものに限る。）において税額控除不足相当額又は税額控除過大相当額に係る進行事業年度調整措置を適用すべきと認める場合には，国税庁等の当該職員は，その通算法人又は税務代理人に対し，その調査結果の内容（その調整措置を適用すべきと認めた金額及びその理由を含む。）を説明する。
　③　対象事業年度（上記②の説明が行われた日の属するものに限る。）の期限内申告書に添付された書類にその対象事業年度の税額控除不足相当額又は税額控除過大相当額として記載された金額及びその計算の根拠が上記②の説明の内容と異なる場合には，その対象事業年度の当初申告税額控除不足相当額又は当初申告税額控除過大相当額を税額控除不足相当額又は税額控除過大相当額とみなす措置（遮断措置）を適用しない。
　④　対象事業年度の当初申告税額控除不足相当額又は当初申告税額控除過大相当額を税額控除不足相当額又は税額控除過大相当額とみなす措置（遮断措置）を適用しないことによってその対象事業年度に係る修正申告書の提出又は更正がされた後における遮断措置の適用又は再適用については，その修正申告書又はその更正に係る更正通知書に添付された書類に税額控除不足相当額又は税額控除過大相当額として記

第 5 章　グループ通算制度を選択した場合の外国税額控除

　載された金額を当初申告税額控除不足相当額又は当初申告税額控除過大相当額とみなす。

4 　グループ通算制度における特有な取扱い（各論）

　グループ通算制度においては，基本的には，課税所得金額及び法人税額の計算並びに申告を各法人がそれぞれ行う個別申告方式を採用しているが，外国税額控除制度の制度設計に当たっては，経済界から，控除限度額のグループ調整計算（グループ全体で外国税額控除に係る控除限度額を計算すること）を認めることについて強い要望が寄せられた。これは，企業が単一法人による経営から100％子会社を通じたグループ経営（いわゆる分社化）を推進してきた経緯を踏まえ，個別申告方式下でのグループ調整計算の廃止がこのような企業経営の実態に与える影響が多大であることを考慮すべきであるというものであった。

　そのため，グループ通算制度下の外国税額控除制度においては，基本的には各通算法人単位で所得計算等を行うこととしつつ，外国税額控除のグループ調整計算を認めることとし，控除限度額についてグループ全体の要素（グループ全体の所得金額，グループ全体の法人税額）を基にした算出を認めることとしたものである。その結果，控除税額の算出過程などに一般の個別申告方式とは異なる特殊性が設けられたことは前述したとおりであるが，その詳細等は，以下のとおりである。

(注)　グループ通算制度を選択した場合の外国税額控除制度に関する特有のものとして定められている法人税基本通達には，以下のものがある。
・基通16－3－24《高率負担部分の判定をする場合の総収入金額の計算における投資簿価修正が行われた通算子法人株式の帳簿価額の取扱い》
・基通16－3－49《欠損金額を有する通算法人等の調整前控除限度額》
・基通16－3－50《隠蔽又は仮装により当初申告税額控除額固定措置が適用されない場合》
・基通16－3－51《進行年度調整規定の適用に係る対象事業年度の意義等》
・基通16－3－52《対象事業年度の税額控除不足額相当額等が進行年度調整に係る調査結果説明の内容と異なる場合》
・基通16－3－53《進行年度調整に係る調査結果説明における手続通達の準用》

第5章　グループ通算制度を選択した場合の外国税額控除

（1）通算法人に係る外国税額控除の計算方法

　通算法人が各事業年度において外国法人税を納付することとなる場合には，控除限度額を限度として，次のようにその外国法人税の額をその事業年度の所得に対する法人税の額から控除することとされている（法69①⑭，令148①）。

①　控除限度額の計算

　上記の控除限度額とは，次の算式により計算した金額をいい，調整前控除限度額が零を下回る場合には零とされる（令148①）。

　　［控除限度額＝調整前控除限度額－控除限度調整額］

②　調整前控除限度額の計算

　上記①の算式中の調整前控除限度額とは，次により計算した金額をいう（令148②）。

$$\text{調整前控除限度額} = \text{各通算法人の法人税額の合計額} \times \frac{\text{その通算法人の調整国外所得金額}}{\text{各通算法人の所得金額の合計額から欠損金額の合計額を控除した額}}$$

（注）1　上記算式中の右欄分母の「所得金額」又は「欠損金額」は，欠損金の繰越控除（法57）及び損益通算（法64の5）などの規定を適用しないで計算した場合の金額をいう（令148③）

　　　2　上記算式中の「調整国外所得金額」（分子）とは，次により計算した金額をいい，調整前国外所得金額が零を下回る場合は，次の調整前国外所得金額とされる（令148②三）。すなわち，その通算法人が所得金額又は欠損金額のいずれを有しているかにかかわらず，調整国外所得金額を有している場合には，その通算法人の調整前控除限度額（マイナスの金額を含む。）の計算を行うことになる（基通16－3－49）。

$$\underbrace{[\text{調整国外所得金額} = \underbrace{\text{国外所得金額} - \text{非課税国外所得金額}}_{\text{加算前国外所得金額}} + \text{加算調整額} - \text{調整金額}]}_{\text{調整前国外所得金額}}$$

　　　3　上記（注）2の算式中の「国外所得金額」は，欠損金の繰越控除（法57）及び損益通算（法64の5）などの規定を適用しないで計算した場合の金額をいう（令148④）。

　　　4　上記（注）2の算式中の「非課税国外所得金額」は，零を超えるものに限られる（令

148④）。

5　上記(注)2の算式中の「加算調整額」は，次により計算した金額をいう（令148⑤）。

$$加算調整額 = \begin{pmatrix} 各通算法人の零を下回る非課 \\ 税国外所得金額の合計額のう \\ ち，非課税国外所得金額 \\ （零を超えるものに限る。） \\ の合計額に達するまでの金額 \end{pmatrix} \times \frac{その通算法人の加算前国外所得金額（零を超えるものに限る。）}{各通算法人の加算前国外所得金額（零を超えるものに限る。）の合計額}$$

6　上記(注)2の算式中の「調整金額」は，次により計算した金額をいう（令148⑥）。

$$調整金額 = \begin{pmatrix} 各通算法人の調整 \\ 前国外所得金額の \\ 合計額が所得金額 \\ の合計額の90\%を \\ 超える部分の金額 \end{pmatrix} \times \frac{その通算法人の加算前国外所得金額（零を超えるものに限る。）}{各通算法人の加算前国外所得金額（零を超えるものに限る。）の合計額}$$

7　国外源泉所得に係る調整所得金額の計算における共通費用の簡便的な配賦については，単体納税制度における基通16－3－12《国外事業所等帰属所得に係る所得の金額の計算における共通費用の額の配賦》及び16－3－19の3《その他の国外源泉所得に係る所得の金額の計算における共通費用の額の配賦》の取扱いと同様である（これらの通達の本文かっこ書）。

8　過去適用事業年度に係る外国法人税額に増減等があった場合又は所得率等が異動した場合の計算については，単体納税制度における基通16－3－26《外国法人税額に増額等があった場合》及び16－3－30《所得率等が変動した場合の取扱い》の取扱いを読み替えて同様に適用するものとされている（これらの通達の注書）。

③　控除限度調整額の計算

上記①の算式中の控除限度調整額とは，次により計算した金額をいう（令148⑦）。

$$\begin{matrix} 控除限度 \\ 調整額 \end{matrix} = \begin{pmatrix} 各通算法人の調 \\ 整前控除限度額 \\ が零を下回る場 \\ 合のその下回る \\ 額の合計額 \end{pmatrix} \times \frac{その通算法人の調整前控除限度額（零を超えるものに限る。）}{各通算法人の調整前国控除限度額（零を超えるものに限る。）の合計額}$$

④　当初申告における計算例

当初申告における外国税額の控除の計算例（非課税国外所得金額のない場合の計算例で，損益通算部分を省略したもの）を示すと，次のようになる。

設例 当初申告における計算例

	項目	P社	C1社	C2社	合計
①	所得金額	0	400	800	1,200
②	国外所得金額	400	200	▲120	480
③	調整前国外所得金額	400	200	▲120	480
④	調整金額	0 ← 480<1,080 (=1,200×90%)			
⑤	調整国外所得金額	400	200	▲120	480
⑥	法人税の額	0	80	160	240
⑦	外国法人税の額	80	30	0	110
⑧	調整前控除限度額	80 ← [⑥の計×⑤／①の計]	40 ← (同左)	▲24 ← (同左)	96
⑨	控除限度調整額	16 ← [C2⑧×⑧／(P・C1の⑧合計)]	8 ← (同左)	－	24
⑩	控除限度額	64 ← [(⑧－⑨)]	32 ← (同左)	0	96
⑪	外国税額の控除額	64 ← [(⑩：⑦)]	30 ← (同左)	0	
⑫	翌期繰越控除限度超過額	16	－	－	
⑬	翌期繰越控除余裕額	－	2	－	

⑤ 申告書の記載例

　グループ通算制度における上記④の設例に基づくP社（親法人）の当初申告の申告書への記載方法（国外事業所等帰属所得のみを有すると仮定し，損益通算部分を省略したもの）について，グループ通算制度特有の主要な申告書別表の記載例を示すと，次のようになる。

　なお，通算法人が外国税額控除の適用を受けるに当たり、一般的な単体納税制度を適用する法人に比して、補充的な記載をするもの又は制度上の特殊な取扱いを記載するものとして別途定められている申告書別表は、次

のとおりである。

- 別表六（二）付表五（通算法人の控除限度額の計算に関する明細書）
- 別表六（二）付表六（税額控除不足額相当額及び税額控除超過額相当額の計算に関する明細書）

  (注) 上記の「税額控除不足額相当額」及び「税額控除超過額相当額」については，本書の文中では，「税額控除不足相当額」及び「税額控除過大相当額」と記載している。

- 別表十八（一）（各通算法人の所得金額等及び地方法人税額等に関する明細書）

別表六（二）　内国法人の外国税額の控除に関する明細書

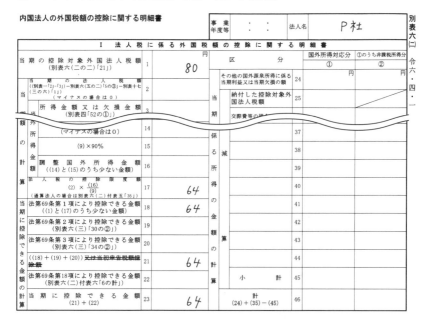

第5章　グループ通算制度を選択した場合の外国税額控除

別表六（二）付表五　通算法人の控除限度額の計算に関する明細書

通算法人の控除限度額の計算等に関する明細書

事業年度等	： ：	法人名	P社

別表六(二)付表五　令六・四・一以後終了事業年度等分

Ⅰ　通算法人の法人税の控除限度額の計算に関する明細書

項目	No.	金額	項目	No.	金額
当期の法人税額（別表一「2」-「3」）-（別表六（五の二）「5の③」）-（別表十七（三の六）「1」）（マイナスの場合は0）	1	0 円	非課税国外所得金額が0を下回る場合のその下回る額の合計額（別表十八（一）「14の計」）	20	− 円
法人税額の合計額（別表十八（一）「9の計」）	2	240	非課税国外所得金額のうち0を超えるものの合計額（別表十八（一）「15の計」）	21	−
所得金額又は欠損金額（別表四「52の①」）	3		(20)のうち(21)に達するまでの金額	22	−
繰越欠損金の当期控除額（別表七（一）「4の計」）	4		加算前国外所得金額のうち0を超えるものの合計額（別表十八（一）「16の計」）	23	600
通算対象欠損金額の損金算入額（別表七の二「5」）	5		加算調整額 (22) × $\frac{(19)}{(23)}$	24	0
通算対象所得金額の益金算入額（別表七の二「11」）	6		調整前国外所得金額 (19)＋(24)	25	400
当初配賦欠損控除額の益金算入額（別表七（二）付表一「23の計」）	7		調整前国外所得金額の合計額（別表十八（一）「17の計」）	26	480
通算法人の合併等があった場合の欠損金の損金算入額（別表四付表「9の①」）	8		(14) × 90%	27	1,080
対外船舶運航事業者の日本船舶による収入金額に係る所得の金額の損金算入額（別表十（四）「20」）	9		(26)−(27)（マイナスの場合は0）	28	0
対外船舶運航事業者の日本船舶による収入金額に係る所得の金額の益金算入額（別表十（四）「21」又は「23」）	10		調整金額 (28) × $\frac{(19)}{(23)}$	29	0
組合等損失額の損金不算入額（別表九（二）「6」）	11		調整国外所得金額 (25)−(29)	30	400
組合等損失超過合計額の損金算入額（別表九（二）「9」）	12		調整前控除限度額 (2) × $\frac{(30)}{(14)}$	31	80
計 (3)＋(4)＋(5)−(6)−(7)＋(8)＋(9)−(10)−(11)＋(12)	13	0	調整前控除限度額が0を下回る場合のその下回る額の合計額（別表十八（一）「19の計」）	32	24
所得金額の合計額から欠損金額の合計額を控除した金額（別表十八（一）「11の計」−「12の計」）（マイナスの場合は0）	14	1,200	調整前控除限度額のうち0を超えるものの合計額（別表十八（一）「20の計」）	33	120
国外事業所等帰属所得に係る所得の金額（別表六（二）付表一「25」）	15	400	控除限度調整額 (32) × $\frac{(31)}{(33)}$	34	16
その他の国外源泉所得に係る所得の金額（別表六（二）「46の①」）	16	−	法人税の控除限度額 (31)−(34)（マイナスの場合は0）	35	64
非課税国外所得金額（別表六（二）「46の②」）＋（別表六（二）付表一「26」）	17	−			
(17)のうち0を超える金額	18	−			
加算前国外所得金額 (15)＋(16)−(18)	19	400			

194

別表十八（一）　各通算法人の所得金額等に関する明細書

各通算法人の所得金額等及び地方法人税額等に関する明細書		事業年度等	： ：	法人名	P社

法人名	1	通算親法人 P社	C1社	C2社		計
法人番号						
納税地	2					
事業年度等	3	： ：	： ：	： ：		

I　各通算法人の所得金額等に関する明細書

所得金額（別表一付表「1」）（欠損の場合は0）	4	0 円	400 円	800 円	円	1,200 円
調整通算対象欠損流出額（別表三（一）付表）（以上の額） その0	7					
欠損金額流出計（別表四「39の①」）－（別表七（三）「9」）（プラスの場合は0）	8	0	0	0		0
法人税額（別表六（二）付表五「1」）	9	0	80	160		240
所得金額又は欠損金額（別表六（二）付表五「13」）	10	0	400	800		
(10)のうち0を超える金額	11		400	800		1,200
(10)が0を下回る場合のその下回る額	12					
非課税国外所得金額（別表六（二）付表五「17」）	13					
(13)が0を下回る場合のその下回る額	14					
(13)のうち0を超える金額	15					
加算前国外所得金額のうち0を超えるもの（別表六（二）付表五「19」のうち0を超える金額）	16	400	200			600
調整前国外所得金額（別表六（二）付表五「25」）	17	400	200	△120		480
調整前控除限度額（別表六（二）付表五「31」）	18	80	40	△24		
(18)が0を下回る場合のその下回る額	19			24		24
(18)のうち0を超える金額	20	80	40			120
当初損金算入超過額（当初申告の別表七（一）「4の計」－「2」）（マイナスの場合は0）	28					
適用関連法人配当等の額の合計額（別表八（一）付表「1」）	29					
支払利子合計額（別表八（一）付表「6」）	30					

(2) 外国税額の控除額に変動が生じた場合の控除額の計算方法

①　税額控除額の期限内申告額による固定

　通算法人の外国税額控除の計算は，通算グループ全体の要素（各通算法人の所得金額，国外所得金額及び法人税額のそれぞれの合計額等）も用いて行うため，過去の事業年度におけるこれらの要素の変動がその後判明した場合には，通算グループ内の全ての通算法人は，その変動後の要素に基づいて外国税額控除の再計算を行う必要が生じる。

第5章　グループ通算制度を選択した場合の外国税額控除

　ただし，その過去の事業年度の期限内申告における税額控除額と再計算
後の税額控除額との間に過不足額が生じることとなる場合であっても，税
務当局による説明（進行事業年度での調整措置の適用及びその内容の説
明）を前提に，再計算は行うものの，過去の事業年度における税額控除額
はその過去の事業年度の期限内申告の金額で固定することとされており
（法69⑮），修正申告等を行う必要はない。そして，次の②によりその是正
（調整）を行うこととしている。

㊟　**通知義務**
　　通算法人（通算法人であった内国法人を含む。）は，期限内申告書に添付された書
類に法人税額等（法人税額，所得金額，欠損金額，非課税国外所得金額又は加算前国
外所得金額）として記載した当初の金額がその後において異なることとなったことが
判明した場合には，他の通算法人に対し，その異なることとなった法人税額等を通知
しなければならないこととされている（令148⑨）。
　　グループ通算制度においては，各通算法人が個別に申告を行うため，修正申告等に
より法人税額等が変動した場合でも他の通算法人はそうした事実を必ずしも把握でき
ないこととなる。そのため，期限内申告書に記載された控除限度額の計算要素である
法人税額等が，その後において変動した場合には，他の通算法人等にその変動後の金
額等を任意の方法により通知することとされている。
　　なお，この通知義務は，外国税額控除の規定の適用を受けていない通算法人や通算
グループを離脱した法人についても，その対象とされている。

②　過不足額の進行事業年度における調整

　上記①の過不足額については，対象事業年度（相違事実が外形的・客観
的に明らかとなった日の属する進行事業年度をいい，進行年度調整に係る
調査結果説明が行われた日，修正申告書の提出又は更正が行われた日等の
属する事業年度が該当する。）において，次による調整を行うこととされ
ている（法69⑱⑲，基通16－3－51(1)）。

㊟　相違事実の判明日がその日の属する事業年度の開始の日からその事業年度の直前の
　事業年度の法定申告期限までの期間内の日である場合には，その直前の事業年度を対
　象事業年度として進行年度調整を適用することができる（基通16－3－51(1)注書）。

イ　「過去当初申告税額控除額＜調整後過去税額控除額」の場合

　　　（「期限内申告における税額控除額」＜「再計算後の税額控除額」）

196

4 グループ通算制度における特有な取扱い（各論）

　　⇒差額（税額控除不足相当額）を進行事業年度の法人税の額から控
　　　除する。
ロ　「過去当初申告税額控除額＞調整後過去税額控除額」の場合
　　⇒差額（税額控除過大相当額）を進行事業年度の法人税の額に加算
　　　する。

(注)1　当初申告税額控除不足相当額等の固定措置の取扱い
　　　進行年度調整措置の適用がある場合において，その後に，調整進行事業年度の税
　　額控除不足相当額又は税額控除過大相当額が申告額であるこれらの金額と異なるこ
　　ととなったときは，上記①のただし書と同様，その申告がその後もその進行事業
　　年度の適正な税額控除不足相当額又は税額控除過大相当額とみなされ固定される
　　（修更正事由の影響が遮断される。）（法69⑳㉒）。
　　2　対象事業年度（進行事業年度調整措置の説明が行われた日の属するものに限る。）
　　の期限内申告書に添付された書類にその対象事業年度の税額控除不足相当額又は税
　　額控除過大相当額として記載された金額及びその計算の根拠が税務当局による説明
　　の内容と異なる場合には，その対象事業年度における当初申告税額控除不足相当額
　　等に係る固定措置は不適用とされる（法69㉑三，基通16－3－52）。
　　3　進行事業年度の控除措置等と除斥期間との関係
　　　進行事業年度の控除措置等により調整しようとする当初申告税額控除額との差額
　　は，過去適用事業年度における数値であることに相違はないが，進行事業年度にお
　　いて法人税の額から控除し，又は加算することにより調整を行うため，あくまでそ
　　の進行事業年度における新たな税額として除斥期間を計算することになる（国税通
　　則法70①一，基通16－3－51(2)）。すなわち，過去適用事業年度の申告内容そのも
　　のの誤りでなく，進行事業年度の控除措置又は進行事業年度の加算措置が適正に処
　　理されていない場合の加減算部分の除斥期間は，その進行事業年度の法定申告期限
　　の翌日から改めて起算することになる。

③　外国税額の控除額に変動が生じた場合の計算例

　当期（進行事業年度）において過去の修更正事由を把握した場合におけ
る外国税額の控除の計算例（上記(1)④の事例が前々期（1年決算）であ
り，前期も非課税国外所得金額がない状態で，前々期の基礎計数等が次表
の**ゴシックの太字数字部分**（括弧書の数字部分は当初申告）のように変動
した場合の計算例）を示すと，次のようになる。

197

設例 控除額に変動が生じた場合の計算例

I 前々期

	項目	P社	C1社	C2社	合計
①	所得金額	0	400	920 ← (800)	1,320 ← (1,200)
②	国外所得金額	400	200	0 ← (▲120)	600 ← (480)
③	調整前国外所得金額	400	200	0 ← (▲120)	600 ← (480)
④	調整金額	0 ← 600＜1,188（＝1,320×90％）			
⑤	調整国外所得金額	400 ③－④	200	0 ← (▲120)	600 ← (480)
⑥	法人税の額	0	80	184 ← (160)	264 ← (240)
⑦	外国法人税の額	80	30	0	110
⑧	調整前控除限度額	80 [⑥の計×⑤／①の計]	40 (同左)	0 ← (▲24) (同左)	120 ← (96)
⑨	控除限度調整額	0 ← (16) [C2⑧×⑧／(P・C1の⑧合計)]	0 ← (8) (同左)	—	0 ← (24)
⑩	控除限度額	80 ← (64) [(⑧－⑨)]	40 ← (32) (同左)	0	120 ← (96)
⑪	外国税額控除額	80 ← (64) [(⑩：⑦)]	30 ← (同左)	0	
⑫	翌期繰越控除限度超過額	0 ← (16)	—	—	
⑬	翌期繰越控除余裕額	—	10 ← (2)	—	

(注) P社は税額控除額の控除不足額（16）が生じるが、外国税額控除額は期限内申告額（64）で固定し、この控除不足額についてはP社の当期（進行事業年度）で調整を行うこととなる。
　また、C1社は控除限度額が変動するが、外国税額控除額（30）は変動しない（控除余裕額のみ変動）ため、期限内申告額に固定する措置の必要はない。

4　グループ通算制度における特有な取扱い（各論）

Ⅱ　前期

	項　目	P 社	C1社	C2社	合計
①	所得金額	0	400	800	1,200
②	国外所得金額	400	200	0	600
③	調整前国外所得金額	400	200	0	600
④	調整金額	0 ← 600＜1,080（＝1,200×90%）			
⑤	調整国外所得金額	400	200	0	600
⑥	法人税の額	0	80	160	240
⑦	外国法人税の額	70	60	0	130
⑧	控除限度超過額	0 ←（16）	－	－	
⑨	控除余裕額	－	10 ←（2）	－	
⑩	調整前控除限度額	80 ← [⑥の計×⑤／①の計]	40 ← （同左）	0 ← （同左）	120
⑪	控除限度調整額	－ ←（▲がない）	－	－	－
⑫	控除限度額	80 ← （⑩－⑪）	40 ← （同左）	0	120
⑬	外国税額控除額	70 ←（80） [（⑫：⑦＋⑧）又は（⑨＋⑫：⑦）]	50 ←（42） （同左）	0	
⑭	翌期繰越控除限度超過額	0 ←（6）	10 ←（18）	－	
⑮	翌期繰越控除余裕額	10 ←（0）－	－	－	

㊟　前々期の控除限度超過額及び控除余裕額が変動する結果，P 社は外国税額控除額の控除過大額（⑬の差額の10）が，C1社は控除不足額（⑬の差額の 8 ）がそれぞれ生じるが，外国税額控除額は P 社及び C1社それぞれ期限内申告額（P 社：80，C1社：42）で固定し，この控除過大額及び控除不足額は，P 社及び C1社それぞれ当期（進行事業年度）で調整を行うこととなる。

Ⅲ 当期（進行事業年度）

　過去の修更正事由に基づく当期（進行事業年度）の外国税額控除の過不足額の調整については，Ｐ社及びC1社の前々期及び前期の外国税額控除額の変動額を，次のように当期（進行事業年度）の法人税額に加減算することとなる（上記(2)の②を参照のこと）。

① 「法人税額に加算」（上記ⅡのＰ社の控除過大額10を加算）

② 「法人税額から控除」（上記ⅠのＰ社の控除不足額16と上記ⅡのC1社の控除不足額 8 の合計額24を控除）

(3) 固定措置（遮断措置）の不適用

① 当初申告税額控除額の固定解除措置

　当初申告税額控除額の固定措置（上記(2)①参照）は，適用事業年度に係る期限内申告書の申告期限後に当初申告税額控除の誤りが発覚した場合には，本来であれば適用事業年度に係る修正申告又は更正を行うべきところ，申告事務に係る負担に配慮する観点から設けられているものである。

　他方，次の(i)又は(ii)の場合に該当するときは，当初申告税額控除額の固定措置による利便を享受する必要性は認められないため，固定措置は不適用とされる（法69⑯）。その結果，原則に戻り，適用事業年度に係る修正申告又は更正が行われることになる。

(i) 通算法人又は他の通算法人が，適用事業年度における税額控除額の計算の基礎となる事実の全部又は一部を隠蔽し，又は仮装して税額控除額を増加させることによりその法人税の負担を減少させ，又は減少させようとする場合

(ii) 法人税額の不当な減少を原因とする損益通算に係る全体再計算（法64の5⑧：遮断措置の不適用）の適用がある場合

（注）1　上記(i)でいう「税額控除額の計算の基礎となる事実の全部又は一部を隠蔽し，又は仮装」とは，例えば，実際には納付していない外国法人税をあたかも納付し

たかのように仮装して外国税額控除の適用を受けるケースや，国外所得金額に該当しないものを国外所得金額に仮装しているケースなど，まさに外国税額控除制度の適用そのものに関する仮装又は隠蔽行為をいう。したがって，例えば，外国税額控除を適用している通算法人が，ある事業年度における法人税の負担の減少を目的として行った仮装又は隠蔽による売上除外が判明し，その事業年度について修正申告又は更正が行われる場合には，外国税額控除の適用額（控除額）にも影響の生ずることが想定されるが，これについては，一般的にこの仮装等の対象に該当しないものとされる（基通16―3―50）。

2　当初申告税額控除額固定解除措置の適用によって修正申告書の提出又は更正がされた後は，原則として，その修正申告書又はその更正に係る更正通知書に添付された書類にその適用事業年度の税額控除額として記載された金額を当初申告税額控除額とみなして当初申告税額控除額に係る固定措置を再適用する（法69⑰㉒）。

②　当初申告税額控除不足相当額等の固定解除措置

当初申告の税額控除不足相当額又は税額控除過大相当額に誤りが判明した場合においても固定措置が設けられているが（上記(2)②の注書参照），上記①と同様，次の(i)から(iii)までの場合に該当するときは，その対象事業年度については，当初申告税額控除不足相当額等の固定措置は不適用とされる（法69㉑）。

(i)　税額控除不足相当額又は税額控除過大相当額の計算の基礎となる事実の全部又は一部を隠蔽し，又は仮装して，その税額控除不足相当額を増加させ，又はその税額控除過大相当額を減少させることにより法人税の負担を減少させ，又は減少させようとする場合

(注)　上記の場合とは，進行事業年度の控除措置又は進行事業年度の加算措置における税額控除不足相当額又は税額控除過大相当額の計算の基礎について仮装又は隠蔽があった場合をいう。したがって，過去適用事業年度における税額控除額の計算の基礎につき仮装又は隠蔽があった場合は含まれない。

(ii)　進行事業年度の控除措置の適用により法人税の額から控除した税額控除不足相当額又は進行事業年度の加算措置の適用により法人税の額に加算した税額控除過大相当額に係る過去適用事業年度について，当初申告税額控除額の固定解除措置の適用がある場合

第5章　グループ通算制度を選択した場合の外国税額控除

(iii)　法人税に関する調査を行った結果，通算法人の各事業年度（確定申告書の提出期限が到来していないものに限る。）において税額控除不足相当額又は税額控除過大相当額に係る進行事業年度調整措置を適用すべきと認める場合には，国税庁等の当該職員は，その通算法人に対し，その調査結果の内容（その調整措置を適用すべきと認めた金額及びその理由を含む。）を説明することとされているが，対象事業年度（上記の説明が行われた日の属するものに限る。）の期限内申告書に添付された書類にその対象事業年度の税額控除不足相当額又は税額控除過大相当額として記載された金額及びその計算の根拠が上記の説明の内容と異なる場合

③　期限内申告額の洗替え

適用（対象）事業年度について当初申告税額控除額等の固定解除措置の適用により修正申告書の提出又は更正がされた後における過去事業年度の税額控除額又は進行事業年度の控除（加算）措置の適用については，原則として，その修正申告書又はその更正に係る更正通知書に添付された書類に税額控除額又は税額控除不足（過大）相当額として記載された金額をその適用（対象）事業年度の期限内申告書に添付された書類にこれらの金額として記載された金額とみなすこととされている（法69⑰⑳㉒）。

すなわち，固定解除措置を適用して税額控除額等を再計算した後，通算グループ内のいずれかの法人の申告に誤りが発見された場合には，原則として，過去の当初申告税額控除額又は当初申告税額控除不足（過大）相当額を固定解除措置の適用をして行った修正申告又は更正による金額に洗い替えるということである。

(4)　その他の調整措置

①　合併により解散した場合又は通算法人の残余財産が確定した場合における調整措置

合併の日以後又は残余財産の確定の日の翌日以後に，過去の事業年度に

おける当初申告税額控除額の誤りが発覚した場合には，その通算法人の進行事業年度が存在しないため，合併の日の前日又は残余財産の確定の日の属する事業年度（最終事業年度）において税額控除額と当初申告税額控除額との差額調整を行うことになる（法69㉓）。この場合，最終事業年度の税額控除額，税額控除不足相当額及び税額控除過大相当額については，当初申告税額控除額の固定措置及び当初申告税額控除不足相当額等の固定措置は適用されない。

②　公益法人等に該当することとなった場合における調整措置

　通算法人が公益法人等に該当することとなった日以後に過去の事業年度における当初申告税額控除額の誤りが発覚した場合には，その公益法人等が収益事業を行わない限り法人税の申告義務が生じないため，上記①と同様，その該当することとなった日の前日の属する事業年度（最終事業年度）において税額控除額と当初申告税額控除額との差額調整を行うことになる（法69㉔）。

(5)　進行事業年度の控除措置の適用に関する添付書類等

イ　進行事業年度の控除措置の適用に関する添付書類及び保存書類

　進行事業年度の控除措置（前記(2)②イの法人税額の控除措置）は，申告書等（確定申告書，修正申告書又は更正請求書）に，次の(i)から(v)までの明細書（書類）の添付があり，かつ，(vi)の書類を保存している場合に限り，原則として明細書に記載された計算基礎金額に基づき，その金額を限度として適用することとされている（法69㉗，規則30の2①②）。

(i)　進行事業年度の控除措置による控除を受けるべき金額及びその計算に関する明細を記載した書類

(ii)　進行事業年度の控除措置による控除を受けるべき金額に係る過去適用事業年度の税額控除額及びその計算に関する明細並びに過去当初申告税額控除額を記載した書類

203

(iii) 過去適用事業年度の控除対象外国法人税額の計算に関する明細を記載した書類（これらの書類が対象前各事業年度の申告書等に添付されている場合におけるその書類を除く。）

(iv) 対象前各事業年度において過去適用事業年度に係る税額控除額につき進行事業年度の控除措置又は進行事業年度の加算措置の適用があった場合には，その対象前各事業年度の進行事業年度の控除措置により法人税の額から控除した金額の合計額及び進行事業年度の加算措置により法人税の額に加算した金額の合計額に関する明細を記載した書類

(v) 過去適用事業年度における繰越控除限度額を用いた控除及び繰越対象外国法人税額を用いた控除をされるべき金額に係る繰越控除限度額又は繰越控除対象外国法人税額に係る事業年度のうち最も古い事業年度以後の各事業年度（以下「繰越控除限度額等に係る各事業年度」という。）の控除限度額及びその繰越控除限度額等に係る各事業年度において納付することとなった控除対象外国法人税額を記載した書類（これらの書類が対象前各事業年度の申告書等に添付されている場合におけるその書類を除く。）

(vi) 過去適用事業年度の規則第29条の4第2項各号及び第30条第2項各号に掲げる書類

ロ　進行事業年度の控除措置の適用に係る上限額

　進行事業年度の控除措置による控除をされるべき金額の計算の基礎となる次の(i)から(iii)までの金額は，税務署長において特別の事情があると認める場合を除くほか，その明細書に(i)から(iii)までの金額として記載された金額を限度とすることとされている（法69㉗後段，規則30の2③）。

(i) 過去適用事業年度の控除対象外国法人税額（控除対象外国法人税額の減額に伴う控除措置の適用があった場合には，その控除後の金額)

(ii) 繰越控除限度額等に係る各事業年度の控除限度額

(iii) 繰越控除限度額等に係る各事業年度において納付することとなった控除対象外国法人税額（その繰越控除限度額等に係る各事業年度において

控除対象外国法人税額の減額に伴う控除措置の適用があった場合には，その控除後の金額）

(6) 進行事業年度加算措置に関する書類添付義務等

進行事業年度加算措置の適用を受ける法人は，上記(5)と同様に，申告書等にその進行事業年度加算措置により法人税の額に加算されるべき金額及びその計算に関する明細を記載した書類等の明細書を添付し，かつ，加算されるべき金額に係る控除対象外国法人税額の課されたことを証する等の書類を保存しなければならないこととされている（法69㉛，規則30の5）。

(注) 進行事業年度の加算調整措置（法69⑲）において，加算されるべき金額の計算の基礎となる控除対象外国法人税額等の金額は，原則として，申告書等の明細書に記載された金額が限度とされる。

(7) 外国税額控除のグループでの選択

グループ通算制度における外国税額控除に係る控除限度額は，グループ調整計算を認めることとされているため，外国税額控除の選択についても通算グループの単位でこれを行う仕組みとなっている。

これに伴い，通算法人又は他の通算法人が，控除対象外国法人税額につき外国税額控除（進行事業年度控除措置を含む。）の適用を受ける場合には，その通算法人が納付することとなる控除対象外国法人税額は，その通算法人の各事業年度の所得金額の計算上，損金の額に算入しないこととされている（法41②，基通16－3－1の本文及び(2)）。

すなわち，通算グループ内の1社でも外国税額控除の適用を受ける場合には，他の通算法人において控除対象外国法人税額の損金算入は認められないということである。

(注) 上記による外国税額の損金不算入は，控除又は還付を受けた金額ではなく，税額控除の計算の基礎となった金額（控除対象外国法人税額）の全額とされている。

第5章　グループ通算制度を選択した場合の外国税額控除

5　地方法人税の取扱い

(1)　地方法人税における取扱いの概要

　グループ通算制度の場合には，通常の単体申告と同様に各通算事業年度の所得に対する法人税を基礎として算定した基準法人税額に対して10.3％の税率により地方法人税が課されることになる。そして，通算法人が外国税額控除制度の適用を受ける場合において，各通算法人の控除対象外国法人税額が法人税の控除限度額を超えるときは，各通算法人における地方法人税に係る控除限度額の範囲内で，その超える金額を地方法人税の額から控除することになる（地方法人税法12①④）。

(2)　地方法人税における外国税額控除の適用

　グループ通算制度における地方法人税の控除限度額の計算については，通算グループ全体の地方法人税額をグループ全体の所得金額に占めるその通算法人の国外所得金額の比で按分して算定することになっているが，具体的な算定方法は，次のとおりである。

イ　地方法人税の控除限度額の算定

　地方法人税の控除限度額は，法人税と同様，次のように算定する（地方法人税法12④，地方法人税法施行令3）。

　　［地方法人税の控除限度額（注1）＝調整前控除限度額（注2）
　　　－控除限度調整額（注3）］

（注）1　調整前控除限度額がマイナスの場合は，零となる（地方法人税法施行令3④）。
　　2　調整前控除限度額は，次の算式により計算する（地方法人税法施行令3⑤，令148）。

$$\text{地方法人税額の通算グループ全体の合計額} \times \frac{\text{その通算法人の調整国外所得金額}}{\text{通算グループ全体における所得金額の合計額から欠損金額の合計額を控除した金額}}$$

206

3　控除限度調整額は，次の算式により計算する（地方法人税法施行令3⑥）。

$$\text{他の通算法人のマイナスの調整控除限度額の合計額} \times \frac{\text{その通算法人のプラスの調整前控除限度額}}{\text{通算グループ全体のプラスの調整前控除限度額の合計額}}$$

□　控除税額の算出

　控除税額は，通算法人ごとに，控除対象外国法人税額が法人税の控除限度額を超える部分の金額と地方法人税の控除限度額とのいずれか小さい金額であり，この金額が，実際の地方法人税に係る外国税額控除額となる。

(注)　地方法人税の額が算出されない通算法人であってもプラスの調整国外所得金額を有していれば外国税額控除に係る控除限度額が算出されることがあり，このような場合には，外国税額控除の適用を受けるべき金額について地方法人税の額から控除しきれない金額が発生することになる。そのため，このような地方法人税の確定申告書を提出した通算法人に対しては，その控除しきれない金額に相当する税額を還付することとしている（地方法人税法22①）。

第5章　グループ通算制度を選択した場合の外国税額控除

6 地方税（法人住民税）の取扱い

(1) 地方税における取扱いの概要

　法人税においてグループ通算制度を適用した場合においても，地方税については，各法人単体で税額計算行うことになっている。したがって，地方税（法人の都道府県民税及び市町村民税）に係る外国税額控除の取扱いは，通常の単体申告の場合と変わらないことになる。

(2) 地方税における外国税額控除の適用

イ　地方税の取扱いの概要

　通常の単体申告の場合と同様，通算事業年度において，控除対象外国法人税額が法人税の控除限度額と地方法人税の控除限度額の合計額を超える場合，すなわち，控除しきれない場合には，その超える部分の控除対象外国法人税額について，地方税の控除限度額の範囲内で法人住民税の法人税割額に係る外国税額控除を行うことになっている（地法53㊳，321の8㊳）。

㊟　上記の控除方式の例外として，通算法人の過年度の外国税額控除額が過年度の期限内申告書に記載された金額を超えること又は下回ることが判明した場合には，法人税の進行年度の調整措置と同様に，その差額に相当する金額は進行年度の法人住民税の法人税割額から控除し，又は法人税割額に加算する等の調整を行うこととされている（地法53㊷～㊻，321の8㊷～㊻）。

ロ　地方税の控除限度額の算定

　地方税の控除限度額は，通常の単体申告の場合と同様，次のように計算する（地令9の7⑥，48の13⑦）。

ⅰ　道府県民税の控除限度額

　　法人税の控除限度額×1％（又は，納税者の選択により実際税率）

ⅱ　市町村民税の控除限度額

　　法人税の控除限度額×6％（又は，納税者の選択により実際税率）

6　地方税（法人住民税）の取扱い

(注)　その通算法人に地方税の控除限度額が発生する一方，住民税法人税割が零となるような場合には，外国税額は住民税法人税割から控除できないことになるが，この場合には，控除未済外国法人税等額として3年間繰り越されることになる（地令9の7⑲，48の13⑳）。

[参考]　グループ通算制度を選択している場合の地方税の調整計算

　法人住民税及び法人事業税においては，グループ通算制度という制度は存在しないため，この制度の影響を極力排除した上で，納税義務者は，各法人の個別の法人税額や所得金額を基礎に申告を行うことを原則としている。

　しかしながら，法人住民税（法人税割）の課税標準は，法人税における税額とされているため（地法23①三，292①三），そのままでは，グループ通算制度の損益通算・繰越欠損金の通算による影響を反映したものとなってしまう。そのため，これらの影響を排除する調整計算を行うという措置が講じられている。また，法人事業税（所得割）についても，法人税における課税所得を課税標準としているため（地法72の23①），グループ通算制度を選択している法人においては，損益通算・繰越欠損金の通算を行う前の所得金額を課税標準にするという調整計算を行う措置が講じられている。

　ただし，それ以外の項目については，原則として簡便性の観点等から特に調整計算は行わないこととし，グループ通算制度の計算結果が地方税に影響することも許容したものとなっている。

　具体的な調整計算の内容は，次のとおりである。

1　法人住民税の課税標準の調整計算

　法人住民税（法人税割）の計算において通算グループ内の損益通算・繰越欠損金の通算等を行った場合には，次のように，その影響を除く調整を行うこととしている（地法53，321の8）。

【主な調整内容】

グループ通算制度における処理		調整内容の概要
①　損益通算が行われた場合	損金算入額がある場合	「加算対象通算対象欠損調整額［損金算入額（通算対象欠損金額）×法人税率］」を加算（地法53⑪⑫，321の8⑪⑫）
	益金算入額がある場合	「控除対象通算対象所得調整額［益金算入額（通算対象所得金額）×法人税率］」を控除（地法53⑬⑭，321の8⑬⑭）
②　繰越欠損金の通算が行われた場合	他社の繰越欠損金を損金算入した場合	「加算対象被配賦欠損調整額［損金算入額（被配賦欠損金控除額）×法人税率］」を加算（地法53⑰⑱，321の8⑰⑱）
	自社の繰越欠損金が他社で損金算入	「控除対象配賦欠損調整額［損金算入額（配賦欠損金控除額）×法人税率］」を控除（地法53⑲⑳，

209

第5章　グループ通算制度を選択した場合の外国税額控除

	された場合	321の8⑲⑳）
③	通算制度の開始・加入に当たり，繰越欠損金が切り捨てられた場合	「控除対象通算適用前欠損調整額［切捨て金額（通算適用前欠損金額）×法人税率］」を控除（地法53③④，321の8③④）

(注)　外国税額控除額に関する税額控除不足相当額又は税額控除過大相当額の進行事業年度における調整措置は，国税と同様に別途設けられている（地法53㊷㊸，321の8㊷㊸）。

2　法人事業税の課税標準の調整計算

　　グループ通算制度を選択している法人における法人事業税（所得割）の課税標準は，グループ通算制度における損益通算や繰越欠損金の通算は適用しない場合の所得金額とされているため，グループ通算制度の開始・加入に当たり，法人税法上，繰越欠損金が切り捨てられたとしても，法人事業税の繰越欠損金は切り捨てられず維持される（地法72の23①②）。

　　また，外形標準課税が適用される場合の付加価値割の計算における単年度損益についても同様に，グループ通算制度における損益通算は適用しない場合の単年度所得金額を使うこととされている（地法72の18①一，②）。

210

第6章

外国子会社合算税制等における
外国税額控除

1 外国子会社合算税制における外国税額控除

(1) 外国子会社合算税制の概要

　子会社等を税の負担が著しく低い軽課税国等に設立して所得を留保し（通常の課税を免れ），親会社への配当を行わないこととすれば，内部留保の再投資等を行っていたとしても，結局は我が国での課税を永遠に免れることが可能となる。本税制は，このような国際的租税回避行為を防止する制度である（措法66の6等）。

　具体的には，この制度は，外国関係会社が，内国法人との間に実質支配関係がある場合，経済活動基準を満たさない場合，受動的所得（実質的活動のない事業から得られる所得）を有する場合等において，租税負担割合が20％以上（ペーパーカンパニー等の場合は27％以上）であるなどの適用免除要件を満たす場合を除き，その外国関係会社である対象外国関係会社等の適用対象金額（所得）に，その対象外国関係会社等の株式保有割合が10％以上等である内国法人の請求権等勘案合算割合を乗じて計算した金額（保有株式の状況や実質支配関係の状況等に応じたその内国法人に係る対応額，又は受動的所得の金額を基礎として計算したその内国法人に係る対応額）を，収益の額とみなして，その内国法人の所得に合算して課税するという制度である（措法66の6①）。

　なお，この合算課税が行われる課税対象の金額について課されている外国法人税の額については，本章で取り上げる外国税額控除制度が認められているほか，外国子会社から受ける剰余金の配当等の額のうち特定課税対象金額又は間接特定課税対象金額に達するまでの金額は益金の額に算入しない等の重複課税を排除するための調整措置が講じられている。

(注)1　特定課税対象金額等を有する内国法人が受ける剰余金の配当等の益金不算入制度
　　　内国法人が外国法人から受け取る配当等については，持株割合が25％未満の場合には，当然に我が国の法人税が課されることから，その配当等の額がこの制度により課税された課税済みの所得金額から充てられたものであるときは，その所得に対

第6章　外国子会社合算税制等における外国税額控除

しては，我が国において二重課税が発生することになる。加えて，損金算入配当及び特定のみなし配当を受ける場合には外国子会社配当益金不算入制度の適用がなく，同様のことが生じる。また，持株割合が25％以上の場合には，同制度により，95％相当額は益金不算入とされるが，剰余金の配当等の額に係る費用相当額（5％相当額）については，我が国において二重課税が発生することになる。

　このような二重課税を排除する方法としては，外国法人から支払われる配当のうち課税済みの所得金額から充てられたものを抽出して，その充てられた部分の金額について調整を行うのが本来的な対応の仕方といえるが，このような精緻な対応を行おうとすると計算が極めて煩雑になること等を考慮し，合算制度においては，外国法人からの剰余金の配当等の額を課税済金額（特定課税対象金額又は間接特定課税対象金額）の範囲内で全額益金不算入とする一方，配当等に係る外国源泉税等は損金算入することにより，二重課税の調整を図ることとしている（措法66の8）。

　なお，外国子会社配当益金不算入制度の適用を受ける剰余金の配当等の額につき，内国法人が外国子会社合算税制との二重課税の調整規定（配当等の益金不算入）の適用を受ける場合のその配当等に係る外国源泉税等の損金算入については，二重課税の調整規定の適用を受ける部分に対応する外国源泉税等の額に限り，損金算入を認めることとされている（措法66の8⑭）。

2　間接外国税額控除制度は現在廃止されており，また，上記の配当等の益金不算入制度の調整措置は外国税額控除制度とは異なるものであるため，本章ではその詳細を取り上げない。

(2)　二重課税の調整等

①　合算課税の対象金額に係る外国法人税額の税額控除

　我が国の法人税法は，所得に対する国際的な二重課税を防ぐため，外国子会社配当益金不算入制度のほかに，本章でも取り上げる外国税額の控除制度を設けている。

　外国関係会社の課税対象金額，部分課税対象金額又は金融子会社等部分課税対象金額の益金算入の制度は，課税対象金額，部分課税対象金額又は金融子会社等部分課税対象金額を親会社である内国法人の所得に合算して課税するものであるから，この外国関係会社の所得に対して外国法人税が課されている場合には，国際的な二重課税が発生し，現行の法人税制の趣旨・仕組みからいうと，これを調整する必要があるということになる。そこで，特定目的会社等（特定目的会社，投資法人，特定目的信託の受託法人及び法人課税信託の受託法人をいう。以下本章において同じ。）を除く

214

内国法人に対し，現行の法人税制における外国税額控除制度の仕組みを活用する方法によって，外国税額控除を認めることとしている（措法66の7①）。

なお，この認められている上記の外国税額控除制度の概要の簡略図及び設例を示すと，次のとおりである。

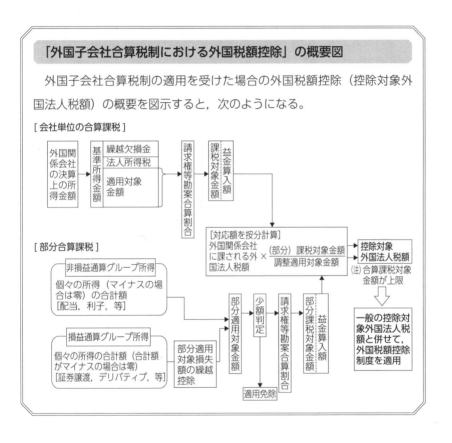

第6章　外国子会社合算税制等における外国税額控除

設例	**合算課税に伴う控除対象外国法人税額の計算例**	

次表の前提等のような状況で，合算課税に伴う控除対象外国法人税額の計算例を示すと，次のようになる。

前提等	ⅰ　内国法人Ａ（食料品製造業）の合算課税の適用対象事業年度は「自Ｘ年４月１日〜至Ｘ１年３月31日」である。 ⅱ　合算課税の対象となる特定外国子会社等は，Ｂ国のＢ社１社（対象事業年度は，自Ｘ年１月１日〜至Ｘ年12月31日）のみである。なお，合算課税は，Ｂ社全体に対するもので，部分課税対象金額はない。また，按分計数である請求権等勘案合算割合は90％である。 ⅲ　合算課税による適用対象金額（調整適用対象金額）の金額は，「2,330,000Ｈドル」である。なお，「子会社から受ける配当等の額」及び「控除対象配当等の額」はない。 ⅳ　合算課税による課税対象金額の金額は，上記ⅲの90％である「2,097,000Ｈドル」である。 ⅴ　Ｂ国のＢ社に課された外国法人税額（法人所得税）は「189,000Ｈドル」である。なお，この外国法人税額は「自Ｘ年１月１日〜至Ｘ年12月31日」の事業年度に係る法人税の当初申告の税額である。 ⅵ　Ｈドル（仮定の通貨）の円換算レートは，15円である。
解説	ⅰ　外国法人税額のうち合算課税された部分に対応する金額を按分計算により求めると，外国法人税額の「189,000Ｈドル」の90％の「170,100Ｈドル」となる。 ⅱ　課税対象金額の「2,097,000Ｈドル」と上記ⅰの「170,100Ｈドル」のうち少ない金額を求めると，「170,100Ｈドル」となる。 ⅲ　この設例では，外国法人税額が異動した場合ではないため，控除対象外国法人税額は「170,100Ｈドル」となり，円換算レートの15円を乗じた金額の「2,551,500円」が合算課税に伴う外国税額控除額を計算するための基礎計数（円換算の控除対象外国法人税額）となる。

②　法人税額等からの控除

　内国法人（特定目的会社を除く。以下(2)において同じ。）が外国関係会社の合算課税の対象金額を益金の額に算入した場合には，その外国関係会

社の所得に対して課される外国法人税の額のうち合算課税の対象金額に対応する部分の金額は，合算課税の対象金額に相当する金額を限度として，その内国法人が納付する外国法人税の額とみなして，法第69条《外国税額の控除》及び地方法人税法第12条《外国税額の控除》の規定を適用することができる（措法66の7①）。

　この場合の控除対象外国法人税額の計算は，その外国関係会社が会計帳簿の作成に当たり使用する外国通貨表示の金額により行うものとされ，計算されたこれらの控除対象外国法人税の額の円換算については，措置法通達66の6－4《課税対象金額等の円換算》に準ずることとされる（措通66の6－30）。

　また，外国法人税とは，法第69条第1項に規定する外国法人税とされているから，法人税法上の外国税額控除制度の対象となる外国法人税の範囲と同一である。

（注）1　外国子会社配当益金不算入制度の適用を受けない剰余金の配当等の額（外国子会社以外の外国法人から受けるもの又は損金算入配当等の額）につき，内国法人が外国子会社合算税制との二重課税の調整規定（配当等の益金不算入）の適用を受ける場合の外国源泉税等に係る外国税額控除については，二重課税の調整規定の適用を受ける部分に対応する外国源泉税等の額に限り，外国税額控除の対象から除外することとされている（令142の2⑧一・二）。

　　　2　外国関係会社が我が国において国内源泉所得を有するときは，それに対して我が国の所得税，法人税，地方法人税，地方税が課されるが，これらの所得税等は，従来の外国税額控除制度とは異なる別の制度（控除対象所得税額等相当額の控除制度）によって合算課税を受ける内国法人の法人税額から控除することになっている（措法66の7④⑦）。

③　控除の対象となる外国法人税額

イ　控除の対象となる外国法人税額の計算等

（イ）　課税対象金額に対応するもの

　　控除の対象となる外国法人税の額は，外国関係会社につきその適用対象金額を有する事業年度（以下③において「課税対象年度」という。）の所得に対して課される外国法人税の額に，課税対象年度に係

る調整適用対象金額のうちに占める課税対象金額の割合を乗じて計算した金額とされている。ただし，その金額が課税対象金額を超える場合には，課税対象金額に相当する金額が限度とされる（措法66の7①，措令39の18③）。

(注)1　調整適用対象金額とは，適用対象金額とその適用対象金額の計算上控除される配当等の額との合計額（外国法人税の課税標準に含まれるものに限る。）をいう。

2　企業集団等所得課税規定（連結納税及びパススルー課税の規定）の適用がある場合の控除対象となる外国法人税額は，この規定の適用がないものとした場合の額（個別計算外国法人税額）とされる（措令39の18①②）。

この場合，前記②で記述した措置法通達66の6-30《課税対象金額に係る外国法人税額の計算》のほかに，外国税額控除制度に関係する外国子会社合算制度関係の措置法通達としては，以下のものがある。

・措置法通達66の6-21の5《企業集団等所得課税規定の適用がある場合の個別計算納付法人所得税額等の計算》

個別計算納付法人所得税額の基礎となる所得の金額の計算は，原則として，66の6-21の2《企業集団等所得課税規定を除いた法令の規定による所得の金額の計算》の取扱いを準用し，単体納税制度の規定を適用するなどして計算することとなる。また，66の6-21の4《合理的な方法による所得の金額の簡便計算》の取扱いを準用し，簡便的な計算方法により計算することも認められる。このようにして計算された所得の金額に対して，本店所在地国等の単体納税制度の規定を適用して個別計算納付法人所得税額を計算することとなる。

・措置法通達66の6-21の6《選択適用の規定がある場合の個別計算納付法人所得税額等の計算》

個別計算納付法人所得税額の計算に当たり，法人所得税に関する法令の規定に税額控除規定で選択適用とされているものがある場合には，原則として，外国関係会社の実際の連結納税又はパススルー課税における申告において行われた選択と同じ選択を行ったものとして個別計算納付法人所得税額の計算を行うこととなる。ただし，適用要件等からその外国関係会社が適用を受けることができない場合についてはこの限りではない。

・措置法通達66の6-31《企業集団等所得課税規定の適用がないとした場合に計算される個別計算外国法人税額の計算》

控除対象外国法人税額とみなされる金額の算定の基礎となる外国関係会社の所得に対して課される外国法人税の額は，企業集団等所得課税規定がある場合には，その企業集団等所得課税規定の適用がないものとした場合にその外国法人税に関する法令の規定により計算される外国法人税の額（個別計算外国法人税額）とされるが，この個別計算外国法人税額の計算は，

上記66の6−21の5の取扱いによる。

　また，個別計算外国法人税額の計算において，外国法人税に関する法令の規定に外国法人税の額の計算に当たり算出された税額から一定の金額を控除する規定で選択適用とされているものがある場合には，上記66の6−21の6の取扱いによる。

㈑　部分課税対象金額又は金融子会社等部分課税対象金額に対応するもの

　　控除の対象となる外国法人税の額は，上記㈠と同様，外国関係会社につきその部分適用対象金額又は金融子会社等部分課税対象金額を有する事業年度（以下「部分課税対象年度」という。）の所得に対して課される外国法人税の額を基礎として按分計算により算定される部分課税対象金額又は金融子会社等部分課税対象金額に対応する金額とされている（措令39の18④⑤）。

ロ　外国法人税を納付したものとみなされる事業年度

　　外国関係会社に係る内国法人が納付する控除対象外国法人税額とみなされる金額は，次の㈠又は㈑の外国法人税の区分に応じて，それぞれその内国法人の㈠又は㈑の事業年度においてその内国法人が納付するものとみなされる（措令39の18⑧）。

㈠　その内国法人が合算課税の適用を受ける事業年度終了の日以前にその課税対象年度又は部分課税対象年度の所得に対して課された外国法人税……その適用を受ける事業年度

㈑　その内国法人が合算課税の適用を受ける事業年度終了の日後にその課税対象年度又は部分課税対象年度の所得に対して課された外国法人税……その課された日の属する事業年度

ハ　2以上の外国法人税又は2回以上にわたって外国法人税が課された場合

　　外国関係会社につき課税対象年度又は部分課税対象年度の所得に対して2以上の外国法人税が課され，又は2回以上にわたって外国法人税が課された場合において，その外国関係会社に係る内国法人が2以上の事

業年度においてその外国法人税の額につき外国税額控除の適用を受ける
ときは，最初の事業年度以外の事業年度に係る外国税額控除の適用につ
いては，㈑に掲げる金額から㈆に掲げる金額を控除した金額が控除の対
象となる外国法人税の額とされる（措令39の18⑦）。

㈑　外国税額控除の適用を受ける事業年度（以下ハにおいて「適用事業
　　年度」という。）終了の日までにその課税対象年度又は部分課税対象
　　年度の所得に対して課された外国法人税の額の合計額について上記イ
　　により計算した金額

㈆　適用事業年度開始の日の前日までにその課税対象年度又は部分課税
　　対象年度の所得に対して課された外国法人税の額の合計額について上
　　記イにより計算した金額

二　外国税額控除の選択適用

　　外国関係会社につき課税対象年度又は部分課税対象年度の所得に対し
　て２以上の外国法人税が課され，又は２回以上にわたって外国法人税が
　課された場合には，合算課税の適用を受ける内国法人は，その適用を受
　ける課税対象金額又は部分課税対象金額に係るそれぞれの外国法人税の
　額につき，外国税額控除の適用を受け，又は受けないことを選択するこ
　とができることとされている（措令39の18⑨）。

ホ　外国法人税が減額された場合の処理

　　上記のイからハまでのように，内国法人が外国関係会社の所得に対し
　て課された外国法人税の額につき外国税額控除の適用を受けた場合にお
　いて，その適用を受けた事業年度（以下ホにおいて「適用事業年度」と
　いう。）開始の日後７年以内に開始するその内国法人の各事業年度にお
　いてその外国法人税の額が減額されたときは，その外国法人税の額のう
　ち内国法人が納付する外国法人税の額とみなされた部分の金額につき，
　その減額されることとなった日において，㈑に掲げる金額から㈆に掲げ
　る金額を控除した残額に相当する金額の減額があったものとみなされる
　（措令39の18⑩）。

㈠　その外国法人税の額のうち適用事業年度においてその内国法人が納付する外国法人税の額とみなされた部分の金額

㈡　その減額があった後の外国法人税の額につき，適用事業年度において外国税額控除の適用をしたならばその内国法人が納付する外国法人税の額とみなされる部分の金額

　なお，この減額されたとみなされる外国法人税の額は，外国税額控除制度における外国法人税の減額処理を規定する令第147条（第2項を除く。）《外国法人税が減額された場合の特例》の規定に従って処理することとされている（措令39の18⑪）。

ヘ　調整国外所得金額の計算

　外国関係会社の所得金額について，内国法人の各事業年度の所得の金額の計算上，措置法第66条の6第1項，第6項又は第8項の規定により益金の額に算入された金額（以下「益金算入額」という。）は，外国税額控除制度の控除限度額の計算においては，調整国外所得金額に含まれるものとされる。ただし，所得に対して外国法人税を課さない国又は地域（無税国）に本店又は主たる事務所を有する外国関係会社に係る益金算入額（その益金算入額の計算の基礎となったその外国関係会社の所得のうちに他の国で課税されるものがないものに限る。）については，その益金算入額の全額が調整国外所得金額に含まれないこととされる（措令39の18⑫）。

④　法人税額から控除する外国税額の益金算入

　内国法人が外国関係会社の合算課税の対象金額に相当する金額に係る控除対象外国法人税額につき外国税額控除の適用を受けた場合には，その控除対象外国法人税額は，その内国法人の所得金額の計算上，益金の額に算入する（措法66の7⑥）。

　なお，この益金算入額は，外国税額控除における控除限度額の計算については，調整国外所得金額に含まれるものとされる（措令39の18⑬）。

第6章　外国子会社合算税制等における外国税額控除

2 コーポレート・インバージョン対策合算税制における外国税額控除

(1) コーポレート・インバージョン対策合算税制の概要

　この制度は，組織再編成等により，内国法人の株主が軽課税国に所在する外国法人を通じてその内国法人の株式の80％以上を間接保有することとなった場合には，その外国法人が各事業年度において留保した所得を，請求権勘案保有株式等の割合に応じてその外国法人の株主である居住者又は内国法人の所得に合算して課税するという制度（以下，この「2」において「本制度」という。）である（措法66の9の2～66の9の5）。

　なお，本制度は，組織再編成等により内国法人の株主とその内国法人との間に外国法人を介在させることにより，その株主が外国法人を通じて内国法人を間接所有する形態が生じたことが前提となっている。これを「株主である内国法人」の観点からみると，この形成された形態は，一般的には外国子会社合算税制が適用される「内国法人が外国子会社を保有するという形態」ではなく，「内国法人が外国法人の子会社になる形態」となり，このような形態を生じさせる一連の行為は，一般的に「コーポレート・インバージョン」と称されている。

　また，法令上，本制度の適用対象となる者を特殊関係株主等といっている（措法66の9の2①）。

(2) 外国子会社合算税制の適用との重複排除

　外国法人の株主等である内国法人について，仮に，外国子会社合算税制と本制度の双方の適用要件に該当する場合には，外国子会社合算税制の適用が優先される。具体的には，特殊関係株主等である内国法人に係る外国関係法人が外国子会社合算税制における外国関係会社（措法66の6②一）に該当し，かつ，その特殊関係株主等である内国法人がその外国関係会社

222

の発行済株式等の10％以上を有する等の内国法人（措法66の6①各号）に該当する場合には，本制度による合算課税の対象とされず，外国子会社合算税制の対象とされる（措法66の9の2⑫）。

(3) 合算課税の対象金額に係る外国税額の控除

外国関係法人の課税対象金額，部分課税対象金額又は金融関係法人部分課税対象金額について本制度により合算課税を行う内国法人は，外国関係法人の所得に対して課された外国法人税のうち合算課税の対象金額に対応する部分の金額をその内国法人が納付したものとみなして，外国税額控除の適用を受けることができることとされている（措法66の9の3①）。

内国法人が納付したものとみなされる外国法人税の額の計算その他外国税額控除の適用に関する事項については，外国子会社合算税制と同様に行うこととされている（措令39の20の7）。

第6章　外国子会社合算税制等における外国税額控除

3　確定申告書への計算明細の記載及び関係書類の添付・保存等

　外国税額の控除は，確定申告書，修正申告書又は更正の請求書にその控除を受けるべき金額等を記載した書類及びその計算に関する事項を記載した書類を添付している場合に限り，適用することとされている。なお，本制度により控除される金額は，その書類に記載された金額が限度とされる（措法66の7⑤，66の9の3④）。

　そして，外国税額控除の適用及び控除額の計算に際して使用する申告書別表のうち，外国子会社合算税制等の適用を受ける場合における明細書は，別表十七(三の五)《外国関係会社の課税対象金額等に係る控除対象外国法人税額の計算に関する明細書》となっている。

224

第7章

内国法人における
分配時調整外国税相当額等の控除

1 分配時調整外国税相当額の控除制度の創設

　投資家が，分配時における第一次的な国際的二重課税の調整の適用を受けた集団投資信託の収益の分配などについて後日申告を行う場合に，第二次的な国際的二重課税の精算をするためのものとして，平成30年度の税制改正で「分配時調整外国税相当額の控除制度」が創設されている。

　この制度は，国際的二重課税の適切な排除という観点から設けられているものであるが，内国法人が集団投資信託の収益の分配などの支払を受ける場合には，その収益の分配などに係る分配時調整外国税相当額（収益の分配などに係る源泉徴収税額から控除された一定の外国所得税の額）は，源泉徴収段階の調整（控除）に加えて，さらに，法人税（地方法人税を含む。）の申告時においてもその事業年度の所得に対する税額から精算のための控除等を行うというものである。なお，従来の外国税額控除制度とは区分した，別途の外国税額控除制度として構築されている制度である。

　なお，内国法人の通常の単体納税制度におけるこの制度の概要は次頁の概要図のとおりである。

(注)　この制度は，令和２年１月１日以後に支払を受ける集団投資信託の収益の分配などに係る分配時調整外国税相当額について適用することとされている。

第7章 内国法人における分配時調整外国税相当額等の控除

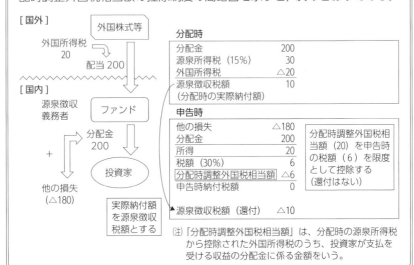

2 集団投資信託の収益の分配に係る分配時調整外国税相当額の控除

2	集団投資信託の収益の分配に係る分配時調整外国税相当額の控除

(1) 法人税における分配時調整外国税相当額の控除

① 制度の概要

　内国法人が各事業年度において集団投資信託の収益の分配の支払を受ける場合において，集団投資信託の収益の分配に係る源泉徴収の特例（所得税法第176条第3項又は第180条の2第3項）によりその収益の分配に係る源泉徴収所得税の額から控除することにより調整が行われた外国所得税の額があるときは，その収益の分配に係る分配時調整外国税相当額は，その事業年度の所得に対する法人税の額から控除する（法69の2①）。

　ここにいう分配時調整外国税相当額とは，次の算式1及び算式2により計算した金額の合計額をいう（令149）。

《算式1》

$$\text{所得税法第176条第3項の規定により集団投資信託の収益の分配に係る源泉徴収所得税の額から控除された外国所得税の額}_{(注1)} \times \frac{\text{支払を受ける集団投資信託の収益の分配の額}}{\text{集団投資信託の収益の分配の額の総額}}$$

《算式2》

$$\text{所得税法第180条の2第3項の規定により集団投資信託の収益の分配に係る源泉徴収所得税の額から控除された外国所得税の額}_{(注1)} \times \frac{\text{支払を受ける集団投資信託の収益の分配の額}}{\text{集団投資信託の収益の分配の額の総額}}$$

(注)1　分配時調整外国税相当額の控除制度の対象となる分配時調整外国税相当額には，復興特別所得税の額から控除された外国所得税も含むこととされている（復興財確法33①，法69の2①）。

　2　源泉徴収所得税が課される部分（非課税所得のみの対応部分を除く。）の集団投資信託の収益の分配に限り，上記の算式の分母及び分子の額の収益の分配の額に含めることとされている。

　3　上記の算式により計算した金額がその支払を受ける収益の分配につき徴収された又は徴収されるべき所得税の額（外貨建資産割合相当額に限る。）を超える場合に

229

第7章　内国法人における分配時調整外国税相当額等の控除

は，その額が限度とされる。

4　本制度は，内国法人である公益法人等又は人格のない社団等の収益事業以外の事業又はこれに属する資産から生ずる所得に係る分配時調整外国税相当額については，二重課税の状態が生じているとは認められないため適用はないこととされている（法69の2②）。

5　集団投資信託を引き受けた内国法人又は外国法人（これらの法人の準支払者を含む。）は，投資家の申告手続等に資するため，その集団投資信託の収益の分配の支払をする場合に，その収益の分配に係る控除外国所得税の額などをその支払を受ける者に対して通知することになっている（所令300⑥～⑧，306の2④～⑥）。

6　分配時調整外国税相当額の控除に関する法人税基本通達には，以下のものがある。
・基通16-3の2-1《未収の収益の分配に対する分配時調整外国税相当額の控除》
・基通16-3の2-2《証券投資信託の収益の分配の計算期間》
・基通16-3の2-3《分配時調整外国税相当額のうち控除されない金額が生じた場合の取扱い》
・基通16-3の2-4《分配時調整外国税相当額の控除の適用を受けない場合の取扱い》
・基通16-3の2-5《上場株式等の配当等に係る分配時調整外国税相当額の控除の取扱い》

②　分配時調整外国税相当額に係る所有期間按分

本制度により法人税の額から控除する集団投資信託（次のⅰからⅲまでに掲げる集団投資信託を除く。）の収益の分配に係る分配時調整外国税相当額は，その分配時調整外国税相当額のうちその元本を所有していた期間に対応する金額に限定される（令149②一）。

なお，この場合の所有期間按分の計算は，所得税額控除制度における所有期間按分の計算と同様とされ，原則法又は簡便法によることとされている（令149③）。

ⅰ　合同運用信託

ⅱ　公社債投資信託

ⅲ　公社債等運用投資信託（特定公社債等運用投資信託を除く。）

(注)　上記ⅰからⅲまでに掲げる集団投資信託に係る収益の分配に係る分配時調整外国税相当額は，その分配時調整外国税相当額の全額が本制度の対象とされる（令149②二）。

230

③　書類添付要件

　本制度は，確定申告書，修正申告書又は更正の請求書に本制度による控除の対象となる分配時調整外国税相当額，控除を受ける金額及びその金額の計算に関する明細を記載した書類の添付がある場合に限り，適用することとされている。なお，本制度により控除される金額は，その書類に分配時調整外国税相当額として記載された金額が限度とされる（法69の2③）。

（注）1　法人が分配時調整外国税相当額の控除制度の適用を受ける場合には，申告書に集団投資信託の受託者である法人が発行する通知書等の添付は適用要件とされていない。

　　　2　この制度の適用，控除額の計算等に必要な申告書別表は，別表一及び別表六（五の二）である。

(2) 地方法人税における内国法人の分配時調整外国税相当額の控除

　内国法人が各課税事業年度の分配時調整外国税相当額（所有期間按分の対象となる集団投資信託の収益の分配に係る分配時調整外国税相当額については，その所有期間按分の計算を行った後の金額をいう。以下同じ。）がその内国法人のその課税事業年度の基準法人税額を超えるときは，その超える金額をその課税事業年度の地方法人税額から控除することとされる（地方法人税法12の2①）。なお，控除しきれない金額は還付されないため注意が必要である。

(3) 法人税関連制度の取扱い

　平成30年の分配時調整外国税相当額の控除制度の創設に伴い，次の法人税関連制度について，それぞれ次のような整備がされている。

①　税額控除制度の適用を受ける場合の租税の損金不算入制度

　集団投資信託の収益の分配に係る所得税の額に係る分配時調整外国税相当額につき税額控除の適用を受ける場合には，その分配時調整外国税相当

第7章　内国法人における分配時調整外国税相当額等の控除

額は損金の額に算入されない（法41の2）。なお，分配時調整外国税相当
額の控除を受ける場合に，分配時調整外国税相当額のうち控除しきれない
金額が生じた場合であっても，所有期間按分の計算を行う前の分配時調整
外国税相当額の全額が損金の額に算入されないことに留意する必要があ
る。

②　所得税額の控除

　法人が支払を受ける利子及び配当等につき課される所得税の額のうち法
人税の額から控除する金額は，その所得税の額からその所得税の額に係る
分配時調整外国税相当額を除いた金額とされる（法68①）。配当等に対す
る所得税の額については，その所得税の額からその所得税の額に係る分配
時調整外国税相当額を除いて個別法又は銘柄別簡便法により所有期間按分
の計算をすることとされている（令140の2）。また，法人が課される復興
特別所得税の額を所得税の額とみなして所得税額控除制度を適用する場合
における復興特別所得税の額に係る分配時調整外国税相当額についても同
様とされる（復興財確法33①）。

③　外国税額の控除

　外国税額の控除制度に係る控除限度額は，法人税の額に国外所得割合を
乗じて算出することとされているが，その場合の法人税の額は，分配時調
整外国税相当額の控除を行った後の金額となる（令142）。

④　税額控除の順序

　法人税法等の規定による税額控除（措置法による特別税額控除規定によ
る控除を除く。）については，次の順に行うこととされている（法70の2，
措法66の7⑦，66の9の3⑥）。

ⅰ　法第69条の2《分配時調整外国税相当額の控除》
ⅱ　措置法66条の7第4項・66条の9の3第3項《控除対象所得税等相当

額の控除》

iii 法第70条《仮装経理に基づく過大申告の場合の更正に伴う法人税額の控除》

iv 法第68条《所得税額の控除》及び第69条《外国税額の控除》

　分配時調整外国税相当額の控除を最初に行うこととされているのは，分配時調整外国税相当額の控除制度が，控除不足額を還付しない制度であることによるものである。

　なお，地方法人税法の規定による税額控除も，法人税法と同様の順に行うこととされている。

第7章　内国法人における分配時調整外国税相当額等の控除

3 特定目的会社等に係る分配時調整外国税相当額の控除

　特定目的会社等に係る分配時調整外国税相当額は，この外国税相当額を集団投資信託の収益の分配に係る分配時調整外国税相当額に含めることによって，分配時調整外国税相当額の控除制度によりその事業年度の所得に対する法人税の額から控除できることとされている（措法9の6④，9の6の2④，9の6の3④，9の6の4④）。

(1) 特定目的会社の分配時調整外国税相当額の控除制度

　内国法人が特定目的会社の利益の配当の支払を受ける場合において，その利益の配当に係る特定目的会社分配時調整外国税相当額（特定目的会社が納付した外国法人税の額で，その利益の配当に係る源泉徴収所得税の額から控除された金額のうちその内国法人が支払を受ける利益の配当に対応する部分）があるときは，その特定目的会社分配時調整外国税相当額は，その事業年度の所得に対する法人税の額から控除する（措法9の6④，法69の2①）。

(2) 特定目的会社に係る控除を行う場合における法人税関連制度の取扱い

　特定目的会社分配時調整外国税相当額につき分配時調整外国税相当額の控除制度の適用を受ける場合には，前記2の分配時調整外国税相当額と同様の取扱いを受けることとなる。具体的には，特定目的会社分配時調整外国税相当額についても所有期間按分の計算を行う必要があり，その所有期間按分の計算を行う前の金額は損金の額に算入されない。また，所得税額控除制度の適用を受ける場合における特定目的会社の利益の配当に係る源泉徴収税額は，特定目的会社分配時調整外国税相当額を控除した後の金額とされる（措令4の9⑨）。

(3) 投資法人等に係る分配時調整外国税相当額の控除

　上記(1)の制度と同様に，次のものについても分配時調整外国税相当額の控除に含めて税額控除ができることになっている。

i　内国法人が投資法人の投資口の配当等の支払を受ける場合において，その配当等に係る投資法人分配時調整外国税相当額（投資法人が納付した外国法人税の額で，その配当等に係る源泉徴収所得税の額から控除された金額のうちその内国法人が支払を受ける配当等に対応する部分）（措法9の6の2④）

ii　内国法人が特定目的信託の受益権の剰余金の配当の支払を受ける場合において，その剰余金の配当に係る特定目的信託分配時調整外国税相当額（特定目的信託に係る受託法人が納付した外国法人税の額で，その配当等に係る源泉徴収所得税の額から控除された金額のうちその内国法人が支払を受ける剰余金の配当に対応する部分）（措法9の6の3④）

iii　内国法人が特定投資信託の受益権の剰余金の配当の支払を受ける場合において，その剰余金の配当に係る特定投資信託分配時調整外国税相当額（特定投資信託に係る受託法人が納付した外国法人税の額で，その剰余金の配当に係る源泉徴収所得税の額から控除された金額のうちその内国法人が支払を受ける剰余金の配当に対応する部分）（措法9の6の4④）

特定目的会社等が外国子会社合算税制の適用を受けた場合の二重課税の調整

　令和2年度の税制改正前に特定目的会社等（特定目的会社，投資法人，特定目的信託の受託法人及び法人課税信託の受託法人をいう。以下同じ。）が外国子会社合算税制の適用を受ける場合には，外国税額控除制度の適用がないこととされていたため，この税額控除制度を通じた二重課税の調整を行うことができなかった。しかしながら，同年度の税制改正後は，特定目的会社等が合算課税の適用を受ける場合には，合算課税の対象とされた金額に対応する部分の外国法人税額はその特定目的会社等が納付した外国法人税額とみなして，特定目的会社の利益の配当に係る源泉徴収等の特例等の規定を適用することとされ，以下のように，国際的二重課税の調整が図られることとなった。

(1) 合算課税の対象金額に係る二重課税の調整

　措置法第66条の6第1項各号《内国法人の外国関係会社に係る所得の課税の特例》に掲げる内国法人のうちの特定目的会社等が，会社単位の合算課税又は外国金融子会社等に該当しない部分対象外国関係会社に係る部分合算課税の適用を受ける場合には，その特定目的会社等に係る外国関係会社の所得に対して課される外国法人税額のうち，その外国関係会社の課税対象金額に対応するものとして計算した金額又はその外国関係会社の部分課税対象金額に対応するものとして計算した金額は，その特定目的会社等が納付した外国法人税額とみなして，特定目的会社の利益の配当に係る源泉徴収等の特例等（同法第9条の3の2及び第9条の6から第9条の6の4まで）の規定を適用することとされている（措法66の7③）。

　これにより，外国関係会社の所得に対して課される外国法人税の額のうち一定の金額については，特定目的会社等の利益の配当等に係る源泉徴収所得税の額から控除（以下「二重課税調整」という。）をすることができ

ることになっている。

(注) 特定目的会社等が納付した外国法人税額とみなされる金額がその特定目的会社等の利益の配当等に係る源泉徴収所得税の額から控除されることに伴い，その控除された金額が措置法第9条の6第3項又は第4項に規定する「特定目的会社分配時調整外国税相当額」に含まれることになる。

(2) 外国法人税の額とみなされる金額

イ　特定目的会社等が会社単位の合算課税の適用を受ける場合

このイの場合に「納付した外国法人税額とみなされる金額」は，外国関係会社につき課税対象年度（措令39の18③）の所得に対して課される外国法人税額に，調整適用対象金額（措令39の18③）のうちに占める課税対象金額の割合を乗じて計算した金額とされている（措令39の18⑰）。ただし，その金額が課税対象金額を超える場合には，課税対象金額に相当する金額が限度とされる（措法66の7③）。

ロ　外国金融子会社等に該当しない部分対象外国関係会社に係る部分合算課税の適用を受ける場合

このロの場合に「納付した外国法人税額とみなされる金額」は，外国関係会社につき部分課税対象年度（措令39の18④）の所得に対して課される外国法人税額に，調整適用対象金額（措令39の18⑥）のうちに占める部分課税対象金額の割合（その調整適用対象金額が部分課税対象金額を下回場合には，部分適用対象金額のうちに占める部分課税対象金額の割合）を乗じて計算した金額とされている（措令39の18⑱）。ただし，その金額が部分課税対象金額を超える場合には，部分課税対象金額に相当する金額が限度とされる（措法66の7③）。

(3) 2以上の外国法人税が課された場合等の外国法人税の額とみなされる金額

外国関係会社の課税対象年度又は部分課税対象年度の所得に対して2以上の外国法人税が課され，又は2回以上にわたって外国法人税が課された

237

第7章　内国法人における分配時調整外国税相当額等の控除

場合において，2以上の事業年度においてこの二重課税調整を適用すると
きは，最初の適用事業年度以外の適用事業年度における外国法人税額とみ
なされる金額は，その適用事業年度の終了の日と開始の日の前日において
上記(2)によりそれぞれ計算した金額の差額によることとされている（措
令39の18⑲）。

(4)　納付したものとみなされる事業年度等

　この二重課税の調整は，次の外国法人税の区分に応じて，それぞれに定
める事業年度において特定目的会社等が納付することになるものとみなす
こととされている（措令39の18⑳）。

イ　特定目的会社等が会社単位の合算課税又は外国金融子会社等に該当し
　ない部分対象外国関係会社に係る部分合算課税の適用を受ける事業年度
　（適用年度）終了の日以前に課税対象年度又は部分課税対象年度の所得
　に対して課された外国法人税……その適用を受ける事業年度

ロ　特定目的会社等が適用年度終了の日後に課税対象年度又は部分課税対
　象年度の所得に対して課された外国法人税……その課された日の属する
　事業年度

(5)　特定目的会社の利益の配当に係る源泉徴収等の特例等の適用

　特定目的会社の利益の配当に係る源泉徴収等の特例等においては，特定
目的会社等が納付した外国法人税額は，特定目的会社等の利益の配当等の
支払を受ける者のステータスごとに定められた内国法人控除限度額（内国
法人の限度額）にその特定目的会社等の外貨建資産割合を乗じて計算した
金額を合計した金額を限度として，源泉徴収所得税額から控除することと
されているが（措法9の6，措令4の9，等），この場合に特定目的会社
等が有するその適用に係る外国関係会社の株式等は，その外貨建資産割合
の計算の際の外貨建資産に含まれるものとされている（措令39の18㉑）。

(6)　二重課税調整の適用を受ける場合の書類の保存

　この二重課税調整の適用を受ける特定目的会社等は，外国法人税額に関する計算明細書などの書類を，特定目的会社の利益の配当に係る源泉徴収等の特例等の規定（措法9の6①，9の6の2①，9の6の3①，9の6の4①，9の3の2③）により上記(2)の外国法人税額とみなされる金額を控除した日の属する年の翌年から7年間，納税地に保存しなければならないこととされている（措令39の18㉒，措規22の11の2）。

(注)　この二重課税調整の適用，控除額の計算等に必要な申告書別表は，別表6（五の二）である。

第**8**章

個別事例に基づく
内国法人に係る申告書別表の記載例

第8章　個別事例に基づく内国法人に係る申告書別表の記載例

　内国法人（グループ通算法人を除く。）に係る外国税額控除に関する主要な事項を例示した申告書別表の記載例及びその解説は，次のとおりである。

　なお，以下の記載事例では，記載事例1を除き，外国法人税額（外国源泉税を含む。）が課される取引の主要なものを行っている「日本橋食品製造株式会社（食料品製造業）」を設例としてとりあげ，各申告書別表間の関連と，別表一（各事業年度の所得に係る申告書：内国法人の分）に最終的に記載する外国税額控除額の算定に至るまでの一連の流れ，記載の仕方等を一つの記載事例としてその作成順に説明している。

(注)1　「記載事例1」は，別表六（五）「利子等に係る控除対象外国法人税額等に関する明細書」を使用する場合の記載例を示すために，敢えて，他の申告書別表との関連性を有しない前提条件を置いてその記載を行っている。
　2　上記(注)1以外の場合，すなわち，一般事業（金融業，生命保険業及び損害保険業以外の事業）を主として営む内国法人で利子収入割合が20％未満である法人（利子収入割合の高くない法人）の「利子等に係る外国法人税額」については，記載事例1の別表六（五）「利子等に係る控除対象外国法人税額等に関する明細書」ではなく，別表六（四）（控除対象外国法人税額に関する明細書）により「利子等に係る控除対象外国法人税額」の計算をすることになっている。記載事例2から記載事例10までは，この場合の「日本橋食品製造株式会社（食料品製造業）」の記載例である。
　3　各記載事例は，通常の単体納税の法人（グループ通算制度を選択していない法人）を対象とした記載であることに留意されたい。
　4　各記載事例で使用している申告書別表の様式は，令和6年4月以降に国税庁が提供したもので，令和6年4月1日以後に終了する事業年度分のものとして公表されているものである。

① **記載事例1**　別表六（五）（利子等に係る控除対象外国法人税額等に関する明細書）の記載例
② **記載事例2**　別表十七（三の五）（外国関係会社の課税対象金額等に係る控除対象外国法人税額の計算に関する明細書）の記載例
③ **記載事例3**　別表六（四）（控除対象外国法人税額に関する明細書）の記載例

243

④ **記載事例 4**　別表六（三）付表一（地方税の控除限度額の計算の特例に関する明細書）の記載例

⑤ **記載事例 5**　別表六（三）（外国税額の繰越控除余裕額又は繰越限度超過額の計算に関する明細書）の記載例

⑥ **記載事例 6**　別表六（二の二）（当期の控除対象外国法人税額に関する明細書）の記載例

⑦ **記載事例 7**　別表六（二）付表三（国外事業所等帰属資本相当額の計算に関する明細書）の記載例

⑧ **記載事例 8**　別表六（二）付表二（国外事業所等に帰せられるべき資本に対応する負債の利子の損金不算入額の計算及び銀行等の資本に係る負債の利子の損金算入額の計算に関する明細書）の記載例

⑨ **記載事例 9**　別表六（二）付表一（国外事業所等帰属所得に係る所得の金額の計算に関する明細書）の記載例

⑩ **記載事例10**　別表六（二）（内国法人の外国税額の控除に関する明細書）の記載例

［参考：関連する申告書の記載事例］

・法人税申告書別表一（各事業年度の所得に係る申告書：内国法人の分）

・法人税申告書別表四（所得の金額の計算に関する明細書）

・地方税関係の申告書

　・第七号の二様式（外国の法人税等の額の控除に関する明細書（その２）：東京都）

　・第七号の二様式（外国の法人税等の額の控除に関する明細書（その１）：千葉県）

　・第七号の二様式別表一（控除余裕額又は控除限度額を超える外国税額の計算に関する明細書：東京都・千葉県）

　・第七号の二様式別表二（控除限度額の計算に関する明細書：東京

都・千葉県)

・**第二十号の四様式**（外国の法人税等の額の控除に関する明細書：習志野市）

・**第二十号の四様式別表一**（控除余裕額又は控除限度額を超える外国税額の計算に関する明細書：習志野市）

・**第二十号の四様式別表二**（控除限度額の計算に関する明細書：習志野市）

第8章　個別事例に基づく内国法人に係る申告書別表の記載例

記載事例 1	別表六（五）（利子等に係る控除対象外国法人税額等に関する明細書）の記載例

　この明細書は，国外源泉所得である利子等に係る源泉徴収税額（外国法人税額）を納付することとなる金融業などを営む内国法人が，法第69条第1項から第3項まで《外国税額の控除》の規定若しくは同条第18項若しくは第19項（これらの規定を同条第23項及び第24項において準用する場合を含む。）の適用を受ける場合又は租税条約に定めるところによりこれらの規定の適用を受ける場合等に，当期において納付した令第142条の2第2項に規定する利子等に係る外国法人税（令第142条の2第2項に規定する外国法人税をいう。以下同じ。）の額及び外国法人税とみなされたものの額について記載する。

　ただし，令第142条の2第5項《外国税額控除の対象とならない特殊関係者との取引》に定める取引に基因して生じた所得に対して課される外国法人税の額については，記載しない。

(注)　令第142条の2第2項第1号から第3号までに掲げる事業（金融業，生命保険業及び損害保険業）以外の事業（以下「一般事業」という。）を主として営む内国法人で同項第4号かっこ内に規定する利子収入割合（令142の2②四，規則29）が20％未満である法人（利子収入割合の高くない法人）の「利子等に係る外国法人税額」については，この明細書ではなく，別表六（四）（控除対象外国法人税額に関する明細書）により控除対象外国法人税額の計算をする。

　なお，本記載例は，次の事項を前提条件としている。

①	この別表の作成対象の法人は「日本橋食品製造株式会社（食料品製造業）」で，対象事業年度は「自令和6年4月1日〜至令和7年3月31日」である。
②	一般事業を主として営むこの法人の利子収入割合（「［納付事業年度及び前2年内事業年度の国外源泉所得である利子等の収入金額の合計額（a）］÷［（a）＋これらの事業年度の売上総利益の額の合計額］」をいう。）は，次のとおりである。

決算期	利子等の収入金額	売上総利益の額
令和5年3月期（1年決算）	2,840,000円	8,070,000円
令和6年3月期（1年決算）	3,060,000円	10,030,000円

246

記載事例 1

	令和 7 年 3 月期（1 年決算）	3,740,000円	10,820,000円
	計	9,640,000円	28,920,000円

※ 「利子収入割合」＝（9,640,000）÷（9,640,000＋28,920,000）＝25.00%

(注) 利子収入割合が「25%≧20%」であるため，この申告書別表六（五）を使用して，高率負担部分の外国法人税額があるかどうかの判定をすることになる。

　　なお，この別表の記載例では，利子収入割合が20%以上となる場合の数値（架空の数値）を敢えて前提条件として設定しているため，他の申告書別表（記載例）の前提条件の項目との間で不整合なものとなっている。

　　また，この記載例の申告別表六（五）による算定数値は，他の申告書別表の記載事例に移記するというものではなく，他の申告書別表の記載事例との間に関連性を有するものでないことに留意されたい。

③　G国で令和 7 年 1 月31日に支払われた利子等の「2,200,000Gウォン」に対してその支払の際に徴収された外国法人税額（源泉所得税）は，税率が10%の「220,000Gウォン」である。

④　この法人の各事業年度の所得金額仮計，調整所得金額及び総収入金額等（令142の 2 ②四，規則29）は，次のとおりである。

決算期	所得金額仮計	調整所得金額	総収入金額等
令和 5 年 3 月期	660,000,000円	660,000,000円	920,000,000円
令和 6 年 3 月期	730,000,000円	730,000,000円	1,180,000,000円
令和 7 年 3 月期	885,741,185円	885,741,185円	1,820,000,000円
計	2,275,741,185円	2,275,741,185円	3,920,000,000円

⑤　Gウォン（仮定の通貨）の円換算レートは，@17.00円である。

【記載のポイント】

1　各欄中金額を記載するものにあっては，12欄及び13欄の各欄のかっこ書並びに14欄から24欄までの各欄を除き，その外国法人税を課す国又は地域における通貨表示の金額により記載する。この場合，その通貨の単位を表示する。

2　利子等に課された外国法人税の税種目と納付確定日等（基通16－3－5）を 2 欄（税種目）及び 3 欄（納付確定日又は納付日）に記載する。

　　この記載例では，2 欄に「源泉所得税」と，3 欄に「令 7・1・31」と記入する。

3　「納付外国法人税額」の 4 欄から 6 欄までの各欄は，当期において納

247

付すべきことが確定した利子等に係る外国法人税額について記載する。

　なお，4欄（課税標準（収入金額））には，その外国法人税を課す国又は地域において課税標準とされた金額を記載する。

　この記載例では，4欄に「2,200,000Gウォン」と，5欄（税率）に「10」と，6欄（税額）に「220,000Gウォン」と，それぞれ記入する。

4　「納付したとみなされる外国法人税額」の7欄から9欄までの各欄は，租税条約において定めるところにより，当期において納付したとみなされる外国法人税額を計算する場合に記載する。

　この記載例では該当がなく，記入しない。

5　11欄（控除対象外国法人税額）には，24欄（所得率）の割合が10％以下である場合には10％を基礎として計算した金額，その割合が10％を超え20％以下である場合には15％を基礎として計算した金額，その割合が20％を超える場合には10欄の金額を記載する。

　すなわち，高率負担部分の有無を判断し，高率負担部分でない部分の金額を記入することになる。

　なお，項目欄中，「所得率24」の割合が10％以下である場合には「又は15％」を消し，その割合が10％を超え20％以下である場合には「10％又は」を消し，その割合が20％を超える場合には「（（4）×（10％又は15％））と」及び「うち少ない」を消して使用する。

　この記載例では，一般事業を営むこの法人の所得率（24欄）は「58.06％＞20％」であるため，高率負担部分はなく，10欄（外国法人税額の合計）の外国法人税額の「220,000Gウォン」をそのまま記入する。

6　12欄（（6）と（11）のうち少ない金額）及び13欄（（11）－（12））のかっこ内には，本書の金額の円換算額を記載する。

　また，12欄に記載された各々の納付外国法人税額の合計額は，14欄（納付した控除対象外国法人税額）に記載する。

　この記載例では，12欄の本書に「220,000Gウォン」と，かっこ内に円換算レートの17.00円を乗じた金額を「3,740,000円」と記入する。ま

記載事例 1

| 利子等に係る控除対象外国法人税額等に関する明細書 | 事業年度 | 令6・4・1 令7・3・31 | 法人名 | 日本橋食品製造 株式会社 | 別表六(五) |

令六・四・一以後終了事業年度分

利 子 等 に 係 る 控 除 対 象 外 国 法 人 税 額 に 関 す る 明 細

| 国　　　　名 | 1 | G 国 | | | |

| 税　　種　　目 | 2 | 源泉所得税 | | | |
| 納付確定日又は納付日 | 3 | 令7・1・31 | ・・・ | ・・・ | ・・・ |

納付外国税額	課税標準（収入金額）	4	Gウォン 2,200,000				
	税　　　率	5	10 %	%	%	%	%
	税　　　額 (4)×(5)	6	Gウォン 220,000				

納付したとみなされる外国法人税額	みなし納付の基礎となる条約及び相手国の法令の根拠規定	7					
	上記(7)の規定の適用がないものとした場合の外国法人税額 (4)×税率	8	(%)	(%)	(%)	(%)	(%)
	みなし納付外国法人税額 (8)－(6)	9					

控除対象外国法人税額	外国法人税額の合計 (6)＋(9)	10	Gウォン 220,000			
	控除対象外国法人税額 (14)×(10)分の(15)又は(6)分の(11)の少ない方の金額	11	Gウォン 220,000			
	(6)と(11)のうち少ない金額	12	(3,740,000 円) Gウォン 220,000	(円)	(円)	(円)	(円)
	(11)－(12)	13	(円)	(円)	(円)	(円)
	納付した控除対象外国法人税額 ((12)欄の合計)	14		円 3,740,000
	納付したとみなされる控除対象外国法人税額 ((13)欄の合計)	15		0

所 得 率 の 計 算

事業年度	所得金額仮計（別表四「26の①」）	受取配当等の益金不算入額（別表八(一)「5」）	外国子会社等から受ける剰余金の配当等の益金不算入額（別表八(二)「26」）＋（別表十七(三の七)「27の計」）	外国子会社から受ける剰余金の配当等の損金に係る外国源泉税等の損金不算入額（別表八(二)「27」）	控除所得税額（別表六(一)「6の③」）	損金算入外国法人税額	調整所得金額 (16)＋(17)＋(18)＋(19)＋(20)＋(21)「マイナスの場合は0」	総収入金額等
	16	17	18	19	20	21	22	23
・・ ・・ ・・	円	円	円	円	円	円	円	円
令4・4・1 令5・3・31	660,000,000						660,000,000	920,000,000
令5・4・1 令6・3・31	730,000,000						730,000,000	1,180,000,000
当期分	885,741,185						885,741,185	1,820,000,000
計							2,275,741,185	3,920,000,000
所得率 (22の計)/(23の計) 24								58.06 %

249

た，同額を14欄にも記載する。

　なお，14欄に記載された金額は，別表六（二の二）の２欄（納付分の利子等に係る控除対象外国法人税額）に移記することになる。

（注）　13欄に記載された各々のみなし納付外国法人税額の合計額は，15欄（納付したとみなされる控除対象外国法人税額）に記載することになるが，この15欄の金額は，別表六（二の二）の４欄（みなし納付分の利子等に係る控除対象外国法人税額）に移記することになる。

7　「所得率の計算」の「事業年度」の各欄は，当期及び前２年以内の各事業年度について当期に最も近い事業年度の分を最下欄に記載し，順に古い事業年度を上欄に記載する。

8　当期において法第64条の８《通算法人の合併等があった場合の欠損金の損金算入》若しくは令第19条第６項《関連法人株式等に係る配当等の額から控除する利子の額》又は令和２年６月改正前の令第112条第20項《適格合併等による欠損金の引継ぎ等》の規定により益金の額又は損金の額に算入された金額がある場合には，16欄（所得金額仮計）は，これらの規定を適用しないで計算した場合の所得金額仮計（別表四「26の①」の金額）を記載する。

9　19欄（外国子会社から受ける剰余金の配当等の額に係る外国源泉税等の損金不算入額）は，法第39条の２《外国子会社から受ける配当等に係る外国源泉税等の損金不算入》の規定の適用を受ける同条に規定する外国源泉税等の額を記載する。

10　23欄（総収入金額等）には，令第142条の２第２項各号に定める金額（総収入金額又は総利益の額）をこの明細書に添付するその金額の計算に関する別紙の明細に基づき記載する。

　なお，24欄（所得率）は，一般事業を営む法人においては次の算式により求めることとされている（令142の２②四，規則29）。

$$\text{所得率} = \frac{\text{納付事業年度及び前２年内事業年度の調整所得金額の合計額}}{\text{これらの事業年度の総収入金額の合計額} - \text{これらの事業年度の売上総原価の合計額}}$$

この記載例では，24欄に，「22欄の計（2,275,741,185）÷23欄の計（3,920,000,000）」により求めた結果の「58.06％」を記入する。

第8章　個別事例に基づく内国法人に係る申告書別表の記載例

記載事例 2	別表十七（三の五）（外国関係会社の課税対象金額等に係る控除対象外国法人税額の計算に関する明細書）の記載例

　この明細書は，内国法人が措置法第66条の7第1項《外国関係会社に係る合算課税を受ける場合の外国税額控除》の規定の適用を受ける場合で，外国関係会社の事業年度が平成30年4月1日以後に開始する事業年度である場合に記載する。

　この場合，措置法令第39条の18第1項《外国関係会社の課税対象金額等に係る外国法人税額の計算等》に規定する個別計算外国法人税額の計算に関する明細も別紙に記載して添付することになっている。

　なお，本記載例は，次の事項を前提条件としている。

①	この別表の作成対象の法人は「日本橋食品製造株式会社（食料品製造業）」で，対象事業年度は「自令和6年4月1日～至令和7年3月31日」である。
②	合算課税の対象となる外国関係会社は，A国のA社1社（対象事業年度は，自令和6年1月1日～至令和6年12月31日）のみである。なお，合算課税は，A社全体に対するもので，部分課税対象金額はない。また，按分計数である請求権等勘案合算割合は90％である。
③	別表十七（三の二）（特定外国関係会社又は対象外国関係会社の適用金額等の計算に関する明細書）の26欄（適用対象金額）の金額は，「1,554,000Hドル」である。なお，「子会社から受ける配当等の額」及び「控除対象配当等の額」はない。
④	別表十七（三の二）の28欄（課税対象金額）の金額は，上記③の90％である「1,398,600Hドル」である。
⑤	A国のA社に課された外国法人税額（法人所得税）は「126,000Hドル」である。なお，この外国法人税額は「自令和6年1月1日～至令和6年12月31日」の事業年度に係る法人税の当初申告の税額である。
⑥	Hドル（仮定の通貨）の円換算レートは，＠15.00円である。

【記載のポイント】

1　各欄中金額を記載するものにあっては，外国関係会社の会計帳薄の作

252

成に当たり使用している外国通貨表示の金額により記載する。この場合，その通貨の単位を表示する。

2　外国関係会社が課された外国法人税の税種目と金額を5欄（税種目）及び6欄（外国法人税額）に記載する。

　この記載例では，5欄に「法人所得税」と，6欄に「126,000Hドル」と記入する。

3　外国法人税額のうち合算課税された部分に対応する金額を算出するために按分計算を行うことになるが，その按分計算の分母となる11欄の金額（調整適用対象金額）を，8欄の金額（適用対象金額），9欄の金額（子会社から受ける配当等の額）及び10欄の金額（控除対象配当等の額）に記載されている金額に基づき算出して記載する。

　この記載例では，8欄及び11欄に「1,554,000Hドル」と，9欄及び10欄にそれぞれ「0」と記入する。

4　上記3と同様に，按分計算の分子となる12欄の金額（課税対象金額）を，別表十七（三の二）の28欄（課税対象金額）の本書に記載されている金額に基づき記載する。

　この記載例では，12欄に「1,398,600Hドル」と記入する。

　なお，この記載例の事例では，上記の別表十七（三の二）の28欄のかっこ書に記載されている上記金額（1,398,600Hドル）の円換算額20,979,000円（@15.00円）を，別表六（二）（内国法人の外国税額の控除に関する明細書）の28欄（「当期のその他の国外源泉所得に係る所得の金額の計算」の「加算項目」）の空欄に，「外国関係会社に係る課税対象金額等の益金算入額」と記入した上で①欄に記入することとなる。

　また，この「外国関係会社に係る課税対象金額等の益金算入額」の20,979,000円は，別表四（所得の金額の計算に関する明細書）の加算項目（社外流出）の10欄にも同様の記載を行うことになる。

5　14欄（（6）×（13）〔（12）÷（11）〕）には，外国法人税額のうち合算課税された部分に対応する金額を按分計算により求めて記載する。

253

第8章　個別事例に基づく内国法人に係る申告書別表の記載例

　　この記載例では，計算結果の「113,400Hドル」を記入する。

6　33欄（(12)と(14)のうち少ない金額）には，控除対象外国法人税額と
　みなされる金額を記載することになるが，この金額は，課税対象金額が
　上限とされるため，課税対象金額と上記5で求めた14欄の金額とのいず
　れか少ない金額となる。

　　この記載例では，33欄に「113,400Hドル」と記入する。

7　「外国法人税額が異動した場合」の34欄から36欄までの各欄は，外国
　関係会社の適用対象金額を有する事業年度につき当期に更正等により外
　国法人税が課された場合又は減額された場合に，その増額又は減額され
　た外国法人税額のうち課税対象金額に対応するもの（課税対象金額に相
　当する金額を限度とする。）につき措置法第66条の7第1項の規定によ
　る外国税額の控除を受け，又は減額控除対象外国法人税額の計算をする
　ときに記載する。

8　36欄（(33)＜(34)の場合）及び37欄（課税対象金額等に係る控除対象
　外国法人税額）のかっこ内には，本書の金額の円換算額を記載する。

9　37欄には，この別表の33欄又は35欄の金額を記載することになる。

　　この記載例では，外国法人税額が異動した場合ではないため，33欄の
　金額を本書に「113,400Hドル」と，かっこ内に円換算レートの15.00円
　を乗じた金額を「1,701,000円」と記入する。

　　なお，この金額は，別表六（二の二）の6欄（外国関係会社に係る控
　除対象外国法人税額）の金額の基礎計数として，同欄に移記することに
　なる。

　㊟　この別表の36欄の金額（控除対象外国法人税額が減額する場合の金額）は，別表
　　六（二の二）の12欄（外国関係会社に係る減額分）の金額の基礎計数として，同欄
　　に移記することになる。

10　内国法人が措置法第66条の9の3第1項《特殊関係株主等である内国
　法人に係る外国関係法人に係る所得の課税の特例》の規定の適用を受け
　る場合には，この明細書に所要の調整をして記載する。この場合，措置

法令第39条の20の7第1項《外国関係法人の課税対象金額等に係る外国法人税額の計算等》において準用する措置法令第39条の18第1項に規定する個別計算外国法人税額の計算に関する明細を別紙に記載して添付する。

第8章　個別事例に基づく内国法人に係る申告書別表の記載例

外国関係会社の課税対象金額等に係る控除対象外国法人税額の計算に関する明細書

別表十七(三の五)　令六・四・一以後終了事業年度分

事業年度	令6・4・1　令7・3・31	法人名	日本橋食品製造 株式会社

			金額
外国関係会社の名称	1		A社
本店の所在する所又は主たる事務所の所在地	国名又は地域名	2	A国
	所在地	3	×××
事業年度	4		令6・1・1　令6・12・31
外国法人税	税種目	5	法人所得税
	外国法人税額	6	Hドル 126,000
	増額又は減額前の事業年度の(6)の金額	7	

特定外国関係会社又は対象外国関係会社に係る控除対象外国法人税額の計算

適用対象金額 (別表十七(三の二)「26」)	8	Hドル 1,554,000
子会社から受ける配当等の額 (別表十七(三の二)「13」のうち(6)の外国法人税の課税標準に含まれるもの)	9	Hドル 0
控除対象配当等の額 (別表十七(三の二)「15」のうち(6)の外国法人税の課税標準に含まれるもの)	10	Hドル 0
調整適用対象金額 (8)+(9)+(10)	11	Hドル 1,554,000
課税対象金額 (別表十七(三の二)「28」)	12	Hドル 1,398,600
(12)/(11)	13	90%
(6)×(13)	14	Hドル 113,400

外国金融子会社等以外の部分対象外国関係会社に係る控除対象外国法人税額の計算

適用対象金額 (55)	15	
子会社から受ける配当等の額 ((146)のうち(6)の外国法人税の課税標準に含まれるもの)	16	
控除対象配当等の額 ((147)のうち(6)の外国法人税の課税標準に含まれるもの)	17	
調整適用対象金額 (15)+(16)+(17)	18	
部分適用対象金額 (別表十七(三の三)「7」)	19	
部分課税対象金額 (別表十七(三の三)「9」)	20	
(20)≦(18)の場合 (20)/(18)	21	%
(20)>(18)の場合 (20)/(19)	22	%
(6)×((21)又は(22))	23	

外国金融子会社等に係る控除対象外国法人税額の計算

適用対象金額 (55)	24	
子会社から受ける配当等の額 ((146)のうち(6)の外国法人税の課税標準に含まれるもの)	25	
控除対象配当等の額 ((147)のうち(6)の外国法人税の課税標準に含まれるもの)	26	
調整適用対象金額 (24)+(25)+(26)	27	
金融子会社等部分適用対象金額 (別表十七(三の四)「9」)	28	
金融子会社等部分課税対象金額 (別表十七(三の四)「11」)	29	
(29)≦(27)の場合 (29)/(27)	30	%
(29)>(27)の場合 (29)/(28)	31	%
(6)×((30)又は(31))	32	

(12)と(14)のうち少ない金額、(20)と(23)のうち少ない金額又は(29)と(32)のうち少ない金額	33	Hドル 113,400
増額又は減額前の事業年度の(33)の金額 (外国法人税額が異動した場合)	34	
(33)≧(34)の場合 (33)-(34)	35	
(33)<(34)の場合 (34)-(33)	36	(円)
課税対象金額等に係る控除対象外国法人税額 (33)又は(35)	37	(1,701,000円) Hドル 113,400

特定外国関係会社又は対象外国関係会社に該当するものとした場合の適用対象金額の計算

所得計算上の適用法令	38	本邦法令・外国法令	控除対象配当等の額	47	
当期の利益若しくは欠損の額又は所得金額	39		減算	48	
加算	損金の額に算入した法人所得税の額	40		49	
		41	小計	50	
		42	基準所得金額 (39)+(44)-(50)	51	
		43	繰越欠損金の当期控除額	52	
	小計	44	当期中に納付することとなる法人所得税の額	53	
減算	益金の額に算入した法人所得税の還付額	45	当期中に還付を受けることとなる法人所得税の額	54	
	子会社から受ける配当等の額	46	適用対象金額 (51)-(52)-(53)+(54)	55	

記載事例 3

| 記載事例 **3** | 別表六 (四)(控除対象外国法人税額に関する明細書) の記載例 |

　この明細書は，法人が法第69条第1項から第3項まで《外国税額の控除》の規定，同条第18項若しくは第19項（これらの規定を同条第23項及び第24項において準用する場合を含む。）の規定の適用を受ける場合又は租税条約において定めるところによりこれらの規定の適用を受ける場合等において，その事業年度において納付した外国法人税（法第69条第1項に規定する外国法人税をいう。以下同じ。）の額及び外国法人税とみなされたものの額について記載する。

　ただし，次に掲げる外国法人税の額及びその外国法人税の額とみなされたものの額については，記載しない。

(1)　令第142条の2第5項《外国税額控除の対象とならない外国法人税の額》に定める取引に基因して生じた所得に対して課される外国法人税の額

(2)　令第142条の2第7項各号（第3号を除く。）又は第8項第5号に掲げる外国法人税の額

(3)　法第23条の2第1項《外国子会社から受ける配当等の益金不算入》に規定する外国子会社から受ける法第23条第1項第1号《受取配当等の益金不算入》に掲げる金額（(4)において「剰余金の配当等の額」という。）に係る令第142条の2第7項第3号に掲げる外国法人税の額

(4)　外国法人から受ける剰余金の配当等の額（措置法第66条の8第1項，第3項，第7項若しくは第9項《内国法人の外国関係会社に係る所得の課税の特例》又は第66条の9の4第1項，第3項，第6項若しくは第8項《特殊関係株主等である内国法人に係る外国関係法人に係る所得の課税の特例》の規定の適用を受けるものに限る。）に係る令第142条の2第8項各号（第5号を除く。）に掲げる外国法人税の額

257

第8章　個別事例に基づく内国法人に係る申告書別表の記載例

㈲　令第142条の2第2項第1号から第3号までに掲げる事業（金融業，生命保険業及び損害保険業）以外の事業（以下「一般事業」という。）を主として営む内国法人で同項第4号かっこ内に規定する利子収入割合（令142の2②四，規則29）が20％未満である法人（利子収入割合の高くない法人）の「利子等に係る外国法人税額」については，別表六（五）（利子等に係る控除対象外国法人税額等に関する明細書）ではなく，この明細書で控除対象外国法人税額の計算をする。

記載事例 3

　なお，本記載例は，次の事項を前提条件としている。

| ① | この別表の作成対象の法人は「日本橋食品製造株式会社（食料品製造業）」で，対象事業年度は「自令和 6 年 4 月 1 日～至令和 7 年 3 月31日」である。 |

② この法人が納付した外国税額控除の対象となる外国法人税額は，次の i から iv までの 4 つであり，その内容は，以下のとおりである。

	国名	所得の種類	税種目	納付確定日等	納付区分	事業年度又は計算期間
i	B国	使用料	源泉所得税	令和7.1.31	源泉徴収	自令和6.1.1～至令和6.12.31
ii	C国	配当等	源泉所得税	令和6.6.15	源泉徴収	自令和5.1.1～至令和5.12.31
iii	D国	利子等	源泉所得税	令和7.1.31	源泉徴収	自令和6.1.1～至令和6.12.31
iv	E国	事業所得	法人所得税	令和6.8.31	申告	自令和5.4.1～至令和6.3.31

	課税標準	税率	税額	税額控除額	納付すべき税額	円換算レート
i	25,500,000 Bルピア	10%	2,550,000 Bルピア	0	2,550,000 Bルピア	0.95円
ii	222,000 Cドル	10%	22,200 Cドル	0	22,200 Cドル	114.00円
iii	2,200,000 Dウォン	10%	220,000 Dウォン	0	220,000 Dウォン	17.00円
iv	4,470,000 Eバーツ	30%	1,341,000 Eバーツ	0	1,341,000 Eバーツ	3.50円

　（注）1　上記 i の税率は，日B租税条約●条の規定に基づき〇％から10％に軽減されたものであるが，同条約△条に基づき〇％（3,825,555 Bルピア）で支払われたものとみなして外国税額控除を適用することとされている。
　　　　2　上記 i から iv までの外国法人税額に係る「通貨の単位」は，仮定のものである。
　　　　3　配当等は，外国子会社から受けるものではない。

③ 上記②の iii の「利子等」に関連して，一般事業を主として営むこの法人の利子収入割合（「[納付事業年度及び前 2 年内事業年度の国外源泉所得である利子等の収入金額の合計額（ a ）÷[（ a ）＋これらの事業年度の売上総利益の額の合計額]」をいう。）は，次のとおりである。

第8章　個別事例に基づく内国法人に係る申告書別表の記載例

決算期	利子等の収入金額	売上総利益の額
令和5年3月期（1年決算）	2,840,000円	828,000,000円
令和6年3月期（1年決算）	3,060,000円	1,062,000,000円
令和7年3月期（1年決算）	3,740,000円	1,638,000,000円
計	9,640,000円	3,528,000,000円

※　「利子収入割合」＝（9,640,000）÷（9,640,000＋3,528,000,000）＝0.27％
㊟　利子収入割合が「0.27％＜20％」であるため，この別表を使用して，他の外国法人税額と同様の方法により，高率負担部分の外国法人税額があるかどうかの判定をすることになる。

【記載のポイント】

1　各欄中金額を記載するものにあっては，21欄，22欄，24欄，25欄，27欄及び28欄の各欄のかっこ書並びに29欄から32欄までの各欄を除き，その外国法人税を課す国又は地域における通貨表示の金額により記載する。この場合，その通貨の単位を表示する。

　なお，21欄，22欄，24欄，25欄，27欄及び28欄の各欄のかっこ内には，本書の金額の円換算額を記載する。

2　1欄から6欄までの各欄には，外国税額控除の対象となる外国法人税の内容をそれぞれの項目について記載する。

　この記載例では，上記の前提条件の表②の内容に基づき，それぞれに該当する項目を記入する。

3　7欄（課税標準）及び13欄（課税標準）には，その外国法人税を課す国又は地域において課税標準とされた金額を記載する。

4　「納付外国法人税額」の7欄から11欄までの各欄は，当期において納付すべきことが確定した外国法人税額について記載する。

　ただし，前掲（p257）の(1)から(4)の外国法人税の額及びその外国法人税の額とみなされたものの額については，記載しない。

　なお，既に課された外国法人税の額で当期において増額又は減額されたものがある場合には，23欄から25欄までの各欄についても記載する。

この記載例では，上記の前提条件の表②の内容に基づき，それぞれに該当する項目を記入する。

5　「みなし納付外国法人税額」の12欄から18欄までの各欄は，租税条約において定めるところにより当期において納付したとみなされる外国法人税額を計算する場合に記載する。

なお，既に課された外国法人税の額で当期において増額又は減額されたものがある場合には，26欄から28欄までの各欄についても記載する。

この記載例では，上記の前提条件の表②の数値及び注書1に基づき，それぞれに該当する項目を記入することになるが，13欄から17欄までの各欄には，12欄（みなし納付の基礎となる条約及び相手国の法令の根拠）の規定に係る税の減免の適用がないものとした場合のみなし納付額の算出根拠を記載する。

この記載例では，B国の使用料に係る13欄（課税標準）に「25,500,000 Bルピア」と，14欄（税率）に「○%」と記入し，18欄（納付したとみなされる外国法人税額）に算出結果の「1,275,555Bルピア」を記入する。

6　20欄（控除対象外国法人税額）は，次により記載する。

(1)　12欄から18欄までの各欄の記載がない場合（みなし納付の適用がない場合）には7欄と19欄の金額を基礎にして計算し，各欄の記載がある場合（みなし納付の適用がある場合）には13欄と19欄の金額を基礎にして計算する。

すなわち，前者の場合は7欄の金額を課税標準として高率負担部分でない金額を算出し，後者の場合には13欄の金額を課税標準として高率負担部分でない金額を算出するのである。

なお，項目欄中，「12」から「18」までの各欄の記載がない場合には「又は(13)」を，各欄の記載がある場合には「(7)又は」を消したものとして使用する。

(2)　控除対象外国法人税額（法第69条第1項に規定する控除対象外国法

人税の額をいう。以下同じ。）が増額又は減額された場合には，次に
より記載する（経過措置の適用を受ける場合の記載）。

　イ　平成元年4月1日前に開始した事業年度において納付することと
　　　なった控除対象外国法人税額が同日以後に開始する事業年度におい
　　　て増額された場合には，項目欄中の「（（（7）又は(13)）×35％）と」
　　　及び「うち少ない」を消したものとして使用し，19欄の金額を記載
　　　する。

　ロ　平成24年4月1日前に開始した事業年度（平成元年4月1日以後
　　　に開始した事業年度に限る。）において納付することとなった控除
　　　対象外国法人税額が同日以後に開始する事業年度において増額又は
　　　減額された場合には，「35％」とあるのは「50％」として記載する。

7　21欄（実際納付分）及び22欄（みなし納付分）の控除対象外国法人税
　額の算定に当たり，控除対象外となる高率負担部分の税額は「みなし納
　付分」に優先的にあるものとされる。いいかえれば，高率負担部分でな
　い税額は「実際納付分」から優先的に充当されることになっているた
　め，まず，「実際納付分」に係る控除対象外国法人税額である21欄の金
　額を「11欄と20欄のうち少ない金額」として算出（高率負担部分でない
　金額を「実際納付分」に優先的に充当）し，次に，「みなし納付分」に
　係る控除対象外国法人税額である22欄の金額を「20欄から21欄を控除し
　た金額」として算出（全体の高率負担分でない金額から実際納付分に係
　る金額を控除した残額を求めて，「みなし納付分」に係る高率負担分で
　ない金額を計算）することとされている。

8　21欄に記載された各々の納付外国法人税額の合計額は，29欄（納付し
　た控除対象外国法人税額）の金額の基礎計数として，同欄に記載するこ
　とになる。

　　この記載例では，4つの外国法人税についてそれぞれの21欄のかっこ
　内に記載した円換算額を合計し，その合計金額を「13,386,800円」と記
　入する。

262

記載事例3

なお，29欄に記載された金額は，別表六（二の二）の1欄（納付分の控除対象外国法人税額）の金額の基礎計数として，同欄に移記することになる。

9 22欄に記載された各々のみなし納付外国法人税額の合計額は，30欄（納付したとみなされる控除対象外国法人税額）の金額の基礎計数として，同欄に記載することになる。

この記載例では，B国の外国法人税について22欄のかっこ内に記載した円換算額を「1,211,777円」と記入する。

なお，30欄に記載された金額は，別表六（二の二）の3欄（みなし納付分の控除対象外国法人税額）の金額の基礎計数として，同欄に移記することになる。

263

控除対象外国法人税額に関する明細書

事業年度	令6・4・1 令7・3・31	法人名	日本橋食品製造 株式会社

別表六(四) 令六・四・一以後終了事業年度分

		B国	C国	D国	E国	
国　名	1	B国	C国	D国	E国	
所得の種類	2	使用料	配当等	利子等	事業所得	
税種目	3	源泉所得税	源泉所得税	源泉所得税	法人所得税	
納付確定日(納付すべき日)又は納付日	4	令7・1・31	令6・6・15	令7・1・31	令6・8・31	・・
源泉・申告・賦課の区分	5	㊞・申・賦	㊞・申・賦	㊞・申・賦	源・㊞・賦	源・申・賦
事業年度又は計算期間	6	令6・1・1 令6・12・31	令5・1・1 令5・12・31	令6・1・1 令6・12・31	令5・4・1 令6・3・31	
【納付外国法人税額】課税標準	7	Bルピア 25,500,000	Cドル 222,000	2,200,000	4,470,000	
税率(%)	8	10%	10%	10%	30%	
税額 (7)×(8)	9	Bルピア 2,550,000	Cドル 22,200	Dウォン 220,000	Eバーツ 1,341,000	
税額控除額	10	Bルピア 0	Cドル 0	Dウォン 0	Eバーツ 0	
納付すべき税額 (9)-(10)	11	Bルピア 2,550,000	Cドル 22,200	Dウォン 220,000	Eバーツ 1,341,000	
【みなし納付外国法人税額】みなし納付の基礎となる条約及び相手国の法令の根拠規定	12	日B租税条約 ●条(・△条)				
(12)とした場合の適用外国法人税額であって法の規定によるもの　課税標準	13	Bルピア 25,500,000				
税率(%)	14	○%				
税額 (13)×(14)	15	Bルピア 3,825,555				
税額控除額	16	Bルピア 0				
納付すべき税額 (15)-(16)	17	Bルピア 3,825,555				
納付したとみなされる外国法人税額 (17)-(11)	18	Bルピア 1,275,555				
【控除対象外国法人税額】外国法人税額の合計 (11)+(18)	19	Bルピア 3,825,555	Cドル 22,200	Dウォン 220,000	Eバーツ 1,341,000	
控除対象外国法人税額 ((7)、(13))×35% (19)のうち少ない金額	20	Bルピア 3,825,555	Cドル 22,200	Dウォン 220,000	Eバーツ 1,341,000	
(11)と(20)のうち少ない金額 納付分	21	(2,422,500円) Bルピア 2,550,000	(2,530,800円) Cドル 22,200	(3,740,000円) Dウォン 220,000	(4,693,500円) Eバーツ 1,341,000	円
(20)-(21) みなし納付し分	22	(1,211,777) Bルピア 1,275,555	( )	( )	( )	円
【外国法人税額が異動した場合】【納付分】増額又は減額前の事業年度の(21)の金額	23					
(21)≧(23)の場合 (21)-(23)	24	(円)	(円)	(円)	(円)	
(21)<(23)の場合 (23)-(21)	25	(円)	(円)	(円)	(円)	
【みなし納付分】増額又は減額前の事業年度の(22)の金額	26					
(22)≧(26)の場合 (22)-(26)	27	( )	( )	( )	( )	
(22)<(26)の場合 (26)-(22)	28	( )	( )	( )	( )	

納付した控除対象外国法人税額 ((21)欄又は(24)欄の合計)	29	13,386,800	減額された納付控除対象外国法人税額 ((25)欄の合計)	31	円
納付したとみなされる控除対象外国法人税額 ((22)欄又は(27)欄の合計)	30	1,211,777	減額されたみなし納付控除対象外国法人税額 ((28)欄の合計)	32	円

記載事例 4

<table>
<tr><td>記載事例 **4**</td><td>別表六 (三) 付表一 (地方税の控除限度額の計算の特例に関する明細書) の記載例</td></tr>
</table>

　この明細書は，法人が地方税の控除限度額の計算に当たり，地令第 9 条の 7 第 6 項ただし書《道府県民税の実際税率に基づく控除限度額》又は第48条の13第 7 項ただし書《市町村民税の実際税率に基づく控除限度額》（地令第57条の 2《法人の市町村民税に関する規定の都への準用等》の規定において準用する同令第48条の13第 7 項ただし書を含む。）の規定の適用をする場合に記載する。

(注)　地方税の控除限度額の計算を標準税率に基づいて計算をする場合には，この別表ではなく，別表六（三）の 3 欄及び 4 欄により控除限度額の計算を行うことになる。

　なお，本記載例は，次の事項を前提条件としている。

<table>
<tr><td>①</td><td colspan="4">　この別表の作成対象の法人は「日本橋食品製造株式会社（食料品製造業）」で，対象事業年度は「自令和 6 年 4 月 1 日〜至令和 7 年 3 月31日」，期末の従業者数は950人である。</td></tr>
<tr><td>②</td><td colspan="4">　別表六（二）の17欄（法人全体における法人税の控除限度額）の金額は，26,969,506円である。</td></tr>
<tr><td rowspan="4">③</td><td colspan="4">この法人の事業所等の内訳，法人税割の実際税率は，次のとおりである。</td></tr>
<tr><td>事務所等の名称</td><td>期末
従業者数</td><td>道府県民税</td><td>市町村民税</td></tr>
<tr><td>本店（東京都中央区日本橋△−△−△）</td><td>150人</td><td>2.0%</td><td>8.4%</td></tr>
<tr><td>習志野工場(千葉県習志野市▲−▲−▲)</td><td>800人</td><td>1.8%</td><td>8.4%</td></tr>
</table>

265

第8章　個別事例に基づく内国法人に係る申告書別表の記載例

【記載のポイント】

1　1欄（法人税の控除限度額）は，その内国法人の各事業年度における別表六（二）の17欄（法人税の控除限度額）の金額を記載する。

　　この記載例では，「26,969,506円」と記入する。

2　2欄（期末従業者数）から事業所等の明細欄の③欄までの各欄には，その法人の事業所等の内訳，法人税割の実際税率をそれぞれ記載する。

　　この記載例では，上記の前提条件の表③の内容に基づき，それぞれに該当する項目を記入する。

3　④欄（道府県民税）及び⑤欄（市町村民税）には，それぞれの欄に記載されている算式に基づき，1欄の金額に実際税率を乗じた金額を従業者数で按分した金額を記載する。

　　この記載例では，本店に係る④欄は「85,166円」，⑤欄は「357,700円」と，習志野工場に係る④欄は「408,800円」，⑤欄は「1,907,737円」と，それぞれ記入する。

　　なお，この記載例では，地方税について各事務所等の従業者数に基づく特例的計算（p45の(2)②ロを参照）を選択した場合の例を記載している。

4　28欄（合計）の④に記載された金額が道府県民税の控除限度額，同欄の⑤に記載された金額が市町村民税の控除限度額となる。

　　この記載例では，2つの事業所等に係る合計額をそれぞれ計算し，④に「493,966円」，⑤に「2,265,437円」と，それぞれ記入する。

　　なお，④欄に記載した金額は，別表六（三）の3欄（道府県民税）の金額の基礎計数として，同欄に移記し，⑤欄に記載した金額は，同別表の4欄（市町村民税）の金額の基礎計数として，同欄に移記することになる。

記載事例 4

地方税の控除限度額の計算の特例に関する明細書

| 事業年度 | 令6・4・1 令7・3・31 | 法人名 | 日本橋食品製造 株式会社 |

別表六(三)付表一 令六・四・一以後終了事業年度分

| 法人税の控除限度額 (別表六(二)「17」)又は(別表六の二「11」) | 1 | 26,969,506 円 | 期末従業者数 (28の①) | 2 | 950 人 |

事務所又は事業所の名称	所在地	期末従業者数 ①	法人税割の税率 道府県民税 ②	法人税割の税率 市町村民税 ③	地方税の控除限度額 道府県民税 (1)×①×②/(2) ④	地方税の控除限度額 市町村民税 (1)×①×③/(2) ⑤
本店	東京都中央区日本橋 △-△-△	3	150 人	2 %	8.4 %	85,166 円	357,700 円
習志野工場	千葉県習志野市 ▲-▲-▲	4	800	1.8	8.4	408,800	1,907,737
		5					
		6					
		7					
		8					
		9					
		10					
		11					
		12					
		13					
		14					
		15					
		16					
		17					
		18					
		19					
		20					
		21					
		22					
		23					
		24					
		25					
		26					
		27					
合　計		28	950			493,966	2,265,437

267

第8章　個別事例に基づく内国法人に係る申告書別表の記載例

記載事例 5	別表六（三）（外国税額の繰越控除余裕額又は繰越限度超過額の計算に関する明細書）の記載例

　この明細書は，内国法人が法第69条第2項，第3項若しくは第12項《外国税額の控除》の規定又は同条第18項若しくは第19項（これらの規定を同条第23項及び第24項において準用する場合を含む。）の規定の適用を受ける場合等に記載する。

(注)　地方税の控除限度額の計算に当たり，地令第9条の7第6項ただし書《道府県民税の実際税率に基づく控除限度額》又は第48条の13第7項ただし書《市町村民税の実際税率に基づく控除限度額》（地令第57条の2《法人の市町村民税に関する規定の都への準用等》の規定において準用する同令第48条の13第7項ただし書を含む。）の規定を適用し，標準税率による控除限度額の計算ではなく，実際税率（超過税率）による控除限度額の計算を選択する場合には，この別表の作成に先立って，別表六（三）付表一（地方税の控除限度額の計算の特例に関する明細書）を作成し，同別表の28欄（地方税の控除限度額）の各欄の算出を行う必要がある。

　なお，本記載例は，次の事項を前提条件としている。

①	この別表の作成対象の法人は「日本橋食品製造株式会社（食料品製造業）」で，対象事業年度は「自令和6年4月1日〜至令和7年3月31日」である。
②	別表六（二）の17欄（法人全体における法人税の控除限度額）の金額は，26,969,506円である。 　また，この法人は，地方税の控除限度額について実際税率による計算を選択しているため，別表六（三）付表一の28欄の④（道府県民税の控除限度額）に記載されている金額は「493,966円」，同欄の⑤（市町村民税の控除限度額）に記載されている金額は「2,265,437円」である。
③	この法人の事業所等の内訳，法人税割の実際税率は，次のとおりである。

事務所等の名称	期末従業者数	道府県民税	市町村民税
本店（東京都中央区日本橋△−△−△）	150人	2.0%	8.4%
習志野工場（千葉県習志野市▲−▲−▲）	800人	1.8%	8.4%

268

記載事例 5

④	別表六（二の二）の21欄（当期の控除対象外国法人税額）の金額は，16,299,577円である。
⑤	当期におけるこの法人の下記決算期の控除余裕額又は控除限度超過額の前期繰越額は，次のとおりである。

1 控除余裕額

令和6年3月期 （1年決算）	前期繰越額
国税	1,650,000円
道府県民税	16,500円
市町村民税	99,000円
計	1,765,500円

2 控除限度超過額

令和5年3月期 （1年決算）	前期繰越額
計	2,703,000円

【記載のポイント】

1　1欄（法人税）には，別表六（二）の17欄の金額を記載するが，100円未満の金額を切り捨てないで記載する。

2　3欄（道府県民税）には，次により記載する。

　　地令第9条の7第6項本文《外国の法人税額等の控除》の規定の適用を受ける場合には「又は（別表六（三）付表一「28の④」）」を消し，同項ただし書の規定の適用を受ける場合には「((1)×1％）又は」を消し，別表六（三）付表一の28欄の④の金額を記載する。

3　4欄（市町村民税）には，次により記載する。

　　地令第48条の13第7項本文《外国の法人税額等の控除》（同令第57条の2《法人の市町村民税に関する規定の都への準用等》において準用する場合を含む。以下同じ。）の規定の適用を受ける場合には「又は（別表六（三）付表一「28の⑤」）」を消し，同項ただし書の規定の適用を受ける場合には「((1)×6％）又は」を消し，別表六（三）付表一の28欄の⑤の金額を記載する。

4　6欄（控除対象外国法人税額）の金額が5欄（控除限度額等の計）の金額に満たないときは，右側の「控除余裕額」の7欄から10欄までの各

269

欄に記載する。逆に，6欄の金額が5欄の金額を超えるときは，その超える金額を右側の11欄（控除限度超過額）に記載する。

5　12欄から33欄までの各欄には，その法人の過去の申告状況に基づき，それぞれについて記載する。この場合，前期分を最下段に記載し，過去に遡って順次上段に記載していく。

　　この記載例では，上記の前提条件の表⑤の内容に基づき，それぞれに該当する項目を記入する。

6　「前期繰越額又は当期発生額①」の欄の記載は，次による。

⑴　その法人を合併法人等（合併法人，分割承継法人又は被現物出資法人をいう。以下同じ。）とする適格合併等（適格合併，適格分割又は適格現物出資をいう。以下同じ。）が行われた場合において法第69条第9項の規定の適用があるときのその法人のその適格合併等の日の属する事業年度にあっては，別表六（三）付表二「11」の欄の金額を記載する。

⑵　その法人を分割法人等（分割法人又は現物出資法人をいう。以下同じ。）とする適格分割等（適格分割又は適格現物出資をいう。以下同じ。）が行われた場合において法第69条第11項の規定の適用があるときのその法人のその適格分割等の日の属する事業年度にあっては，別表六（三）付表三「5」の欄の金額を記載する。

7　「前期繰越額又は当期発生額④」の欄の記載は，次による。

⑴　その法人を合併法人等とする適格合併等が行われた場合において法第69条第9項の規定の適用があるときのその法人のその適格合併等の日の属する事業年度にあっては，別表六（三）付表二「14」の欄の金額を記載する。

⑵　その法人を分割法人等とする適格分割等が行われた場合において法第69条第11項の規定の適用があるときのその法人のその適格分割等の日の属する事業年度にあっては，別表六（三）付表三「10」の欄の金額を記載する。

記載事例 5

8 「当期使用額⑤」の各欄（各事業年度及び合計）の外書のうち12欄から33欄までは，減額された外国法人税額の充当額を，「当期使用額⑤」の「当期分」の欄の外書は，翌期へ繰り越す未充当額（別表六（二の二）の20欄－本別表の33欄の外書）をそれぞれ記載する。

　この記載例では，令和5年3月期の控除限度超過額の前期繰越額として前提条件の③に記載している「2,703,000円」の全額が当期の控除余裕額から控除できることとなるため，当期使用額として⑤欄に「2,703,000円」と記入する。

　なお，この金額は，34欄の②欄にも記載するとともに，別表六（二）の20欄（法69条第3項の規定により控除できる金額）に移記することになる。

(注)　控除余裕額の前期繰越額を使用して税額控除をする場合には，30欄から33欄の②欄に当期使用額として国税から優先的にその金額を記載することになるが，その場合，30欄（計）の②欄に記載した金額は，別表六（二）の19欄（法69条第2項の規定により控除できる金額）に移記することになる。

271

第8章　個別事例に基づく内国法人に係る申告書別表の記載例

外国税額の繰越控除余裕額又は繰越控除限度超過額の計算に関する明細書	事業年度	令6・4・1 令7・3・31	法人名	日本橋食品製造 株式会社	別表六(三) 令六・四・一以後終了事業年度分

当期の控除余裕額又は控除限度超過額の計算

				円				円
控除	法　人　税 (別表六(二)「17」)又は(別表六の二「11」)	1	26,969,506		控除	国　　　税 (1) − (6)	7	10,669,929
除	地　方　法　人　税 (別表六(二)「52」)又は(別表六の二「46」)	2	2,777,857		余	道　府　県　民　税 (((1) + (2) + (3) − (6))と(3)のうち少ない金額)	8	493,966
限度	道　府　県　民　税 (別表六(三)付表一「28の④」)	3	493,966		裕	市　町　村　民　税 (((5) − (6))と(4)のうち少ない金額)	9	2,265,437
額	市　町　村　民　税 (別表六(三)付表一「28の⑤」)	4	2,265,437		額	計 (7) + (8) + (9)	10	13,429,332
等	計 (1) + (2) + (3) + (4)	5	32,506,766		控除限度超過額	控除限度超過額 (6) − (5)	11	
	控除対象外国法人税額 (別表六(二の二)「21」)	6	16,299,577					

前3年以内の控除余裕額又は控除限度超過額に関する明細

事業年度	区　分		控　除　余　裕　額			控　除　限　度　超　過　額		
			前期繰越額又は当期発生額 ①	当期使用額 ②	翌期繰越額 ①−② ③	前期繰越額又は当期発生額 ④	当期使用額 ⑤	翌期繰越額 ④−⑤ ⑥
・　・	国　税	12	円	円		円	外　　円	
	道府県民税	13						
	市町村民税	14						
・　・	国　税	15			円		外	円
	道府県民税	16						
	市町村民税	17						
・　・	国　税	18					外	
	道府県民税	19						
	市町村民税	20						
・　・	国　税	21					外	
	道府県民税	22						
	市町村民税	23						
令4・4・1 令5・3・31	国　税	24					外	
	道府県民税	25				2,703,000	2,703,000	0
	市町村民税	26						
令5・4・1 令6・3・31	国　税	27	1,650,000	0	1,650,000		外	
	道府県民税	28	16,500	0	16,500			
	市町村民税	29	99,000	0	99,000			
合　計	国　税	30	1,650,000	0	1,650,000		外	
	道府県民税	31	16,500	0	16,500	2,703,000	2,703,000	0
	市町村民税	32	99,000	0	99,000			
	計 (30) + (31) + (32)	33	1,765,500	0	1,765,500			
当　期　分	国　税	34	(7) 10,669,929	2,703,000	7,966,929	(11)	外(別表六(二の二)「20」−(33の④))	
	道府県民税	35	(8) 493,966	0	493,966			
	市町村民税	36	(9) 2,265,437	0	2,265,437		(33の②)	
	計 (34) + (35) + (36)	37	(10) 13,429,332	(33の⑤) 2,703,000	10,726,332			

272

記載事例 6

| 記載事例 6 | 別表六（二の二）（当期の控除対象外国法人税額に関する明細書）の記載例 |

　この明細書は，内国法人が法第69条《外国税額の控除》若しくは措置法第66条の7第1項《内国法人の外国関係会社に係る所得の課税の特例》若しくは第66条の9の3第1項《特殊関係株主等である内国法人に係る外国関係法人に係る所得の課税の特例》の規定の適用を受ける場合等に記載する。

　なお，本記載例は，次の事項を前提条件としている。

| ① | この別表の作成対象の法人は「日本橋食品製造株式会社」で，対象事業年度は「自令和6年4月1日〜至令和7年3月31日」である。 |
| ② | ・別表六（四）の29欄（納付した控除対象外国法人税額）は，13,386,800円である。
・別表六（四）の30欄（納付したとみなされる控除対象外国法人税額）は，1,211,777円である。
・別表十七（三の五）の37欄（課税対象金額等に係る控除対象外国法人税額）は，1,701,000円である。 |

【記載のポイント】

1　　1欄から4欄まで，6欄及び10欄から12欄までの各欄は，それぞれ各欄に記載されている別表の該当欄からその金額を移記する。

　　この記載例では，1欄に別表六（四）の29欄（納付した控除対象外国法人税額）の金額「13,386,800円」を，3欄に別表六（四）の30欄（納付したとみなされる控除対象外国法人税額）の金額「1,211,777円」を，6欄に別表十七（三の五）の37欄（課税対象金額等に係る控除対象外国法人税額）の金額「1,701,000円」を，それぞれ記入する。

　　なお，10欄から12欄までの各欄は該当がないため記入しない。

2　　5欄，7欄から9欄まで，13欄，18欄及び19欄の各欄は，それぞれ各

273

第８章　個別事例に基づく内国法人に係る申告書別表の記載例

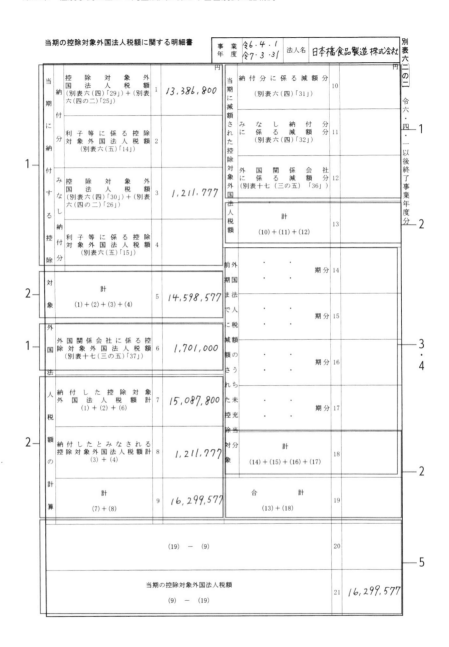

記載事例 6

欄に記載されている算式に基づき計算した金額を記載する。

　この記載例では，5欄に計算した金額「14,598,577円」を，7欄に計算した金額「15,087,800円」を，8欄に計算した金額「1,211,777円」を，9欄に計算した金額「16,299,577円」を，それぞれ記入する。

3　「前期までに減額された控除対象外国法人税額のうち未充当分」の14欄から18欄までの各欄には，減額された控除対象外国法人税額（法第69条第1項に規定する控除対象外国法人税の額をいう。以下同じ。）の未充当額（前期分の別表六（三）「当期分」の「当期使用額⑤」の外書の金額）が最近の事業年度の減額分から順次残っているものとした場合の各期別の金額をそれぞれ記載する。

　この記載例では，14欄から17欄までの各欄は該当がないため記入しない。

4　適格合併，適格分割又は適格現物出資が行われた場合の「14」から「17」までの各欄の記載に当たっては，次による。

⑴　その法人を合併法人とする適格合併が行われた場合には，その適格合併に係る被合併法人のその適格合併の日の前日の属する事業年度以前の各事業年度において減額された控除対象外国法人税額（法第69条第1項に規定する控除対象外国法人税の額をいう。以下同じ。）のうち未充当分の金額を含めて記載する。

⑵　その法人を分割承継法人等（分割承継法人又は被現物出資法人をいう。以下同じ。）とする適格分割等（適格分割又は適格現物出資をいう。以下同じ。）が行われた場合には，その適格分割等に係る分割法人等（分割法人又は現物出資法人をいう。以下同じ。）のその適格分割等の日の属する事業年度前の各事業年度において減額された控除対象外国法人税額のうち未充当分の金額（その法人が移転を受けた事業に係る部分に限る。）を含めて記載する。

⑶　その法人を分割法人等とする適格分割等が行われた場合には，その法人の各事業年度において減額された控除対象外国法人税額のうち未

275

充当分の金額からその適格分割等に係る分割承継法人等に移転した事業に係る部分の金額を控除した金額を記載する。

5　20欄は，「19欄＞9欄」の場合に記載し，21欄は，「19欄≦9欄」の場合に記載することになる。

　この場合，20欄の金額は，最も古い事業年度分から順に充当してその結果を翌期の14欄から17欄に記載するが，充当の期限切れとなったものは別表四によって当期の益金の額に算入することになる。

　また，21欄の金額は，別表六（二）の1欄（当期の控除対象外国法人税額）に移記することになる。

　この記載例では，21欄に計算結果の「16,299,577円」を記入する。

記載事例 7

	別表六（二）付表三（国外事業所等帰属資本相当額の計算に関する明細書）の記載例
記載事例 **7**	

　この明細書は，内国法人が令第141条の４第１項《国外事業所等に帰せられるべき資本に対応する負債の利子》に規定する国外事業所等に帰せられるべき資本の額を計算する場合に記載する。

　また，この明細書は，適用の対象となる国外事業所等（法第69条第４項第１号《外国税額の控除》に規定する国外事業所等をいう。以下同じ。）ごとに作成する。

(注)　国外事業所等に帰せられるべき資本の額の計算方法については，資本配賦法（以下，①の方法という。）と同業法人比準法（以下，②の方法という。）があるが，原則として，銀行等以外の内国法人では，資本配賦原則法（①の方法），資本配賦簡便法（①の方法），リスク資産資本比較比準法（②の方法）又は簿価資産資本比率比準法（②の方法）のいずれかを，銀行等である内国法人では，規制資本配賦法（①の方法）又はリスク資産規制資本比率比準法（②の方法）のいずれかを，それぞれ選択することとされている（令141の４③⑥）。

　なお，本記載例は，次の事項を前提条件としている。

①	この別表の作成対象の法人は「日本橋食品製造株式会社（食料品製造業）」で，対象事業年度は「自令和６年４月１日〜至令和７年３月31日」である。
②	日本橋食品製造㈱は，Ｅ国に国外事業所等としてＥ支店を１か所有している。また，国外事業所等帰属資本相当額の計算方法については，資本配賦簡便法を選択している。
③	・日本橋食品製造㈱の当期の総資産の帳簿価額の平均残高は，8,880,000,000円である。 ・日本橋食品製造㈱の当期の総負債の帳簿価額の平均残高は，6,525,500,000円である。 ・国外事業所等に帰せられる資産の当期末の帳簿価額は，48,500,000円である。 ・日本橋食品製造㈱の当期末の貸借対照表に計上されている総資産の帳簿価額は，8,390,000,000円である。

277

第8章　個別事例に基づく内国法人に係る申告書別表の記載例

【記載のポイント】

1　5欄から9欄まで，10欄から14欄まで，15欄から24欄まで，25欄から34欄まで，35欄から38欄まで，39欄から44欄まで及び45欄から54欄までの各区分の各欄は，その法人の区分（銀行等か否かの区分）に応じて選択している計算方法ごとに該当する項目及び金額を記載し，その計算結果としての「国外事業所等帰属資本相当額」を記載する。

　　この記載例では，資本配賦簡便法を選択しているため，10欄から14欄までの各欄に記入する。

2　5欄（総資産の帳簿価額の平均残高）又は10欄（総資産の帳簿価額の平均残高）の各欄は，令第141条の4第3項第1号イ（1）に規定する総資産の帳簿価額の平均的な残高として合理的な方法により計算した金額を記載する。この場合，その金額の計算に関する明細を別紙に記載して添付する。

　　なお，総資産の帳簿価額は，会計帳簿に記載した資産又は負債の金額によるものとされている（令141の4⑨）。また，帳簿価額の平均残高とは，合理的な計算方法により計算した金額をいうが，例えば，日々の平均残高，各月末の平均残高等の事業年度を通じた平均的な残高をいい，期首と期末の単純な平均額はこれに当たらないとされている（令141の4③一イ（1），基通16−3−9，20−5−19）。

　　この記載例では，10欄（総資産の帳簿価額の平均残高）に「8,880,000,000円」と記入する。

3　6欄（総負債の帳簿価額の平均残高）又は11欄（総負債の帳簿価額の平均残高）の各欄は，令第141条の4第3項第1号イ（2）に規定する総負債の帳簿価額の平均的な残高として合理的な方法により計算した金額を記載する。この場合，その金額の計算に関する明細を別紙に記載して添付する。

　　なお，総負債の帳簿価額及び平均残高の計算方法は，上記2と同様である（令141の4③一イ（2），基通16−3−9，20−5−19）。

278

この記載例では，11欄に「6,525,500,000円」と記入する。

4　7欄（国外事業所等に帰せられる資産の額について発生し得る危険を勘案して計算した金額）及び8欄（総資産の額について発生し得る危険を勘案して計算した金額），15欄（国外事業所等に帰せられる資産の額について発生し得る危険を勘案して計算した金額），36欄（国外事業所等に帰せられる資産の額について発生し得る危険を勘案して計算した金額），37欄（総資産の額について発生し得る危険を勘案して計算した金額）又は45欄（国外事業所等に帰せられる資産の額について発生し得る危険を勘案して計算した金額）の各欄の金額は，その金額の計算に関する明細により求めた金額を記載する。この場合，その金額の計算に関する明細を別紙に記載して添付する。

5　12欄（事業年度終了の時の国外事業所等に帰せられる資産の帳簿価額）は，当期末の国外事業所等に帰せられる資産の帳簿価額を記載する。

なお，その法人の有する資産が国外事業所等に帰せられる資産に該当するか否かは，その資産の種類の区分と使用状況等を勘案して判定することとされている（基通16－3－9，20－5－21）。

この記載例では，12欄に「48,500,000円」と記入する。

6　13欄（事業年度終了の時の貸借対照表に計上されている総資産の帳簿価額）は，当期末のその法人の貸借対照表に記載されている帳簿価額を記載する。

この記載例では，13欄に「8,390,000,000円」と記入する。

7　9欄，14欄，24欄，34欄，38欄，44欄及び54欄の各欄は，該当欄に記載されている算式に基づき計算した「国外事業所等帰属資本相当額」を記載する。

なお，この各欄に記載された金額は，別表六（二）付表二の10欄（国外事業所等帰属資本相当額）に移記することになる。

この記載例では，14欄に計算結果である金額を「13,610,637円」と記

第8章 個別事例に基づく内国法人に係る申告書別表の記載例

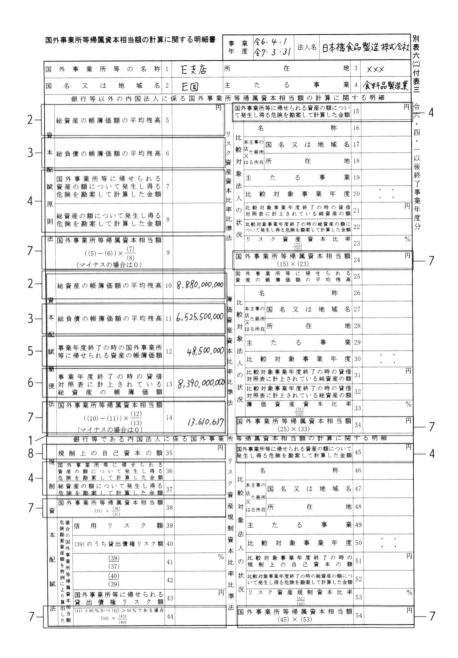

入する。

8　35欄（規制上の自己資本の額）は，令第141条の４第３項１号ロに規
定する規制上の自己資本の額を記載する。

第8章　個別事例に基づく内国法人に係る申告書別表の記載例

記載事例 **8**	別表六（二）付表二（国外事業所等に帰せられるべき資本に対応する負債の利子の損金不算入額の計算及び銀行等の資本に係る負債の利子の損金算入額の計算に関する明細書）の記載例

Ⅰ　国外事業所等に帰せられるべき資本に対応する負債の利子の損金不算入額の計算に関する明細書

　この明細書は，内国法人が令第141条の4第1項《国外事業所等に帰せられるべき資本に対応する負債の利子》の規定の適用を受ける場合に記載するが，損金不算入額の計算は，次の算式により計算することとされており，その算式は，16欄（損金不算入額）に記載されている。

$$\text{国外事業所等を通じて行う事業に係る負債の利子の額} \times \frac{\text{国外事業所等に帰せられるべき資本の額} - \text{国外事業所等に係る自己資本の額}}{\text{国外事業所等に帰せられる負債の帳簿価額の平均残高}} = \text{損金不算入額}$$

　なお，本記載例は，次の事項を前提条件としている。

①	この別表の作成対象の法人は「日本橋食品製造株式会社（食料品製造業）」で，対象事業年度は「自令和6年4月1日〜至令和7年3月31日」である。
②	日本橋食品製造㈱は，E国に国外事業所等としてE支店（住所：×××）を1か所有している。 　また，国外事業所等帰属資本相当額の計算方法については，資本配賦簡便法を選択している。
③	・当期の国外事業所等を通じて行う事業に係る負債の利子の額は，640,000円である。 ・別表六（二）付表三の14欄（国外事業所等帰属資本相当額）の金額は，13,610,637円である。 ・当期の国外事業所等に係る資産の帳簿価額の平均残高は，46,500,000円である。 ・当期の国外事業所等に係る負債の帳簿価額の平均残高は，31,500,000円である。 ・当期の国外事業所等に帰せられる有利子負債の帳簿価額の平均残高は，30,800,000円である。

記載事例 8

【記載のポイント】

上記Ⅰの明細書の各記載項目の記載要領は，次のとおりである。

(1)　1欄から4欄までの各欄には，国外事業所等の名称などの該当項目を記載する。

この記載例では，上記Ⅰの①及び②に基づき，該当事項を記載する。

(2)　5欄から9欄までの各欄には，国外事業所等に係る負債の利子の明細を記載する。

なお，上記Ⅰの算式の左辺の「国外事業所等を通じて行う事業に係る負債の利子の額」（経済的性質が利子に準ずるものの額を含む。）（令141の4①）は，次のⅰからⅲまでの金額の合計額から，ⅳの金額を控除した残額とされている（令141の4②）。

ⅰ　国外事業所等を通じて行う事業に係る負債の利子の額（ⅱ及びⅲの金額を除く。）

ⅱ　内部取引において内国法人の国外事業所等からその内国法人の本店等に対して支払う利子に該当することとなるものの金額

ⅲ　共通費用の額のうち国外事業所等帰属所得に係る所得金額の計算上の損金の額として配分した金額に含まれる負債の利子の額（ⅳの金額を含む。）

ⅳ　国外事業所等帰属所得に係る所得金額の計算上損金の額に算入される「銀行等の資本に係る負債の利子の減算調整を行う金額」（令141の5①）の金額

(注)　この別表の記載に当たっては，6欄にはⅱの金額を，7欄にはⅲの金額（令第141条の4第2項第3号に掲げる金額）を，8欄にはⅳの金額を，それぞれ5欄の金額の内訳として記載した上で，9欄に損金不算入額を計算する基礎となる金額を記載する。

この記載例では，5欄（国外事業所等を通じて行う事業に係る負債の利子の額）及び9欄（計）に，それぞれ「640,000円」と記入する。

(3)　10欄には，その法人が選択した資本の額の計算方法に基づき，別表六（二）付表三から「国外事業所等帰属資本相当額」の金額を移記する。

283

第8章　個別事例に基づく内国法人に係る申告書別表の記載例

　　この記載例では，同別表の14欄の金額である「13,610,637円」を記入する。

(4)　11欄（国外事業所等に係る資産の帳簿価額の平均残高）には，令第141条の4第1項に規定する資産の帳簿価額の平均的な残高として合理的な方法により計算した金額を記載する。この場合，その金額の計算に関する明細を別紙に記載して添付する。

　　この記載例では，「46,500,000円」と記入する。

　(注)　平均残高の計算方法については，別表六（二）付表三の場合と同様である（令141の4⑨，基通16－3－9，20－5－18。以下，(4)及び(5)において同じ。）。

(5)　12欄（国外事業所等に係る負債の帳簿価額の平均残高）には，令第141条の4第1項に規定する負債の帳簿価額の平均的な残高として合理的な方法により計算した金額を記載する。この場合，その金額の計算に関する明細を別紙に記載して添付する。

　　この記載例では，「31,500,000円」と記入する。

(6)　14欄（国外事業所等に帰せられる有利子負債その他資金の調達に係る負債の帳簿価額の平均残高）には，令第141条の4第8項第2号に規定する負債の帳簿価額の平均的な残高として合理的な方法により計算した金額を記載する。この場合，その金額の計算に関する明細を別紙に記載して添付する。

　　この記載例では，「30,800,000円」と記入する。

(7)　16欄（損金不算入額）には，国外事業所等を通じて行う事業に係る負債の利子の額のうち，国外事業所等に係る自己資本の額がその国外事業所等に帰せられるべき資本の額に満たない部分に対応する金額を按分計算により算出して記載することになる。したがって，「13欄（国外事業所等に係る自己資本の額）の金額」が「10欄（国外事業所等帰属資本相当額）の金額」以上である場合には，損金不算入の金額は「零」（計算が不要）ということになる。

　　この記載例では，この「零」という場合に該当する。

なお，16欄の金額は，別表六（二）付表一の10欄（国外事業所等に帰せられるべき資本に対応する負債の利子の損金不算入額）に移記することになる。

Ⅱ　銀行等の資本に係る負債の利子の損金算入額の計算に関する明細書

この明細書は，内国法人が令第141条の5《銀行等の資本に係る負債の利子》の規定の適用を受ける場合に記載する。

【記載のポイント】

17欄から20欄までの各欄の記載は，銀行等が国外事業所等帰属資本相当額の計算について規制資本配賦法又はリスク資産規制資本比率比準法を適用する場合（令第141条の4第3項第1号ロに規定する「規制上の自己資本の額」がある場合）において，令第141条の5の規定に基づき減算調整の計算をするときに使用するものである。

なお，20欄（損金不算入額）の金額は，別表六（二）付表一の17欄（銀行等の資本に係る負債の利子の損金不算入額）に移記することになる。

第8章 個別事例に基づく内国法人に係る申告書別表の記載例

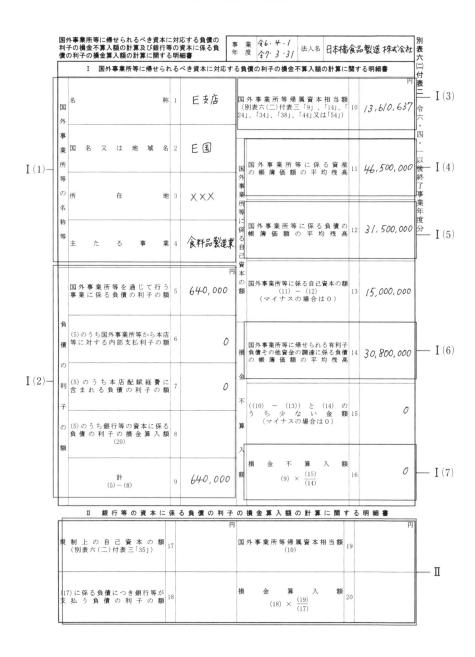

記載事例 9

記載事例 **9**	別表六（二）付表一（国外事業所等帰属所得に係る所得の金額の計算に関する明細書）の記載例

　この明細書は，内国法人が国外事業所等帰属所得に係る外国税額について法第69条《外国税額の控除》の規定の適用を受ける場合に，その国外事業所等帰属所得に係る所得金額を計算するときに記載する。

　なお，本記載例は，次の事項を前提条件としている。

①	この別表の作成対象の法人は「日本橋食品製造株式会社（食料品製造業）」で，対象事業年度は「自令和6年4月1日〜至令和7年3月31日」である。
②	日本橋食品製造㈱は，E国に国外事業所等としてE支店（住所：×××）を1か所有している。
③	・E支店に係る国外事業所等帰属所得の当期利益は，10,951,500円である。 ・E支店の事業所得に係る「納付した控除対象外国法人税額」は，4,693,500円（別表六（四）のE国のE支店に係る事業所得）である。

【記載のポイント】

1　1欄から4欄までの各欄には，国外事業所等の名称などの該当項目を記載する。

　　この記載例では，上記の前提条件の①及び②に基づき，該当事項を記載する。

2　5欄から24欄までの各欄は，次により記載する。

　　この場合，各欄に記載した金額の計算に関する明細を別紙に記載して添付する。

⑴　5欄（国外事業所等帰属所得に係る当期利益又は当期欠損の額）には，当期利益又は当期欠損の額のうち，国外事業所等帰属所得（令第141条の2第1号《国外所得金額》に掲げる国外源泉所得をいう。以下同じ。）に係る利益又は欠損の額として計算した税引き後の金額を

287

第8章　個別事例に基づく内国法人に係る申告書別表の記載例

国外事業所等帰属所得に係る所得の金額の計算に関する明細書				事業年度	令6・4・1 令7・3・31	法人名	日本橋食品製造株式会社		

国外事業所等の名称等	名 称	1	E支店				
	国 名 又 は 地 域 名	2	E国				
	所 在 地	3	×××				
	主 た る 事 業	4	食料品製造業				

区　分		国外所得対応分 ①	①のうち非課税所得分 ②	国外所得対応分 ③	③のうち非課税所得分 ④
国外事業所等帰属所得に係る当期利益又は当期欠損の額	5	10,951,500 円	0 円	円	円
(5)のうち内部取引に係る利益又は損失の額	6	0	0		
加算	納付した控除対象外国法人税額	7	4,693,500			
	交際費等の損金不算入額	8				
	貸倒引当金の戻入額	9				
	国外事業所等に帰せられるべき資本に対応する負債の利子の損金不算入額（別表六(二)付表二「16」）	10	0			
		11				
		12				
		13				
		14				
	小　　計	15	4,693,500	0		
減算	貸倒引当金の繰入額	16				
	銀行等の資本に係る負債の利子の損金算入額（別表六(二)付表二「20」）	17				
	保険会社の投資資産超過額に係る投資収益の益金不算入額（別表六(二)付表四「29」）	18				
		19				
		20				
		21				
		22				
	小　　計	23				
仮　　計 (5)+(15)-(23)	24	15,645,000	0		

国外事業所等帰属所得に係る所得の金額 (24の①) + (24の③)	25	15,645,000 円
(25) の う ち 非 課 税 所 得 の 金 額 (24の②) + (24の④)	26	0

記載する。

　この記載例では，「10,951,500円」と記入する。

⑵　「加算」及び「減算」の７欄から23欄までの各欄は，上記（1）の５
欄に記載された金額が，国外事業所等帰属所得に係る所得金額と異な
ることとなる場合に，その調整をするため，別表四の記載に準じて記
載する。

⑶　７欄（納付した控除対象外国法人税額）には，別表六（二の二）の
７欄（納付した控除対象外国法人税額）の金額のうち，国外事業所等
帰属所得に係る部分の金額のみを記載する。

　この記載例では，「4,693,500円」と記入する（非課税所得分はなし）。

⑷　「①のうち非課税所得分②」及び「③のうち非課税所得分④」の５
欄から24欄までの各欄は，令第142条第３項《控除限度額の計算》に
規定する外国法人税が課されない国外源泉所得に係る所得の金額（そ
の内国法人が通算法人である場合には，令第148条第４項《通算法人
に係る控除限度額の計算》に規定する非課税国外所得金額）がある場
合に記載する。

⑸　15欄（小計）及び23欄（小計）は，該当欄に加算額又は減算額につ
きそれぞれ計算した金額を記載する。

　この記載例では，15欄に「4,693,500円」と記入する。

⑹　24欄（仮計），25欄（国外事業所等帰属所得に係る所得の金額）及
び26欄（（25）のうち非課税所得の金額）は，該当欄に記載されてい
る算式に基づき計算した金額をそれぞれ記載する。

　なお，25欄の金額は，別表六（二）の10欄（国外事業所等帰属所得
に係る所得の金額）に移記し，26欄の金額は，別表六（二）の13欄
（非課税国外所得の金額）の基礎計数として同欄に記載することにな
る。

　この記載例では，Ｅ支店に係る24欄（仮計）と合計金額である25欄
に，それぞれ「15,645,000円」と記入する。

第8章　個別事例に基づく内国法人に係る申告書別表の記載例

記載事例 **10**　別表六 (二)(内国法人の外国税額の控除に関する明細書) の記載例

1　法人税に係る外国税額の控除に関する明細書の記載例

　この明細書は，内国法人が法第69条《外国税額の控除》又は措置法第66条の7第1項《内国法人の外国関係会社に係る所得の課税の特例》若しくは第66条の9の3第1項《特殊関係株主等である内国法人に係る外国関係法人に係る所得の課税の特例》の規定の適用を受ける場合に記載する。

　なお，本記載例は，次の事項を前提条件としている。

①	この別表の作成対象の法人は「日本橋食品製造株式会社（食料品製造業）」で，対象事業年度は「自令和6年4月1日〜至令和7年3月31日」である。
②	・別表六（二の二）の21欄（当期の控除対象外国法人税額）の金額は，16,299,577円である。 ・別表一の「(2)欄−(3)欄」（差引法人税額）の金額は208,992,096円で，別表六（五の二）5欄の③（控除を受ける分配時調整外国税相当額）及び別表十七（三の六）1欄（控除対象所得税額等相当額）の金額は，0円（零）である。 ・別表四の52欄の①（所得金額）の金額は，900,828,985円である。 ・別表六（二）付表一の25欄（国外事業所等帰属所得に係る所得の金額）の金額は，15,645,000円である。 ・別表六（三）の34欄の②（当期分の控除余裕額の使用額）の金額は，2,703,000円である。 ・国外事業所等帰属所得以外の国外源泉所得金額に係る税引き後の当期利益の額は，69,229,700円である。 　なお，その他の国外源泉所得について「納付した控除対象外国法人税額」（外国関係会社の合算課税により控除対象外国法人税額とみなされる金額で，益金算入する金額を含む。）は，10,394,300円（非課税所得分なし）である。 ・外国関係会社に係る課税対象金額等の益金算入額は，20,979,000円（非課税所得分なし）である。

【記載のポイント】

⑴　1欄（当期の控除対象法人税額）には，別表六（二の二）の21欄の金

290

額を記載する。

　　この記載例では，「16,299,577円」と記入する。

(2)　「当期の法人税の控除限度額の計算」の２欄から17欄までの各欄には，それぞれの該当欄に記載されている別表から該当金額の移記，又は該当金額の計算を行ってその金額を記載する。

　　なお，３欄（所得金額又は欠損金額）には，別表四（所得の金額の計算に関する明細書）の52欄の①の金額を記載するが，当期において法第64条の４第１項から第３項まで《公共法人等が普通法人に移行する場合の所得の金額の計算》の規定により益金の額又は損金の額に算入される金額がある場合には，これらの規定の適用をしないで計算した所得金額又は欠損金額を記載する。

　　この記載例では，２欄（当期の法人税額）に「208,992,096円」と，３欄及び９欄（計）に「900,828,985円」と，10欄（国外事業所等帰属所得に係る所得の金額）に「15,645,000円」と，11欄（その他の国外源泉所得に係る所得の金額）に「100,603,000円」と，12欄（(10)＋(11)）及び14欄（(12)－(13)）に「116,248,000円」と，15欄（(9)×90％）に「810,746,086円」と，16欄（調整国外所得金額）に「116,248,000円」と，17欄（法人税の控除限度額）に「26,969,506円」と，それぞれ記入する。

(3)　「２」から「16」までの各欄は，その内国法人が通算法人である場合には，記載しない。

(4)　「当期に控除できる金額の計算」の18欄から23欄までの各欄には，それぞれの該当欄に記載されている別表から該当金額の移記，又は該当金額の計算を行ってその金額を記載する。

　　この記載例では，18欄（法第69条第１項により控除できる金額）に「16,299,577円」と，20欄（法第69条第３項により控除できる金額）に「2,703,000円」と，21欄（(18)＋(19)＋(20)）及び23欄（当期に控除できる金額）に「19,002,577円」と，それぞれ記入する。

第8章　個別事例に基づく内国法人に係る申告書別表の記載例

　　なお，23欄の金額は，申告書別表一（一）の17欄（外国税額）に移記することになる。

⑸　21欄（（(18)＋(19)＋(20)）又は当初申告税額控除額）の記載に当たっては，次による。

　　イ　ロに規定する場合（ハに規定するときを含む。）以外の場合には，「又は当初申告税額控除額」を消す。

　　ロ　通算法人の適用事業年度（法第69条第15項に規定する適用事業年度をいう。ハにおいて同じ。）について同項の規定の適用を受ける場合（ハに規定するときを除く。）には，「（(18)＋(19)＋(20)）又は」を消す。

　　ハ　既に通算法人の適用事業年度について法第69条第16項（第1号に係る部分に限る。）の規定を適用して修正申告書の提出又は更正がされていた場合において，その適用事業年度につき同条第15項の規定の適用を受けるときは，その修正申告書又はその更正に係る国税通則法第28条第2項《更正又は決定の手続》に規定する更正通知書のうち，最も新しいものに基づき別表六（二）「21」の金額として計算される金額を記載する。

⑹　「当期のその他の国外源泉所得に係る所得の金額の計算」の24欄から46欄までの各欄は，次により記載する。

　　イ　各欄は，その他の国外源泉所得（令第141条の2第2号《国外所得金額》に掲げる国外源泉所得をいう。）に係る所得の金額について記載する。この場合，その各欄に記載した金額の計算に関する明細を別紙に記載して添付する。

　　ロ　「①のうち非課税所得分②」の24欄から46欄までの各欄は，令第142条第3項《控除限度額の計算》に規定する外国法人税が課されない国外源泉所得に係る所得金額（その内国法人が通算法人である場合には，令第148条第4項《通算法人に係る控除限度額の計算》に規定する非課税国外所得金額）がある場合に記載する。

記載事例 10

ハ　25欄（納付した控除対象外国法人税額）には，別表六（二の二）の7欄の金額のうち，「その他の国外源泉所得」に係る部分の金額を記載する。

この記載例では，24欄の①（その他の国外源泉所得に係る当期利益の額）に「69,229,700円」と，25欄の①（納付した控除対象外国法人税額）に「10,394,300円」と，28欄の加算項目の空欄に「外国関係会社に係る課税対象金額等の益金算入額」と記入しその金額を①欄に「20,979,000円」と，35欄の①（小計）に「31,373,300円」と，46欄の①（計）に「100,603,000円」と，それぞれ記入する。

また，それぞれの記載欄に係る②の「非課税所得分」はないため，「0」（零）と記入する。

なお，この記載例の事例では，上記28欄の「外国関係会社に係る課税対象金額等の益金算入額」の「20,979,000円」は，別表四の加算項目（社外流出）の10欄にも同様の記載を行うことになる。

2　地方法人税に係る外国税額の控除に関する明細書の記載例

この明細書は，内国法人が地方法人税法第12条《外国税額の控除》（第2項を除く。）の規定の適用を受ける場合に記載する。

【記載のポイント】

47欄から56欄までの各欄は，次の(1)から(3)に留意し，それぞれの該当欄に記載されている別表から該当金額の移記，又は該当金額の計算を行ってその金額を記載する。

なお，この記載例では，「47欄（当期の控除対象外国法人税額）≦48欄（法人税の控除限度額）」となるため，実際に地方法人税額から控除することとなる「差引控除対象法人税額」はないこととなる。

(注)　56欄（外国税額の控除額）の金額は，申告書別表一次葉の65欄（外国税額の控除額）に移記することになる。

293

(1) 「50」欄及び「51」欄の各欄は，その内国法人が通算法人である場合には，記載しない。

(2) 50欄（課税標準法人税額）の記載に当たっては，次による。

　　イ　その課税事業年度が「新たな事業の創出及び産業への投資を促進するための産業競争力強化法等の一部を改正する法律（令和6年法律第45号）」の施行の日以後に終了する課税事業年度である場合には，「(別表一「2」-「3」)＋(別表六（六）「9の㉔」+「9の㉖」)」により計算する。

　　ロ　計算した金額に1,000円未満の端数があるときは，その端数金額を切り捨てる。

(3) 54欄（(53)又は当初申告税額控除額）の記載に当たっては，次による。

　　イ　ロに規定する場合（ハに規定するときを含む。）以外の場合には，「又は当初申告税額控除額」を消す。

　　ロ　通算法人の適用課税事業年度（地方法人税法第12条第5項に規定する適用課税事業年度をいう。ハにおいて同じ。）について同項の規定の適用を受ける場合（ハに規定するときを除く。）には，「(53)又は」を消す。

　　ハ　既に通算法人の適用課税事業年度について地方法人税法第12条第6項（第1号に係る部分に限る。）の規定を適用して修正申告書の提出又は更正がされていた場合において，その適用課税事業年度につき同条第5項の規定の適用を受けるときは，その修正申告書又はその更正に係る国税通則法第28条第2項に規定する更正通知書のうち，最も新しいものに基づき別表六（二）54欄の金額として計算される金額を記載する。

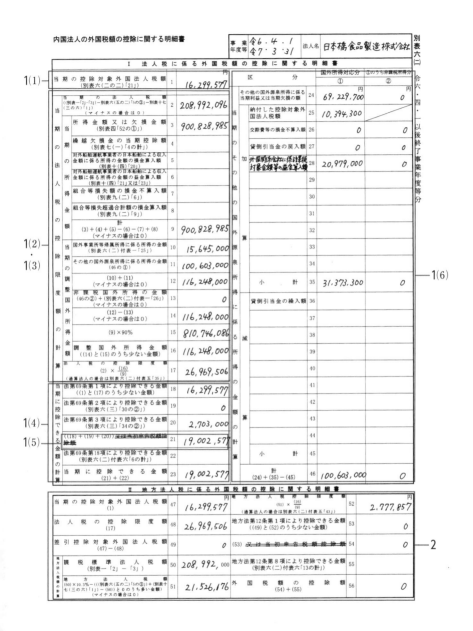

第8章　個別事例に基づく内国法人に係る申告書別表の記載例

[参考：関連する申告書の記載事例]

法人税申告書別表一（各事業年度の所得に係る申告書：内国法人の分）

FB0613

令和7年6月30日
日本橋　税務署長殿

青色申告　一連番号

別表一

納税地　東京都中央区日本橋 △-△-△
電話 03 9999-9999

フリガナ　ニホンバシ ショクヒンセイゾウ カブシキガイシャ
法人名　日本橋食品製造株式会社

法人番号　9999999999999

フリガナ　ホリドメ イチロウ
代表者氏名　堀留一郎

代表者住所　東京都中央区日本橋 X-X-X

通算グループ整理番号
通算親法人整理番号
法人区分
事業種目　食料品製造業
期末現在の資本金の額又は出資金の額　600,000,000　同非区分
同上が1億円以下の普通法人のうち中小法人に該当しないもの
旧納税地及び旧法人名等
添付書類

整理番号
事業年度（至）
売上金額　4370
申告年月日
申告区分

令和 6 年 4 月 1 日　事業年度分の法人税　確定　申告書
令和 7 年 3 月 31 日　課税事業年度分の地方法人税　確定　申告書

		十億 百万 千
所得金額又は欠損金額（別表四「52の①」）	1	900828985
法人税額（48）+（49）+（50）	2	208992096
法人税額の特別控除額（別表六（六）「5」）	3	
税額控除超過額相当額等の加算額	4	
土地譲渡税額（62）+（63）+（64）	5	000
同上に対する税額	6	
留保税額（別表三（一）「4」）	7	
同上に対する税額（別表三（一）「8」）	8	
法人税額計（2）-（3）+（4）+（6）+（8）	9	208992096
	10	
仮装経理に基づく過大申告の更正に伴う控除法人税額	11	
控除税額	12	19002577
差引所得に対する法人税額（9）-（10）-（11）-（12）	13	189989500
中間申告分の法人税額	14	
差引確定法人税額（13）-（14）	15	189989500
所得の金額に対する法人税額（28）	28	208992096
課税留保金額に対する法人税額（8）	29	
課税標準法人税額（28）+（29）	30	208992000
地方法人税額（53）	31	21526176
税額控除超過額相当額の加算額（別表六（二）付表六「14の計」）	32	
課税留保金額に係る地方法人税額（54）	33	
所得地方法人税額（31）+（32）+（33）	34	21526176
	35	0
仮装経理に基づく過大申告の更正に伴う控除地方法人税額	36	
外国税額の控除額	37	
差引地方法人税額（34）-（35）-（36）-（37）	38	21526176
中間申告分の地方法人税額	39	
差引確定地方法人税額（38）-（39）	40	21526176

		十億 百万 千
所得税の額（別表六（一）「6の③」）	16	
外国税額（別表六（二）「23」）	17	19002577
計（16）+（17）	18	19002577
控除した金額（12）	19	19002577
控除しきれなかった金額（18）-（19）	20	
所得税額等の還付金額（20）	21	
中間納付額（14）-（13）	22	
欠損金の繰戻しによる還付請求税額	23	
計（21）+（22）+（23）	24	
この申告が修正申告である場合のこの申告により納付すべき法人税額又は減少する還付請求税額（57）	25	00
欠損金等の当期控除額（別表七（一）「4の計」+（別表七（四）「10」）	26	
翌期へ繰り越す欠損金額（別表七（一）「5の合計」）	27	
外国税額の還付金額（67）	41	
中間納付額（39）-（38）	42	
計（41）+（42）	43	
この申告が修正申告である場合のこの申告により納付すべき地方法人税額（61）	44	00

剰余金・利益の配当（剰余金の分配）の金額
残余財産の最後の分配又は引渡しの日
決算確定の日 7 6 10

税理士署名

296

参考：関連する申告書の記載事例

事業年度等	令6・4・1 令7・3・31	法人名	日本橋食品製造株式会社

別表一次葉　令六・四・一以後終了事業年度等分

法 人 税 額 の 計 算

(1)のうち中小法人等の年800万円相当額以下の金額 ((1)と800万円×⎯⎯のうち少ない金額)又は(別表一付表「5」)	45	000	(45) の 15 % 又は 19 % 相 当 額	48	
(1)のうち特例税率の適用がある協同組合等の年10億円相当額を超える金額 (1)-10億円×⎯⎯	46	000	(46) の 22 % 相 当 額	49	
そ の 他 の 所 得 金 額 (1)-(45)-(46)	47	900,828,000	(47) の 19%又は 23.2%相当額	50	208,992,096

地 方 法 人 税 額 の 計 算

所得の金額に対する法人税額 (28)	51	208,992,000	(51) の 10.3% 相 当 額	53	21,526,176
課税留保金額に対する法人税額 (29)	52	000	(52) の 10.3% 相 当 額	54	

こ の 申 告 が 修 正 申 告 で あ る 場 合 の 計 算

法人税額の計算	この申告前の	法 人 税 額	55		地方法人税額の計算	この申告前の	確 定 地 方 法 人 税 額	58	
		還 付 金 額	56	外			還 付 金 額	59	
							欠損金の繰戻しによる還 付 金 額	60	
	この申告により納付すべき法人税額又は減少する還付請求税額 ((15)-(55))若しくは((15)+(56))又は((56)-(24))		57	外 00		この申告により納付すべき地方法人税額 ((40)-(58))若しくは((40)+(59)+(60))又は((59)-(43))+((60)-(43の外書)))		61	00

土 地 譲 渡 税 額 の 内 訳

土 地 譲 渡 税 額 (別表三(二)「25」)	62	0	土 地 譲 渡 税 額 (別表三(三)「21」)	64	00
同 (別表三(二の二)「26」)	63	0			

地 方 法 人 税 額 に 係 る 外 国 税 額 の 控 除 額 の 計 算

外 国 税 額 (別表六(二)「56」)	65		控 除 し き れ な か っ た 金 額 (65)-(66)	67	
控 除 し た 金 額 (37)	66				

297

第8章　個別事例に基づく内国法人に係る申告書別表の記載例

法人税申告書別表四（所得の金額の計算に関する明細書）

所得の金額の計算に関する明細書

事業年度	令6・4・1 令7・3・31	法人名	日本橋食品製造株式会社

別表四　令六・四・一以後終了事業年度分

区　分		総額 ①	処分		
			留保 ②	社外流出 ③	
当　期　利　益　又　は　当　期　欠　損　の　額	1	864,762,185 円	864,762,185 円	配当	円
				その他	
加算	損金経理をした法人税及び地方法人税（附帯税を除く。）	2				
	損金経理をした道府県民税及び市町村民税	3				
	損金経理をした納税充当金	4	0	0		
	損金経理をした附帯税（利子税を除く。）、加算金、延滞金（延納分を除く。）及び過怠税	5			その他	
	減価償却の償却超過額	6				
	役員給与の損金不算入額	7			その他	
	交際費等の損金不算入額	8			その他	
	通算法人に係る加算額（別表四付表「5」）	9			外※	
	外国関係会社に係る課税対象金額等の益金算入額	10	20,979,000		※	20,979,000
	小　計	11	20,979,000		外※	20,979,000
減算	減価償却超過額の当期認容額	12				
	納税充当金から支出した事業税等の金額	13				
	受取配当等の益金不算入額（別表八（一）「5」）	14			※	
	外国子会社から受ける剰余金の配当等の益金不算入額（別表八（二）「26」）	15			※	
	受贈益の益金不算入額	16			※	
	適格現物分配に係る益金不算入額	17			※	
	法人税等の中間納付額及び過誤納に係る還付金額	18				
	所得税額等及び欠損金の繰戻しによる還付金額等	19			※	
	通算法人に係る減算額（別表四付表「10」）	20			※	
		21				
	小　計	22			外※	
仮　計　(1)+(11)-(22)	23	885,741,185	864,762,185	外※	20,979,000 0
対象純支払利子等の損金不算入額（別表十七（二の二）「29」又は「34」）	24			その他	
超過利子額の損金算入額（別表十七（二の三）「10」）	25	△		※	△
仮　計　((23)から(25)までの計)	26	885,741,185	864,762,185	外※	20,979,000 0
寄附金の損金不算入額（別表十四（二）「24」又は「40」）	27			その他	
沖縄の認定法人又は国家戦略特別区域における指定法人の所得の特別控除額又は益金算入額（別表十（一）「15」若しくは別表十（二）「10」又は別表十（一）「16」若しくは別表十（二）「11」）	28			※	
法人税額から控除される所得税額（別表六（一）「6の③」）	29			その他	
税額控除の対象となる外国法人税の額（別表六（二の二）「7」）	30	15,087,800		その他	15,087,800
分配時調整外国税相当額及び外国関係会社等に係る控除対象所得税額等相当額（別表六（五の二）「5の②」）＋（別表十七（三の六）「1」）	31			その他	
組合等損失額の損金不算入額又は組合等損失超過合計額の損金算入額（別表九（一）「10」）	32				
対外船舶運航事業者の日本船舶による収入金額に係る所得の金額の損金算入額又は益金算入額（別表十（四）「20」、「21」又は「23」）	33			※	
合　計　(26)+(27)±(28)+(29)+(30)+(31)+(32)±(33)	34	900,828,985	864,762,185	外※	20,979,000 15,087,800
契約者配当の益金算入額（別表九（一）「13」）	35				
特定目的会社等の支払配当又は特定目的信託に係る受託法人の利益の分配等の損金算入額（別表十（八）「13」、別表十（九）「11」又は別表十（十）「16」若しくは「33」）	36	△		※	
中間申告における繰戻しによる還付に係る災害損失欠損金額の益金算入額	37			※	
非適格合併又は残余財産の全部分配等による移転資産等の譲渡利益額又は譲渡損失額	38			※	
差　引　計　((34)から(38)までの計)	39	900,828,985	864,762,185	外※	20,979,000 15,087,800
更生欠損金又は民事再生等評価換えが行われる場合の再生等欠損金の損金算入額（別表七（三）「9」又は「21」）	40	△		※	
通算対象欠損金額の損金算入額又は通算対象所得金額の益金算入額（別表七の二「5」又は「11」）	41			※	
当初配賦欠損金控除額の益金算入額（別表七（二）付表一「23の計」）	42			※	
差　引　計　(39)+(40)±(41)+(42)	43	900,828,985	864,762,185	外※	20,979,000 15,087,800
欠損金等の当期控除額（別表七（一）「4の計」）＋（別表七（四）「10」）	44	△		※	△
総　計　(43)+(44)	45	900,828,985	864,762,185	外※	20,979,000 15,087,800
新鉱床探鉱費又は海外新鉱床探鉱費の特別控除額（別表十（三）「43」）	46	△		※	△
農業経営基盤強化準備金積立額の損金算入額（別表十二（三）「15」）	47	△			
農用地等を取得した場合の圧縮額の損金算入額（別表十二（三）「43の計」）	48	△			
関西国際空港用地整備準備金積立額、中部国際空港整備準備金積立額又は再投資等準備金積立額の損金算入額（別表十二（十）「15」、別表十二（十一）「10」又は別表十二（十四）「12」）	49	△		※	
特定事業活動として特別新事業開拓事業者の株式の取得をした場合の特別勘定繰入額の損金算入額又は特別勘定取崩額の益金算入額（別表十（六）「21」・「11」）	50			※	
残余財産の確定の日の属する事業年度に係る事業税及び特別法人事業税の損金算入額	51	△			
所得金額又は欠損金額	52	900,828,985	864,762,185	外※	20,979,000 15,087,800

御注意
「52」の①欄の金額は、②欄の金額に③欄の本書の金額を加算し、これから「※」の金額を加減算した額と符合することになります。

参考：関連する申告書の記載事例

第七号の二様式（外国の法人税等の額の控除に関する明細書（その2）：東京都）

外国の法人税等の額の控除
に関する明細書（その2）

事業年度	令6・4・1 令7・3・31	法人名	日本橋食品製造 株式会社

第七号の二様式

政令第9条の7第6項ただし書の規定の適用の有無	有・無
政令第48条の13第7項ただし書の規定の適用の有無	有・無

当期において控除する外国税額及び税額控除不足額相当額の計算

控除対象外国税額	当期の控除対象外国税額 （別表1の⑥）	①	円 16,299,577
	前3年以内の控除限度額を超える 外国税額（別表1の⑱）	②	2,703,000
	計　①＋②	③	19,002,577
当期分の控除外国税額	国税の控除限度額 （別表1の③、同表の⑧又は（同表の③＋同表の④））	④	26,969,506
	外国税額のうち④の額を超える額 は上段に、④と⑥の合計額を超え る額は下段に	⑤	0
	道府県民税の控除限度額 （別表1の③）	⑥	493,966
	市町村民税の控除限度額 （別表1の④）	⑦	2,265,437
	前3年以内の控除余裕額のうち当期加算額 （別表1の㉑は上段に、㉒は下段に）	⑧ (イ) (ロ)	
	計 （⑥＋⑧(イ)は上段に、⑦＋⑧(ロ)は下段に）	⑨ (イ) (ロ)	493,966 2,265,437
	当期分の控除外国税額 （⑤又は⑨の各段のうち少ない額）	⑩ (イ) (ロ)	0 0
	⑩又は当初申告税額控除額	⑪ (イ) (ロ)	0 0
	前3年以内の控除未済外国税額及び 控除未済税額控除不足額相当額	⑫	
	法第53条第42項及び第321条の8第42項に より控除できる金額（別表7（その2）の⑧）	⑬ (イ) (ロ)	
	当期分として算定した法人税額割若しくは ⑨は別表6⑥様式の②－⑧＋⑨－⑩、⑥7様式の②の②－ ⑧＋⑨－⑩若しくは別表9号6様式それぞれの②－⑧＋⑨－⑩	⑭	3,827,834 17,555,244
	当期において控除する外国税額及び税額控除 不足額相当額（⑩若しくは（⑪＋⑫＋⑬） のうち少ない額又は㉛及び㉝）	⑮	0

前3年以内の控除未済外国税額及び控除未済税額控除不足額相当額の明細

事業年度又は 連結事業年度	控除未済 外国税額等	当期控除額	翌期繰越額 ⑯－⑰ ⑱
・　・	道府県民税 円	円	円
	市民町村民税		
・　・	道府県民税		
	市町村民税		
・　・	道府県民税		
	市町村民税		
計 ⑫	道府県民税 (イ)		
	市町村民税 (ロ)		
当期分	道府県民税		0
	市町村民税		0
翌期繰越額計	道府県民税		0
	市町村民税		0

各都道府県・市町村ごとに控除する外国税額及び税額控除不足額相当額の明細

	事務所又は事業所 名称 / 所在地	従業者数 又は補正 後の従業 者数⑲	各都道府県ご とに控除すべ き外国税額等 ⑳	各都道府県ご とに算定した 法人税割額 ㉑	各都道府県ご とに控除する 外国税額等 ⑳又は㉑のうち 少ない額㉒	従業者数 又は補正 後の従業 者数㉒	各市町村ごと に控除すべき 外国税額等 ㉓	各市町村ごと に算定した法 人税割額 ㉔	各市町村ごと に控除する外 国税額㉓ 又は㉔のうち 少ない額㉕
特別区以外	習志野工場 / 千葉県習志野市 △－△－△	人 1,440	円 0	円 3,167,874	円 0	人 1,120	円 0	円 14,783,412	円 0
	小　計	㉖ 0	3,167,874	0		㉘ 0	14,783,412	0	
特別区	本店 / 東京都中央区日本橋 △－△－△	300	㉖+(イ)+⑨-(イ) 0	659,960	0	210	㉘+(ロ)+⑨-(ロ) 0	2,771,832	0
	合　計	1,740	㉙ 0	3,827,834	0	1,330	㉚ 0	17,555,244	0
			控除未済繰 越額 ㉙－㉛ ㉝ 0				控除未済繰 越額 ㉚－㉜ ㉞ 0		

299

第8章　個別事例に基づく内国法人に係る申告書別表の記載例

第七号の二様式（外国の法人税等の額の控除に関する明細書（その1）：千葉県）

外国の法人税等の額の控除に関する明細書（その1）	事業年度	令6・4・1 令7・3・31	法人名	日本橋食品製造株式会社

政令第9条の7第6項ただし書の規定の適用の有無　（有）・無

当期において控除する外国税額及び税額控除不足額相当額の計算				前3年以内の控除未済外国税額及び控除未済税額控除不足額相当額の明細			
				事業年度又は連結事業年度	控除未済 外国税額等 ⑮	当期控除額 ⑯	翌期繰越額 ⑮−⑯ ⑰
控除対象外国税額	当期の控除対象外国税額 （別表1の⑥）	①	16,299,577 円	・　・	円	円	
	前3年以内の控除限度額を超える外国税額（別表1の⑱）	②	2,703,000	・　・			
	計　①＋②	③	19,002,577	・　・			円
当期分の控除外国税額	国税の控除限度額 （別表1の①、同表の⑤又は　同表の①＋同表の②）	④	26,969,506	・　・			
	外国税額のうち④の額を超える額 ③−④	⑤	0	・　・			
	道府県民税の控除限度額 （別表1の③）	⑥	493,966	・　・			
	前3年以内の控除余裕額のうち当期加算額（別表1の㉑）	⑦		・　・			
	計　⑥＋⑦	⑧	493,966	・　・			
	当期分の控除外国税額 （⑤又は⑧のうち少ない額）	⑨	0	・　・			
~~⑨又は当初申告税額控除額~~		⑩	0	・　・			
前3年以内の控除未済外国税額及び控除未済税額控除不足額相当額		⑪		・　・			0
法第53条第42項により控除できる金額（別表7（その1）の⑧）		⑫		当　期　分			
当期分として算定した法人税割額（第5号様式の⑤−⑧＋⑨−⑩、第6号様式（その2）の⑤−⑧＋⑨−⑪又はあらり様式（その3）の⑤−⑧＋⑨−⑩）		⑬	3,827,834	計　⑪	円	円	
当期において控除する外国税額及び税額控除不足額相当額（⑩若しくは（⑩＋⑪＋⑫）のうち少ない額又は㉒）		⑭	0				

各道府県ごとに控除する外国税額及び税額控除不足額相当額の明細					
事務所又は事業所		従業者数又は補正後の従業者数	控除すべき外国税額等 ⑱	各道府県ごとに算定した法人税割額 ⑲	各道府県ごとに控除する外国税額等（⑱又は⑲のうち少ない額） ⑳
名　称	所　在　地				
東京都	東京都中央区日本橋 △−△−△	300人	0 円	659,960 円	0 円
千葉県	千葉県習志野市 ▲−▲−▲	1,440	0	3,167,874	0
合　計		1,740	0	㉑3,827,834	㉒0

300

参考：関連する申告書の記載事例

第七号の二様式別表一（控除余裕額又は控除限度額を超える外国税額の計算に関する明細書：東京都・千葉県）

控除余裕額又は控除限度額を超える外国税額の計算に関する明細書	事業年度	令6・4・1 令7・3・31	法人名	日本橋食品製造 株式会社

第七号の二様式別表一

当期分の控除余裕額又は控除限度額を超える外国税額の計算

当期分の控除限度額	法人税の控除限度額 ①	26,969,506 円	当期分の控除余裕額	国税の控除余裕額 ①－⑥ ⑦	10,669,929 円
	地方法人税の控除限度額 ②	2,777,857		道府県民税の控除余裕額(①＋②＋③ －⑥) 又は ③のうち少ない金額 ⑧	493,966
	道府県民税の控除限度額 ③	493,966		市町村民税の控除余裕額(⑤－⑥) 又は ④のうち少ない金額 ⑨	2,265,437
	市町村民税の控除限度額 ④	2,265,437		計 ⑦＋⑧＋⑨ ⑩	13,429,332
	計 ①＋②＋③＋④ ⑤	32,506,766			
	当期の控除対象外国税額 ⑥	16,299,577	当期分の控除限度額を超える外国税額 ⑥－⑤ ⑪		

前3年以内の控除余裕額又は控除限度額を超える外国税額の明細

事業年度又は 連結事業年度	控 除 余 裕 額									控除限度額を超える外国税額		
	国 税			道府県民税			市町村民税			前 期 からの 繰越額	当期分 とみな す額	翌 期 繰越額
	前 期 からの 繰越額	当期に 加算 する額	翌 期 繰越額	前 期 からの 繰越額	当期に 加算 する額	翌 期 繰越額	前 期 からの 繰越額	当期に 加算 する額	翌 期 繰越額			
・ ・ ・ ・	円	円		円	円		円	円		円	円	
・ ・ ・ ・		円			円			円			円	
令4・4・1 令5・3・31										2,703,000	2,703,000	0
令5・4・1 令6・3・31	1,650,000	0	1,650,000	16,500	0	16,500	99,000	0	99,000			
合　計	⑫ 1,650,000	0	⑬ 1,650,000	⑭ 16,500	0	⑮ 16,500	⑯ 99,000	⑰ 0	99,000	⑱ 2,703,000	⑲ 2,703,000	0
当 期 分	⑦の額	⑳の額	⑦－⑳ の額	⑧の額	㉔の額	⑧－㉔ の額	⑨の額	㉕の額	⑨－㉕ の額	⑪の額	⑬＋⑮ ＋⑰の額	⑪－(⑬＋ ⑮＋⑰) の額
	円 10,669,929	円 2,703,000	円 7,966,929	円 493,966	円 0	円 493,966	円 2,265,437	円 0	円 2,265,437	円	円	円

前3年以内の控除余裕額の当期の限度額への加算額	国 税	⑱のうち⑪に 充てられる額 ⑳		㉓ 円	前3年以内の控除限度額を超える外国税額の当期への繰越額	国 税	⑱のうち⑪に 充てられる額 ㉓	2,703,000 円
	道府県 民税	⑱のうち⑪に 充てられる額 ㉔		㉕		道府県 民税	⑱－㉓のうち⑧ に充てられる額 ㉔	0
	市町村 民税	⑱のうち⑪に 充てられる額 ㉕		㉗		市町村 民税	⑱－㉓－㉔のうち ⑨に充てられる額 ㉕	0
						計	㉓＋㉔＋㉕ ㉖	⑲ 2,703,000

301

第8章　個別事例に基づく内国法人に係る申告書別表の記載例

第七号の二様式別表二（控除限度額の計算に関する明細書：東京都・千葉県）

控除限度額の計算に関する明細書		事業年度	令6・4・1 令7・3・31	法人名	日本橋食品製造 株式会社		
都道府県名	法人税の 控除限度額	従業者数 ②	②で按分した 法人税の控除 限度額　④	税率 ⑤	道府県民税の 控除限度額 ④×⑤　⑥	補正後の 従業者数 ②×③÷標準税率 ⑧	
東京都(特別区)		150 人	4,258,342 円	$\frac{2}{100}$	85,166 円	300 人	
千葉県		800	22,711,162	$\frac{1.8}{100}$	408,800	1,440	
				$\frac{}{100}$			
				$\frac{}{100}$			
				$\frac{}{100}$			
				$\frac{}{100}$			
				$\frac{}{100}$			
				$\frac{}{100}$			
				$\frac{}{100}$			
				$\frac{}{100}$			
				$\frac{}{100}$			
				$\frac{}{100}$			
				$\frac{}{100}$			
				$\frac{}{100}$			
				$\frac{}{100}$			
				$\frac{}{100}$			
				$\frac{}{100}$			
				$\frac{}{100}$			
合　計	① 26,969,506 円	③ 950	26,969,504		⑦ 493,966	1,740	

302

参考：関連する申告書の記載事例

第二十号の四様式（外国の法人税等の額の控除に関する明細書：習志野市）

外国の法人税等の額の控除に関する明細書

事業年度	令6・4・1 令7・3・31	法人名	日本橋食品製造 株式会社

第二十号の四様式

政令第48条の13第7項ただし書の規定の適用の有無	有 ・ 無

当期において控除する外国税額及び税額控除不足額相当額の計算

			円
控除対象外国税額	当期の控除対象外国税額 （別表1の⑥）	①	16,299,577
	前3年以内の控除限度額を超える外国税額（別表1の⑱）	②	2,703,000
	計　①＋②	③	19,002,577
当期分の控除外国税額	国税の控除限度額 （別表1の①、同表の⑤又は（同表の①＋同表の②））	④	26,969,506
	道府県民税の控除限度額 （別表1の③）	⑤	493,966
	外国税額のうち④と⑤の合計額を超える額　③－（④＋⑤）	⑥	0
	市町村民税の控除限度額 （別表1の④）	⑦	2,265,437
	前3年以内の控除余裕額のうち当期加算額（別表1の㉒）	⑧	
	計　⑦＋⑧	⑨	2,265,437
	当期分の控除外国税額 （⑥又は⑨のうち少ない額）	⑩	0
⑩又は当初申告税額控除額		⑪	0
前3年以内の控除未済外国税額及び控除未済税額控除不足額相当額		⑫	
法第321条の8第42項により控除できる金額（別表7の⑧）		⑬	
当期分として算定した法人税割額 （㉒又は第20号様式の⑤－⑦＋⑧－⑨）		⑭	17,555,244
当期において控除する外国税額及び税額控除不足額相当額（⑪若しくは（⑪＋⑫＋⑬）のうち少ない額又は㉓）		⑮	0

前3年以内の控除未済外国税額及び控除未済税額控除不足額相当額の明細

事業年度又は連結事業年度	控除未済外国税額等 ⑯	当期控除額 ⑰	翌期繰越額 ⑯－⑰　⑱
・・・	円	円	
・・・			
・・・			
・・・			円
・・・			
当　期　分			0
計　⑲	円	円	0

各市町村ごとに控除する外国税額及び税額控除不足額相当額の明細

事務所又は事業所		従業者数又は補正後の従業者数	控除すべき外国税額等 ⑲	各市町村ごとに算定した法人税割額 ⑳	各市町村ごとに控除する外国税額等（⑲又は㉒のうち少ない額） ㉑
名称	所在地				
本店	東京都中央区日本橋 △－△－△	210人	0 円	2,771,832 円	0 円
習志野工場	千葉県習志野市 ▲－▲－▲	1,120	0	14,783,412	0
合　計		1,330	0	㉒ 17,555,244	㉓ 0

303

第8章　個別事例に基づく内国法人に係る申告書別表の記載例

第二十号の四様式別表一（控除余裕額又は控除限度額を超える外国税額の計算に関する明細書：習志野市）

控除余裕額又は控除限度額を超える外国税額の計算に関する明細書

事業年度	令6・4・1 令7・3・31	法人名	日本橋食品製造 株式会社

当期分の控除余裕額又は控除限度額を超える外国税額の計算

当期分の控除限度額	法人税の控除限度額 ①	26,969,506 円	当期分の控除余裕額	国税の控除余裕額 ①-⑥	10,669,929 円
	地方法人税の控除限度額 ②	2,777,857		道府県民税の控除余裕額(①+②+③-⑥)又は③のうち少ない金額 ⑧	493,966
	道府県民税の控除限度額 ③	493,966		市町村民税の控除余裕額(③-⑥)又は④のうち少ない金額 ⑨	2,265,437
	市町村民税の控除限度額 ④	2,265,437			
	計 ①+②+③+④	32,506,766		計 ⑦+⑧+⑨ ⑩	13,429,332
当期の控除対象外国税額 ⑥		16,299,577	当期分の控除限度額を超える外国税額 ⑥-⑤ ⑪		

前3年以内の控除余裕額又は控除限度額を超える外国税額の明細

事業年度又は連結事業年度	控除余裕額									控除限度額を超える外国税額		
	国税			道府県民税			市町村民税			前期からの繰越額	当期分とみなす額	翌期繰越額
	前期からの繰越額	当期に加算する額	翌期繰越額	前期からの繰越額	当期に加算する額	翌期繰越額	前期からの繰越額	当期に加算する額	翌期繰越額			
	円	円		円	円		円	円		円		円
		円			円			円				円
令4・4・1 令5・3・31										2,703,000	2,703,000	0
令5・4・1 令6・3・31	1,650,000	0	1,650,000	16,500	0	16,500	99,000	0	99,000			
合計	⑫ 1,650,000	⑬ 0	⑭ 1,650,000	⑮ 16,500	⑯ 0	16,500	⑰ 99,000	⑱ 0	99,000	⑲ 2,703,000	⑳ 2,703,000	0
当期分	⑦の額	⑳の額	(⑦-⑳)の額	⑧の額	㉔の額	⑧-㉔の額	⑨の額	㉕の額	⑨-㉕の額	⑪の額	⑬+⑮+⑰の額	⑪-(⑬+⑮+⑰)の額
	円	円	円	円	円	円	円	円	円	円	円	円
	10,669,929	2,703,000	7,966,929	493,966	0	493,966	2,265,437	0	2,265,437			

前3年以内の控除余裕額の当期の限度額への加算額	国税	⑫のうち⑪に充てられる額 ⑳		前3年以内の控除限度額を超える外国税額の当期への繰越額	国税	⑲のうち⑫に充てられる額 ㉓	2,703,000 円
	道府県民税	⑭のうち⑪に充てられる額 ㉑			道府県民税	⑲-㉓のうち⑧に充てられる額 ㉔	0
	市町村民税	⑯のうち⑪に充てられる額 ㉒			市町村民税	⑲-㉓-㉔のうち⑨に充てられる額 ㉕	0
					計	㉓+㉔+㉕ ㉖	2,703,000

304

参考：関連する申告書の記載事例

第二十号の四様式別表二（控除限度額の計算に関する明細書：習志野市）

控除限度額の計算に関する明細書	事業年度	令6・4・1 令7・3・31	法人名	日本橋食品製造株式会社

市町村名	法人税の控除限度額	従業者数 ②	②で按分した法人税の控除限度額 ④	税率 ⑤	市町村民税の控除限度額 ④×⑤ ⑥	補正後の従業者数 ②×2/3÷標準税率 ⑧
		人	円		円	人
東京都（特別区）		150	4,258,342	$\frac{8.4}{100}$	357,700	210
習志野市		800	22,711,162	$\frac{8.4}{100}$	1,907,737	1,120
				$\frac{}{100}$		
				$\frac{}{100}$		
				$\frac{}{100}$		
				$\frac{}{100}$		
				$\frac{}{100}$		
				$\frac{}{100}$		
				$\frac{}{100}$		
				$\frac{}{100}$		
				$\frac{}{100}$		
				$\frac{}{100}$		
				$\frac{}{100}$		
				$\frac{}{100}$		
				$\frac{}{100}$		
				$\frac{}{100}$		
				$\frac{}{100}$		
				$\frac{}{100}$		
合計	① 円 26,969,506	③ 950	26,969,504		⑦ 2,265,437	1,330

第9章

外国法人における
外国税額控除

1 制度創設の趣旨とその概要

　平成26年度の税制改正により，平成28年4月1日以後に開始する事業年度分の外国法人の所得に対する課税については帰属主義への移行が図られたが，これにより，我が国の国内に存する外国法人の恒久的施設が本店所在地国以外の第三国で稼得した所得については，恒久的施設帰属所得として我が国の法人税の課税対象所得とされることとなった。

　そのため，この課税によって生じる第三国と我が国における二重課税を調整するため，外国法人の恒久的施設のための外国税額控除制度（以下「本制度」という。）が創設されている。

　本制度は，内国法人との取扱いの公平性・整合性の観点から，一括限度額方式の採用，控除限度額の制定，控除限度超過額の繰越しの認容，等の基本的な仕組みは，内国法人の外国税額控除制度と同様とされているが，その概要は，次のとおりである。

　すなわち，恒久的施設を有する外国法人が各事業年度において外国法人税を納付することとなる場合には，その事業年度の恒久的施設帰属所得に係る所得金額に係る法人税額のうち国外所得金額（恒久的施設帰属所得に係る所得金額のうち国外源泉所得に係るものをいう。）に対応するものとして計算した金額（控除限度額）を限度として，その外国法人税の額（恒久的施設帰属所得につき課される外国法人税の額に限り，下記2(1)の対象外とされる外国法人税の額を除く。以下「控除対象外国法人税額」という。）をその事業年度の恒久的施設帰属所得に係る所得に対する法人税の額から控除することができるというものである（法144の2①）。

　このため，本書（本章）では，外国税額控除制度に関して外国法人に特有の事項等を中心に，その主要なものを解説する。

第9章 外国法人における外国税額控除

[参考] 恒久的施設を有する外国法人の確定申告（外国税額控除）のイメージ

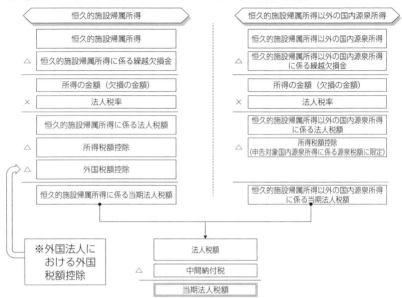

（出典：「平成26年度税制改正の解説」（財務省）を一部編集）

2 外国法人の外国税額控除制度特有のもの

　内国法人の場合と比較して，本制度特有のものとしては，次のようなものがある。

(1) 控除対象外国法人税額の範囲

　外国税額控除の対象となる外国法人税の額は，外国法人の恒久的施設帰属所得に係る所得につき課される外国法人税の額に限ることとされている（法144の2①）。また，外国法人税の意義については内国法人の場合と同じであるが（法144の2①，69①，令141），次の外国法人税の額は，外国税額控除の対象とならないとされている（法144の2①，令195）。

イ　その所得に対する負担が高率な部分の金額

　「外国法人が納付することとなる外国法人税の額のうちその外国法人税を課す国又は地域においてその外国法人税の課税標準とされる金額の35％を超える部分の金額」などの内国法人と同様の高率負担部分の金額（令195①～③）。

ロ　通常行われる取引として認められない取引に係る外国法人税の額

　これについては，令第142条の2第5項及び第6項《外国税額控除の対象とならない法人税の額》の規定を準用することされており，内国法人における外国税額控除と同じものとなっている（令195④）。

ハ　外国法人の本店所在地国において課される外国法人税の額

　外国法人の本店所在地国において課される外国法人税の額は，本店所在地国において二重課税の調整をするのが適当と考えられることから，外国税額控除の対象にならないとされている。しかしながら，本店所在地国が国外所得免除方式を採用する国である場合や我が国における所得税額控除に相当する制度がないことにより自国の法人に対して課した源泉税を自国の法人税から控除しない場合には，二重課税を排除することができないこととなるため，このような場合に生ずる二重課税を排除す

311

る観点から，例外的に，「その外国法人が支払を受けるべき利子，配当
その他これらに類するものの額を課税標準として源泉徴収の方法に類す
る方法により課される外国法人税の額で，その本店所在地国の法令の規
定又は租税条約の規定により，本店所在地国において税額控除等をしな
いこととされるもの」については，外国税額控除の対象とされる外国法
人税の額に含めることとされている（令195⑤一）。

二　本店所在地国以外の国において課される限度税率超過部分等の外国法
人税の額

　　外国法人の本店所在地国以外の第三国において課される外国法人税の
額のうち，その外国法人税の課税標準となる所得について我が国と源泉
地国である第三国との間の租税条約が適用されるとしたならば，その租
税条約の規定（その外国法人税の軽減又は免除に関する規定に限る。）
による限度税率を超える部分の金額又は減免することとされる額に相当
する金額は，内国法人がその第三国から得た所得に対して供与される外
国税額控除とのバランスの観点から，外国税額控除の対象とならないと
されている（令195⑤二）。

(2) 控除限度額の計算

　　外国税額控除の控除限度額は，外国法人の各事業年度の恒久的施設帰属
所得に係る所得に対する法人税の額に，その事業年度の恒久的施設帰属所
得金額のうちにその事業年度の調整国外所得金額（令194③）の占める割
合を乗じて計算した金額とされている（令194①）。

　　《算式》

$$
\text{控除限度額} = \text{各事業年度の恒久的施設帰属所得に係る所得に対する法人税の額} \times \frac{\text{その事業年度の調整国外所得金額}}{\text{その事業年度の恒久的施設帰属所得金額}}
$$

(3) 国外源泉所得の範囲

　本制度では，外国税額控除の控除限度額の算定の基礎となる国外所得金額を算定するため，外国法人の課税範囲を決定する国内源泉所得とは別に，外国法人の恒久的施設帰属所得（国内源泉所得）のうち国外源泉所得とされるものが定義されている。

　具体的には，本制度における国外源泉所得とは，恒久的施設帰属所得のうち次のいずれかに該当するものをいい，一定のものに限定するなどの国外源泉所得の範囲の詳細を規定した内国法人の場合における政令の規定（令145の3～145の10，145の13）は，本制度の国外源泉所得に準用して適用することとされている（法144の2④，令199）。

イ　国外にある資産の運用又は保有により生ずる所得

ロ　国外にある資産の譲渡により生ずる一定の所得

ハ　国外において人的役務の提供を主たる内容とする一定の事業を行う法人が受ける人的役務の提供に係る対価

ニ　国外にある不動産，国外にある不動産の上に存する権利などの貸付け，非居住者や外国法人に対する船舶・航空機の貸付け等による対価

ホ　外国の国債や外国法人の発行する債券の利子などの利子等

ヘ　外国法人から受ける剰余金の配当などの配当等

ト　国外において業務を行う者に対する貸付金等で当該業務に係るものの利子等

チ　国外において業務を行う者から受ける工業所有権，著作権などの使用料又は対価で当該業務に係るもの

リ　国外において行う事業の広告宣伝のための一定の賞金

ヌ　国外にある営業所又は国外において契約の締結の代理をする者を通じて締結した外国保険業者の締結する保険契約その他の年金に係る契約で一定のものに基づいて受ける年金等

ル　国外にある営業所が受け入れ等をした金融類似商品の給付補填金，利息，利益又は差益

第9章　外国法人における外国税額控除

ヲ　国外において事業を行う者に対する出資につき，匿名組合契約等に基
　づいて受ける利益の分配

ワ　イからヲまでに掲げるもののほかその源泉が国外にある一定の所得

　なお，租税条約において国外源泉所得につき上記イからワまでと異なる
定めがある場合には，その租税条約の適用を受ける外国法人については，
国外源泉所得は，租税条約に定めるところによることとされている（法
144の2⑤）。

3　適用要件

　本制度の適用を受ける際の要件は，内国法人の場合と同様に，確定申告
書等に控除を受けるべき金額及びその計算に関する明細を記載した書類並
びに控除対象外国法人税額の計算に関する明細その他一定の書類の添付が
あり，かつ，控除対象外国法人税額を課されたことを証する書類その他一
定の書類を保存していること，等とされている（法144の2⑩，規則60の
14）。

(注)　外国法人のための専用の申告書別表の様式としては，別表六の二（外国法人の外国
　　税額の控除に関する明細書）がある。

4　分配時調整外国税相当額の控除

　恒久的施設を有する外国法人が各事業年度において集団投資信託の収益
の分配の支払を受ける場合（恒久的施設帰属所得に該当するものの支払を
受ける場合に限る。）には，その収益の分配に係る分配時調整外国税相当
額は，その事業年度の恒久的施設帰属所得に係る所得に対する法人税の額
から控除することとされている（法144の2の2①）。この場合，恒久的施
設帰属所得に該当する集団投資信託の収益の分配に係る分配時調整外国税
相当額は内国法人と同様に算出され，所有期間按分計算も行うこととされ

314

ている（令201の2）。

　なお，地方法人税からの控除も内国法人の場合と同様であるとともに，控除しきれない金額は還付されないこととされている（地方法人税法12の2②，同令4②③）。

　また，特定目的会社分配時調整外国税相当額は，内国法人と同様，集団投資信託の収益の分配に係る分配時調整外国税相当額に含めることによって，分配時調整外国税相当額の控除制度によりその事業年度の所得に対する法人税の額から控除できることとされている（措法9の6④）。

参考資料

参考資料　1

| 参考資料 1 | 国外事業所等（恒久的施設）の範囲 |

　内国法人に係る外国税額控除制度における国外所得金額の計算に際して
その基礎となる国外源泉所得の一つである「国外事業所等帰属所得」の意
義は，法令上，「国外事業所等を通じて事業を行う場合において，…当該
国外事業所等に帰せられるべき所得…」をいうものとされている（法69④
一）。

　そして，ここにいう「国外事業所等」とは，法令上，「国外にある恒久
的施設に相当するものその他の政令で定めるもの」をいうとされ（法69④
一），政令では，「我が国が租税条約…を締結している条約相手国等につい
ては当該租税条約の条約相手国等内にある当該租税条約に定める恒久的施
設に相当するものとし，…その他の国又は地域については当該国又は地域
にある恒久的施設に相当するものとする」と定められている（令145の2
①）。また，この条文中の「恒久的施設」（PE；Permanent Establish-
ment）とは，法人税法第2条第12の19号《定義》にその内容が規定され
ているものをいうことになる。

　このように，国外事業所等帰属所得の識別，算定等に関しては，「国外
事業所等」，言い換えれば，国外の「恒久的施設」の意義が極めて重要な
ものになるということである。

　なお，上記で引用した「恒久的施設」に関する条文（法2十二の十九）
は，外国法人に対する課税の局面において使用する概念であるが，内国法
人に係る外国税額控除制度においては，この概念を準用して，「恒久的施
設に相当するもの」という概念（取扱い）によって本制度を運用しようと
している。

　本資料では，法人税法で規定されている「恒久的施設」の内容を以下に
おいて記述し，参考に資することとしているが，実際の内国法人に係る外

319

参考資料

国税額控除制度の適用に当たっては,「外国法人」を「内国法人」に,「国内」を「国外」に,それぞれ読み替えて個々の事案に応じた検討を行うこととなるので留意されたい。

(注) 平成30年度税制改正において,BEPSプロジェクトの最終報告書(行動7「恒久的施設認定の人為的回避の防止」),平成29年11月に改訂されたOECDモデル租税条約及び我が国が同年6月に署名したBEPS防止措置実施条約等の規定を踏まえ,国内法における恒久的施設(PE)の規定をこれらの国際的なスタンダードに合わせる等の改正が行われている。

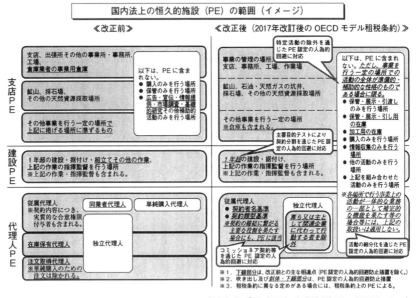

(財務省「平成30年度税制改正の解説」より)

【恒久的施設の内容】

1 恒久的施設の原則

上記で説明した恒久的施設の意義について,主要部分を具体的に記載すると次のようになる(法2十二の十九,令4の4①⑦⑧)。

すなわち,恒久的施設とは,次のイからハまでに掲げるものであるとされている。

イ　外国法人の国内にある支店等の次に掲げる場所（支店等 PE）

　　i　事業の管理を行う場所，支店，事務所，工場又は作業場

　　ii　鉱山，石油又は天然ガスの坑井，採石場その他の天然資源を採取する場所等

　　iii　その他の事業を行う一定の場所

　　㊟　上記iiiの「その他事業を行う一定の場所」には，倉庫，サーバー，農園，養殖場，植林地，貸ビル等のほか，外国法人が国内においてその事業活動の拠点としているホテルの一室，展示即売場その他これらに類する場所が含まれる（基通20－1－1）。

ロ　外国法人の国内にある建設作業場等の次に掲げる場所（建設 PE）

　　i　国内における長期建設工事等（建設若しくは据付けの工事又はこれらの指揮監督の役務の提供で1年を超えて行われるもの）

　　ii　長期建設工事現場等（国内において長期建設工事等を行う場所）

　　㊟　上記の「1年を超えて行われるもの」には，次に掲げるものが含まれる。なお，建設工事等は，その建設工事等を独立した事業として行うものに限られないから，例えば，外国法人が機械設備等を販売したことに伴う据付けの工事等であっても建設工事等に該当する（基通20－1－4）。
　　　a　建設工事等に要する期間が1年を超えることが契約等からみて明らかであるもの
　　　b　一の契約に基づく建設工事等に要する期間が1年以下であっても，これに引き続いて他の契約等に基づく建設工事等を行い，これらの建設工事等に要する期間を通算すると1年を超えることになるもの

ハ　外国法人の契約締結代理人等（代理人 PE）

　　国内において外国法人に代わって，その事業に関し，反復して次に掲げる契約を締結し，又はその外国法人によって重要な修正が行われることなく日常的に締結される次に掲げる契約の締結のために反復して主要な役割を果たす者

　　i　その外国法人の名において締結される契約

　　ii　その外国法人が所有し，又は使用の権利を有する財産について，所有権を移転し，又は使用の権利を与えるための契約

　　iii　その外国法人による役務の提供のための契約

ただし，次の場合における当該者は除かれる。

A 　外国法人に代わって行う当該者の国内における活動（その活動が複数の活動を組み合わせたものである場合にあっては，その組み合わせによる活動の全体）が，その外国法人の事業の遂行にとって準備的又は補助的なもの（後記2ロ(ロ)の適用対象の活動を除く。）のみである場合

B 　当該者が独立代理人である場合。なお，独立代理人である場合とは，国内において外国法人に代わって行動する者が，その事業に係る業務を，その外国法人に対して独立して行い，かつ，通常の方法により行う場合をいい，当該者が，専ら又は主として一又は二以上の自己と特殊の関係にある者に代わって行動する場合は含まれない。

(注)1 　上記の「契約」の締結には，契約書に調印することのほか，契約内容につき実質的に合意することが含まれる（基通20-1-5）。
　　2 　上記の「主要な役割を果たす者」とは，契約が締結されるという結果をもたらす役割を果たす者をいい，例えば，外国法人の商品について販売契約を成立させるために営業活動を行う者がこれに該当する（基通20-1-6）。
　　3 　上記の「契約締結代理人等」には，長期の代理契約に基づいて外国法人に代わって行動する者のほか，個々の代理契約は短期的であるが，2以上の代理契約に基づいて反復して一の外国法人に代わって行動する者が含まれる。なお，この場合の「一の外国法人に代わって行動する者」は，特定の外国法人のみに代わって行動する者に限られない（基通20-1-7）。
　　4 　上記の「独立代理人」は，次に掲げる要件のいずれも満たす必要がある（基通20-1-8）。
　　　a 　代理人としてその業務を行う上で，詳細な指示や包括的な支配を受けず，十分な裁量権を有するなど本人である外国法人から法的に独立していること
　　　b 　その業務に係る技能と知識の利用を通じてリスクを負担し，報酬を受領するなど本人である外国法人から経済的に独立していること
　　　c 　代理人としてその業務を行う際に，代理人自らが通常行う業務の方法又は過程において行うこと

2 　恒久的施設認定の人為的回避防止措置

上記1が原則ではあるが，外国法人等が恒久的施設の認定をされない活動のみを敢えて行うこと等によって課税を逃れようとする恒久的施設認定

参考資料　1

の人為的回避を防止するために，現在は，次のような措置が例外的なものとして別途定められている。

イ　契約分割を通じた恒久的施設認定の人為的回避防止措置

　　契約を分割することによって，恒久的施設の認定を人為的に回避するという恒久的施設認定の人為的回避を防止するため，平成30年度の税制改正で，恒久的施設とされる長期建設工事現場等の期間要件について見直しが行われた。

　　これによって，現在は，二以上に分割をして建設若しくは据付けの工事又はこれらの指揮監督の役務の提供（以下「建設工事等」という。）に係る契約が締結されたことにより外国法人の国内におけるその分割後の契約に係る建設工事等（以下「契約分割後建設工事等」という。）が１年を超えて行われないこととなった場合において，その契約分割後建設工事等を行う場所（その契約分割後建設工事等を含む。）を恒久的施設に該当しないこととすることがその分割の主たる目的の一つであったと認められるときは，正当な理由に基づいて契約を分割したときを除き，その契約分割後建設工事等が１年を超えて行われるものであるかどうかの判定は，その契約分割後建設工事等の期間に国内におけるその分割後の他の契約に係る建設工事等の期間（その契約分割後建設工事等の期間と重複する期間を除く。）を加算した期間により行うものとされている（令4の4③）。

ロ　特定活動の除外を通じた恒久的施設認定の人為的回避防止措置

　㈠　恒久的施設を有するとはされない活動を通じた恒久的施設認定の人為的回避防止措置

　　　上記1の例外としての「恒久的施設を有するとはされない活動」の範囲について，平成30年度の税制改正でその厳格化等の見直しが行われ，現在の範囲は，次のようなものとなっている。

　　　すなわち，外国法人の国内における次に掲げる活動の区分に応じそれぞれ次に定める場所は，その活動（viに掲げる活動にあっては，vi

323

参考資料

の場所における活動の全体）が，その外国法人の事業の遂行にとって
準備的又は補助的な性格のものである場合に限定して，恒久的施設と
される支店等に含まれないものとされている（令4の4④）。

i	外国法人に属する物品又は商品の保管，展示又は引渡しのためにのみ施設を使用すること	その施設
ii	外国法人に属する物品又は商品の在庫を保管，展示又は引渡しのためにのみ保有すること	その保有することのみを行う場所
iii	外国法人に属する物品又は商品の在庫を事業を行う他の者による加工のためにのみ保有すること	その保有することのみを行う場所
iv	その事業のために物品若しくは商品を購入し，又は情報を収集することのみを目的として，恒久的施設とされる支店等を保有すること	その支店等
v	その事業のために上記iからivまでに掲げる活動以外の活動を行うことのみを目的として，恒久的施設とされる支店等を保有すること	その支店等
vi	上記iからivまでに掲げる活動及びその活動以外の活動を組み合わせた活動を行うことのみを目的として，恒久的施設とされる支店等を保有すること	その支店等

(注)1　外国法人が恒久的施設とされる長期建設工事現場等又は従属代理人を有する場合についても，上記と同様の措置が講じられている（令4の4④⑥⑦）。
　　2　上記の「準備的な性格のもの」とは，外国法人としての活動の本質的かつ重要な部分を構成する活動の遂行を予定しその活動に先行して行われる活動をいう。この場合の「先行して行われる活動」に該当するかどうかの判定は，活動期間の長短によらない（基通20-1-2）。
　　3　上記の「補助的な性格のもの」とは，外国法人としての活動の本質的かつ重要な部分を構成しない活動で，その本質的かつ重要な部分を支援するために行われるものをいうのであるから，例えば，次に掲げるような活動はこれに該当しない（基通20-1-3）。
　　　　a　事業を行う一定の場所の事業目的が外国法人の事業目的と同一である場合のその事業を行う一定の場所において行う活動
　　　　b　外国法人の資産又は従業員の相当部分を必要とする活動
　　　　c　顧客に販売した機械設備等の維持，修理等（機械設備等の交換部品を引き渡すためだけの活動を除く。）
　　　　d　専門的な技能又は知識を必要とする商品仕入れ
　　　　e　地域統括拠点としての活動

f 他の者に対して行う役務の提供

(ロ) 事業活動の細分化を通じた恒久的施設認定の人為的回避防止措置

企業が一定の場所及び他の場所で行う事業活動が一体的な業務の一部として補完的な機能を果たしている場合には，各場所を一体の場所とみなして恒久的施設の認定を行うべきとする観点から，次の措置が設けられている（令4の4⑤～⑦）。

すなわち，上記(イ)の取扱いは，次に掲げる場所には適用しないこととされる（令4の4⑤）。

i	事業を行う一定の場所を使用し，又は保有する外国法人がその事業を行う一定の場所において事業上の活動を行う場合において，両者（「その外国法人がその事業を行う一定の場所において行う事業上の活動」と「その外国法人（代理人を含む。）が他の場所において行う事業上の細分化活動」）が一体的な業務の一部として補完的な機能を果たすときは，次に掲げる要件のいずれかに該当する場合におけるその事業を行う一定の場所 　a　当該他の場所（当該他の場所においてその外国法人が行う建設工事等及びその外国法人に係る代理人を含む。）がその外国法人の恒久的施設に該当すること 　b　細分化活動の組合せによる活動の全体がその事業の遂行にとって準備的又は補助的な性格のものでないこと 　(注)1　「事業を行う一定の場所」とは，国内にある恒久的施設とされる支店等をいう。 　　　2　「他の場所」とは，その「事業を行う一定の場所」以外の国内の場所をいう。
ii	事業を行う一定の場所を使用し，又は保有する外国法人及びその外国法人と特殊の関係にある者（代理人を含み，以下「関連者」という。）がその事業を行う一定の場所において事業上の活動を行う場合において，その外国法人及びその関連者がその事業を行う一定の場所において行う事業上の細分化活動がこれらの者による一体的な業務の一部として補完的な機能を果たすときは，次に掲げる要件のいずれかに該当する場合におけるその事業を行う一定の場所 　a　その事業を行う一定の場所（その事業を行う一定の場所においてその関連者（代理人を除く。）が行う建設工事等及びその関連者に係る代理人を含む。）がその関連者の恒久的施設（その関連者が居住者又は内国法人である場合にあっては，恒久的施設に相当するもの）に該当すること 　b　細分化活動の組合せによる活動の全体がその外国法人の事業の遂行にとって準備的又は補助的な性格のものでないこと

iii	事業を行う一定の場所を使用し，又は保有する外国法人がその事業を行う一定の場所において事業上の活動を行う場合で，かつ，その外国法人に係る関連者が他の場所において事業上の活動を行う場合において，両者（「その外国法人がその事業を行う一定の場所において行う事業上の活動」と「その関連者が当該他の場所において行う事業上の細分化活動」）がこれらの者による一体的な業務の一部として補完的な機能を果たすときは，次に掲げる要件のいずれかに該当する場合におけるその事業を行う一定の場所 　a　当該他の場所（当該他の場所においてその関連者（代理人を除く。）が行う建設工事等及びその関連者に係る代理人を含む。）がその関連者の恒久的施設（その関連者が居住者又は内国法人である場合にあっては，恒久的施設に相当するもの）に該当すること 　b　細分化活動の組合せによる活動の全体がその外国法人の事業の遂行にとって準備的又は補助的な性格のものでないこと 　(注)　外国法人が恒久的施設とされる長期建設工事現場等又は従属代理人を有する場合においても上記と同様の措置が講じられている（令４の４⑥⑦）。

ハ　コミッショネア契約等を通じた恒久的施設認定の人為的回避防止措置

　従属的代理人及び独立代理人の範囲について，平成30年度の税制改正で契約形態の操作等による課税回避に対処するための見直しが行われ，現在の範囲は，上記１のハのようなものとなっている。

3　租税条約上の恒久的施設の定義と異なる場合の調整

　上記１が原則ではあるが，我が国が締結した租税条約において，国内法上の恒久的施設と異なる定めがある場合には，その租税条約の適用を受ける外国法人については，その租税条約において恒久的施設と定められたもの（国内にあるものに限る。）が国内法上の恒久的施設とされる（法２十二の十九ただし書）。

　租税条約と国内法の関係については，我が国の法体系上，租税条約が優先するということである。

(注)　租税条約上の恒久的施設は，基本的に，OECDモデル租税条約第５条《恒久的施設》のような「恒久的施設」の定義等に関する規定において定められているが，我が国が締結している租税条約の中には，「恒久的施設」の定義等に関する規定以外の箇所において恒久的施設について定めているものもあり，このようなものも含めて上記の調整が適用されることになる。

参考資料　2

参考資料 2 | 国外源泉所得の意義に関する租税条約との差異

　法人税法第69条第4項各号に規定されている外国税額控除制度における「国外源泉所得」の意義等について，法人税法の取扱いと租税条約による取扱いとでその内容が異なることがあり，「国外事業所等帰属所得（1号所得）」及び「国外資産の運用・保有又は譲渡による所得（2号・3号所得）」以外のものの概要を掲載すれば，以下のようになる（台湾との間の取扱いについては，外国居住者等の所得に対する相互主義による所得税等の非課税等に関する法律及び日台民間租税取決めによるが，便宜上，以下では租税条約に含めて記載している。）。

　なお，一般的に，国内法と租税条約との関係については，我が国の法体系上，租税条約が優先することとされているため，国外源泉所得の意義等についても，両者の取扱いに差異がある場合には，租税条約による取扱いを適用して，本制度の適用を考えることになる。

国外源泉所得の種類	法人税法の取扱いと租税条約の取扱いの差異等	
4号所得（人的役務の提供事業の対価） 　法人税法では，国外において行う人的役務の提供を主たる内容とする事業の対価を，国外源泉所得としている。	法人税法の取扱い	1　対象所得の範囲 　国外源泉所得となるのは，人的役務の提供を主たる内容とする事業で，その人的役務の提供が国外において行われる場合の対価に限られる（法69④四）。 　したがって，国内で外国法人又は非居住者に対して役務の提供をした場合の対価については，国外源泉所得に該当しない。 　また，国外源泉所得とされる人的役務の提供事業の対価は，次の役務提供を主たる内容とする事業に係るものに限られる（令145の5，基通16－3－39）。 ①　映画・演劇の俳優，音楽家その他の芸能人又は職業運動家の役務の提供を主たる内容とする事業 ②　弁護士，公認会計士，建築士その他の自由職業者の役務の提供を主たる内容とする事業

327

③　科学技術，経営管理その他の分野に関する専門的知識又は特別の技能を有する者のその知識又は技能を活用して行う役務の提供を主たる内容とする事業（機械設備の販売その他の事業を行う者の主たる業務に付随して行われる場合におけるその事業や，建設又は据付けの工事の指揮監督の役務の提供を主たる内容とする事業を除く。）

(注)1　上記の人的役務の提供事業とは，個人が自ら行う自己の人的役務の提供そのものの個人営業ではなく，例えば，雇用者，支配下に置く芸能人，委託契約を締結した第三者等を介して行う役務提供を主たる内容とする事業である。

2　その事業が，人的役務の提供を主たる内容とする事業であるかどうかについては，その内国法人の営む主要業種いかんにかかわらず，その人的役務の提供に関する契約ごとに判断する。

2　隣接する所得との関係等

①　芸能人や職業運動家の実演等につき，放送，放映，レコード化等の対価として支払を受けるものについては，その実演等そのものの役務提供の対価と一緒に支払を受けるものは「人的役務の提供事業の対価」に含まれ，実演等の役務提供の対価の支払が完了した後に別途支払を受けるものは「著作隣接権の使用料等」とされる（基通20－2－11参照）。

②　人的役務の提供事業の対価に代わる性質を有する損害賠償金その他これに類するもの（遅延利息等）は，「人的役務の提供事業の対価」に該当する（基通20－2－15参照）。

③　人的役務を提供する者のその役務を提供するために要する往復旅費，国外滞在費等に係る対価は，原則として「人的役務の提供事業の対価」に該当する（基通20－2－10参照）。

租税条約の取扱い	### 1　基本的な取扱い
	租税条約の多くは国内法とは異なった取扱いをしており，「人的役務の提供事業の対価」を「企業の利得」又は「産業上又は商業上の利得」としてとらえている。そのような条約の場合には，恒久的施設を通じて事業を行わない限り，原則として，「国外事業所等帰属所得」としての所得の発生を認識しない。
	### 2　芸能人等の人的役務提供事業の対価の取扱い
	人的役務の提供事業のうちの「芸能人又は職業運動家の役務提供事業の対価」については，恒久的施設の有無にかかわらず，役務提供地国において特掲された所得（国外源泉所得）としてその発生を認識して課税することとしている条約が多い。

5号所得（不動産の賃貸料等）	法人税法の取扱い	1　不動産の賃貸料等の範囲

5号所得（不動産の賃貸料等）

法人税法では，国外にある不動産の貸付け等による対価を，国外源泉所得としている。

法人税法の取扱い

1　不動産の賃貸料等の範囲

「不動産の賃貸料等」とは，次に掲げるものによる対価をいう（法69④五）。なお，不動産の賃貸料等に代わる性質を有する損害賠償金その他これに類するもの（遅延利息等）も，不動産の賃貸料等に含まれる（基通20－2－15参照）。

① 国外にある不動産，国外にある不動産の上に存する権利，国外における採石権の貸付け（地上権又は採石権の設定その他他人に不動産，不動産の上に存する権利又は採石権を使用させる一切の権利を含む。）

② 国外における租鉱権の設定

③ 外国法人又は非居住者に対する船舶又は航空機の貸付け

　㊟ 船舶又は航空機の貸付けをしたことに伴い，その船舶又は航空機の運航又は整備に必要な技術指導をするための役務提供をした場合には，その貸付けに係る契約書等においてその貸付けに係る対価の額とその役務提供に係る対価の額とが明確に区分されているときを除き，その対価の額の全部が「船舶又は航空機の貸付けによる対価」に該当する（基通20－2－14参照）。

2　「船舶又は航空機の貸付け」の意義

上記③の「船舶又は航空機の貸付け」とは，船体又は機体の賃貸借であるいわゆる裸用船（機）契約に基づくものをいい，乗組員とともに船体又は機体を利用させるいわゆる定期用船（機）契約又は航海用船（機）契約に基づくものは，国際運輸業所得（法69④十四）に該当することになる（基通16－3－40）。

　㊟ 裸用船（機）契約による船舶又は航空機の貸付けの対価は，外国法人又は非居住者がその貸付けを受けた船舶又は航空機を専ら国内において事業の用に供する場合でも，国外源泉所得に該当する（基通16－3－40注書2）。

租税条約の取扱い

1　所得源泉地等の考え方

租税条約では，不動産の賃貸料による所得については，その不動産の所在地国を所得源泉地とし，その所得源泉地の課税権も認めているのが一般的である。

また，我が国の締結した租税条約の多くは事業所得条項に優先して，不動産所得に関する条項を適用することとしており，恒久的施設の有無やその所得が恒久的施設に帰属するかどうかにかかわらず，その不動産の所在地国の所得（国外源泉所得）として認識して課税できることとしている。

2　船舶及び航空機の賃貸料

租税条約においては，船舶及び航空機の裸用船（機）契約に基づく賃貸料を不動産の賃貸料として取り扱っていないのが一般的であり，別途設けられている使用料条項において，「設備の使用料」

参考資料

又は「船舶・航空機の裸用船〈機〉料」と規定されている場合が多い。なお，使用料条項にこれらの規定がない場合には，通常は，事業所得条項が適用されることになる。

また，国際運輸業所得については，特殊な別の所得（国外源泉所得）として特掲され，これに該当するものは，その事業を営む企業の本国でのみ課税し，源泉地国での課税は免除しているのが一般的である。

| 6号所得（利子等）

法人税法では，外国法人等から受ける所得税法第23条第1項に規定する利子等に相当するものなどを，国外源泉所得としている。 | 法人税法の取扱い | 1　利子等の範囲
　「利子等」とは，次に掲げるものをいう（法69④六，所令2）。
イ　外国の国債，地方債又は外国法人の発行する債券の利子
　　この場合，「外国法人の発行する債券」には，振替口座簿に記載等をしたため現に債券の存在しない社債等も含まれる（基通16-3-41）。
ロ　国外にある営業所，事務所その他これらに準ずるもの（以下「営業所」という。）に預け入れられた預貯金等の利子
ハ　国外にある営業所に信託された合同運用信託，公社債投資信託，公募公社債等運用投資信託等の収益の分配
2　割引債の償還差益の取扱い
　割引債の償還金に係る差益金額は，「国外にある資産の運用又は保有による所得（2号所得）」とされているので，ここにいう利子等には該当しない。 |
| | 租税条約の取扱い | 1　利子等の範囲
　法人税法上は，「利子等（6号所得）」と「貸付金の利子（8号所得）」とは区分して規定しているが，租税条約上はこれらのものを同一のカテゴリーに属するものとして包括的に規定している例が多い。
　また，我が国が締結した租税条約においては，債務者の居住地国を所得源泉地とする債務者主義により所得（国外源泉所得）の発生を認識するのが一般的となっている。
2　割引債の償還差益の取扱い
　割引債の償還金に係る差益金額については，利子等として取り扱っている条約を締結している国と特段の規定がない条約を締結している国とがあるが，これを区分すると次のようになる。 |

| 利子等として取り扱っている条約締結国 | アイスランド，アイルランド，アゼルバイジャン，アメリカ，アラブ首長国連邦，アルジェリア，アルゼンチン（条約発効後），アルメニア，イギリス，イスラエル，イタリア，インド，インドネシア，ウクライナ，ウズベキスタン，ウルグアイ，エクアドル，エストニア，オーストラリア，オーストリア，オマー |

		ン，オランダ，カザフスタン，カタール，カナダ，キルギス，クウェート，クロアチア，コロンビア，サウジアラビア，ザンビア，ジャマイカ，ジョージア，シンガポール，スイス，スペイン，スロバキア，スロベニア，スウェーデン，セルビア，タイ，大韓民国，タジキスタン，チェコ，中華人民共和国，チリ，デンマーク，ドイツ，トルクメニスタン，トルコ，ニュージーランド，ノルウェー，パキスタン，ハンガリー，バングラデシュ，フィリピン，フランス，ブルガリア，ブルネイ，ベトナム，ベラルーシ，ペルー，ベルギー，ポーランド，ポルトガル，香港，マレーシア，南アフリカ共和国，メキシコ，モルドバ，モロッコ，ラトビア，リトアニア，ルクセンブルク，ルーマニア，ロシア，台湾
	我が国の国内法を適用する条約締結国	エジプト，ガーンジー，ケイマン，サモア，ジャージー，スリランカ，バハマ，バミューダ，英領バージン諸島，フィジー，ブラジル，マカオ，マン島，リヒテンシュタイン
	居住地課税となる条約締結国（海外では免税）	フィンランド
7号所得（配当等） 法人税法では，外国法人から受ける所得税法第24条第1項に規定する配当等に相当するものなどを，国外源泉所得としている。	法人税法の取扱い	対象所得である「配当等」とは，次に掲げるものをいう（法69④七）。 ① 外国法人から受ける所得税法第24条第1項に規定する剰余金の配当，利益の配当，剰余金の分配，金銭の分配，基金利息に相当するもの ② 国外にある営業所に信託された投資信託（公社債投資信託，公募公社債等運用投資信託等を除く。），特定受益証券発行信託等の収益の分配
	租税条約の取扱い	1 **対象所得の範囲** 　配当等に対する課税方法については，国によって考え方が異なっていることから，租税条約上の規定もまちまちとなっているが，課税対象とする配当等の定義については，おおむね国内法と同一のものとなっている。 2 **親子会社間の配当** 　配当等については，多くの租税条約で源泉地国と居住地国の双方で所得と認識して課税できる旨を規定しているが，親子会社間の配当については，進出する企業等が支店形態で進出する場合と現地法人の形態で進出する場合とでアンバランスが生じないようにするため，限度税率等について別途規定をしているものが多い。

8号所得（貸付金の利子） 　法人税法では，国外で業務を営んでいる者に対するその国外の業務に使用される貸付金等の利子を，国外源泉所得としている。	法人税法の取扱い	**1　貸付金の利子の範囲** 　「貸付金の利子」とは，国外において業務を行う者に対する貸付金（これに準ずるものを含む。）でその国外の業務に係るものの利子（債券現先取引の差益を含む。）をいう（法69④八，令145の6①②）。 　なお，次に掲げるものは，上記の貸付金に準ずるものに含まれる（基通16－3－42）。 ①　預け金のうち国外にある営業所に預けられた預貯金以外のもの ②　保証金，敷金その他これらに類する債権 ③　前渡金その他これに類する債権 ④　他人のために立替払をした場合の立替金 ⑤　取引の対価に係る延払債権 ⑥　保証債務を履行したことに伴って取得した求償権 ⑦　損害賠償金に係る延払債権 ⑧　当座貸越に係る債権 **2　上記1に含めないもの** ①　船舶又は航空機の購入資金の利子 　内国法人又は居住者の業務の用に供される船舶又は航空機の購入のために，その内国法人等に対して提供された貸付金の利子（令145の6③） ②　国内業務に係る貸付金の利子 　国内において業務を行う者（外国法人等）に対して提供された貸付金で，その国内の業務に係るものの利子（法69④八）
	租税条約の取扱い	**1　貸付金の利子の区分** 　租税条約においては，「貸付金の利子」も他の「預貯金などの利子」と区分することなく同様に取り扱われる。 **2　所得源泉地等の取扱い** 　租税条約における「利子」の課税方式は，債務者主義と使用地主義とに基づくものに区分される。 　債務者主義とは，債務者の居住地国を所得の源泉地国とする方式であり，使用地主義とは，貸付金等の使用の場所の所在地国を所得の源泉地国とする方式である。 　「貸付金の利子」の所得源泉地について，法人税法では使用地主義を採っているが，我が国が締結した租税条約においては，他の「利子」と同様に債務者主義の採用が一般的となっており，この債務者主義によって所得（国外源泉所得）の発生地の認定を行っている。 　なお，「利子」が生じた締約国において恒久的施設又は固定的

参考資料　2

施設を通じて独立の活動を行う場合であって，その「利子」がそれらの施設と実質的に関連する場合には，その施設の存在する国のみがその施設に帰属する所得として認識し，課税関係を律している租税条約もある。

9号所得（使用料等） 　法人税法では，国外において業務を行う者から支払を受ける工業所有権，著作権等の使用料又は譲渡の対価で，その支払者の国外の業務に係るものを，国外源泉所得としている。	法人税法の取扱い	1　使用料等の範囲 　「使用料等」とは，国外において業務を行う者から受ける次に掲げる使用料又は対価で，その国外の業務に係るものをいう（法69④九，令145の7）。 ①　工業所有権その他の技術に関する権利，特別の技術による生産方式若しくはこれらに準ずるものの使用料又はその譲渡の対価 ②　著作権（出版権及び著作隣接権その他これに準ずるものを含む。）の使用料又はその譲渡の対価 ③　機械，装置，車両及び運搬具，工具，器具及び備品の使用料 2　「国外の業務に係るもの」の意義 　「国外の業務に係るもの」とは，国外において業務を行う者に対して提供・供与された工業所有権等のうち，その国外において行う業務の用に供されている部分に対応するものをいう。 　したがって，例えば，外国法人が提供を受けた工業所有権等を，国内において業務を行う他の者（再実施権者）のその国内における業務の用に供することにより，内国法人が受け取る使用料（再実施権者の利用に係る部分に限る。）は，国外源泉所得に該当しないことになる。 　また，内国法人が外国法人から受け取る機械，器具等の使用料であっても，その機械，器具等が国内においてのみ使用されているときは，国外源泉所得には該当しないことになる。 3　「工業所有権等」（工業所有権その他の技術に関する権利，特別の技術による生産方式若しくはこれらに準ずるもの）の意義 　これは，特許権，実用新案権，意匠権，商標権の工業所有権及びその実施権等のほか，これらの権利の目的にはなっていないが，生産その他業務に関し繰り返し使用し得るまでに形成された創作，すなわち特別の原料，処方，機械，器具，工程によるなど独自の考案又は方法を用いた生産についての方式，これに準ずる秘けつ，秘伝その他特別に技術的価値を有する知識及び意匠等のことをいう（基通16-3-43）。 　したがって，ノウハウはもちろん，機械・設備等の設計及び図面等に化体された生産方式・デザインも含まれるが，技術の動向・製品の販路・特定の品目の生産高等の情報，機械・装置・原材料等の材質等の鑑定又は性能の調査・検査等はこれに該当しない。 4　「器具及び備品」の意義

333

使用料の対象とされる「器具及び備品」には，美術工芸品，古代の遺物等のほか，観賞用，興行用その他これらに準ずる用に供される生物も含まれる（基通16－3－45）。

5　「使用料」の意義

　工業所有権等の使用料とは，工業所有権等の実施・使用・採用・提供・伝授，工業所有権等に係る実施権・使用権の設定・許諾等につき支払を受ける対価の一切をいう。また，著作権の使用料とは，著作物の複製・上演・演奏・放送・展示・上映・翻訳・編曲・脚色・映画化その他著作物の利用又は出版権の設定につき支払を受ける対価の一切をいう（基通16－3－44）。

　つまり，使用料という名目にとらわれず，その実質が使用料の性質を持っているかどうかによって判断することとなるため，ランニングロイヤリティはもちろんのこと，頭金（イニシャルペイメント），権利金等のほか，これらの提供又は伝授のために要する費用に充てるものとして支払を受けるものも含まれる。

　なお，工業所有権等の提供又は伝授に係る対価のすべてを人的役務の提供に係る対価とした場合であっても，次のいずれかに該当するものは，使用料に該当する（基通20－3－3参照）。

①　その対価が，その提供又は伝授に係る工業所有権等を使用した回数，期間，生産高又はその使用による利益に応じて算定されるもの

②　その対価が，その人的役務の提供のために要した経費に通常の利潤を加算した金額を超えるもの

6　特許権侵害等により支払われる和解金等

　特許権等の侵害があった場合に支払われる損害賠償金や和解金については，その実質が使用料に代えて支払われるものが多く，そのようなものは使用料として取り扱う（所基通161－46参照）。

租税条約の取扱い

1　所得源泉地

　我が国が締結した租税条約の多くは，使用料については受領者の居住地国において課税することを前提としながら，所得源泉地国においても課税できる旨を規定している。

（注）　日米租税条約などのように，源泉地国免税としている租税条約もある（その使用料の支払の基因となった権利又は財産が恒久的施設と実質的な関連を有するものを除く。）。

　なお，使用料の所得源泉地に関する規定（ソースルール）は，我が国が締結している租税条約をみると次のように分類することができ，この所得源泉地に基づいて所得（国外源泉所得）の発生地を認定することになる。

債務者主義を採っている条約締結国	下記以外（アルジェリア，アルゼンチン（条約発効後），台湾を含む。）

使用地主義を採っている条約締結国	フィジー
特に規定を置いていない条約締結国（国内法による使用地主義）	アイルランド，ガーンジー，ケイマン，サモア，ジャージー，スリランカ，パナマ，バハマ，バミューダ，英領バージン諸島，マカオ，マン島，リヒテンシュタイン
使用料について一律源泉地国免税とする条約締結国	アイスランド，アメリカ，イギリス，オーストリア，オランダ，ジョージア，スイス，スウェーデン，スペイン，デンマーク，ドイツ，フランス，ベルギー，ラトビア，リトアニア，ロシア

2 使用料等の範囲

① 使用料

OECD モデル条約では，使用料を，次の(a)及び(b)の対価として受領される全ての種類の支払金と定義しており，我が国が締結した租税条約の多くも，この定義を採用している。

(a) 工業所有権等

OECD モデル条約では，工業所有権等を，「特許権，商標権，意匠，模型，図面，秘密方式・秘密工程の使用若しくは使用の権利の対価として，又は産業上・商業上・学術上の経験に関する情報」と定義している。

(b) 著作権

OECD モデル条約では，「著作権」の範囲を，「文学上，美術上若しくは学術上の著作物（映画フィルムを含む。）の著作権」と定義している。

なお，映画フィルム（ラジオ放送用・テレビジョン放送用のフィルム又はテープを含む。）の使用料の取扱いは，おおむね次のようになっている。

ⅰ　事業所得とするもの

ⅱ　事業所得の範囲から除外しているもの

ⅲ　使用料とするもの

ⅳ　それぞれの国の国内法の取扱いによるもの

② 機械・装置

租税条約における機械・装置の使用料（いわゆるリース料）に対する課税関係は，次の3つに大別される。

ⅰ　事業所得とするもの（恒久的施設なければ課税なし）

ⅱ　使用料の範囲から除いているもの

ⅲ　使用料とするもの

(注)　一部の租税条約においては，使用料を文化的使用料と工業的使用料に区分して定義し，文化的使用料について課税を免除しているものがある。

3 譲渡の対価

参考資料

工業所有権等の譲渡益（キャピタルゲイン）については，国内法では使用料と同様に取り扱われているが，我が国の締結した租税条約では，キャピタルゲインの取扱いは次のように大別することができる。

譲渡収益を使用料と同様に取り扱う条約締結国	シンガポール，大韓民国，ベトナム等
真正（完全）な譲渡以外の譲渡対価を使用料とする条約締結国	メキシコ
工業所有権等の譲渡対価についても他の財産（動産）の譲渡対価と同様に取り扱う条約締結国	アイルランド，アメリカ，イタリア，オーストラリア，オランダ，スイス，スウェーデン，スペイン，中華人民共和国，台湾等

| 10号所得～13号所得（その他の主要な国内源泉所得）

　法人税法では，その他の国外源泉所得として，「事業の広告宣伝のための賞金」，「生命保険契約に基づく年金等」，「定期積金の給付補填金等」及び「匿名組合契約等に基づく利益の分配」を規定している（主要なもの）。 | 法人税法の取扱い | 1　事業の広告宣伝のための賞金（法69④十，令145の8）
　「事業の広告宣伝のための賞金」とは，国外において行われる事業の広告宣伝のために賞として支払う金品その他の経済的利益をいう。
2　生命保険契約に基づく年金等（法69④十一，令145の9）
　「生命保険契約に基づく年金等」とは，国外営業所又は契約締結国外代理人を通じて締結した契約（外国保険業者，生命保険会社若しくは損害保険会社の締結する保険契約又はこれに類する共済に係る契約）であって年金給付の定めのあるものに基づいて支給を受ける年金をいう。
3　金融類似商品の給付補填金等（法69④十二）
　「金融類似商品の給付補填金等」とは，国外営業所が受け入れたもの又は国外営業所（契約締結国外代理人を含む。）を通じて締結された契約に基づいて支給を受ける次に掲げるものをいう。
①　定期積金の給付補填金
②　相互掛金の給付補填金
③　抵当証券の利息
④　金投資口座の差益等
⑤　外貨投資口座の差益等
⑥　一時払養老保険，一時払損害保険等の差益（保険期間等又は解約までの契約期間が5年以下のもの）
4　匿名組合契約等に基づく利益の分配（法69④十三，令145の10）
　「匿名組合契約等に基づく利益の分配」とは，国外において事業を行う者に対する出資のうち，匿名組合契約（これに準ずる契約を含む。）に基づいて受ける利益の分配をいう。 |

		(注) 匿名組合契約に準ずる契約とは，当事者の一方が相手方の事業のために出資をし，相手方がその事業から生じる利益を分配することを約する契約をいう。
	租税条約の取扱い	我が国が締結した租税条約の多くは，別段の定めのない所得（その他の所得）に対しては，受益者の居住地国のみが課税権を有することとし，源泉地国では課税しないこととしている（「その他所得条項」）。 　しかしながら，上記の「その他所得条項」の規定のない条約の場合には，我が国の国内法に従って課税関係等を判断することになるので，上記の10号所得から13号所得までの各所得については，租税条約における年金条項（保険年金）や事業所得条項が適用される場合を除き，原則として国外源泉所得としてその発生を認識して課税関係を律することになる。

参考資料

| 参考資料 **3** | 外国子会社から受ける配当等がある場合の外国税額控除の控除限度額の計算 |

外国子会社配当益金不算入制度に関する質疑応答事例について（情報）
（抄）

法人課税課情報 調査課情報	第3号 第1号	平成22年7月5日	国税庁 法人課税課 調査課

　法人税法第23条の2《外国子会社から受ける配当等の益金不算入》の規定に関する質疑応答事例を別紙のとおり取りまとめたので，執務の参考とされたい。

別紙

(注)　この情報の記述は，令和3年改正前の平成22年4月1日現在の法令・通達に基づいて作成されています（筆者が一部編集）。

問　外国子会社から受ける配当等がある場合の外国税額控除の控除限度額の計算

> 問　当社（年1回3月決算）は製造業を営む法人ですが，海外に子会社A（当社の100％出資：年1回12月決算），B（当社の100％出資：年1回12月決算），C（当社の10％出資：年1回12月決算）を有しており，平成X年3月期においてそれぞれの子会社から配当を受けました。A社及びB社は外国子会社に該当することから，それぞれから受ける配当は益金不算入となります。また，B社は特定外国子会社等に該当しますが，A社及びC社はこれに該当しません。
> 　この場合において，当社の平成X年3月期における外国税額控除制度に係る控除限度額の計算に際し，国外所得金額の計算はどのように行うこととなりますか。
> 　なお，当社は，共通費用の額及び共通利子の額を国内業務に係るものと国外業務に係るものとに配分するに際し，共通費用の額については個々の費目ごとにその計算を行うことが困難であることから，法人税基本通達16－3－12に定める計算方法で，共通利子の額については同通達16－3－13に定める計算方法で配分することとしています。

また，当社の平成Ｘ年3月期における受取配当に係る株式の帳簿価額等の状況は次のとおりです。

1　受取配当に係る株式の帳簿価額等の内訳

	株式の帳簿価額 （前期末と当期末の合計額）	受取配当の額	外国源泉税の額
Ａ社〔100％出資〕	4,000	500	50
Ｂ社〔100％出資（特定外国子会社等）〕	6,000	800	80
Ｃ社〔10％出資〕	2,000	300	30
合　計	12,000	1,600	160

2　売上総利益の額　　　　　　　　　　　　　　5,000
3　総資産の帳簿価額（前期末と当期末の合計額）　100,000
4　共通費用の額　　　　　　　　　　　　　　　2,000
5　共通利子の額　　　　　　　　　　　　　　　1,000
6　Ｃ社の配当に係る外国源泉税については外国税額控除を適用
7　Ｂ社に係る特定課税対象金額　　　　　　　　1,000
　　（Ｂ社から受ける配当については，その全額が益金不算入となります。）

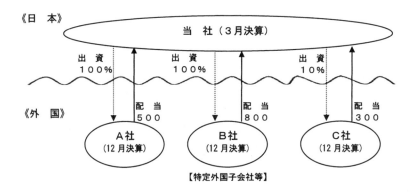

参考資料

【回答】

　貴社が平成Ｘ年３月期に受けた配当の額のうち，「国外所得金額」と認識する額は，Ａ社から受ける配当については25（５％相当額），Ｂ社から受ける配当についてはゼロ，Ｃ社から受ける配当については300となります。

　共通費用の額については，法人税基本通達16－３－12《販売費，一般管理費等の配賦》に定める配賦計算における「国外業務に係る売上総利益の額」を，Ａ社から受ける配当は25（５％相当額），Ｂ社から受ける配当はゼロ，Ｃ社から受ける配当は300として計算することとなります。また，共通利子の額については，同通達16－３－13《負債利子の配賦》に定める配賦計算の算式（分子）の「国外業務に係る資産（…）の帳簿価額」を，Ａ社株式は200（５％相当額），Ｂ社株式はゼロ，Ｃ社株式は2,000として計算することとなります。

【解説】

1　外国税額控除制度においては，内国法人が納付することとなった外国法人税について，その内国法人の所得金額のうちその源泉が国外にあるもの（国外所得金額）に対応する法人税額（控除限度額）を限度として，その事業年度の所得に対する法人税の額から控除することとされており（法69①），ここでいう「国外所得金額」とは，その内国法人の事業年度において生じた国外源泉所得（国内源泉所得以外の所得）に係る所得のみについて各事業年度の所得に対する法人税を課するものとした場合に課税標準となるべきその事業年度の所得の金額に相当する金額とされています（令142③）。

　この場合，内国法人から受ける配当等は国内源泉所得とされていること（法138五イ），また，法人税法施行令第176条第５項に規定する行為（国外にある者に対する投資行為等）により生ずる所得については，同令第142条第３項の適用上，国外源泉所得に係る所得に該当するとされ

340

ていること（令142④二）からすれば，内国法人が外国法人から受ける配当等は，国外源泉所得に該当すると解するのが相当です。

　したがって貴社がＡ社から受ける配当については，配当免税制度の適用を受け，その配当の額のうち95％相当額が益金不算入となることから，課税標準となるべき金額，すなわち，益金の額に算入される５％相当額（25）を「国外所得金額」と認識することとなります。

　また，Ｂ社は特定外国子会社等に該当し，租税特別措置法第66条の8第２項の規定により，同社から受ける配当の額の全額が益金不算入となることから，その配当の額について「国外所得金額」と認識する額はないもの（ゼロ）となります。

　なお，Ｃ社から受ける配当については，配当免税制度の適用がないことから，その収入金額（300）を「国外所得金額」と認識することとなります。

2　次に，「国外所得金額」の具体的な計算方法ですが，共通費用の額（負債の利子を含みます。）があるときは，収入金額，資産の価額，使用人の数その他の基準のうち内国法人の行う業務の内容及び費用の性質に照らして合理的と認められる基準により国内源泉所得に係る所得及び国外源泉所得に係る所得の金額の計算上の損金の額として配分することとされています（令142⑥）。

　そして，共通費用の額の配賦計算において，個々の費目ごとにその計算を行うことが困難であると認められる場合は，原則として，法人税基本通達16－3－12《販売費，一般管理費等の配賦》に規定する方法で配賦することとされており，また，共通利子の額については，原則として，同通達16－3－13《負債利子の配賦》に規定する方法で配賦することとされています。

(1)　共通費用の額の配賦計算

　共通費用の額の配分において，国外業務に係る損金の額として配分

すべき金額の計算は，次の算式のとおり行うこととなります（基通16
－3－12）。

$$\text{当該事業年度において生じた共通費用の額の合計額} \times \frac{\text{当該事業年度の国外業務に係る売上総利益の額（利子，配当等及び使用料については，その収入金額）}}{\text{当該事業年度の売上総利益の額（利子，配当等及び使用料については，その収入金額）}}$$

　この場合，配当免税制度の適用を受ける配当等の額に係る「国外業
務に係る売上総利益の額」（分子）は，その配当の収入金額から益金
の額に算入されない金額を控除した額によるとされていることから
（基通16－3－12注2），A社から受ける配当については，その収入金
額の5％相当額（25）を「国外業務に係る売上総利益の額」として計
算します。

　また，B社から受ける配当については，その全額が益金不算入とな
ることから，その配当の額については「国外業務に係る売上総利益の
額」はないもの（ゼロ）として計算することとなります。

　なお，C社から受ける配当については，配当免税制度の適用がない
ことから，収入金額の全額（300）を「国外業務に係る売上総利益の
額」として計算します。

(2)　共通利子の額の配賦計算

　　共通利子の額の配分において，国外業務に係る損金の額として配分
すべき金額は，製造業を営む法人の場合，次の算式のとおり行うこと
となります（基通16－3－13(1)）。

参考資料 3

$$
\text{当該事業年度において生じた共通利子の額の合計額} \times \frac{\text{分母の各事業年度終了の時における国外業務に係る資産（国外事業所等を有しない法人にあっては，国外源泉所得の発生の源泉となる貸付金, 有価証券等とする。）の帳簿価額（直接利子の元本たる負債の額に相当する金額を除く。）の合計額}}{\text{当該事業年度終了の時及び当該事業年度の直前事業年度終了の時における総資産の帳簿価額（直接利子の元本たる負債の額に相当する金額を除く。）の合計額}}
$$

　この場合，配当免税制度の適用を受ける配当等の額に係る「国外業務に係る資産（…）の帳簿価額」（分子）は，その配当に係る株式等の帳簿価額から，その帳簿価額に配当の収入金額のうちに益金の額に算入されない金額の占める割合（95％）を乗じた額を控除した金額によるとされていることから（基通16－3－13(注)2），A社株式については，その帳簿価額の5％相当額（200）を「国外業務に係る資産（…）の帳簿価額」として計算します。

　また，B社から受ける配当については，その全額が益金不算入となることから，B社株式については，「国外業務に係る資産（…）の帳簿価額」はないもの（ゼロ）として計算することとなります。

　なお，C社から受ける配当については，配当免税制度の適用がないことから，C社株式についてはその帳簿価額（2,000）を「国外業務に係る資産（…）の帳簿価額」として計算します。

　上記の計算方法に従って，貴社の平成X年3月期の法人税申告書別表6(2)を記載すると，次頁のようになります。

(注)　配当免税制度は，内国法人が平成21年4月1日以後に開始する事業年度において外国子会社から受ける配当等の額について適用することとされています（平成21年改正法附則6）。
　ただし，外国子会社が特定外国子会社等に該当する場合には，内国法人における平成21年4月1日以後に開始する事業年度において特定外国子会社等から受ける配当等の額で，その特定外国子会社等における平成21年4月1日前に開始した事業年度に係るものについては，配当免税制度は適用しないこととされています（平成21

参考資料

年改正法附則44⑤)。

したがって，貴社の自平成21年4月1日至平成22年3月31日の事業年度において，B社の自平成21年1月1日至平成21年12月31日の事業年度に係る配当を受けた場合には，その配当については配当免税制度の適用はありません。

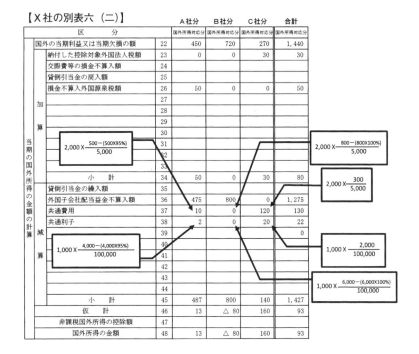
【X社の別表六（二）】

参考資料　4

参考資料 4 | 国外事業所等帰属所得に関する調査及び事前確認に係る事務運営要領

　平成26年度及び平成27年度の外国税額控除制度の改正により，内国法人の本店等と国外事業所等との間の内部取引については，原則として，部外取引（非関連者間取引）と同様に認識してその売買損益等の計算を行うことに改められ，かつ，その価額は独立企業間価格で行われたものとして算定することが義務付けられた。

　これによって，国外所得金額の計算に関して，移転価格税制と同様の是正措置（内部取引の価額が独立企業間価格と異なる場合の国外所得金額の計算の特例）も設けられることになったため（措法67の18），国外事業所等帰属所得に関する調査及び事前確認に係る事務運営ルールも整備され，次のような国税当局の内部取扱い等（事務運営指針）が定められている。

　ここでは，この事務運営指針のうち，国外事業所等帰属所得に関する部分を中心に抜粋して掲載し，参考に資することとする。

【参考資料】

恒久的施設帰属所得に係る所得に関する調査等に係る事務運営要領の制定
　について（事務運営指針）

　　　　　　　　　　　　　　　　　　　　　　　　　　　査調7-1

　　　　　　　　　　　　　　　　　　　　　　　　　　　官際1-65

　　　　　　　　　　　　　　　　　　　　　　　　　　　官協1-60

　　　　　　　　　　　　　　　　　　　　　　　　　　　課法8-9

　　　　　　　　　　　　　　　　　　　　　　　　平成28年6月28日

〈最終改正：令和4年2月14日〉

　標題のことについては，別添のとおり定めたから，法人の平成28年4月

１日以後に開始する事業年度の所得に対する法人税について，これにより適切に実施されたい。

（趣旨）

　外国法人の各事業年度の恒久的施設帰属所得に係る所得に関する調査又は事前確認審査及び内国法人の各事業年度の国外事業所等帰属所得に係る所得に関する調査又は事前確認審査に係る事務の適正，円滑な執行を図るため，事務運営の指針を整備するものである。

（別添）

　恒久的施設帰属所得に係る所得に関する調査等に係る事務運営要領

第１章　定義及び基本方針

第２章　外国法人の恒久的施設帰属所得に係る調査

第３章　外国法人の恒久的施設帰属資本相当額に係る調査

第４章　国別報告事項等及び外国法人の内部取引に係る独立企業間価格の算定

第５章　内国法人の国外事業所等帰属所得に係る所得に関する調査

第６章　外国法人の恒久的施設帰属所得に係る所得の金額に関する事前確認

第７章　内国法人の国外事業所等帰属所得に係る所得の金額に関する事前確認

第８章　平成29年１月31日付官協８－１ほか７課共同「日台民間租税取決め第24条（相互協議手続）の取扱い等について」（事務運営指針）（以下「日台相互協議指針」という。）に定める相互協議が行われる場合の取扱い

参考資料 4

(別添)

第 1 章　定義及び基本方針

(定義)

1-1　この事務運営指針において，次に掲げる用語の意義は，それぞれ次に定めるところによる。

(1)　法　　法人税法をいう。

(2)　措置法　　租税特別措置法をいう。

(3)　令和 2 年改正法　　所得税法等の一部を改正する法律（令和 2 年法律第 8 号）をいう。

(4)　旧法　　令和 2 年改正法第 3 条（法人税法の一部改正）の規定による改正前の法をいう。

(5)　旧措置法　　令和 2 年改正法第16条（租税特別措置法の一部改正）の規定による改正前の措置法をいう。

(6)　基本通達　　法人税基本通達をいう。

(7)　手続通達　　国税通則法第 7 章の 2 （国税の調査）関係通達をいう。

(8)　移転価格事務運営指針　　平成13年 6 月 1 日付査調 7 - 1 ほか 3 課共同「移転価格事務運営要領の制定について」（事務運営指針）をいう。

(9)　調査　　手続通達 1 - 1 （「調査」の意義）に定める調査をいう。

(10)　行政指導　　手続通達 1 - 2 （「調査」に該当しない行為）に定める調査に該当しない行為をいう。

(11)　恒久的施設帰属所得　　法第138条第 1 項第 1 号（国内源泉所得）に掲げる国内源泉所得（同条第 3 項の規定により同号に掲げる所得とされるものを除く。）をいう。

(12)　恒久的施設帰属資本相当額　　法施行令第188条第 2 項（恒久的施設に帰せられるべき資本に対応する負債の利子の損金不算入）に規定

347

する恒久的施設帰属資本相当額をいう。

⒀　国外事業所等　　法第69条第４項第１号（外国税額の控除）に規定する国外事業所等をいう。

⒁　国外事業所等帰属所得　　法第69条第４項第１号に掲げる国外源泉所得をいう。

⒂　国外事業所等帰属資本相当額　　法施行令第141条の４第１項（国外事業所等に帰せられるべき資本に対応する負債の利子）に規定する国外事業所等に帰せられるべき資本の額をいう。

⒃　機能　　基本通達20－２－２（恒久的施設帰属所得の認識）に定める機能をいう。

⒄　リスク　　基本通達20－２－１（恒久的施設帰属所得の認識に当たり勘案されるその他の状況）に定めるリスクをいう。

⒅　無形資産　　措置法第66条の４の３第５項第２号（外国法人の内部取引に係る課税の特例）に規定する無形資産のうち重要な価値のあるものをいう。

⒆　事前確認　　税務署長又は国税局長が，法第138条第１項第１号に規定する内部取引に係る措置法第66条の４の３第１項に規定する独立企業間価格の算定方法及びその具体的内容並びに恒久的施設帰属資本相当額の計算における法施行令第188条第２項第２号イ⑴若しくはロ⑴に規定する比較対象法人，又は法第69条第４項第１号に規定する内部取引に係る措置法第67条の18第１項（国外所得金額の計算の特例）に規定する独立企業間価格の算定方法及びその具体的内容並びに国外事業所等帰属資本相当額の計算における法施行令第141条の４第３項第２号イ⑴若しくはロ⑴に規定する比較対象法人について確認を行うことをいう。

⒇　事前確認審査　　局担当課（必要に応じて庁担当課を含む。）が行う事前確認の申出に係る審査をいう。

(21)　事前相談　　事前確認を受けようとする法人が，事前確認の申出前

に，事前確認を受けようとする内容について局担当課（必要に応じて庁担当課及び庁相互協議室を含む。）と行う相談（代理人を通じた匿名の相談を含む。）をいう。

⑿　相互協議　法第2条第12号の19ただし書（定義）に規定する条約の規定に基づく我が国の権限ある当局と外国の権限ある当局との協議をいう。

⒀　庁相互協議室　国税庁長官官房国際業務課相互協議室をいう。

⒁　庁担当課　国税庁課税部法人課税課又は国税庁調査査察部調査課をいう。

⒂　局担当課　国税局課税第二部（金沢，高松及び熊本国税局にあっては，課税部）法人課税課及び沖縄国税事務所法人課税課（以下「局法人課税課」という。）又は東京及び大阪国税局調査第一部事前確認審査課，名古屋国税局調査部国際情報課，関東信越国税局調査査察部国際調査課，札幌，仙台，金沢，広島，高松，福岡及び熊本国税局調査査察部調査管理課並びに沖縄国税事務所調査課（以下「局調査課」という。）をいう。

⒃　連結法人　旧法第2条第12号の7の2（定義）に規定する連結法人をいう。

⒄　連結親法人　旧法第2条第12号の6の7に規定する連結親法人をいう。

⒅　連結子法人　旧法第2条第12号の7に規定する連結子法人をいう。

（基本方針）

1－2　外国法人の各事業年度の恒久的施設帰属所得に係る所得に関する調査又は事前確認審査及び内国法人の各事業年度の国外事業所等帰属所得に係る所得に関する調査又は事前確認審査に係る事務については，次に掲げる基本方針に従って運営する。

(1) 恒久的施設帰属所得に係る所得の金額の計算方法及び国外事業所等帰属所得に係る所得の金額の計算方法が独立企業原則に基づいていることに配意し，恒久的施設帰属所得の認識又は国外事業所等帰属所得の認識が機能及び事実の適切な分析に基づくものであるか，また，措置法第66条の4の3第1項（外国法人の内部取引に係る課税の特例）に規定する内部取引の対価の額とした額又は措置法第67条の18第1項（国外所得金額の計算の特例）に規定する内部取引の対価の額とした額が非関連者間取引（外国法人若しくは内国法人が非関連者（措置法第66条の4第1項（国外関連者との取引に係る課税の特例）に規定する特殊の関係にない者をいう。以下同じ。）との間で行う取引（同条第5項の適用がある取引を除く。）又は外国法人若しくは内国法人の非関連者が当該非関連者の他の非関連者との間で行う取引をいう。）において通常付された価格となっているかどうかを十分に検討する。

(2) (1)の検討に当たっては，法人の営む事業の内容，当該事業に従事する者の活動状況，当該事業に係る市場の状況及び業界情報等の幅広い事実の把握に努め，必要に応じ移転価格事務運営指針を参考にし，適切な執行に努める。

(3) 事前確認については，法人の予測可能性を確保し，適正かつ円滑な執行を図るため，我が国の課税権の確保に十分配意しつつ，事案の複雑性や困難性に応じたメリハリのある事前確認審査を的確かつ迅速に行う。また，事前確認に係る手続の利便性の向上及び迅速化を図るため，事前相談に的確に対応する。

(4) 恒久的施設帰属所得に係る所得及び国外事業所等帰属所得に係る所得に関する課税により生じた国際的な二重課税の解決には，各国税務当局による共通の認識が重要であることから，必要に応じ OECD モデル租税条約のコメンタリー及び OECD 移転価格ガイドラインを参考にし，適切な執行に努める。

参考資料 4

第5章　内国法人の国外事業所等帰属所得に係る所得に関する調査
（国外事業所等帰属所得に係る所得に関する調査を行う場合の準用）
5－1　内国法人の国外事業所等帰属所得に係る所得の適否を検討する場合には，第2章（外国法人の恒久的施設帰属所得に係る調査）及び第4章（国別報告事項等及び外国法人の内部取引に係る独立企業間価格の算定）の取扱いを準用する。

第2章　外国法人の恒久的施設帰属所得に係る調査
（機能及び事実の分析）
2－1　外国法人が認識した恒久的施設帰属所得の適否についての調査を行う場合には，次の点に留意する。
(1)　外国法人が作成した法施行規則第62条の2（恒久的施設帰属外部取引に関する書類）に定める書類及び同規則第62条の3（内部取引に関する書類）に定める書類は，当該外国法人が恒久的施設帰属所得を認識するための基礎とした書類であることから，当該書類の内容を十分に確認する。
(2)　外国法人の恒久的施設及びその本店等（法第138条第1項第1号（国内源泉所得）に規定する本店等をいう。以下第6章（外国法人の恒久的施設帰属所得に係る所得の金額に関する事前確認）までにおいて同じ。）が果たす機能並びに当該恒久的施設及びその本店等に関する事実の分析を行い，(1)に定める書類に基づき，次に掲げる事項を検証する。
　　イ　外国法人の事業において生ずるリスクについて恒久的施設がリスクの引受け又はリスクの管理に関する人的機能を果たす場合には，当該リスクは当該恒久的施設に帰せられるリスクとされているか
　　ロ　外国法人の有する資産について恒久的施設が資産の帰属に係る人的機能を果たす場合には，当該資産は当該恒久的施設に帰せられる資産とされているか
　　ハ　イ及びロに定める人的機能以外の恒久的施設が果たす機能及び恒久的施設において使用する資産は適切に特定されているか
　　ニ　恒久的施設に帰せられる外部取引（基本通達20－2－1（恒久的施設帰属所得の認識に当たり勘案されるその他の状況）に定める外部取引をいう。以下第6章までにおいて同じ。）はイからハまでの結果に基づき適切に特定されているか
　　ホ　恒久的施設とその本店等との間の内部取引（同号に規定する内部取引をいう。以下第6章までにおいて同じ。）はイからハまでの結果に基づき適切に特定されているか

351

（恒久的施設に帰せられるリスク）

2－2　2－1(2)イに掲げる事項について検証する場合には，次の点に留意する。

(1)　外国法人の事業において生ずるリスクには，例えば，次に掲げるリスクがある。

　　イ　棚卸資産を保有することによる利益又は損失の増加又は減少の生ずるおそれ

　　ロ　取引の相手方の契約不履行による損失の生ずるおそれ（以下2－4において「信用リスク」という。）

　　ハ　為替相場の変動による利益又は損失の増加又は減少の生ずるおそれ

　　ニ　市場金利の変動による利益又は損失の増加又は減少の生ずるおそれ

　　ホ　保有する有価証券等（有価証券その他の資産及び取引をいう。）の価格の変動による利益又は損失の増加又は減少の生ずるおそれ（以下2－4において「市場リスク」という。）

　　ヘ　販売した製品の欠陥による損失の生ずるおそれ

　　ト　無形資産の開発，取得又は管理による利益又は損失の増加又は減少の生ずるおそれ

　　チ　事務処理の誤りその他日常的な業務の遂行上損失の生ずるおそれ

(2)　リスクの引受けとは外国法人の事業において生ずるリスクを最初に引き受けることをいい，リスクの管理とはその引き受けられたリスクを管理することをいうのであるから，リスクの引受けに関する人的機能を果たす恒久的施設又は本店等が引き続きリスクの管理に関する人的機能を果たすとは限らない。

(3)　恒久的施設がリスクの引受け又はリスクの管理に関する人的機能を果たすかどうかの判定に当たっては，リスクの引受け又はリスクの管理に関する最終的な意思決定のみならず，当該意思決定に至るまでの検討，評価，立案その他の最終的な意思決定と密接に関連する活動の有無及びその内容についても十分に検討する。

(4)　恒久的施設がリスクの引受け又はリスクの管理に関する人的機能を果たすかどうかは，(2)及び(3)のほか，恒久的施設を通じて行う事業に従事する者の過失により損失が生ずるかどうか，当該者の行う活動が利益又は損失の発生に関して重要な役割を果たすかどうか，当該活動が利益又は損失の発生に直接関連するかどうか等を勘案して判定する。

（恒久的施設に帰せられる無形資産）

2－3　2－1(2)ロに掲げる事項について検証する場合には，例えば，次に掲げる無形資産については，それぞれ次の人的機能が恒久的施設において果たされたかどうか等を勘案することに留意する。

(1)　外国法人が自ら行った研究開発の成果に係る工業所有権等（法施行令第183条第3項第1号イ（租税条約に異なる定めがある場合の国内源泉所得）に掲げるもの（(3)に掲げるものを除く。）をいう。以下2－3において同じ。）

イ　当該研究開発に係る具体的な開発方針の策定及び実施に関する積極的な
　　　意思決定
　　ロ　当該研究開発に係る成果の評価及び当該研究開発の継続に関する積極的
　　　な意思決定
　　ハ　その他当該工業所有権等に係るリスクの引受け又はリスクの管理に関す
　　　る人的機能
(2)　外国法人が他の者から取得した工業所有権等
　　イ　当該工業所有権等の取得により将来獲得することが見込まれる利益の分
　　　析，評価及び当該工業所有権等の取得に関する積極的な意思決定
　　ロ　当該工業所有権等に係る取得後の開発活動の検討及び実施に関する積極
　　　的な意思決定
　　ハ　その他当該工業所有権等に係るリスクの引受け又はリスクの管理に関す
　　　る人的機能
(3)　外国法人が自ら創作した商標及び商号その他事業活動に用いられる商品又
　　は役務を表示するもの（これらの権利を含む。以下２－３において「商標等」
　　という。）
　　イ　当該商標等に係る業務上の信用の維持向上を目的とする事業計画の策定
　　　及び実施に関する積極的な意思決定
　　ロ　当該事業計画の継続の検討及び実施に関する積極的な意思決定
　　ハ　その他当該商標等に係るリスクの引受け又はリスクの管理に関する人的
　　　機能

（恒久的施設に帰せられる金融資産）
２－４　２－１(2)ロに掲げる事項について検証する場合には，例えば，次に掲げ
　　る金融資産（措置法施行令第39条の12の３第３項第２号に規定する金融資産を
　　いう。）については，それぞれ次の人的機能が恒久的施設において果たされたか
　　どうか等を勘案することに留意する。
(1)　外国法人が業として金銭の貸付けを行うことにより取得した金銭債権
　　イ　当該金銭債権に係る貸付条件に関する顧客との交渉，顧客の信用状態に
　　　関する調査，貸付条件の決定及び貸付けの実施に関する積極的な意思決定
　　ロ　当該金銭債権の貸付け後の管理及び回収に関する積極的な意思決定
　　ハ　その他当該金銭債権に係る信用リスクの引受け又は信用リスクの管理に
　　　関する人的機能
(2)　外国法人が業として短期的な価格の変動を利用して利益を得る目的で取得
　　した有価証券
　　イ　売買を行う有価証券の種類，銘柄，数及び価格並びにその売買の方法及
　　　び時期についての検討及び判断に関する積極的な意思決定
　　ロ　その他当該有価証券に係る市場リスクの引受け又は市場リスクの管理に
　　　関する人的機能

(内部取引の特定)

2－5　2－1(2)ホに掲げる事項について検証する場合には，例えば，次に掲げる場合については，それぞれ次の内部取引が特定されているかどうか等を確認することに留意する。

(1)　外国法人の恒久的施設に帰せられていた資産がその本店等に帰せられることとなる場合又は外国法人の本店等に帰せられていた資産がその恒久的施設に帰せられることとなる場合　　資産の譲渡又は取得に相当する内部取引

(2)　外国法人の恒久的施設に帰せられる資産をその本店等において使用する場合又は外国法人の本店等に帰せられる資産をその恒久的施設において使用する場合（(1)に掲げる場合を除く。）　　資産の貸付け又は借受けに相当する内部取引

(3)　外国法人の恒久的施設がその本店等に役務の提供を行う場合又は外国法人の本店等がその恒久的施設に役務の提供を行う場合　　役務提供取引に相当する内部取引

(共通費用に含まれない内部取引に係る費用)

2－6　外国法人の恒久的施設とその本店等との間において内部取引を認識する場合には，当該内部取引に係る法第22条第3項第2号（各事業年度の所得の金額の計算）に規定する販売費，一般管理費その他の費用は，法第142条第3項第2号（恒久的施設帰属所得に係る所得の金額の計算）に規定する「共通するこれらの費用」（以下2－6において「共通費用」という。）に含まれないのであるから，例えば，調査において外国法人が次に掲げる内部取引を認識していることを把握した場合には，それぞれ次に定める費用は共通費用に含まれないことに留意する。

(1)　恒久的施設による商品の購入に相当する内部取引　　本店等における当該商品の管理費，運送費その他これらに類する費用

(2)　恒久的施設による無形資産の使用料の支払に相当する内部取引　　本店等における当該無形資産に係る開発費，維持管理費，減価償却費その他これらに類する費用

(従来型の条約が適用される場合の取扱い)

2－7　外国法人が認識した恒久的施設帰属所得の適否についての調査に当たり，従来型の条約（法第139条第2項（租税条約に異なる定めがある場合の国内源泉所得）に規定する「内部取引から所得が生ずる旨の定めのあるもの」以外の条約をいう。）の適用がある場合には，法施行令第183条第3項第1号（租税条約に異なる定めがある場合の国内源泉所得）に掲げるものの使用料の支払，譲渡又は取得に相当する内部取引は認識されないのであるから，例えば，同号イに掲げる工業所有権の使用を伴う役務の提供が認められるときは，当該工業所有権の使用料の支払に相当する内部取引は認識されず，役務提供取引に相当する内部取引のみが認識されることに留意する。

（単純購入非課税の取扱い）

2－8　外国法人の恒久的施設がその本店等のために棚卸資産を購入する業務及びそれ以外の業務を行う場合において，その棚卸資産を購入する業務から生ずる所得が，その恒久的施設に帰せられるべき所得に含まれないとする定めのある租税条約（法第2条第12号の19ただし書に規定する条約をいう。）の適用があるときは，当該恒久的施設のその棚卸資産を購入する業務からは恒久的施設帰属所得は生じないことに留意する。

第4章　国別報告事項等及び外国法人の内部取引に係る独立企業間価格の算定
（国別報告事項及び事業概況報告事項）

4－1　措置法第66条の4の4第2項の規定により提供される同条第1項に規定する国別報告事項（外国法人から提供されるものに限る。）及び同条第4項第3号に規定する特定多国籍企業グループの同項第5号に規定する最終親会社等又は同項第6号に規定する代理親会社等の居住地国（同項第8号に規定する国又は地域をいい，同号イ及びロに定めるものに限る。）から提供される国別報告事項に相当する情報並びに措置法第66条の4の5第1項の規定により提供される同項に規定する事業概況報告事項（外国法人から提供されるものに限る。）については，移転価格事務運営指針2－1（国別報告事項の適切な使用）から2－3（国別報告事項に相当する情報に誤り等がある場合）までの取扱いを適用する。

（ローカルファイル）

4－2　内部取引に係る措置法第66条の4の3第4項（外国法人の内部取引に係る課税の特例）に規定する独立企業間価格（同条第1項に規定する独立企業間価格をいう。以下第6章（外国法人の恒久的施設帰属所得に係る所得の金額に関する事前確認）までにおいて同じ。）を算定するために必要と認められる書類については，移転価格事務運営指針2－4（ローカルファイル）の取扱いを準用する。

（独立企業間価格の算定を行う場合の準用）

4－3　内部取引について，独立企業間価格の算定を行う場合には，移転価格事務運営指針第4章（独立企業間価格の算定等における留意点）の取扱いを準用する。

（保険会社の資本配賦原則法の適用）

5－2　保険会社である内国法人が法施行令第141条の4第3項第1号イ（国外事業所等に帰せられるべき資本に対応する負債の利子）に定める

資本配賦原則法により国外事業所等帰属資本相当額を計算する場合において，例えば，次に掲げる金額を，それぞれ次に定める金額としているときは，これを適正なものとして取り扱う。

⑴　同号イ⑶に掲げる金額　　当該内国法人の当該事業年度の保険業法施行規則第87条第3号及び第4号（単体の通常の予測を超える危険に対応する額）に掲げる額のうち当該内国法人の国外事業所等に帰せられる資産に係る部分の金額の合計額

⑵　同項第1号イ⑷に掲げる金額　　当該内国法人の当該事業年度の同条第3号及び第4号に掲げる額の合計額

（注）1　⑴及び⑵に定める金額は，当該内国法人が当該事業年度の平成11年1月13日金融監督庁・大蔵省告示第3号第1号の算式により得られる比率として実際に適用した比率の基礎とした金額によることに留意する。

　　　2　⑴に定める金額の計算が困難である場合において，当該内国法人の国外事業所等所在地国（同項第2号イ⑴に規定する国外事業所等所在地国をいう。以下5－3において同じ。）の保険業法に相当する外国の法令により当該内国法人の国外事業所等について同法第202条（健全性の基準）の規定に相当する規定の適用があり，かつ，当該金額を当該事業年度の当該外国の法令の規定による同規則第162条第3号及び第4号（通常の予測を超える危険に対応する額）に掲げる額に相当する金額の合計額としているときは，これを認める。この場合において，当該合計額は，当該内国法人が当該事業年度の当該外国の法令の規定による平成11年1月13日金融監督庁・大蔵省告示第3号第3号の算式により得られる比率に相当する比率として実際に適用した比率の基礎とした金額によることに留意する。

（保険会社のリスク資産資本比率比準法の適用）

5－3　保険会社である内国法人が法施行令第141条の4第3項第2号イ（国外事業所等に帰せられるべき資本に対応する負債の利子）に定めるリスク資産資本比率比準法により国外事業所等帰属資本相当額を計算する場合において，例えば，次に掲げる金額を，それぞれ次に定める金額としているときは，これを適正なものとして取り扱う。

⑴　同号イに規定する「国外事業所等に帰せられる資産の額について発生し得る危険を勘案して計算した金額」　　当該内国法人の当該事業年度の国外事業所等所在地国の保険業法に相当する外国の法令の規定

による保険業法施行規則第162条第3号及び第4号（通常の予測を超える危険に対応する額）に掲げる額に相当する金額の合計額

(2) 同項第2号イ(2)に掲げる金額　保険業（同法第2条第1項（定義）に規定する保険業をいう。）を行う国外事業所等所在地国に本店又は主たる事務所を有する比較対象法人（同号イ(1)に規定する比較対象法人をいう。）の比較対象事業年度（同号イ(1)に規定する比較対象事業年度をいう。）の国外事業所等所在地国の同法に相当する外国の法令の規定による同規則第87条第3号及び第4号（単体の通常の予測を超える危険に対応する額）に掲げる額に相当する金額の合計額

(注)1　(1)に定める金額は，当該内国法人が当該事業年度の国外事業所等所在地国の同法に相当する外国の法令の規定による平成11年1月13日金融監督庁・大蔵省告示第3号第3号の算式により得られる比率に相当する比率として実際に適用した比率の基礎とした金額によることに留意する。

2　国外事業所等所在地国の同法に相当する外国の法令により当該内国法人の国外事業所等について同法第202条（健全性の基準）の規定に相当する規定の適用がない場合において，(1)に定める金額を，5-2(1)に定める金額としているときは，これを認める。

（銀行の規制資本配賦法の適用）

5-4　銀行である内国法人が法施行令第141条の4第3項第1号ロ（国外事業所等に帰せられるべき資本に対応する負債の利子）に定める規制資本配賦法により国外事業所等帰属資本相当額を計算する場合において，例えば，次に掲げる金額を，それぞれ次に定める金額としているときは，これを適正なものとして取り扱う。

(1) 同号ロに規定する「規制上の自己資本の額」　当該内国法人の当該事業年度の平成18年3月27日金融庁告示第19号第14条第3号の算式の「総自己資本の額」

(2) 同項第1号ロ(1)に掲げる金額　当該内国法人の当該事業年度の同条第3号の算式の「信用リスク・アセットの額の合計額」，「マーケット・リスク相当額の合計額を8パーセントで除して得た額」及び「オ

357

ペレーショナル・リスク相当額の合計額を8パーセントで除して得た額」のうち当該内国法人の国外事業所等に帰せられる資産に係る部分の金額の合計額

(3) 同項第1号ロ(2)に掲げる金額　当該内国法人の当該事業年度の同条第3号の算式の「信用リスク・アセットの額の合計額」,「マーケット・リスク相当額の合計額を8パーセントで除して得た額」 及び「オペレーショナル・リスク相当額の合計額を8パーセントで除して得た額」の合計額

㊟　(1)から(3)までに定める金額は，当該内国法人が当該事業年度の同号に掲げる比率として実際に適用した比率の基礎とした金額によることに留意する。

(銀行のリスク資産規制資本比率比準法の適用)

5−5　銀行である内国法人が法施行令第141条の4第3項第2号ロ（国外事業所等に帰せられるべき資本に対応する負債の利子）に定めるリスク資産規制資本比率比準法により国外事業所等帰属資本相当額を計算する場合において，例えば，次に掲げる金額を，それぞれ次に定める金額としているときは，これを適正なものとして取り扱う。

(1) 同号ロに規定する「国外事業所等に帰せられる資産の額について発生し得る危険を勘案して計算した金額」　当該内国法人の当該事業年度の平成18年3月27日金融庁告示第19号第14条第3号の算式の「信用リスク・アセットの額の合計額」,「マーケット・リスク相当額の合計額を8パーセントで除して得た額」及び「オペレーショナル・リスク相当額の合計額を8パーセントで除して得た額」のうち当該内国法人の国外事業所等に帰せられる資産に係る部分の金額の合計額

(2) 同項第2号ロ(1)に掲げる金額　銀行業（銀行法第2条第2項（定義等）に規定する銀行業をいう。以下5−5において同じ。）を行う比較対象法人（国外事業所等所在地国（同号ロ(1)に規定する国外事業所等所在地国をいう。以下5−7までにおいて同じ。）に本店又は主

たる事務所を有する比較対象法人（同号ロ(1)に規定する比較対象法人をいう。）に限る。以下 5 − 7 までにおいて同じ。）の比較対象事業年度（同号ロ(1)に規定する比較対象事業年度をいう。以下 5 − 7 までにおいて同じ。）の国外事業所等所在地国の同法に相当する外国の法令の規定による平成18年 3 月27日金融庁告示第19号第14条第 3 号の算式の「総自己資本の額」に相当する金額

(3)　同令第141条の 4 第 3 項第 2 号ロ(2)に掲げる金額　　銀行業を行う比較対象法人の比較対象事業年度の国外事業所等所在地国の同法に相当する外国の法令の規定による平成18年 3 月27日金融庁告示第19号第14条第 3 号の算式の「信用リスク・アセットの額の合計額」，「マーケット・リスク相当額の合計額を 8 パーセントで除して得た額」及び「オペレーショナル・リスク相当額の合計額を 8 パーセントで除して得た額」に相当する金額の合計額

(注)　(1)に定める金額は，当該内国法人が当該事業年度の同号に掲げる比率として実際に適用した比率の基礎とした金額によることに留意する。

（金融商品取引業者である内国法人の規制資本配賦法の適用）

5 − 6　金融商品取引業者である内国法人が法施行令第141条の 4 第 3 項第 1 号ロ（国外事業所等に帰せられるべき資本に対応する負債の利子）に定める規制資本配賦法により国外事業所等帰属資本相当額を計算する場合において，例えば，次に掲げる金額を，それぞれ次に定める金額としているときは，これを適正なものとして取り扱う。

(1)　同号ロに規定する「規制上の自己資本の額」　　当該内国法人の当該事業年度の金融商品取引法第46条の 6 第 1 項（自己資本規制比率）に規定する「資本金，準備金その他の内閣府令で定めるものの額の合計額から固定資産その他の内閣府令で定めるものの額の合計額を控除した額」

(2)　同号ロ(1)に掲げる金額　　当該内国法人の当該事業年度の同項に規

定する「保有する有価証券の価格の変動その他の理由により発生し得
る危険に対応する額として内閣府令で定めるものの合計額」のうち当
該内国法人の国外事業所等に帰せられる資産に係る部分の金額

(3)　同号ロ(2)に掲げる金額　　当該内国法人の当該事業年度の同項に規
定する「保有する有価証券の価格の変動その他の理由により発生し得
る危険に対応する額として内閣府令で定めるものの合計額」

(注)1　(1)から(3)までに定める金額は，当該内国法人が当該事業年度の同項に規定する
自己資本規制比率として実際に適用した比率の基礎とした金額によることに留意
する。

2　(2)に定める金額の計算が困難である場合において，当該内国法人の国外事業所
等所在地国の同法に相当する外国の法令により当該内国法人の国外事業所等につ
いて同条の規定に相当する規定の適用があり，かつ，当該金額を当該事業年度の
当該外国の法令の規定による同項に規定する「保有する有価証券の価格の変動そ
の他の理由により発生し得る危険に対応する額として内閣府令で定めるものの合
計額」に相当する金額としているときは，これを認める。この場合において，当
該金額は，当該内国法人が当該事業年度の当該外国の法令の規定による同項に規
定する自己資本規制比率に相当する比率として実際に適用した比率の基礎とした
金額によることに留意する。

(金融商品取引業者である内国法人のリスク資産規制資本比率比準法の適用)

5－7　金融商品取引業者である内国法人が法施行令第141条の4第3項
第2号ロ（国外事業所等に帰せられるべき資本に対応する負債の利子）
に定めるリスク資産規制資本比率比準法により国外事業所等帰属資本相
当額を計算する場合において，例えば，次に掲げる金額を，それぞれ次
に定める金額としているときは，これを適正なものとして取り扱う。

(1)　同号ロに規定する「国外事業所等に帰せられる資産の額について発
生し得る危険を勘案して計算した金額」　　当該内国法人の当該事業
年度の国外事業所等に係る国外事業所等所在地国の金融商品取引法に
相当する外国の法令の規定による同法第46条の6第1項（自己資本規
制比率）に規定する「保有する有価証券の価格の変動その他の理由に

より発生し得る危険に対応する額として内閣府令で定めるものの合計額」に相当する金額

(2) 同号ロ(1)に掲げる金額　第一種金融商品取引業（同法第28条第1項（通則）に規定する第一種金融商品取引業をいう。以下5－7において同じ。）を行う比較対象法人の比較対象事業年度の国外事業所等所在地国の同法に相当する外国の法令の規定による同法第46条の6第1項に規定する「資本金，準備金その他の内閣府令で定めるものの額の合計額から固定資産その他の内閣府令で定めるものの額の合計額を控除した額」に相当する金額

(3) 同号ロ(2)に掲げる金額　第一種金融商品取引業を行う比較対象法人の比較対象事業年度の国外事業所等所在地国の同法に相当する外国の法令の規定による同項に規定する「保有する有価証券の価格の変動その他の理由により発生し得る危険に対応する額として内閣府令で定めるものの合計額」に相当する金額

(注)1　(1)に定める金額は，当該内国法人が当該事業年度の国外事業所等に係る国外事業所等所在地国の同法に相当する外国の法令の規定による同項に規定する自己資本規制比率に相当する比率として実際に適用した比率の基礎とした金額によることに留意する。

2　国外事業所等所在地国の同法に相当する外国の法令により当該内国法人の国外事業所等について同条の規定に相当する規定の適用がない場合において，(1)に定める金額を，5－6(2)に定める金額としているときは，これを認める。

（信用リスク額等の意義）

5－8　銀行である内国法人が法施行令第141条の4第3項第1号ロ（国外事業所等に帰せられるべき資本に対応する負債の利子）に定める規制資本配賦法により国外事業所等帰属資本相当額を計算する場合において，法施行規則第28条の10第1項（危険勘案資産額の計算に関する特例）の規定の適用があるかどうかの判定に当たり，例えば，次に掲げる金額を，それぞれ次に定める金額としているときは，これを適正なものとして取り扱う。

参考資料

(1) 同項に規定する信用リスク額　当該内国法人の当該事業年度の平成18年3月27日金融庁告示第19号第14条第3号の算式の「信用リスク・アセットの額の合計額」

(2) 同項に規定する全リスク額　5－4(3)に定める金額

(3) 同項に規定する貸出債権リスク額　貸出債権について，当該内国法人の当該事業年度の平成18年3月27日金融庁告示第19号第56条から第75条までに定めるリスク・ウェイトを当該各条に規定するエクスポージャーに乗じて得た額の合計額又は平成18年3月27日金融庁告示第19号第152条第1号イに規定する事業法人等向けエクスポージャー及びリテール向けエクスポージャーについて算出した信用リスク・アセットの額の合計額

(注)1　(1)から(3)までに定める金額は，当該内国法人が当該事業年度の平成18年3月27日金融庁告示第19号第14条第3号に掲げる比率として実際に適用した比率の基礎とした金額によることに留意する。

2　(3)に定める「信用リスク・アセットの額の合計額」は，それぞれのエクスポージャーについて　算出した信用リスク・アセットの額に，平成18年3月27日金融庁告示第19号第152条第1号イに規定する1.06を乗じて得た額の合計額であることに留意する。

(信用リスク割合等が著しく高い場合の銀行の規制資本配賦法の適用)

5－9　銀行である内国法人が，法施行規則第28条の10第1項（危険勘案資産額の計算に関する特例）の規定を適用して法施行令第141条の4第3項第1号ロ（国外事業所等に帰せられるべき資本に対応する負債の利子）に定める規制資本配賦法により国外事業所等帰属資本相当額を計算する場合において，例えば，次に掲げる金額を，それぞれ次に定める金額としているときは，これを適正なものとして取り扱う。

(1) 同号ロに規定する「規制上の自己資本の額」　5－4(1)に定める金額

(2) 同号ロ(1)に掲げる金額　5－8(3)に定める金額のうち当該内国法人の国外事業所等に帰せられる資産に係る部分の金額

(3) 同号ロ(2)に掲げる金額　　5−8(3)に定める金額

第7章　内国法人の国外事業所等帰属所得に係る所得の金額に関する事前確認

(事前確認の申出)

7−1

(1) 内国法人の納税地を所轄する税務署長（調査課所管法人にあっては，国税局長。以下「所轄税務署長等」という。）は，当該内国法人から次に掲げる事項に係る事前確認の申出が行われた場合には，これを収受する。ただし，ロに掲げる事項に係る事前確認の申出は，イに掲げる事項に係る事前確認の申出が行われる場合に限り，これを収受する。

　なお，事前確認の申出を行おうとする内国法人が事前相談を行っていない場合には，所轄税務署長等は当該内国法人に対して，事前相談を行った上で事前確認の申出を行うよう指導する。

イ　内部取引（法第69条第4項第1号（外国税額の控除）に規定する内部取引をいう。以下この章において同じ。）に係る独立企業間価格（措置法第67条の18第1項（国外所得金額の計算の特例）に規定する独立企業間価格をいう。以下この章において同じ。）の算定方法及びその具体的内容（以下この章において「独立企業間価格の算定方法等」という。）

ロ　国外事業所等帰属資本相当額の計算における比較対象法人（法施行令第141条の4第3項第2号イ(1)又はロ(1)（国外事業所等に帰せられるべき資本に対応する負債の利子）に規定する比較対象法人をいう。以下この章において同じ。）

(2) 事前確認の申出は，内国法人が確認対象事業年度のうち最初の事業年度の開始の日までに，確認対象内部取引に係る国外事業所等の所在する国又は地域の別に，確認対象事業年度，確認対象内部取引，確認

363

対象内部取引に係る国外事業所等及び確認対象内部取引に係る独立企業間価格の算定方法等並びに事前確認を受けようとする国外事業所等帰属資本相当額の計算における比較対象法人を記載した確認申出書を作成し，これを所轄税務署長等に提出することにより行うものとする。

(注) 確認対象事業年度のうち最初の事業年度の開始の日が日曜日，祝日法に規定する休日その他一般の休日又は国税通則法施行令第2条第2項（期限の特例）に規定する日に当たるときは，これらの日の翌日までに提出することにより行うものとする。

(3) 確認申出書の提出部数は，調査課所管法人に該当する内国法人にあっては1部（相互協議を求める場合には2部），調査課所管法人に該当しない内国法人にあっては3部（相互協議を求める場合には4部）とする。以下7－2の資料，7－7の書類及び7－8の取下書の提出部数についても同様とする。

（資料の添付）

7－2

(1) 所轄税務署長等は，事前確認の申出を行った内国法人（以下「確認申出内国法人」という。)。）に対し，確認申出書に次に掲げる資料を添付すること及び当該資料に誤り又は変更があった場合には，速やかに局担当課に連絡することを求める。

イ　確認対象内部取引の内容，当該確認対象内部取引の流れ及びその詳細を記載した資料

ロ　確認対象内部取引に係る国外事業所等及びその本店等（法第69条第4項第1号（外国税額の控除）に規定する本店等をいう。以下この章において同じ。）が当該確認対象内部取引において果たす機能に関連する部門の概要及び業務の内容を記載した資料

ハ　確認対象内部取引について，国外事業所等及びその本店等における機能及び事実の分析のため，国外事業所等及びその本店等の果た

す機能，帰せられるリスク，使用する資産，外部取引（国外事業所
等を有する内国法人が他の者との間で行った取引をいう。），内部取
引その他の国外事業所等帰属所得の認識に影響を与える状況を明ら
かにする資料

ニ　確認対象内部取引に係る独立企業間価格の算定方法等及びそれが
最も適切な方法であることを説明した資料

ホ　事前確認の申出に係る国外事業所等帰属資本相当額の計算におけ
る比較対象法人の選定に係る事項及び当該比較対象法人が適切であ
ることを説明した資料（7－1(1)ロに掲げる事項に係る事前確認の
申出を行う場合に限る。以下ヌにおいて同じ。）

ヘ　事前確認を行い，かつ，事前確認を継続する上で前提となる重要
な事業上又は経済上の諸条件（条件に相当する確認対象内部取引に
係る経済事情その他の要因等を含む。以下この章において同じ。）
に関する資料

ト　確認対象内部取引に係る国外事業所等及びその本店等の過去3事
業年度分（その事業年度が連結事業年度に該当する場合には，当該
連結事業年度を含む。以下(1)において同じ。）の営業及び経理の状
況その他事業の内容を明らかにした資料（確認対象内部取引が新規
事業又は新規製品に係るものであり，過去3事業年度分の資料を提
出できない場合には，将来の事業計画，事業予測の資料など，これ
に代替するもの）

チ　確認対象内部取引に係る国外事業所等について，その国外事業所
等が所在する国又は地域で，措置法第66条の4の3（外国法人の内
部取引に係る課税の特例）に相当する制度等に基づき，調査，不服
申立て又は訴訟等が行われている場合には，その概要及び過去の課
税状況を記載した資料

リ　確認対象内部取引に係る独立企業間価格の算定方法等を確認対象
事業年度前3事業年度（その事業年度が連結事業年度に該当する場

合には，当該連結事業年度を含む。以下(1)において同じ。）に適用
した場合の結果など確認対象内部取引に係る独立企業間価格の算定
方法等を具体的に説明するために必要な資料

ヌ　事前確認の申出に係る国外事業所等帰属資本相当額の計算におけ
る比較対象法人を確認対象事業年度前３事業年度に適用して，同業
法人比準法（法施行令第141条の４第３項第２号（国外事業所等に
帰せられるべき資本に対応する負債の利子）に規定する方法をい
う。以下この章において同じ。）又は簿価資産資本比率比準法（同
条第６項第２号に規定する方法をいう。以下この章において同じ。）
により，国外事業所等帰属資本相当額を計算した場合の結果など確
認申出内国法人が申し出た当該比較対象法人を具体的に説明するた
めに必要な資料

ル　確認申出内国法人が属する多国籍企業グループの最終親会社等及
び当該確認申出内国法人に係る親会社等のうち当該確認申出内国法
人を直接支配する親会社等が当該最終親会社等でない場合の親会社
等の概要（法人名，本店又は主たる事務所の所在地等）を記載した
資料（相互協議を伴わない事前確認の申出の場合に限る。）

ヲ　その他事前確認に当たり必要な資料

(注)　ト又はリに掲げる資料については，確認対象内部取引に係る製品のライフサ
イクル等を考慮した場合に，３事業年度分に係る資料では十分な事前確認審査
を行うことができないと認められるときは，局担当課は，確認申出内国法人に
対し，これらに加え，その前２事業年度分（その事業年度が連結事業年度に該
当する場合には，当該連結事業年度を含む。）に係る資料の提出を求める。

(2)　確認申出内国法人が，明らかに，(1)イからヲまでに掲げる資料の添
付を行っていない場合には，所轄税務署長等は，当該確認申出内国法
人に対して，速やかに，当該資料を提出することを求める。

（翻訳文の添付）

７−３　署法人課税部門又は局調査課は，確認申出書に添付された資料の

うち，外国語で記載されたものがある場合には，確認申出内国法人に対して日本語による翻訳文を添付するよう求める。

（確認申出書の補正）

7－4　署法人課税部門又は局調査課は，収受した確認申出書の記載事項について記載誤り若しくは記載漏れがないかどうか又は7－2(1)に掲げる資料が添付されているかどうか等について検討し，不備がある場合には，確認申出内国法人に対して補正を求める。

（確認申出書の送付等）

7－5　署法人課税部門は，収受した確認申出書2部（確認申出内国法人が相互協議を伴う事前確認を求めている場合には3部）を速やかに局法人課税課に送付し，局法人課税課は，うち1部（確認申出内国法人が相互協議を伴う事前確認を求めている場合には2部）を速やかに国税庁課税部法人課税課に送付する。局調査課は，確認申出内国法人が相互協議を伴う事前確認を求めている場合には，収受した確認申出書1部を速やかに国税庁調査査察部調査課に送付する。庁担当課は，確認申出内国法人が相互協議を伴う事前確認を求めている場合には，送付された当該確認申出書1部を庁相互協議室に回付する。

（確認対象事業年度）

7－6　確認対象事業年度は，原則として3事業年度から5事業年度とする。

（事前確認の申出の修正）

7－7　確認申出内国法人から事前確認の申出の修正に係る書類の提出があった場合には，7－4及び7－5の取扱いに準じて処理を行う。

参考資料

（事前確認の申出の取下げ）

7－8　確認申出内国法人から事前確認の申出の取下書の提出があった場合には，7－4及び7－5の取扱いに準じて処理を行う。

（事前相談）

7－9

⑴　事前相談は，事前確認の申出を行おうとする内国法人が確認申出書及び7－2⑴イからヲまでの資料を作成することに資するものであり，かつ，当該内国法人が行おうとする事前確認の申出の内容を税務当局が適切に理解し，効率的かつ迅速に審査を行うことに資するものであることを踏まえ，局担当課はこれに的確に対応する。庁担当課（相互協議を伴う事前確認に係る事前相談にあっては，庁相互協議室を含む。⑵において同じ。）は，局担当課からの連絡を受け，これに加わることができる。

　　㊟　確認対象事業年度の前の事業年度（その事業年度が連結事業年度に該当する場合には，当該連結事業年度を含む。）において，内国法人の国外事業所等帰属所得に係る所得に関する調査が行われているときは，当該調査の終了前においても事前相談に応ずるが，当該調査の終了後において改めて事前確認の申出の内容に係る修正の要否について相談に応ずる。

⑵　局担当課（事前相談に加わる庁担当課を含む。⑶において同じ。）は次の点に留意して事前相談に応ずる。

　　イ　事前確認の申出を行おうとする内国法人に対して，確認申出書の添付資料の作成要領，提出期限その他事前確認に係る手続に必要な事項を事前相談の際に十分に説明すること。

　　ロ　内国法人が行おうとする事前確認の申出に係る内部取引の内容を的確に把握するとともに，当該内国法人に対して，当該事前確認の申出に当たって必要な情報の提供に努めること。

⑶　局担当課は，事前確認の申出を行おうとする内国法人が提出した資料の範囲内で事前相談に応ずる。

なお，局担当課が，内国法人に対して，事前相談に先立って事前相談を行うに当たり必要と認められる資料の提出を求めた場合において，当該資料が事前相談の際に提出されないときは，事前相談に適切に応ずることができない旨を説明する。

(4)　内国法人が行おうとする事前確認の申出の内容が次のイからハまでに掲げる場合に該当すると認められるときは，局担当課は，当該内国法人に対して，それぞれイからハまでに定める事項を説明する。

　イ　7－13(1)イ，ハ，ニ又はヘに掲げる場合　当該事前確認の申出を行っても事前確認を行うことができない旨

　ロ　7－13(2)イ，ロ，ニ，ヘ，ト又はチに掲げる場合　当該事前確認の申出を行っても事前確認に係る手続を保留する旨

　ハ　7－14(2)ハに掲げる場合　当該事前確認の申出を行っても7－14(2)に定めるところにより取り扱う旨

(事前確認審査)

7－10　局担当課は，内国法人から事前確認の申出を受けた場合には，次により事前確認審査を行う。

(1)　局担当課は，速やかに当該申出に係る事前確認審査に着手し，事案の複雑性や困難性に応じたメリハリのある事前確認審査を行い，的確かつ迅速な事務処理に努める。また，庁担当課は，必要に応じ事前確認審査に加わる。

　なお，事前確認審査を迅速に進めるためには，確認申出内国法人の協力が不可欠であることから，確認申出内国法人に対しその旨を説明し，理解を求める。

(2)　局担当課は，原則として第5章（内国法人の国外事業所等帰属所得に係る所得に関する調査）（5－1（国外事業所等帰属所得に係る所得に関する調査を行う場合の準用）で準用する取扱いのうち4－1（国別報告事項及び事業概況報告事項）及び4－2（ローカルファイ

369

ル）を除く。）の取扱いの例により事前確認審査を行う。

　なお，事前確認審査は，調査には該当しないことに留意する。

(3)　局担当課は，確認申出書に7－2(1)イからヲまでに掲げる資料の添付がなかったことについて，相当の理由があると認める場合には，確認申出内国法人に対して，当該資料の提出に通常要する日数を勘案して，45日を超えない範囲内で提出期限を設定し，当該資料の提出を求める。

(4)　局担当課は，事前確認審査のため，7－2(1)イからヲまでに掲げるもの以外の資料が必要と認められる場合には，確認申出内国法人に対してその旨を説明し，当該資料の提出を求める。

　なお，局担当課は，確認申出内国法人に対して当該資料の提出を求める場合には，当該資料の提出の準備に通常要する日数を勘案して，45日を超えない範囲内で当該資料の提出期限を設定する。

　(注)　局担当課は，確認申出内国法人から提出された資料が不正確な情報に基づき作成されたものであると判断した場合には，速やかに，当該確認申出内国法人に対して，正確な情報に基づき作成した資料を提出するよう求める。

(5)　局担当課は，確認申出内国法人が申し出た内部取引に係る独立企業間価格の算定方法等が最も適切な方法であると認められない場合又は確認申出内国法人が申し出た国外事業所等帰属資本相当額の計算における比較対象法人が適切であると認められない場合には，当該確認申出内国法人に対し，申出の修正を求めることが出来る。

(6)　庁担当課は，必要に応じ，局担当課に対し事前確認審査の状況等について報告を求める。

（事前確認に係る相互協議）

7－11

(1)　局担当課は，確認申出内国法人が事前確認について相互協議を求める意思を有すると認められる場合には，平成13年6月25日付官協1

－39 ほか7課共同「相互協議の手続について」（事務運営指針）6(1)
（相互協議の申立ての手続）に定める「相互協議申立書」を庁相互協
議室に提出することにより相互協議の申立てを行い，相手国等（同事
務運営指針1(2)（用語の意義）に定める相手国等をいう。）の税務当
局に事前確認の申出に相当する申出を行うよう勧奨する。

(2) 局担当課は，内国法人が外国税務当局に事前相談に相当する相談又
は事前確認の申出に相当する申出を行っていることを把握した場合に
は，当該内国法人に対し，我が国にも速やかに事前相談又は事前確認
の申出を行うよう勧奨する。

(局担当課又は庁担当課と庁相互協議室との協議・連絡)

7－12

(1) 確認申出内国法人が事前確認について相互協議を求める場合には，
局担当課又は庁担当課は，必要に応じ，庁相互協議室と協議を行う。

(2) 確認申出内国法人が事前確認について相互協議を求める場合におい
て，局担当課は，事前確認審査を終了したときは，庁担当課を通じて
事前確認審査の結果を庁相互協議室に連絡する。

また，庁相互協議室は，事前確認の申出に係る相互協議の結果を庁
担当課を通じて局担当課に連絡する。

(事前確認を行うこと又は事前確認審査を開始することが適当でない場合)

7－13　事前確認審査に当たっては，次の(1)又は(2)に定めるところにより
適切に対応することに留意する。

(1) 次に掲げる場合に該当することにより，確認申出内国法人が行った
事前確認の申出について，事前確認を行うことが適当でないと認める
場合には，局担当課は，庁担当課（相互協議を伴う事前確認の申出に
あっては，庁相互協議室を含む。）と協議の上，確認申出内国法人に
対して，事前確認を行うことができない旨を説明する。

371

イ　非関連者の間では通常行われない形態の取引に相当する内部取引を確認対象内部取引とすること等により，経済上の合理的な理由なく我が国での租税負担が軽減されることとなると認められる場合

ロ　確認申出内国法人が，事前確認審査に必要な情報を７－10⑶又は⑷により局担当課が設定した期限までに提供しないことその他の当該確認申出内国法人から協力が得られない事情により，事前確認審査に支障が生じている場合

ハ　事前確認の申出が，過去に行われた事前確認の申出であってイからへまでに掲げる場合に該当することにより事前確認を行うことができないこととされたものとその内容において同一であると認められる場合

㈲１　「その内容において同一であると認められる場合」とは，例えば，確認対象内部取引，確認対象内部取引に係る国外事業所等及び確認対象内部取引に係る独立企業間価格の算定方法等又は国外事業所等帰属資本相当額の計算方法が，確認対象事業年度のうち３事業年度以上において同一であると認められる場合をいう。

２　事前確認の申出のうち過去に事前確認を行うことができないこととされた事前確認の申出とその内容において同一であると認められる部分を除いた残りの部分が一の申出として成立する場合には，一の申出として成立する当該残りの部分について事前確認の申出を取り下げるか否か又は事前確認を求めるか否かを確認申出内国法人から聴取する。この場合において，局担当課は，確認申出内国法人が当該事前確認の申出を取り下げるときは，当該確認申出内国法人に対して取下書の提出を求めた上で７－８に定める処理を行い，当該確認申出内国法人が事前確認を求めるときは，７－14⑴から⑶までに定める処理を行う。

ニ　確認対象内部取引が，法令等に抵触し，又は抵触するおそれがある場合

ホ　７－14⑵に定めるところにより，局担当課が，確認申出内国法人から事前確認の申出を取り下げるか否か又は相互協議を伴わない事前確認を求めるか否かを聴取した日の翌日から３か月を経過する日までに，当該確認申出内国法人からの回答がなかった場合

へ　その他事前確認を行うことが適当でないと認められる場合

(注) 「その他事前確認を行うことが適当でないと認められる場合」とは，例えば，事前確認審査において把握した事実に基づき，確認対象内部取引に係る独立企業間価格の算定方法等が最も適切な方法であると認められないことが明らかになったにもかかわらず，確認申出内国法人が事前確認の申出の修正に応じない場合，事前確認の申出及びその取下げを繰り返す場合などが該当する。

(2) 次に掲げる場合に該当することにより，確認申出内国法人が行った事前確認の申出に係る事前確認審査を開始し，又は継続することが適当でないと局担当課が判断した場合には，局担当課は，庁担当課（相互協議を伴う事前確認の申出にあっては，庁相互協議室を含む。）と協議の上，当該確認申出内国法人に対して，事前確認審査を開始し，又は再開することが適当であると判断するまでの間，当該事前確認の申出に係る事前確認の手続を保留する旨を説明する。なお，ホに該当する場合には，7－14(2)ロに該当することになる場合があることについても併せて説明することに留意する。

イ　確認申出内国法人から，措置法第67条の18第1項（国外所得金額の計算の特例）の規定に基づく更正等に係る内部取引と同様の内部取引を確認対象とする申出が行われている場合において，当該更正等に係る不服申立て又は訴えについての決定若しくは裁決又は判決の確定を待って事前確認審査を行う必要があると認められるとき

ロ　確認申出内国法人から，確認対象内部取引以外の内部取引に係る事前確認の申出及び相互協議の申立てが行われている場合において，当該相互協議の合意を待って当該確認対象内部取引に係る事前確認審査を行う必要があると認められるとき

ハ　7－2(1)トに定める資料によっては，事業活動の実態を把握できず，確認対象内部取引の確認対象事業年度における実績を踏まえて事前確認審査を行う必要があると認められる場合

ニ　確認申出内国法人から，国外事業所等帰属資本相当額の計算における比較対象法人に係る事前確認の申出が行われている場合において，当該申出に係る比較対象法人の選定と同様の内容を有する他の

事例における更正等に係る不服申立て，訴えについての決定，裁決若しくは判決の確定又は相互協議の合意を待って当該申出に係る事前確認審査を行う必要があると認められるとき

ホ　相互協議を伴う事前確認の申出について，庁相互協議室から庁担当課を通じて，確認申出内国法人が当該事前確認の申出に係る国外事業所等の所在する国又は地域の税務当局に対して行った事前確認の申出に相当する申出が当該税務当局によって収受されていないものと認められる旨の連絡を受けており，かつ，当該事前確認の申出に相当する申出が当該税務当局によって収受された旨又は収受される見込みとなった旨の連絡を受けてから事前確認審査を行うことが適当であると認められる場合

ヘ　相互協議を伴う事前確認の申出について，庁相互協議室から庁担当課を通じて，事前確認審査を終了したとしても，当分の間，相互協議が行われることが見込まれない旨の連絡を受けた場合（ホに該当する場合を除く。）

ト　確認対象事業年度の前の事業年度において，内国法人の国外事業所等帰属所得に係る所得の金額に関する調査が行われている場合

チ　その他事前確認審査を開始し，又は継続することが適当でないと認められる場合

（事前確認の通知）

7 −14

(1)　相互協議を伴う事前確認の申出について，局担当課は，庁担当課を通じて庁相互協議室から相互協議の合意が成立した旨の通知を受けた場合には，必要に応じ，確認申出内国法人から事前確認の申出の修正を受けた上で，速やかに，事前確認を行う旨を所轄税務署長等に連絡する。

(2)　相互協議を伴う事前確認の申出について，次に掲げる場合に該当す

るときは，局担当課は，確認申出内国法人から当該事前確認の申出を取り下げるか否か又は相互協議を伴わない事前確認を求めるか否かを聴取する。この場合において，局担当課は，当該確認申出内国法人が当該事前確認の申出を取り下げるときは，当該確認申出内国法人に対して取下書の提出を求めた上で7－8に定める処理を行い，当該確認申出内国法人が相互協議を伴わない事前確認を求めるときは，(3)に定める処理を行う。

イ　庁相互協議室から庁担当課を通じて相互協議の合意が成立しなかった旨の通知を受けた場合

ロ　庁相互協議室から庁担当課を通じて当該確認申出内国法人による事前確認の申出に係る国外事業所等の所在する国又は地域の税務当局に対して行った事前確認の申出に相当する申出が当該税務当局によって収受されていないものと認められる旨の連絡を受けており，かつ，確認対象事業年度のうち最初の事業年度の開始の日の翌日から3年を経過する日までに，庁相互協議室から庁担当課を通じて，当該税務当局によって当該事前確認の申出に相当する申出が収受された旨又は収受される見込みとなった旨の連絡を受けていない場合

ハ　事前確認の申出が，過去に庁相互協議室から庁担当課を通じて相互協議の合意が成立しなかった旨の通知を受けたものとその内容において同一であると認められる場合

　　㊟1　「その内容において同一であると認められる場合」とは，例えば，確認対象内部取引，確認対象内部取引に係る国外事業所等及び確認対象内部取引に係る独立企業間価格の算定方法等又は国外事業所等帰属資本相当額の計算方法が，確認対象事業年度のうち3事業年度以上において同一であると認められる場合をいう。

　　　2　事前確認の申出のうち過去に相互協議の合意が成立しなかった旨の通知を受けた事前確認の申出とその内容において同一であると認められる部分を除いた残りの部分が一の申出として成立する場合には，一の申出として成立する当該残りの部分について事前確認を取り下げるか否か又は事前確認を求めるか否かを確認申出内国法人から聴取する。この場合において，局担当課は，確認申出内国法人が当該事前確認の申出を取り下げるときは，

当該確認申出内国法人に対して取下書の提出を求めた上で，7－8に定める処理を行い，当該確認申出内国法人が事前確認を求めるときは，(1)から(3)までに定める処理を行う。

(3)　相互協議を伴わない事前確認の申出について，事前確認審査の結果，その内部取引に係る独立企業間価格の算定方法等が最も適切な方法であると認められる場合又は局担当課が事前確認の申出の修正を求め，確認申出内国法人が当該修正に応じた場合には，局担当課は，速やかに所轄税務署長等に事前確認を行う旨を連絡する。この場合において，確認申出内国法人が当該事前確認の申出の修正に応じないときは，7－13(1)への定めに該当することに留意する。

(4)　局担当課は，7－13(1)の定めにより確認申出内国法人に対して事前確認を行うことができない旨を説明した場合には，速やかに，その旨を所轄税務署長等に連絡する。

(5)　所轄税務署長等は，確認申出内国法人に対し，局担当課から(1)又は(3)の連絡を受けたときは，速やかに，別紙様式2により作成した「内部取引等に係る事前確認の通知書」により事前確認を行う旨の通知を行い，また，(4)の連絡を受けたときは，速やかに，別紙様式3により作成した「内部取引等に係る事前確認ができない旨の通知書」により事前確認を行うことができない旨の通知を行う。

（事前確認の効果）

7－15　所轄税務署長等は，7－14(5)の取扱いにより事前確認を行う旨の通知を受けた内国法人（以下この章において「確認内国法人」という。）が事前確認を受けた各事業年度（以下この章において「確認事業年度」という。）において，事前確認を受けた内部取引（以下この章において「確認内部取引」という。）について事前確認の内容に適合した申告を行っている場合には，当該確認内部取引は独立企業間価格で行われたものとして取り扱う。また，確認内国法人が国外事業所等帰属資本相当額

の計算における比較対象法人について事前確認を受けた場合において，当該確認内国法人が当該事前確認の内容に適合した比較対象法人を用いて，同業法人比準法又は簿価資産資本比率比準法により，国外事業所等帰属資本相当額を計算しているときは，当該同業法人比準法又は簿価資産資本比率比準法の適用における比較対象法人は適正なものとして取り扱う。

なお，事前確認を行う旨の通知があった時に既に経過した確認事業年度がある場合において，当該通知又は局担当課による行政指導により当該確認事業年度に係る申告を事前確認の内容に適合させるために確認内国法人が自主的に提出する修正申告書は，国税通則法第65条第1項及び第5項（過少申告加算税）に規定する「更正があるべきことを予知してされたもの」には該当しないことに留意する。

また，修正申告書が同条第5項の調査通知後に提出された場合であっても，事前確認の内容に適合させるための部分は，同項に規定する「調査通知がある前に行われたもの」として取り扱うことに留意する。

(報告書の提出)

7-16 所轄税務署長等は，確認内国法人に対し，確認事業年度の確定申告書の提出期限又は当該所轄税務署長等があらかじめ定める期限までに，次の事項を記載した資料を添付した「内部取引等に係る事前確認の報告書」を別紙様式4により作成し，これを当該所轄税務署長等に提出するよう求める。

なお，当該報告書の提出部数は，調査課所管法人に該当する確認内国法人にあっては1部，調査課所管法人に該当しない確認内国法人にあっては3部とする。

(1) 確認内国法人が確認内部取引について事前確認の内容に適合した申告を行っていることの説明又は確認内国法人が事前確認の内容に適合した比較対象法人を用いて国外事業所等帰属資本相当額を計算してい

ることの説明（確認内国法人が7－1(1)ロに定める比較対象法人について事前確認を受けた場合に限る。）

(2) 確認内国法人の国外事業所等及びその本店等の確認内部取引に係る損益の明細並びに当該損益の額の計算の過程を記載した書類（事前確認の内容により局担当課が必要と認める場合に限る。）

(3) 事前確認の前提となった重要な事業上又は経済上の諸条件の変動の有無に関する説明

(4) 確認内部取引の対価の額とした額が事前確認の内容に適合しなかった場合に，確認内国法人が行った7－18に定める対価の額とした額の調整の説明

(5) 確認内部取引に係る国外事業所等及びその本店等の財務状況

(6) その他確認事業年度において事前確認の内容に適合した申告が行われているかどうかを検討する上で参考となる事項

(注) 当該所轄税務署長等があらかじめ定める期限が日曜日，祝日法に規定する休日その他一般の休日又は国税通則法施行令第2条第2項（期限の特例）に規定する日に当たるときは，これらの日の翌日までに提出するよう求める。

(報告書の取扱い)

7－17

(1) 確認内国法人から，7－16に定める報告書の提出があった場合には，署法人課税部門又は局調査課は7－4及び7－5の取扱いに準じて処理を行う。

(2) 局担当課は，当該報告書に基づき，次に掲げる事項について検討する。

　イ　確認内部取引について事前確認の内容に適合した申告が行われているかどうか

　ロ　同業法人比準法又は簿価資産資本比率比準法により国外事業所等帰属資本相当額を計算している場合に，事前確認の内容に適合した

比較対象法人を用いているかどうか（確認内国法人が7－1(1)ロに
定める比較対象法人について事前確認を受けた場合に限る。）

(3) 局担当課は，当該報告書の検討において，確認内国法人に接触する
場合には，原則として，行政指導として行うことに留意し，確認事業
年度において(2)に掲げる事項について事前確認の内容に適合した申告
が行われておらず，国外事業所等帰属所得に係る所得の金額が過大と
なっていると疑われる場合には，当該確認内国法人に対して自発的な
見直しを要請した上で必要に応じて修正申告書の自発的な提出を要請
する。

確認内国法人が行政指導に応じない場合には，調査に移行すること
に留意し，局担当課は国税通則法に規定する調査手続に従って調査を
実施する。また，局担当課は，調査の結果，確認事業年度において(2)
に掲げる事項について事前確認の内容に適合した申告が行われておら
ず，国外事業所等帰属所得に係る所得の金額が過大となっている事実
が判明した場合には，当該確認内国法人に対し調査の結果を説明した
上で必要に応じて修正申告書の提出が必要となる旨を説明する。

なお，確認内国法人に対し調査又は行政指導に当たる行為を行う際
は，対面，電話，書面等の態様を問わず，いずれの事務として行うか
を明示した上で，それぞれの行為を法令等に基づき適正に行うことに
留意する。

(注) 局担当課による行政指導により，当該確認内国法人が自主的に修正申告書を
提出する場合には，当該修正申告書は，国税通則法第65条第1項及び第5項（過
少申告加算税）に規定する「更正があるべきことを予知してされたもの」には
該当しないことに留意する。
また，修正申告書が同条第5項の調査通知後に提出された場合であっても，
事前確認の内容に適合させるための部分は，同項に規定する「調査通知がある
前に行われたもの」として取り扱うことに留意する。

(4) 局担当課は，必要に応じ当該報告書の検討結果を庁担当課に報告
し，相互協議の合意が成立した事案については庁担当課を通じて検討
結果を庁相互協議室に連絡する。

参考資料

(事前確認に基づく調整等)

7−18　局担当課は，確認内国法人が確認内部取引の対価の額とした額の
　　調整（以下7−18において「補償調整」という。）について，次の処理
　　を行うよう指導する。

　⑴　確認内国法人は，確認事業年度に係る確定申告前に，確認内部取引
　　　の対価の額とした額が事前確認の内容に適合していないことにより国
　　　外事業所等帰属所得に係る所得の金額が過大となることが判明した場
　　　合には，当該国外事業所等帰属所得に係る所得の金額を修正する。

　⑵　確認内国法人は，確認事業年度に係る確定申告後に，確認内部取引
　　　の対価の額とした額が事前確認の内容に適合していないことにより国
　　　外事業所等帰属所得に係る所得の金額が過大となっていたことが判明
　　　し，かつ，外国税額の控除額（法第69条第1項（外国税額の控除）の
　　　規定による当該事業年度の所得に対する法人税の額から控除する額を
　　　いう。以下同じ。）が減少することにより，当該確認内国法人の納付
　　　すべき法人税の額が増加する場合には，速やかに修正申告書を提出す
　　　る。

　⑶　確認内国法人は，確認事業年度に係る確定申告前に，確認内部取引
　　　の対価の額とした額が相互協議の合意が成立した事前確認の内容に適
　　　合していないことにより国外事業所等帰属所得に係る所得の金額が過
　　　少となることが判明した場合には，当該国外事業所等帰属所得に係る
　　　所得の金額を修正することができる。

　⑷　確認内国法人は，確認事業年度に係る確定申告後に，確認内部取引
　　　の対価の額とした額が相互協議の合意が成立した事前確認の内容に適
　　　合していないことにより国外事業所等帰属所得に係る所得の金額が過
　　　少となっていたことが判明し，かつ，外国税額の控除額が増加するこ
　　　とにより当該確認内国法人の納付すべき法人税の額が減少する場合に
　　　は，補償調整に係る相互協議の合意内容に従い，国税通則法第23条第
　　　2項（更正の請求）の規定に基づき更正の請求を行うことができる。

参考資料 4

（事前確認の改定）

7－19　確認内国法人から，確認事業年度のうちのいずれかの事業年度において，事前確認を継続する上で前提となる重要な事業上又は経済上の諸条件等について事情の変更が生じたことにより事前確認の改定の申出がなされた場合には，7－1から7－18までの取扱いに準じて所要の処理を行う。

（事前確認の取消し）

7－20

(1)　局担当課は，次のイからハまでに該当する場合には，それぞれの事実の発生した事業年度以後の確認事業年度（その事業年度が連結事業年度に該当する場合には，当該連結事業年度を含む。以下7－20において同じ。）について，ニに該当する場合には確認事業年度について，事前確認を取り消す旨を所轄税務署長等に連絡する。

　　イ　確認内国法人が7－19に定める事情の変更が生じたにもかかわらず事前確認の改定の申出を行わなかった場合

　　ロ　確認内国法人が確認内部取引について事前確認の内容に適合した申告を行わなかった場合

　　ハ　確認内国法人が7－16に定める報告書を提出しなかった場合又は当該報告書に重大な誤りがあった場合

　　ニ　事前確認の基礎とした事実関係が真実でない場合又は事前確認の申出の内容に重大な誤りがあった場合

(2)　(1)の取消しの連絡を行う場合，局担当課は必要に応じ庁担当課と協議を行う。

(3)　相互協議の合意が成立した事前確認について(1)の取消事由が生じている場合には，局担当課は，庁担当課を通じ，庁相互協議室と協議し，当該事前確認につき事前確認を取り消す旨の相互協議の合意を受け，その旨を所轄税務署長等に連絡する。

381

参考資料

(4) 所轄税務署長等は，確認内国法人に対し，局担当課から(1)又は(3)の連絡を受けたときは，速やかに，別紙様式５により作成した「内部取引等に係る事前確認の取消通知書」により事前確認を取り消す旨の通知を行う。

(事前確認の更新)

7－21 確認内国法人から事前確認の更新の申出がなされた場合には，７－１から７－20までの取扱いに準じて所要の処理を行う。

(確認対象事業年度前の各事業年度への準用)

7－22 確認申出内国法人から確認対象事業年度における事前確認の内容を確認対象事業年度前の各事業年度（その事業年度が連結事業年度に該当する場合には，当該連結事業年度を含む。以下７－22において同じ。）に準用したい旨の申出があった場合において，その事前確認の申出が相互協議の申立てを伴うものであって，当該申出に係る独立企業間価格の算定方法等が確認対象事業年度前の各事業年度においても最も適切な方法であると認められるとき及び当該申出に係る国外事業所等帰属資本相当額の計算における比較対象法人が確認対象事業年度前の各事業年度においても適切と認められるときは，７－14，７－15，７－18及び７－20の取扱いに準じて所要の処理を行う。

なお，確認対象事業年度前の事業年度が連結事業年度に該当する場合で，確認申出内国法人が当該連結事業年度において連結子法人であったときは，当該連結事業年度における当該確認申出内国法人の連結親法人であった法人が，確認対象事業年度における独立企業間価格の算定方法等を当該連結事業年度へ準用することについて同意していることを確認申出書等により確認する。この場合において，当該確認申出内国法人の所轄税務署長等は，当該確認申出書等の写しを当該法人の所轄税務署長等に送付する。

(注) 本文の取扱いにより事前確認の内容を準用することができる事業年度は，平成28年4月1日以後に開始する事業年度に限ることに留意する。

（事前確認の申出と調査との関係）

7－23

(1) 内国法人が確認対象事業年度の前の各事業年度（その事業年度が連結事業年度に該当する場合には，当該連結事業年度を含む。以下7－23において同じ。）について調査が行われている間に，当該法人が事前確認の申出を行ったとしても，当該調査は中断されない。

(2) 内国法人が事前確認の申出を行ったとしても，確認対象事業年度の前の各事業年度に係る調査の開始は妨げられない。

(3) 事前確認に係る手続が行われている間は，確認対象事業年度に係る申告の内容（確認対象内部取引に係る独立企業間価格の算定方法等及び国外事業所等帰属資本相当額の計算方法に限る。）については調査を行わない。

(4) 調査に当たっては，内国法人から事前確認審査のために収受した資料（事実に関するものを除く。）は使用しない。ただし，当該資料を使用することについて当該内国法人の同意があるときは，この限りではない。

参考資料

| 参考資料 5 | 外国税額控除に関する近年の主な裁判事例と裁決事例 |

外国税額控除に関して公表されている近年の主な裁判事例と裁決事例は，次のとおりである。

[裁判事例]

1 中国企業所得税に係る租税債務の確定時期は，申告の時又は税務機関による納税額の査定の時となると解するのが相当であるとされた事例（東京高裁平成28年 7 月14日判決・平成27年（行コ）381号（確定））

(判示事項)

本件中国企業所得税については上海の税務機関に申告納付しなければならないところ，中国管理法の規定に照らすと，申告納付の場合，納税者による申告又は税務機関による納税額の査定という手続を経た上で，税務機関は納税者に対して税金の納付等を具体的に請求し得る状態となるものと解される。

控訴人は，本件出資持分譲渡の内容が，法規の定めに基づいて出資持分譲渡対象会社であるB社によって中国税務機関に届けられているから，中国税務機関にとって課税要件事実は明白であり，また，所得及び税額の計算方式が法規で定められていて税額の計算は容易であったから，この時点で税額は確定しており，外国税額控除の対象となる「納付することとなる場合」と解してよいと主張する。

しかしながら，法人税法69条 1 項の「納付することとなる場合」とは，外国税額控除の対象となる外国法人税の納付すべき租税債務が確定した場合をいうのであるから，控除申告時に外国税額が確定していない限り，同項を適用する要件を欠くといわざるを得ない。

参考資料　5

2　当期利益の資本組入に伴う新株発行に係る源泉徴収税額が「法人の所得を課税標準として課される税」に該当しないとされた事例（大阪地裁平成23年6月24日判決・平成18年（行ウ）191号（控訴は棄却・上告は不受理決定））

（判示事項）

平成13年度税制改正以降，我が国においては株式配当と同様に配当可能利益の資本組入れと株式の追加発行が併せて行われる場合については，具体的な利益の発生を観念せず，法人税の課税の対象としていないのであるから，本件のような場合，我が国の法人税に相当する税の課税標準となる「所得」の発生を観念することができない。したがって，本件源泉税は，「法人の所得を課税標準として課される税」に該当するものではないというべきであり，外国税額控除の対象となる控除外国税には当たらないと解するのが相当である。

3　ガーンジーの法令に基づきガーンジーにより課された本件外国税は，そもそも租税に当てはまらないものということはできず，また，外国法人税に含まれないものとされている法人税法施行令141条3項1号又は2号に規定する税にも，これらに類する税にも当たらず，法人税に相当する税ではないということも困難であるから，外国法人税に該当することを否定することはできないとされた事例（最高裁第一小平成21年12月3日判決・平成20年（行ヒ）43号）

（判示事項）

法人税法69条1項は，外国法人税について，「外国の法令により課される法人税に相当する税で政令で定めるもの」をいうと定め，外国の租税が外国法人税に該当するといえるには，それが我が国の法人税に相当する税でなければならないとしている。これを受けて法人税法施行令141条は，1項において外国法人税の意義を定めるほか，外国又はその地方公共団体により課される税のうち，外国法人税に含まれるものを2項1号から4号

（現行：1号から5号）までに列挙し，外国法人税に含まれないものを3項1号から5号（現行：1号から6号）までに列挙している。以上の規定の仕方によると，外国法人税について基本的な定義をしているのは，同条1項であるが，これが形式的な定義にとどまるため，同条2項及び3項において実質的にみて法人税に相当する税及び相当するとはいえない税を具体的に掲げ，これにより，同条1項にいう外国法人税の範囲を明確にしようとしているものと解される。

　以上の理解を前提にすると，実質的にみて，税を納付する者がその税負担を任意に免れることができることとなっているような税は，法人税に相当する税に当たらないものとして，外国法人税に含まれないものと解することができるというべきである。しかし，租税法律主義にかんがみると，その判断は，飽くまでも同条3項1号又は2号の規定に照らして行うべきであって，同項1号又は2号の規定から離れて一般的抽象的に検討し，我が国の基準に照らして法人税に相当する税とはいえないとしてその外国法人税該当性を否定することは許されないというべきである。

(注)　現在は，令第141条《外国法人税の範囲》のほかに，令第142条の2《外国税額控除の対象とならない外国法人税の額》の種々の規定も整備されている。

4　被上告人会社が外国法人との間で行った取引は，外国税額控除制度を濫用するものであり，さらには，税負担の公平を著しく害するものとして許されないというべきであるとされた事例（最高裁第二小平成17年12月19日判決・平成15年（行ヒ）215号）

(判示事項)

　被上告人会社が外国法人との間で行った取引は，全体としてみれば，本来は外国法人が負担すべき外国法人税について我が国の銀行である被上告人会社が対価を得て引き受け，その負担を自己の外国税額控除の余裕枠を利用して国内で納付すべき法人税額を減らすことによって免れ，最終的に利益を得ようとするものであるということができ，これは，我が国の外国

税額控除制度をその本来の趣旨目的から著しく逸脱する態様で利用して納税を免れ，我が国において納付されるべき法人税額を減少させた上，この免れた税額を原資とする利益を取引関係者が享受するために，取引自体によっては外国法人税を負担すれば損失が生ずるだけであるという同取引をあえて行うというものであって，我が国ひいては我が国の納税者の負担の下に取引関係者の利益を図るものというほかなく，同取引に基づいて生じた所得に対する外国法人税を法人税法69条（外国税額の控除）の定める外国税額控除の対象とすることは，外国税額控除制度を濫用するものであり，さらには，税負担の公平を著しく害するものとして許されないというべきである。

(注) 同様の判示をした裁判事例として，「最高裁第一小平成18年2月23日判決・平成16年（行ヒ）326号」がある。

5　外国子会社から受け取った配当等の全額を控除対象法人税額の計算の基礎とすることができる場合に，誤ってその一部のみを上記計算の基礎とし控除税額が過少となったときは，「税額等の計算が国税に関する法律の規定に従っていなかったこと又は当該計算に誤りがあったこと」に該当し，更正の請求をすることができるとされた事例（福岡高裁平成19年5月9日判決・平成18年（行コ）12号（上告は不受理決定））

(判示事項)

　外国税額控除の対象とするかどうかを内国法人の選択にかからしめている事項について，内国法人が当初申告においてこれを選択しなかった場合には，その選択しなかったこと自体が税法上適法な行為ということになるから，たとえそのことにより，その選択をした場合に比して結果的に納付税額が過大になっているとしても，これについては更正の請求をしてその減額（控除額の増額）を求める理由はないと解すべきである。これに対し，当初申告において控除対象に選択して申告記載した事項について，たまたまその記載金額又は計算に誤りがあったために，結果的にその申告記

参考資料

載した控除金額が過少になっているような場合には，基本的には更正の請求の対象になりうるものと解するのが相当である。

(注) 平成23年12月の税制改正により，現在は，外国税額控除の「当初申告要件」が廃止され，確定申告書，修正申告書又は更生の請求書のいずれかに適用金額の記載がされた書類を添付すること等により，外国税額控除の事後的な適用が認められることになっている。

［裁決事例］

1　外国関係会社から送金されるロイヤリティの額が，源泉所得税を差し引いた後の額であることを知らされていなかったとしても，外国税額控除を認めるための法人税法第69条第15項が規定する「やむを得ない事情」は存しないとされた事例（平成15年 5 月20日裁決・裁決事例集No.65-486頁）

（裁決要旨）

　請求人は，やむを得ない事情の判断は，外国税額控除の趣旨や納税者救済のゆうじょ規定の趣旨から，できるだけ二重課税を排除するという解釈，運用がなされるべきであると主張する。

　しかしながら，法人税法第69条第15項に規定するやむを得ない事情（現行：25項の「特別の事情」）とは，本人の責めに帰すことのできない事由により生じた客観的な事情をいうものと解されるところ，外国関係会社とロイヤリティ契約を締結したのは請求人の代表者であり，同者は当該契約書の記載内容は承知していたと認められるから，これらのことを関係部課に周知し又は伝達し，所要の措置を講ずるよう指示するなど，その職責上通常要求される事務を行っていれば，請求人において，ロイヤリティの送金額がマレーシア外国税の額を差し引いた後のものであることが容易に判明したといえる。

　また，確定申告書を提出するまでに，経理実務において通常要求される程度の確認作業をしていれば，ロイヤリティの送金額がマレーシア外国税の額を差し引いた後のものであることが容易に判明したはずであり，本件

のように，本人の責めに帰すべき事情が認められる場合にまで，同項の規定を拡大して解釈，運用することはできないというべきである。

2 外国税額控除は，確定申告書に記載され，書類の添付がされたことにより具体的に確認できる金額の範囲に限られるとされた事例（平成15年3月10日裁決・裁決事例集 No.65-472頁）

(裁決要旨)

　請求人は，添付書類の内容から，確定申告書に記載された金額の記載が正当でないと合理的に推認される場合には，それらの内容から正当に計算された金額をもって法人税法（平成13年法律第6号による改正前のもの）第69条第1項に規定する控除されるべき金額の限度と解すべきであるから，確定申告書に所定の記載及び書類の添付がない部分に係る控除も認められるべきである旨主張する。

　しかしながら，同条第10項（現行：25項）は，内国法人が確定申告書に外国税額控除を受けるべき金額として記載し，確定申告書に添付した書類が証する限りの金額を控除されるべき金額とする旨明確に規定し，同条第12項（現行：25項）は，確定申告書に記載又は書類の添付がない金額について外国税額控除の適用を受けるためには，やむを得ない事情（現行：特別の事情）を要求していることからすると，本件においては外国税額控除の適用を受け得るのは，確定申告書に記載され，書類の添付がされたことにより具体的に確認することのできる金額の範囲に限られると解すべきであるから，請求人の主張は採用できない。

（注）　平成23年12月の税制改正により，現在は，外国税額控除の「当初申告要件」が廃止され，確定申告書，修正申告書又は更生の請求書のいずれかに適用金額の記載がされた書類を添付すること等により，外国税額控除の事後的な適用が認められることになっている。

参考資料

3 株式の償還による金員の支払を受ける際に米国において源泉徴収された税については，当該償還金は資本の払戻しであり，当該税は「法人の所得を課税標準として課された外国法人税」に該当しないので外国税額控除は受けられないとされた事例（平成12年6月30日裁決・裁決事例集No.59-178頁）

（裁決要旨）

請求人は，本件償還金に課された源泉徴収税は，米国歳入法の規定により本件償還金が配当金とされたことにより源泉課税されたものであり，この源泉徴収税は，法人税法施行令第141条に規定する「外国の法令に基づき外国又はその地方公共団体により法人の所得を課税標準として課される税」に該当し法人税法第69条に規定する外国法人税として外国税額控除の対象となる旨主張する。

しかしながら，本件償還金は我が国においても米国においても減資による払戻しであり，払込金額と同額である本件償還金額は，およそ所得とは認められない。したがって，米国において本件償還金に課された源泉徴収税は，法人税法施行令第141条に規定する「外国の法令に基づき外国又はその地方公共団体により法人の所得を課税標準として課される税」に該当せず，法人税法第69条に規定する外国税額控除の対象とはならない。

参考資料　6

| 参考資料 6 | 外国税額控除に関する申告書別表の様式と記載要領 |

　外国税額控除に関する申告書別表の様式及び記載要領は，次のとおりである。

　なお，外国税額控除の適用及び控除額の計算に際して使用する申告書別表のうち，⑥，⑦及び⑱がグループ通算制度専用のものである。それ以外のものは，単体納税制度，グループ通算制度とで使用するものとなっているが，⑰は外国子会社合算税制等の適用を受ける場合に使用するものとなっている。

　また，末尾には，【参考】として，平成29年度及び平成30年度の税制改正で創設された「控除対象所得税額等相当額の控除制度」及び「分配時調整外国税相当額の控除制度」に係る別表を掲載している。

㊟　掲載している各様式は，令和6年4月以降に国税庁が提供したもので，令和6年4月1日以後に終了する事業年度分のものとして公表されているものである。

①　別表六（二）（内国法人の外国税額の控除に関する明細書）

②　別表六（二）付表一（国外事業所等帰属所得に係る所得の金額の計算に関する明細書）

③　別表六（二）付表二（国外事業所等に帰せられるべき資本に対応する負債の利子の損金不算入額の計算及び銀行等の資本に係る負債の利子の損金算入額の計算に関する明細書）

④　別表六（二）付表三（国外事業所等帰属資本相当額の計算に関する明細書）

⑤　別表六（二）付表四（保険会社の投資資産超過額に係る投資収益の益金不算入に関する明細書）

⑥　別表六（二）付表五（通算法人の控除限度額の計算等に関する明細書）

⑦　別表六（二）付表六（税額控除不足額相当額及び税額控除超過額相当額

391

の計算に関する明細書）

⑧　別表六の二（外国法人の外国税額の控除に関する明細書）

⑨　別表六（二の二）（当期の控除対象外国法人税額に関する明細書）

⑩　別表六（三）（外国税額の繰越控除余裕額又は繰越控除限度超過額の計算に関する明細書）

⑪　別表六（三）付表一（地方税の控除限度額の計算の特例に関する明細書）

⑫　別表六（三）付表二（適格合併等に係る合併法人等の調整後の繰越控除余裕額又は繰越控除限度超過額の計算に関する明細書）

⑬　別表六（三）付表三（適格分割等に係る分割法人等の調整後の繰越控除余裕額又は繰越控除限度超過額の計算に関する明細書）

⑭　別表六（四）（控除対象外国法人税額に関する明細書）

⑮　別表六（四の二）（外国子会社配当益金不算入の対象とならない剰余金の配当等の額のうち特定課税対象金額等を超える金額等に対応する控除対象外国法人税額に関する明細書）

⑯　別表六（五）（利子等に係る控除対象外国法人税額等に関する明細書）

⑰　別表十七（三の五）（外国関係会社の課税対象金額等に係る控除対象外国法人税額の計算に関する明細書）

⑱　別表十八（一）（各通算法人の所得金額等及び地方法人税額等に関する明細書）

【参考】

ⅰ　別表六（五の二）（分配時調整外国税相当額の控除に関する明細書）

ⅱ　別表十七（三の六）（外国関係会社に係る控除対象所得税額等相当額の控除に関する明細書）

ⅲ　別表十七（三の六）付表（外国関係会社の課税対象金額等に係る控除対象所得税額等相当額の計算に関する明細書）

参考資料　6

内国法人の外国税額の控除に関する明細書

事業年度等	・ ・	法人名	

別表六(二)

令六・四・一以後終了事業年度等分

Ⅰ　法人税に係る外国税額の控除に関する明細書

当期の控除対象外国法人税額（別表六(二の二)「21」）	1	円
当期の法人税額（別表一「2」-「3」）・別表六(五の三)「5の③」-別表十七(三の六)「1」）（マイナスの場合は0）	2	
所得金額又は欠損金額（別表四「52の①」）	3	
繰越欠損金の当期控除額（別表七(一)「4の計」）	4	
対外船舶運航事業者の日本船舶による収入金額に係る所得の金額の損金算入額（別表十(四)「20」）	5	
対外船舶運航事業者の日本船舶による収入金額に係る所得の金額の益金算入額（別表十(四)「21」又は「23」）	6	
組合等損失額の損金不算入額（別表九(二)「6」）	7	
組合等損失超過合計額の損金算入額（別表九(二)「9」）	8	
計 (3)+(4)+(5)-(6)-(7)+(8)（マイナスの場合は0）	9	
国外事業所等帰属所得に係る所得の金額（別表六(二)付表一「25」）	10	
その他の国外源泉所得に係る所得の金額（46の①）	11	
(10)+(11)（マイナスの場合は0）	12	
非課税国外所得の金額（46の②）+（別表六(二)付表一「26」）（マイナスの場合は0）	13	
(12)-(13)（マイナスの場合は0）	14	
(9)×90%	15	
調整国外所得金額 （(14)と(15)のうち少ない金額）	16	
法人税の控除限度額 (2)×(16)/(9)（通算法人の場合は別表六(二)付表五「35」）	17	
法第69条第1項により控除できる金額 （(1)と(17)のうち少ない金額）	18	
法第69条第2項により控除できる金額（別表六(三)「30の②」）	19	
法第69条第3項により控除できる金額（別表六(三)「34の②」）	20	
((18)+(19)+(20)) 又は当初申告税額控除額	21	
法第69条第18項により控除できる金額（別表六(二)付表五「6の計」）	22	
当期に控除できる金額 (21)+(22)	23	

区　　分	No.	国外所得対応分 ①	①のうち非課税所得分 ②
その他の国外源泉所得に係る当期利益又は当期欠損の額	24	円	円
納付した控除対象外国法人税額	25		
交際費等の損金不算入額	26		
貸倒引当金の戻入額	27		
	28		
	29		
	30		
	31		
	32		
	33		
	34		
小　　計	35		
貸倒引当金の繰入額	36		
	37		
	38		
	39		
	40		
	41		
	42		
	43		
	44		
小　　計	45		
計 (24)+(35)-(45)	46		

Ⅱ　地方法人税に係る外国税額の控除に関する明細書

項目	No.	金額	項目	No.	金額
当期の控除対象外国法人税額 (1)	47	円	地方法人税の控除限度額 (51)×(16)/(9)（通算法人の場合は別表六(二)付表五「43」）	52	円
法人税の控除限度額 (17)	48		地方法第12条第1項により控除できる金額 （(49)と(52)のうち少ない金額）	53	
差引控除対象外国法人税額 (47)-(48)	49		(53) 又は当初申告税額控除額	54	
課税標準法人税額（別表一「2」-「3」）	50	000	地方法第12条第8項により控除できる金額（別表六(二)付表五「13の計」）	55	
地方法人税額 (50)×10.3%-(((別表六(五の三)「5の③」)+(別表十七(三の六)「1」))-(50))とのうち多い金額）（マイナスの場合は0）	51		外国税額の控除額 (54)+(55)	56	

393

別表六（二）の記載の仕方

1　法人税に係る外国税額の控除に関する明細書

⑴　この明細書は、内国法人が法第69条《外国税額の控除》又は措置法第66条の7第1項《内国法人の外国関係会社に係る所得の課税の特例》若しくは第66条の9の3第1項《特殊関係株主等である内国法人に係る外国関係法人に係る所得の課税の特例》の規定の適用を受ける場合に記載します。

⑵　「2」から「16」までの各欄は、当該内国法人が通算法人である場合には、記載しません。

⑶　当該事業年度において法第64条の4第1項から第3項まで《公共法人等が普通法人等に移行する場合の所得の金額の計算》の規定により益金の額又は損金の額に算入される金額がある場合には、「所得金額又は欠損金額3」の欄は、これらの規定を適用しないで計算した所得金額又は欠損金額を記載します。

⑷　「（⒅＋⒆＋⒇）又は当初申告税額控除額21」の欄の記載に当たっては、次によります。

　イ　ロに規定する場合（ハに規定するときを含みます。）以外の場合には、「又は当初申告税額控除額」を消します。

　ロ　通算法人の適用事業年度（法第69条第15項に規定する適用事業年度をいいます。ハにおいて同じです。）について同項の規定の適用を受ける場合（ハに規定するときを除きます。）には、「（⒅＋⒆＋⒇）又は」を消します。

　ハ　既に通算法人の適用事業年度について法第69条第16項（第1号に係る部分に限ります。）の規定を適用して修正申告書の提出又は更正がされていた場合において、当該適用事業年度につき同条第15項の規定の適用を受けるときは、当該修正申告書又は当該更正に係る国税通則法第28条第2項《更正又は決定の手続》に規定する更正通知書のうち、最も新しいものに基づき別表六（二）「21」の金額として計算される金額を記載します。

⑸　「当期のその他の国外源泉所得に係る所得の金額の計算」の各欄は、その他の国外源泉所得（令第141条の2第2号《国外所得金額》に掲げる国外源泉所得をいいます。⑺において同じです。）に係る所得の金額について記載します。この場合において、当該各欄に記載した金額の計算に関する明細を別紙に記載して添付します。

⑹　「①のうち非課税所得分②」の各欄は、令第142条第3項《控除限度額の計算》に規定する外国法人税が課されない国外源泉所得に係る所得の金額（当該内国法人が通算法人である場合には、令第148条第4項《通算法人に係る控除限度額の計算》に規定する非課税国外所得金額）がある場合に記載します。

⑺　「納付した控除対象外国法人税額25」の欄は、別表六（二の二）「7」の金額のうち、その他の国外源泉所得に係る部分の金額を記載します。

2　地方法人税に係る外国税額の控除に関する明細書

⑴　この明細書は、内国法人が地方法人税法第12条《外国税額の控除》（第2項を除きます。）の規定の適用を受ける場合に記載します。

⑵　「50」及び「51」の各欄は、当該内国法人が通算法人である場合には、記載しません。

⑶　「課税標準法人税額50」の欄の記載に当たっては、次によります。

　イ　当該課税事業年度が新たな事業の創出及び産業への投資を促進するための産業競争力強化法等の一部を改正する法律（令和6年法律第　号）の施行の日以後に終了する課税事業年度である場合には、「（別表一「2」－「3」）＋（別表六（六）「9の㉔」＋「9の㉖」）」により計算します。

　ロ　計算した金額に1,000円未満の端数があるときは、その端数金額を切り捨てます。

⑷　「⒀又は当初申告税額控除額54」の欄の記載に当たっては、次によります。

　イ　ロに規定する場合（ハに規定するときを含みます。）以外の場合には、「又は当初申告税額控

除額」を消します。

ロ　通算法人の適用課税事業年度（地方法人税法
第12条第5項に規定する適用課税事業年度をい
います。ハにおいて同じです。）について同項の
規定の適用を受ける場合（ハに規定するときを
除きます。）には、「⑸又は」を消します。

ハ　既に通算法人の適用課税事業年度について地
方法人税第12条第6項（第1号に係る部分に限

ります。）の規定を適用して修正申告書の提出又
は更正がされていた場合において、当該適用課
税事業年度につき同条第5項の規定の適用を受
けるときは、当該修正申告書又は当該更正に係
る国税通則法第28条第2項に規定する更正通知
書のうち、最も新しいものに基づき別表六(二)
「54」の金額として計算される金額を記載しま
す。

参考資料

| 国外事業所等帰属所得に係る所得の金額の計算に関する明細書 | | | | 事業年度 | ・　・ | 法人名 | | 別表六㈡付表一 令六・四・一以後終了事業年度分 |

国外事業所等の名称等	名　　　　　　称	1					
	国　名　又　は　地　域　名	2					
	所　　　在　　　地	3					
	主　た　る　事　業	4					

区　　　　　分			国外所得対応分 ①	①のうち非課税所得分 ②	国外所得対応分 ③	③のうち非課税所得分 ④
国外事業所等帰属所得に係る当期利益又は当期欠損の額		5	円	円	円	円
(5)のうち内部取引に係る利益又は損失の額		6				
加算	納付した控除対象外国法人税額	7				
	交際費等の損金不算入額	8				
	貸倒引当金の戻入額	9				
	国外事業所等に帰せられるべき資本に対応する負債の利子の損金不算入額（別表六㈡付表二「16」）	10				
		11				
		12				
		13				
		14				
	小　　　　　計	15				
減算	貸倒引当金の繰入額	16				
	銀行等の資本に係る負債の利子の損金算入額（別表六㈡付表二「20」）	17				
	保険会社の投資資産超過額に係る投資収益の益金不算入額（別表六㈡付表四「29」）	18				
		19				
		20				
		21				
		22				
	小　　　　　計	23				
仮　　　計 (5)＋(15)－(23)		24				
国外事業所等帰属所得に係る所得の金額 (24の①)＋(24の③)		25				円
(25)のうち非課税所得の金額 (24の②)＋(24の④)		26				

396

別表六（二）付表一の記載の仕方

1　この明細書は、内国法人が法第69条《外国税額の控除》の規定の適用を受ける場合に記載します。

2　「5」から「24」までの各欄は、令第141条の2第1号《国外所得金額》に掲げる国外源泉所得に係る所得の金額について記載します。この場合において、「5」から「24」までの各欄に記載した金額の計算に関する明細を別紙に記載して添付します。

3　「①のうち非課税所得分②」及び「③のうち非課税所得分④」の各欄は、令第142条第3項《控除限度額の計算》に規定する外国法人税が課されない国外源泉所得に係る所得の金額（当該内国法人が通算法人である場合には、令第148条第4項《通算法人に係る控除限度額の計算》に規定する非課税国外所得金額）がある場合に記載します。

4　「納付した控除対象外国法人税額7」の欄は、別表六（二の二）「7」の金額のうち、令第141条の2第1号に掲げる国外源泉所得に係る部分の金額を記載します。

参考資料

国外事業所等に帰せられるべき資本に対応する負債の利子の損金不算入額の計算及び銀行等の資本に係る負債の利子の損金算入額の計算に関する明細書	事 業 年 度	・ ・	法人名	

別表六(二)付表二　令六・四・一以後終了事業年度分

Ⅰ　国外事業所等に帰せられるべき資本に対応する負債の利子の損金不算入額の計算に関する明細書

							円
国外事業所等の名称等	名　　　　　　　　称	1		国外事業所等帰属資本相当額（別表六(二)付表三「9」、「14」、「24」、「34」、「38」、「44」又は「54」）	10		
	国 名 又 は 地 域 名	2		国外事業所等に係る自己資本の額	国外事業所等に係る資産の帳簿価額の平均残高	11	
	所　　　　　在　　　　　地	3					
	主　 た　 る　 事　 業	4			国外事業所等に係る負債の帳簿価額の平均残高	12	
負債の利子の額	国外事業所等を通じて行う事業に係る負債の利子の額	5	円		国外事業所等に係る自己資本の額（11）－（12）（マイナスの場合は0）	13	
	(5)のうち国外事業所等から本店等に対する内部支払利子の額	6		損金不算入額	国外事業所等に帰せられる有利子負債その他資金の調達に係る負債の帳簿価額の平均残高	14	
	(5)のうち本店配賦経費に含まれる負債の利子の額	7			((10)－(13))と(14)のうち少ない金額（マイナスの場合は0）	15	
	(5)のうち銀行等の資本に係る負債の利子の損金算入額（20）	8					
	計（5）－（8）	9			損 金 不 算 入 額（9）× (15)/(14)	16	

Ⅱ　銀 行 等 の 資 本 に 係 る 負 債 の 利 子 の 損 金 算 入 額 の 計 算 に 関 す る 明 細 書

			円				円
規 制 上 の 自 己 資 本 の 額（別表六(二)付表三「35」）	17			国外事業所等帰属資本相当額（10）	19		
(17)に係る負債につき銀行等が支払う負債の利子の額	18			損 金 算 入 額（18）× (19)/(17)	20		

398

別表六（二）付表二の記載の仕方

1　この明細書のⅠは、内国法人が令第141条の４第１項《国外事業所等に帰せられるべき資本に対応する負債の利子》の規定の適用を受ける場合に記載します。

2　「(5)のうち本店配賦経費に含まれる負債の利子の額７」の欄は、令第141条の４第２項第３号に掲げる金額を記載します。

3　「国外事業所等に係る資産の帳簿価額の平均残高11」の欄は、令第141条の４第１項に規定する資産の帳簿価額の平均的な残高として合理的な方法により計算した金額を記載します。この場合において、その金額の計算に関する明細を別紙に記載して添付します。

4　「国外事業所等に係る負債の帳簿価額の平均残高12」の欄は、令第141条の４第１項に規定する負債の帳簿価額の平均的な残高として合理的な方法により計算した金額を記載します。この場合において、その金額の計算に関する明細を別紙に記載して添付します。

5　「国外事業所等に帰せられる有利子負債その他資金の調達に係る負債の帳簿価額の平均残高14」の欄は、令第141条の４第８項第２号に規定する負債の帳簿価額の平均的な残高として合理的な方法により計算した金額を記載します。この場合において、その金額の計算に関する明細を別紙に記載して添付します。

6　この明細書のⅡは、内国法人が令第141条の５第１項《銀行等の資本に係る負債の利子》の規定の適用を受ける場合に記載します。

参考資料

国外事業所等帰属資本相当額の計算に関する明細書

事業年度	・ ・ ~ ・ ・	法人名	

別表六(二)付表三

令六・四・一以後終了事業年度分

国 外 事 業 所 等 の 名 称	1		所　　　　在　　　　地	3	
国 名 又 は 地 域 名	2		主 た る 事 業	4	

銀 行 等 以 外 の 内 国 法 人 に 係 る 国 外 事 業 所 等 帰 属 資 本 相 当 額 の 計 算 に 関 す る 明 細

資本配賦原則法	総資産の帳簿価額の平均残高	5	円	リスク資産資本比率基準法	国外事業所等に帰せられる資産の額について発生し得る危険を勘案して計算した金額	15		円
	総負債の帳簿価額の平均残高	6			比較対象資産法人の状況	名　　　　　　　　称	16	
	国外事業所等に帰せられる資産の額について発生し得る危険を勘案して計算した金額	7				本主たる事務所又は所在する	国 名 又 は 地 域 名	17	
						所　　　在　　　地	18	
	総資産の額について発生し得る危険を勘案して計算した金額	8				主 た る 事 業	19	
						比 較 対 象 事 業 年 度	20	・ ・ ~ ・ ・
	国外事業所等帰属資本相当額 $((5)-(6)) \times \frac{(7)}{(8)}$ (マイナスの場合は0)	9				比較対象事業年度終了の時の貸借対照表に計上されている純資産の額	21	円
						比較対象事業年度終了の時の総資産の額について発生し得る危険を勘案して計算した金額	22	
						リスク資産資本比率 $\frac{(21)}{(22)}$	23	%
						国外事業所等帰属資本相当額 $(15) \times (23)$	24	円
資本配賦簡便法	総資産の帳簿価額の平均残高	10		簿価資産資本比率基準法	国 外 事 業 所 等 に 帰 せ ら れ る 資 産 の 帳 簿 価 額 の 平 均 残 高	25	
	総負債の帳簿価額の平均残高	11			比較対象資産法人の状況	名　　　　　　　　称	26	
						本主たる事務所又は所在する	国 名 又 は 地 域 名	27	
	事業年度終了の時の国外事業所等に帰せられる資産の帳簿価額	12				所　　　在　　　地	28	
						主 た る 事 業	29	
	事業年度終了の時の貸借対照表に計上されている総資産の帳簿価額	13				比 較 対 象 事 業 年 度	30	・ ・ ~ ・ ・
						比較対象事業年度終了の時の貸借対照表に計上されている純資産の額	31	円
	国外事業所等帰属資本相当額 $((10)-(11)) \times \frac{(12)}{(13)}$ (マイナスの場合は0)	14				比較対象事業年度終了の時の貸借対照表に計上されている総資産の額	32	
						簿 価 資 産 資 本 比 率 $\frac{(31)}{(32)}$	33	%
						国外事業所等帰属資本相当額 $(25) \times (33)$	34	円

銀 行 等 で あ る 内 国 法 人 に 係 る 国 外 事 業 所 等 帰 属 資 本 相 当 額 の 計 算 に 関 す る 明 細

規制資本配賦法	規 制 上 の 自 己 資 本 の 額	35	円	リスク資産規制資本比率基準法	国外事業所等に帰せられる資産の額について発生し得る危険を勘案して計算した金額	45		円
	国外事業所等に帰せられる資産の額について発生し得る危険を勘案して計算した金額	36			比較対象資産法人の状況	名　　　　　　　　称	46	
	総資産の額について発生し得る危険を勘案して計算した金額	37				本主たる事務所又は所在する	国 名 又 は 地 域 名	47	
	国外事業所等帰属資本相当額 $\frac{(35) \times (36)}{(37)}$	38				所　　　在　　　地	48	
	場合の国外事業所等帰属資本相当額を特例により算出した金額危険勘案資産額	信 用 リ ス ク 額	39				主 た る 事 業	49	
		(39)のうち貸出債権リスク額	40				比 較 対 象 事 業 年 度	50	・ ・ ~ ・ ・
		$\frac{(39)}{(37)}$	41	%			比較対象事業年度終了の時の規制上の自己資本の額	51	円
		$\frac{(40)}{(39)}$	42				比較対象事業年度終了の時の総資産の額について発生し得る危険を勘案して計算した金額	52	
		国外事業所等に帰せられる貸出債権リスク額	43	円			リスク資産規制資本比率 $\frac{(51)}{(52)}$	53	%
		(41)>80%かつ(42)>50%である場合 $(35) \times \frac{(43)}{(40)}$	44				国外事業所等帰属資本相当額 $(45) \times (53)$	54	円

400

別表六（二）付表三の記載の仕方

1　この明細書は、内国法人が令第141条の４第１項《国外事業所等に帰せられるべき資本に対応する負債の利子》に規定する国外事業所等に帰せられるべき資本の額を計算する場合に記載します。

2　「総資産の帳簿価額の平均残高５」又は「総資産の帳簿価額の平均残高10」の各欄は、令第141条の４第３項第１号イ⑴に規定する総資産の帳簿価額の平均的な残高として合理的な方法により計算した金額を記載します。この場合において、その金額の計算に関する明細を別紙に記載して添付します。

3　「総負債の帳簿価額の平均残高６」又は「総負債の帳簿価額の平均残高11」の各欄は、令第141条の４第３項第１号イ⑵に規定する総負債の帳簿価額の平均的な残高として合理的な方法により計算した金額を記載します。この場合において、その金額の計算に関する明細を別紙に記載して添付します。

4　「国外事業所等に帰せられる資産の額について発生し得る危険を勘案して計算した金額７」、「総資産の額について発生し得る危険を勘案して計算した金額８」、「国外事業所等に帰せられる資産の額について発生し得る危険を勘案して計算した金額15」、「国外事業所等に帰せられる資産の額について発生し得る危険を勘案して計算した金額36」、「総資産の額について発生し得る危険を勘案して計算した金額37」又は「国外事業所等に帰せられる資産の額について発生し得る危険を勘案して計算した金額45」の各欄に記載した金額については、その金額の計算に関する明細を別紙に記載して添付します。

5　「規制上の自己資本の額35」の欄は、令第141条の４第３項第１号ロに規定する規制上の自己資本の額を記載します。

参考資料

保険会社の投資資産超過額に係る投資収益の益金不算入に関する明細書	事業年度	・・／・・	法人名		別表六(二)付表四　令六・四・一以後終了事業年度分

国外事業所等の名称等	名　　　　　称	1			投資資産から生じた収益の額の計算	有価証券から生じた収益の額	18	円
	国名又は地域名	2				不動産から生じた収益の額	19	
	所　在　地	3				金銭債権から生じた収益の額	20	
	主たる事業	4				その他の投資資産から生じた収益の額	21	

投資資産の額	種　　類	総　額 ①	国外事業所等に係るもの ②			合　　　　計	22	
		円	円		投資収益率の計算	投資資産の額の平均残高	23	
	有　価　証　券	5						
	不　　動　　産	6				投　資　収　益　率 $\dfrac{(22)}{(23)}$	24	％
	金　銭　債　権	7						
	その他の投資資産	8			適用除外の判定	投資資産超過額に係る割合基準 投資資産超過額の国外事業所等に帰せられるべき投資資産の額に対する割合 $\dfrac{(17)}{(16)}$	25	
	合　　　計	9				国外事業所等に係る投資資産の額に係る割合基準 国外事業所等に係る投資資産の額の投資資産の額に対する割合 $\dfrac{(9の②)}{(9の①)}$	26	

国外事業所等に帰せられるべき投資資産の額の計算	投　資　資　産　の　額 (9の①)	10	円			定額基準 $(17)×(24)$	27	円
	責　任　準　備　金　の　額	11				令第141条の6第4項の適用の有無	28	有・無
	支　払　備　金　の　額	12						
	国外事業所等に係る責任準備金相当額	13				益　金　不　算　入　額 $(17)×(24)$	29	円
	国外事業所等に係る支払備金相当額	14						
	$\dfrac{(13)+(14)}{(11)+(12)}$	15	％					
	国外事業所等に帰せられるべき投資資産の額 $(10)×(15)$	16	円					
	投　資　資　産　超　過　額 (9の②)－(16)　(マイナスの場合は0)	17						

参考資料　6

別表六（二）付表四の記載の仕方

1　この明細書は、内国法人が令第141条の６第１項《保険会社の投資資産及び投資収益》の規定の適用を受ける場合に記載します。

2　「投資資産の額」の各欄は、保険業法施行規則第47条各号《資産の運用方法の制限》に掲げる方法により運用を行う資産について内国法人の当該事業年度終了の時における貸借対照表に計上されている金額を記載します。

3　「責任準備金の額11」の欄は、内国法人の当該事業年度終了の時において保険業法第116条第１項《責任準備金》に規定する責任準備金として積み立てられている金額を記載します。

4　「支払備金の額12」の欄は、内国法人の当該事業年度終了の時において保険業法第117条第１項《支払備金》に規定する支払備金として積み立てられている金額を記載します。

5　「国外事業所等に係る責任準備金相当額13」の欄は、内国法人の当該事業年度終了の時において保険業法に相当する外国の法令の規定により国外事業所等（法第69条第４項第１号《外国税額の控除》に規定する国外事業所等をいいます。６において同じです。）に係る保険業法第116条第１項に規定する責任準備金に相当するものとして積み立てられている金額を記載します。

6　「国外事業所等に係る支払備金相当額14」の欄は、内国法人の当該事業年度終了の時において保険業法に相当する外国の法令の規定により国外事業所等に係る保険業法第117条第１項に規定する支払備金に相当するものとして積み立てられている金額を記載します。

403

参考資料

通算法人の控除限度額の計算等に関する明細書

事業年度等	・ ・	法人名	

別表六(二)付表五　令六・四・一以後終了事業年度等分

Ⅰ　通算法人の法人税の控除限度額の計算に関する明細書

項目	No.	金額	項目	No.	金額
当期の法人税額　(別表一「2」-「3」)-(別表六(五の二)「5の③」)-(別表十七(三の六)「1」)(マイナスの場合は0)	1	円	非課税国外所得金額が0を下回る場合のその下回る額の合計額　(別表十八(一)「14の計」)	20	円
法人税額の合計額　(別表十八(一)「9の計」)	2		非課税国外所得金額のうち0を超えるものの合計額　(別表十八(一)「15の計」)	21	
所得金額又は欠損金額　(別表四「52の①」)	3		(20)のうち(21)に達するまでの金額	22	
繰越欠損金の当期控除額　(別表七(一)「4の計」)	4		加算前国外所得金額のうち0を超えるものの合計額　(別表十八(一)「16の計」)	23	
通算対象欠損金額の損金算入額　(別表七の二「5」)	5		加算調整　(22)×$\frac{(19)}{(23)}$	24	
通算対象所得金額の益金算入額　(別表七の二「11」)	6		調整前国外所得金額　(19)+(24)	25	
当初配賦欠損金控除額の益金算入額　(別表七(二)付表一「23の計」)	7		調整前国外所得金額の合計額　(別表十八(一)「17の計」)	26	
通算法人の合併等があった場合の欠損金の損金算入額　別表四付表「9の①」	8		(14)×90%	27	
対外船舶運航事業者の日本船舶による収入金額に係る所得の金額の損金算入額　(別表十(四)「20」)	9		(26)-(27)(マイナスの場合は0)	28	
対外船舶運航事業者の日本船舶による収入金額に係る所得の金額の益金算入額　(別表十(四)「21」又は「23」)	10		調整金額　(28)×$\frac{(19)}{(23)}$	29	
組合等損失額の損金不算入額　(別表九(二)「6」)	11		調整国外所得金額　(25)-(29)	30	
組合等損失超過合計額の損金算入額　(別表九(二)「9」)	12		調整前控除限度額　(2)×$\frac{(30)}{(14)}$	31	
計　(3)+(4)+(5)-(6)-(7)+(8)+(9)-(10)-(11)+(12)	13		調整前控除限度額が0を下回る場合のその下回る額の合計額　(別表十八(一)「19の計」)	32	
所得金額の合計額から欠損金額の合計額を控除した金額　(別表十八(一)「11の計」-「12の計」)(マイナスの場合は0)	14		調整前控除限度額のうち0を超えるものの合計額　(別表十八(一)「20の計」)	33	
国外事業所等帰属所得に係る所得の金額　(別表六(二)付表一「25」)	15		控除限度調整額　(32)×$\frac{(31)}{(33)}$	34	
その他の国外源泉所得に係る所得の金額　(別表六(二)「46の①」)	16		法人税の控除限度額　(31)-(34)(マイナスの場合は0)	35	
非課税国外所得金額　(別表六(二)「46の②」)+(別表六(二)付表一「26」)	17				
(17)のうち0を超える金額	18				
加算前国外所得金額　(15)+(16)-(18)	19				

Ⅱ　通算法人の地方法人税控除限度額の計算に関する明細書

項目	No.	金額	項目	No.	金額
課税標準法人税額　(別表一「2」-「3」)	36	円 000	調整前控除限度額が0を下回る場合のその下回る額の合計額　(別表十八(一)「33」の計)	40	円
地方法人税額　(36)×10.3%-((別表一(五の二)「5の③」)+(別表十七(三の六)「1」)-(36))とのうち多い金額)(マイナスの場合は0)	37		調整前控除限度額のうち0を超えるものの合計額　(別表十八(一)「34」の計)	41	
地方法人税額の合計額　(別表十八(一)「31」の計)	38		控除限度調整額　(40)×$\frac{(39)}{(41)}$	42	
調整前控除限度額　(38)×$\frac{(30)}{(14)}$	39		地方法人税控除限度額　(39)-(42)(マイナスの場合は0)	43	

参考資料　6

別表六（二）付表五の記載の仕方

1　通算法人の法人税の控除限度額の計算に関する明細書

⑴　この明細書は、通算法人が当該事業年度（当該通算法人に係る通算親法人の事業年度終了の日に終了するものに限ります。）において法第69条《外国税額の控除》の規定の適用を受ける場合（他の通算法人が同日に終了する事業年度において同条の規定の適用を受ける場合を含みます。）に記載します。

⑵　当該事業年度において法第64条の４第１項から第３項まで《公共法人等が普通法人等に移行する場合の所得の金額の計算》の規定により益金の額又は損金の額に算入される金額がある場合には、「所得金額又は欠損金額３」の欄は、これらの規定を適用しないで計算した所得金額又は欠損金額を記載します。

⑶　「20」から「24」までの各欄及び「26」から「29」までの各欄は、「加算前国外所得金額19」の欄の金額が０を超える場合にのみ記載します。

⑷　「32」から「34」までの各欄は、「調整前控除限度額31」の欄の金額が０を超える場合にのみ記載します。

2　通算法人の地方法人税控除限度額の計算に関する明細書

⑴　この明細書は、通算法人が当該課税事業年度（当該通算法人に係る通算親法人の課税事業年度終了の日に終了するものに限ります。）において地方法人税法第12条《外国税額の控除》（第２項を除きます。以下⑴において同じです。）の規定の適用を受ける場合（他の通算法人が同日に終了する課税事業年度において同条の規定の適用を受ける場合を含みます。）に記載します。

⑵　「課税標準法人税額36」の欄の記載に当たっては、次によります。

イ　当該課税事業年度が新たな事業の創出及び産業への投資を促進するための産業競争力強化法等の一部を改正する法律（令和６年法律第　号）の施行の日以後に終了する課税事業年度である場合には、「（別表一「２」－「３」）＋（別表六（六）「９の㉔」＋「９の㉖」）」により計算します。

ロ　計算した金額に1,000円未満の端数があるときは、その端数金額を切り捨てます。

⑶　「40」から「42」までの各欄は、「調整前控除限度額39」の欄の金額が０を超える場合にのみ記載します。

405

参考資料

| 税額控除不足額相当額及び税額控除超過額相当額の計算に関する明細書 | 事業年度等 | ・ ・ | 法人名 | | 別表六㈡付表六 令六・四・一以後終了事業年度等分 |

Ⅰ　法人税に係る税額控除不足額相当額及び税額控除超過額相当額の計算に関する明細書

過去適用事業年度	過去当初申告税額控除額（過去適用事業年度の別表六㈡「21」）	税額控除額（過去適用事業年度の別表六㈡「18」＋「19」＋「20」）	(2)につき法第69条第19項により対象前各事業年度の法人税額に加算した金額	(2)につき法第69条第18項により対象前各事業年度の法人税額から控除した金額	調整後過去税額控除額(2)＋(3)－(4)	(5)＞(1)の場合　税額控除不足額相当額（((5)－(1))又は当初申告税額控除不足額相当額）	(1)＞(5)の場合　税額控除超過額相当額（((1)－(5))又は当初申告税額控除超過額相当額）
	1	2	3	4	5	6	7
・ ・	円	円	円	円	円	円	円
・ ・							
・ ・							
・ ・							
・ ・							
・ ・							
計							

Ⅱ　地方法人税に係る税額控除不足額相当額及び税額控除超過額相当額の計算に関する明細書

過去適用課税事業年度	過去当初申告税額控除額（過去適用課税事業年度の別表六㈡「54」）	税額控除額（過去適用課税事業年度の別表六㈡「53」）	(9)につき地方法第12条第9項により対象前各課税事業年度の所得地方法人税額に加算した金額	(9)につき地方法第12条第8項により対象前各課税事業年度の所得地方法人税額から控除した金額	調整後過去税額控除額(9)＋(10)－(11)	(12)＞(8)の場合　税額控除不足額相当額（((12)－(8))又は当初申告税額控除不足額相当額）	(8)＞(12)の場合　税額控除超過額相当額（((8)－(12))又は当初申告税額控除超過額相当額）
	8	9	10	11	12	13	14
・ ・	円	円	円	円	円	円	円
・ ・							
・ ・							
・ ・							
・ ・							
・ ・							
計							

参考資料　6

別表六（二）付表六の記載の仕方

1　法人税に係る税額控除不足額相当額及び税額控除超過額相当額の計算に関する明細書

⑴　この明細書は、通算法人（通算法人であった内国法人を含みます。以下この記載要領において同じです。）が法第69条第18項又は第19項《外国税額の控除》（これらの規定を同条第23項及び第24項において準用する場合を含みます。⑵イにおいて同じです。）の規定の適用を受ける場合に記載します。

⑵　「税額控除不足額相当額6」の欄の記載に当たっては、次によります。

イ　通算法人の対象事業年度（法第69条第18項に規定する対象事業年度をいいます。以下1において同じです。）について同条第20項の規定の適用を受ける場合（ロに規定する既に修正申告等があった場合を除きます。）には、「（⑸－⑴）又は」を消します。

ロ　既に通算法人の対象事業年度について法第69条第21項の規定を適用して修正申告書の提出又は更正がされていた場合において、当該対象事業年度につき同条第20項の規定の適用を受けるとき（ハ及び⑶において「既に修正申告等があった場合」といいます。）は、当該修正申告書又は当該更正に係る国税通則法第28条第2項《更正又は決定の手続》に規定する更正通知書のうち、最も新しいもの（⑶ロにおいて「直近修正申告書等」といいます。）に基づき別表六（二）付表六「6」の金額として計算される金額を記載します。

ハ　イに規定する場合及び既に修正申告等があった場合以外の場合には、「又は当初申告税額控除不足額相当額」を消します。

⑶　「税額控除超過額相当額7」の欄の記載に当たっては、次によります。

イ　通算法人の対象事業年度について法第69条第20項の規定の適用を受ける場合（既に修正申告等があった場合を除きます。）には、「（⑴－⑸）又は」を消します。

ロ　既に修正申告等があった場合には、直近修正申告書等に基づき別表六（二）付表六「7」の金額として計算される金額を記載します。

ハ　イに規定する場合及び既に修正申告等があった場合以外の場合には、「又は当初申告税額控除超過額相当額」を消します。

2　地方法人税に係る税額控除不足額相当額及び税額控除超過額相当額の計算に関する明細書

⑴　この明細書は、通算法人が地方法人税法第12条第8項又は第9項《外国税額の控除》（これらの規定を同条第13項及び第14項において準用する場合を含みます。⑵イにおいて同じです。）の規定の適用を受ける場合に記載します。

⑵　「税額控除不足額相当額13」の欄の記載に当たっては、次によります。

イ　通算法人の対象課税事業年度（地方法人税法第12条第8項に規定する対象課税事業年度をいいます。以下この記載要領において同じです。）について同条第10項の規定の適用を受ける場合（ロに規定する既に修正申告等があった場合を除きます。）には、「（⑫－⑻）又は」を消します。

ロ　既に通算法人の対象課税事業年度について地方法人税法第12条第11項の規定を適用して修正申告書の提出又は更正がされていた場合において、当該対象課税事業年度につき同条第10項の規定の適用を受けるとき（ハ及び⑶において「既に修正申告等があった場合」といいます。）は、当該修正申告書又は当該更正に係る国税通則法第28条第2項に規定する更正通知書のうち、最も新しいもの（⑶ロにおいて「直近修正申告書等」といいます。）に基づき別表六（二）付表六「13」の金額として計算される金額を記載します。

ハ　イに規定する場合及び既に修正申告等があった場合以外の場合には、「又は当初申告税額控除不足額相当額」を消します。

⑶　「税額控除超過額相当額14」の欄の記載に当たっ

407

参考資料

ては、次によります。

イ　通算法人の対象課税事業年度について地方法
　人税法第12条第10項の規定の適用を受ける場合
　（既に修正申告等があった場合を除きます。）に
　は、「（(8)－(12)）又は」を消します。

ロ　既に修正申告等があった場合には、直近修正

申告書等に基づき別表六（二）付表六「14」の金額
として計算される金額を記載します。

ハ　イに規定する場合及び既に修正申告等があっ
た場合以外の場合には、「又は当初申告税額控除
超過額相当額」を消します。

外国法人の外国税額の控除に関する明細書

事業年度等	・ ・	法人名	

別表六の二　令六・四・一以後終了事業年度等分

Ⅰ　法人税に係る外国税額の控除に関する明細書

区　分			国外所得対応分 ①	①のうち非課税所得分 ②
当期の控除対象外国法人税額（別表六（二の二）「21」）	1	円		
当期の法人税額（別表一の二「4」）－（別表六（五の二）「5の③」）（マイナスの場合は0）	2			
当期の法人税の控除限度額の計算｜恒久的施設帰属所得金額の控除限度額の計算｜所得金額又は欠損金額（別表四「52の①」）	3			
繰越欠損金の当期控除額（別表七（一）「4の計」）	4			
組合等損失額の損金不算入額（別表九（二）「6」）	5			
組合等損失超過合計額の損金算入額（別表九（二）「9」）	6			
計 (3)＋(4)－(5)＋(6)（マイナスの場合は0）	7			
当期の調整国外所得金額の計算｜(40)（マイナスの場合は0）	8			
(7)　×　90%	9			
調整国外所得金額（(8)と(9)のうち少ない金額）	10			
法人税の控除限度額 (2)　×　(10)/(7)	11			
当期に控除できる金額の計算｜法第144条の2第1項により控除できる金額（(1)と(11)のうち少ない金額）	12			
法第144条の2第2項により控除できる金額（別表六（三）「30の②」）	13			
法第144条の2第3項により控除できる金額（別表六（三）「34の②」）	14			
当期に控除できる金額 (12)＋(13)＋(14)	15			

区　分			国外所得対応分 ①	①のうち非課税所得分 ②
当期の国外源泉所得に係る所得の金額の計算	国外源泉所得に係る当期利益又は当期欠損の額	16	円	円
	加算	納付した控除対象外国法人税額（別表六（二の二）「7」）	17		
		交際費等の損金不算入額	18		
		貸倒引当金の戻入額	19		
			20		
			21		
			22		
			23		
			24		
			25		
			26		
		小　計	27		
	減算	貸倒引当金の繰入額	28		
			29		
			30		
			31		
			32		
			33		
			34		
			35		
			36		
		小　計	37		
	仮　計 (16)＋(27)－(37)		38		
	非課税国外所得の金額 (38の②)（マイナスの場合は0）		39		
	計 (38)－(39)		40		

Ⅱ　地方法人税に係る外国税額の控除に関する明細書

当期の控除対象外国法人税額 (1)	41	円	課税標準法人税額（別表一の二「4」）	44	円 000
法人税の控除限度額 (11)	42		恒久的施設帰属地方法人税額(44)×10.3％－(((別表六（五の二）「5の③」)－(44))と0のうち多い金額)（マイナスの場合は0）	45	
差引控除対象外国法人税額 (41)－(42)	43		地方法人税控除限度額 (45)　×　(10)/(7)	46	
			外国税額の控除額 ((43)と(46)のうち少ない金額)	47	

参考資料　6

409

参考資料

別表六の二の記載の仕方

1 法人税に係る外国税額の控除に関する明細書

⑴ この明細書は、外国法人が法第144条の2《外国法人に係る外国税額の控除》の規定の適用を受ける場合に記載します。

⑵ 「当期の国外源泉所得に係る所得の金額の計算」の各欄は、令第193条第1項《国外所得金額》に規定する国外源泉所得に係る所得の金額について記載します。この場合において、当該各欄に記載した金額の計算に関する明細を別紙に記載して添付

します。

2 地方法人税に係る外国税額の控除に関する明細書

⑴ この明細書は、外国法人が地方法人税法第12条第2項《外国税額の控除》の規定の適用を受ける場合に記載します。

⑵ 「課税標準法人税額 44」の欄の記載に当たっては、別表一の二「4」の金額に1,000円未満の端数があるときは、その端数金額を切り捨てます。

当期の控除対象外国法人税額に関する明細書

事 業 年 度	・ ・ ・ ・	法人名	

別表六(二)の二　令六・四・一以後終了事業年度分

当期に納付する控除対象外国法人税額の計算	納付分	控 除 対 象 外 国 法 人 税 額 (別表六(四)「29」)＋(別表六(四の二)「25」)	1	（円）	当期に減額された控除対象外国法人税額	納 付 分 に 係 る 減 額 分 (別表六(四)「31」)	10	（円）
		利 子 等 に 係 る 控 除対 象 外 国 法 人 税 額 (別表六(五)「14」)	2			み な し 納 付 分に 係 る 減 額 分 (別表六(四)「32」)	11	
	みなし納付分	控 除 対 象 外 国 法 人 税 額 (別表六(四)「30」)＋(別表六(四の二)「26」)	3			外 国 関 係 会 社 に 係 る 減 額 分 (別表十七(三の五)「36」)	12	
		利 子 等 に 係 る 控 除対 象 外 国 法 人 税 額 (別表六(五)「15」)	4			計 (10)＋(11)＋(12)	13	
	計 (1)＋(2)＋(3)＋(4)		5		前期まで に 減 額 の さ れ ち た 未 控 除 当 分	外国法人税に減額のうち充当対象	・　　　・ ・　　　・　期分	14	
	外 国 関 係 会 社 に 係 る 控除 対 象 外 国 法 人 税 額 (別表十七(三の五)「37」)		6				・　　　・ ・　　　・　期分	15	
	納 付 し た 控 除 対 象外 国 法 人 税 額 計 (1)＋(2)＋(6)		7				・　　　・ ・　　　・　期分	16	
	納 付 し た と み な さ れ る控 除 対 象 外 国 法 人 税 額 計 (3)＋(4)		8				・　　　・ ・　　　・　期分	17	
	計 (7)＋(8)		9				計 (14)＋(15)＋(16)＋(17)	18	
						合　　　　計 (13)＋(18)	19	

(19) － (9)	20	

当期の控除対象外国法人税額 (9) － (19)	21	

別表六（二の二）の記載の仕方

1 この明細書は、内国法人が法第69条《外国税額の控除》若しくは措置法第66条の7第1項《内国法人の外国関係会社に係る所得の課税の特例》若しくは第66条の9の3第1項《特殊関係株主等である内国法人に係る外国関係法人に係る所得の課税の特例》の規定の適用を受ける場合又は外国法人が法第144条の2《外国法人に係る外国税額の控除》の規定の適用を受ける場合に記載します。

2 適格合併、適格分割又は適格現物出資が行われた場合の「14」から「17」までの各欄の記載に当たっては、次によります。

⑴ 当該法人を合併法人とする適格合併が行われた場合には、当該適格合併に係る被合併法人の当該適格合併の日の前日の属する事業年度以前の各事業年度において減額された控除対象外国法人税の額（法第69条第1項又は第144条の2第1項に規定する控除対象外国法人税の額をいいます。以下2において同じです。）のうち未充当分の金額

を含めて記載します。

⑵ 当該法人を分割承継法人等（分割承継法人又は被現物出資法人をいいます。⑶において同じです。）とする適格分割等（適格分割又は適格現物出資をいいます。以下2において同じです。）が行われた場合には、当該適格分割等に係る分割法人等（分割法人又は現物出資法人をいいます。⑶において同じです。）の当該適格分割等の日の属する事業年度前の各事業年度において減額された控除対象外国法人税の額のうち未充当分の金額（当該法人が移転を受けた事業に係る部分に限ります。）を含めて記載します。

⑶ 当該法人を分割法人等とする適格分割等が行われた場合には、当該法人の各事業年度において減額された控除対象外国法人税の額のうち未充当分の金額から当該適格分割等に係る分割承継法人等に移転した事業に係る部分の金額を控除した金額を記載します。

参考資料　6

外国税額の繰越控除余裕額又は繰越控除限度超過額の計算に関する明細書

事業年度	・　・ ・　・	法人名	

別表六(三)　令六・四・一以後終了事業年度分

当 期 の 控 除 余 裕 額 又 は 控 除 限 度 超 過 額 の 計 算

控除限度額等	法　人　税 （別表六(二)「17」)又は(別表六の二「11」)	1	円	控除余裕額	国　　　　　税 (1) − (6)	7	円
	地 方 法 人 税 (別表六(二)「52」)又は(別表六の二「46」)	2			道 府 県 民 税 (((1)＋(2)＋(3)−(6))と(3)のうち少ない金額)	8	
	道 府 県 民 税 ((1)×1%)又は(別表六(三)付表一「28の④」)	3			市 町 村 民 税 (((5)−(6))と(4)のうち少ない金額)	9	
	市 町 村 民 税 ((1)×6%)又は(別表六(三)付表一「28の⑤」)	4			計 (7)＋(8)＋(9)	10	
	計 (1)＋(2)＋(3)＋(4)	5		控 除 限 度 超 過 額 (6) − (5)		11	
控 除 対 象 外 国 法 人 税 額 (別表六(二の二)「21」)		6					

前 3 年 以 内 の 控 除 余 裕 額 又 は 控 除 限 度 超 過 額 に 関 す る 明 細

事 業 年 度	区　　分		控　除　余　裕　額			控　除　限　度　超　過　額		
			前期繰越額又は当期発生額 ①	当期使用額 ②	翌期繰越額 ①−② ③	前期繰越額又は当期発生額 ④	当期使用額 ⑤	翌期繰越額 ④−⑤ ⑥
・　・ ・　・	国　　税	12	円	円		円	外　　円	
	道府県民税	13						
	市町村民税	14						
・　・ ・　・	国　　税	15		円		外	円	
	道府県民税	16						
	市町村民税	17						
・　・ ・　・	国　　税	18				外		
	道府県民税	19						
	市町村民税	20						
・　・ ・　・	国　　税	21				外		
	道府県民税	22						
	市町村民税	23						
・　・ ・　・	国　　税	24				外		
	道府県民税	25						
	市町村民税	26						
・　・ ・　・	国　　税	27				外		
	道府県民税	28						
	市町村民税	29						
合　　計	国　　税	30				外		
	道府県民税	31						
	市町村民税	32						
	計 (30)＋(31)＋(32)	33						
当 期 分	国　　税	34	(7)			(11)	外 別表六(二の二) 「20」−(33の外)	
	道府県民税	35	(8)					
	市町村民税	36	(9)				(33の②)	
	計 (34)＋(35)＋(36)	37	(10)	(33の⑤)				

413

参考資料

別表六（三）の記載の仕方

1　この明細書は、法人が法第69条第2項、第3項若しくは第12項《外国税額の控除》の規定、同条第18項若しくは第19項（これらの規定を同条第23項及び第24項において準用する場合を含みます。）の規定又は法第144条の2第2項、第3項若しくは第8項《外国法人に係る外国税額の控除》の規定の適用を受ける場合に記載します。

2　「道府県民税3」の欄は、地方税法施行令第9条の7第6項本文《外国の法人税等の額の控除》の規定の適用を受ける場合には「又は（別表六（三）付表一「28の①」）」を消し、同項ただし書の規定の適用を受ける場合には「（(1)×1％）又は」を消します。

3　「市町村民税4」の欄は、地方税法施行令第48条の13第7項本文《外国の法人税等の額の控除》（同令第57条の2《法人の市町村民税に関する規定の都への準用等》において準用する場合を含みます。）の規定の適用を受ける場合には「又は（別表六（三）付表一「28の⑤」）」を消し、同項ただし書（同令第57条の2において準用する場合を含みます。）の規定の適用を受ける場合には「（(1)×6％）又は」を消します。

4　「前期繰越額又は当期発生額①」の欄の記載に当たっては、次によります。
　⑴　当該法人を合併法人等（合併法人、分割承継法人又は被現物出資法人をいいます。5において同じです。）とする適格合併等（適格合併、適格分割又は適格現物出資をいいます。以下4及び5において同じです。）が行われた場合において法第69条第9項（法第144条の2第6項において準用する場合を含

みます。5(1)において同じです。）の規定の適用があるときの当該法人の当該適格合併等の日の属する事業年度にあっては、別表六（三）付表二「11」の欄の金額を記載します。
　⑵　当該法人を分割法人等（分割法人又は現物出資法人をいいます。5において同じです。）とする適格分割等（適格分割又は適格現物出資をいいます。以下4及び5において同じです。）が行われた場合において法第69条第11項（法第144条の2第7項において準用する場合を含みます。5(2)において同じです。）の規定の適用があるときの当該法人の当該適格分割等の日の属する事業年度にあっては、別表六（三）付表三「5」の欄の金額を記載します。

5　「前期繰越額又は当期発生額④」の欄の記載に当たっては、次によります。
　⑴　当該法人を合併法人等とする適格合併等が行われた場合において法第69条第9項の規定の適用があるときの当該法人の当該適格合併等の日の属する事業年度にあっては、別表六（三）付表二「14」の欄の金額を記載します。
　⑵　当該法人を分割法人等とする適格分割等が行われた場合において法第69条第11項の規定の適用があるときの当該法人の当該適格分割等の日の属する事業年度にあっては、別表六（三）付表三「10」の欄の金額を記載します。

6　「当期使用額⑤」の各欄の外書のうち「12」から「33」までは減額された外国法人税額の充当額を、「当期分」の欄は翌期へ繰り越す未充当額を記載します。

参考資料 6

地方税の控除限度額の計算の特例に関する明細書

別表六㈢付表一　令六・四・一以後終了事業年度分

事業年度	・　・	法人名	

法人税の控除限度額（別表六（二）「17」）又は（別表六の二「11」）	1	円	期末従業者数（28の①）	2	人

事務所又は事業所の名称	所　在　地		期末従業者数	法人税割の税率		地方税の控除限度額	
				道府県民税	市町村民税	道府県民税 (1) × ①×②/(2)	市町村民税 (1) × ①×③/(2)
			①	②	③	④	⑤
		3	人	%	%	円	円
		4					
		5					
		6					
		7					
		8					
		9					
		10					
		11					
		12					
		13					
		14					
		15					
		16					
		17					
		18					
		19					
		20					
		21					
		22					
		23					
		24					
		25					
		26					
		27					
合　　　計		28					

参考資料

別表六（三）付表一の記載の仕方

1　この明細書は、法人が地方税法施行令第9条の7第6項ただし書《外国の法人税等の額の控除》又は第48条の13第7項ただし書《外国の法人税等の額の控除》（同令第57条の2《法人の市町村民税に関する規定の都への準用等》において準用する同令第48条の13第7項ただし書を含みます。）の規定の適用を受け

る場合に記載します。

2　「法人税の控除限度額1」の欄は、当該内国法人の各事業年度にあっては別表六（二）「17」の金額を、当該外国法人の各事業年度にあっては別表六の二「11」の金額を記載します。

別表六(三)付表二　令六・四・一以後終了事業年度分

適格合併等に係る合併法人等の調整後の繰越控除余裕額又は繰越控除限度超過額の計算に関する明細書	事業年度	・　・ ・　・	法人名	

被合併法人等の控除余裕額又は控除限度超過額のうち当該法人のものとみなされる金額の計算

適格組織再編成の別：適格合併・適格分割・適格現物出資
適格組織再編成の日：　・　・
被合併法人等の名称：

被合併法人等の事業年度	区分	控除余裕額				控除限度超過額			
		被合併法人等の控除余裕額	分割法人等の調整国外所得金額	(2)のうち当該法人が移転を受ける事業に係る部分の金額	当該法人の控除余裕額とみなされる金額 (1)又は((1)×$\frac{(3)}{(2)}$)	被合併法人等の控除限度超過額	分割法人等の控除対象外国法人税額	(6)のうち当該法人が移転を受ける事業に係る部分の金額	当該法人の控除限度超過額とみなされる金額 (5)又は((5)×$\frac{(7)}{(6)}$)
		1	2	3	4	5	6	7	8
・　・	国　税	円	円	円	円	円	円	円	円
	道府県民税								
	市町村民税								
・　・	国　税								
	道府県民税								
	市町村民税								
・　・	国　税								
	道府県民税								
	市町村民税								
・　・	国　税								
	道府県民税								
	市町村民税								
・　・	国　税								
	道府県民税								
	市町村民税								
・　・	国　税								
	道府県民税								
	市町村民税								

当該法人の調整後の控除余裕額又は控除限度超過額の計算

当該法人の事業年度	区分	控除余裕額			控除限度超過額		
		当該法人の控除余裕額 （前期の別表六（三）「③」）	当該法人の控除余裕額とみなされる金額 (4)	当該法人の調整後の控除余裕額 (9)＋(10)	当該法人の控除限度超過額 （前期の別表六（三）「⑥」）	当該法人の控除限度超過額とみなされる金額 (8)	当該法人の調整後の控除限度超過額 (12)＋(13)
		9	10	11	12	13	14
・　・	国　税	円	円	円	円	円	円
	道府県民税						
	市町村民税						
・　・	国　税						
	道府県民税						
	市町村民税						
・　・	国　税						
	道府県民税						
	市町村民税						
・　・	国　税						
	道府県民税						
	市町村民税						
・　・	国　税						
	道府県民税						
	市町村民税						
・　・	国　税						
	道府県民税						
	市町村民税						

参考資料

別表六（三）付表二の記載の仕方

1　この明細書は、内国法人が法第69条第9項《外国税額の控除》（外国法人が法第144条の2第6項《外国法人に係る外国税額の控除》において準用する場合を含みます。）の規定又は法第69条第18項若しくは第19項（これらの規定を同条第23項及び第24項において準用する場合を含みます。）の規定の適用を受ける場合に記載します。

2　「被合併法人等の控除余裕額1」の欄の記載に当たっては、次によります。

⑴　当該法人を合併法人とする適格合併が行われた場合には、当該適格合併に係る被合併法人の当該適格合併の日の前日の属する事業年度の別表六（三）「③」の欄の金額を記載します。

⑵　当該法人を分割承継法人等（分割承継法人又は被現物出資法人をいいます。5において同じです。）とする適格分割等（適格分割又は適格現物出資をいいます。以下この記載要領において同じです。）が行われた場合には、当該適格分割等に係る分割法人等（分割法人又は現物出資法人をいいます。3、5及び6において同じです。）の当該適格分割等の日の属する事業年度開始の日の前日の属する事業年度の別表六（三）「③」の欄の金額を記載します。

3　「分割法人等の調整国外所得金額2」の欄は、「被合併法人等の控除余裕額1」の欄の金額に係る事業年度の分割法人等の別表六（二）「16」、別表六（二）

付表五「30」若しくは別表六の二「10」の金額又は同欄の金額に係る連結事業年度の令和5年改正前の別表六の二（二）付表「11」の金額を記載します。

4　「当該法人の控除余裕額とみなされる金額4」の欄は、適格合併が行われた場合には「又は（⑴×$\frac{(3)}{(2)}$）」を消し、適格分割等が行われた場合には「⑴又は」を消します。

5　「被合併法人等の控除限度超過額5」の欄の記載に当たっては、次によります。

⑴　当該法人を合併法人とする適格合併が行われた場合には、当該適格合併に係る被合併法人の当該適格合併の日の前日の属する事業年度の別表六（三）「⑥」の欄の金額を記載します。

⑵　当該法人を分割承継法人等とする適格分割等が行われた場合には、当該適格分割等に係る分割法人等の当該適格分割等の日の属する事業年度開始の日の前日の属する事業年度の別表六（三）「⑥」の欄の金額を記載します。

6　「分割法人等の控除対象外国法人税額6」の欄は、「被合併法人等の控除限度超過額5」の欄の金額に係る事業年度の分割法人等の別表六（二の二）「21」の金額を記載します。

7　「当該法人の控除限度超過額とみなされる金額8」の欄は、適格合併が行われた場合には「又は（⑸×$\frac{(7)}{(6)}$）」を消し、適格分割等が行われた場合には「⑸又は」を消します。

参考資料　6

適格分割等に係る分割法人等の調整後の繰越控除余裕額又は繰越控除限度超過額の計算に関する明細書

事　業 年　度	・　・ ・　・	法人名	

別表六(三)付表三　令六・四・一以後終了事業年度分

適格分割等の別：適格分割・適格現物出資
適格分割等の日：　・　・
分割承継法人等の名称：

当該法人の事業年度	区　分	控　　除　　余　　裕　　額					控　除　限　度　超　過　額				
		当該法人の控除余裕額（前期の別表六(三)「③」）	当該法人の調整国外所得金額	(2)のうち分割承継法人等に移転する事業に係る部分の金額	(1)のうちないものとされる金額 $(1) \times \frac{(3)}{(2)}$	当該法人の調整後の控除余裕額 $(1)-(4)$	当該法人の控除限度超過額（前期の別表六(三)「⑥」）	当該法人の控除対象外国法人税額	(7)のうち分割承継法人等に移転する事業に係る部分の金額	(6)のうちないものとされる金額 $(6) \times \frac{(8)}{(7)}$	当該法人の調整後の控除限度超過額 $(6)-(9)$
		1	2	3	4	5	6	7	8	9	10
・・	国　　税	円	円	円	円	円	円	円	円	円	円
	道府県民税										
	市町村民税										
・・	国　　税										
	道府県民税										
	市町村民税										
・・	国　　税										
	道府県民税										
	市町村民税										
・・	国　　税										
	道府県民税										
	市町村民税										
・・	国　　税										
	道府県民税										
	市町村民税										
・・	国　　税										
	道府県民税										
	市町村民税										

419

参考資料

別表六（三）付表三の記載の仕方

1　この明細書は、内国法人が法第69条第11項《外国税額の控除》（外国法人が法第144条の２第７項《外国法人に係る外国税額の控除》において準用する場合を含みます。）の規定又は法第69条第18項若しくは第19項（これらの規定を同条第23項及び第24項において準用する場合を含みます。）の規定の適用を受ける場合に記載します。

2　「当該法人の調整国外所得金額２」の欄は、「当該法人の控除余裕額１」の欄の金額に係る事業年度の別表六(二)「16」、別表六(二)付表五「30」若しくは別表六の二「10」の金額又は同欄の金額に係る連結事業年度の令和５年改正前の別表六の二(二)付表「11」の金額を記載します。

3　「当該法人の控除対象外国法人税額７」の欄は、「当該法人の控除限度超過額６」の欄の金額に係る事業年度の別表六(二の二)「21」の金額を記載します。

参考資料　6

控除対象外国法人税額に関する明細書

事業年度	・　・	法人名	

別表六(四)　令六・四・一以後終了事業年度分

国　　　　　　名	1					
所　得　の　種　類	2					
税　　種　　目	3					
納付確定日（納付すべき日）又　　は　　納　　付　　日	4	・　・	・　・	・　・	・　・	・　・
源泉・申告・賦課の区分	5	源・申・賦	源・申・賦	源・申・賦	源・申・賦	源・申・賦
事業年度又は計算期間	6	・　・	・　・	・　・	・　・	・　・
納付外国法人税額	課　税　標　準	7					
	税　　　率（％）	8					
	税　　　　　額　(7)×(8)	9					
	税　額　控　除　額	10					
	納　付　す　べ　き　税　額　(9)−(10)	11					
みなし納付外国法人税額	みなし納付の基礎となる条約及び相手国の法令の根拠規定	12					
	(12)とした場合の規定の適用がないものとした場合の外国法人税額	課　税　標　準	13					
		税　　　率（％）	14					
		税　　　　　額　(13)×(14)	15					
		税　額　控　除　額	16					
		納　付　す　べ　き　税　額　(15)−(16)	17					
	納付したとみなされる外国法人税額　(17)−(11)	18					
控除対象外国法人税額	外国法人税額の合計　(11)+(18)	19					
	控除対象外国法人税額　((((7)又は(13))×35%)と(19)のうち少ない金額)	20					
	納付分	(11)と(20)のうち少ない金額	21	(　　　円)	(　　　円)	(　　　円)	(　　　円)	(　　　円)
	みなし分	(20)−(21)	22	(　　　円)	(　　　円)	(　　　円)	(　　　円)	(　　　円)
外国法人税額が異動した場合	納付分	増額又は減額前の事業年度の(21)の金額	23					
		(21)≧(23)の場合　(21)−(23)	24	(　　　円)	(　　　円)	(　　　円)	(　　　円)	(　　　円)
		(21)<(23)の場合　(23)−(21)	25	(　　　円)	(　　　円)	(　　　円)	(　　　円)	(　　　円)
	みなし分	増額又は減額前の事業年度の(22)の金額	26					
		(22)≧(26)の場合　(22)−(26)	27	(　　　円)	(　　　円)	(　　　円)	(　　　円)	(　　　円)
		(22)<(26)の場合　(26)−(22)	28	(　　　円)	(　　　円)	(　　　円)	(　　　円)	(　　　円)

納付した控除対象外国法人税額　((21)欄又は(24)欄の合計)	29	円	減額された納付控除対象外国法人税額　((25)欄の合計)	31	円
納付したとみなされる控除対象外国法人税額　((22)欄又は(27)欄の合計)	30	円	減額されたみなし納付控除対象外国法人税額　((28)欄の合計)	32	円

421

参考資料

別表六（四）の記載の仕方

1　この明細書は、法人が法第69条第1項から第3項まで《外国税額の控除》の規定、同条第18項若しくは第19項（これらの規定を同条第23項及び第24項において準用する場合を含みます。）の規定若しくは法第144条の2第1項から第3項まで《外国法人に係る外国税額の控除》の規定の適用を受ける場合又は租税条約（我が国が締結した所得に対する租税に関する二重課税の回避又は脱税の防止のための条約をいいます。）において定めるところによりこれらの規定の適用を受ける場合において、当該事業年度において納付した外国法人税（法第69条第1項に規定する外国法人税をいいます。以下1において同じです。）の額及び当該外国法人税の額とみなされたものの額について記載します。ただし、次に掲げる外国法人税の額及び当該外国法人税の額とみなされたものの額については、記載しません。

⑴　令第142条の2第5項《外国税額控除の対象とならない外国法人税の額》（令第195条第4項《外国税額控除の対象とならない外国法人税の額》において準用する場合を含みます。）に定める取引に基因して生じた所得に対して課される外国法人税の額

⑵　令第142条の2第7項各号（第3号を除きます。）若しくは第8項第5号又は第195条第5項各号に掲げる外国法人税の額

⑶　法第23条の2第1項《外国子会社から受ける配当等の益金不算入》に規定する外国子会社から受ける法第23条第1項第1号《受取配当等の益金不算入》に掲げる金額（⑷において「剰余金の配当等の額」といいます。）に係る令第142条の2第7項第3号に掲げる外国法人税の額

⑷　外国法人から受ける剰余金の配当等の額（措置法第66条の8第1項、第3項、第7項若しくは第9項《内国法人の外国関係会社に係る所得の課税の特

例》又は第66条の9の4第1項、第3項、第6項若しくは第8項《特殊関係株主等である内国法人に係る外国関係会社に係る所得の課税の特例》の規定の適用を受けるものに限ります。）に係る令第142条の2第8項各号（第5号を除きます。）に掲げる外国法人税の額

2　「控除対象外国法人税額20」の欄の記載に当たっては、次によります。

⑴　「12」から「18」までの各欄の記載がない場合には「又は(13)」を消し、当該各欄の記載がある場合には「(7)又は」を消します。

⑵　控除対象外国法人税の額（法第69条第1項に規定する控除対象外国法人税の額をいいます。⑵において同じです。）が増額又は減額された場合には、次に掲げる場合の区分に応じそれぞれ次に定めるところによります。

イ　平成元年4月1日前に開始した事業年度において納付することとなった控除対象外国法人税の額が同日以後に開始する事業年度において増額された場合　「(((7)又は(13))×35％)と」及び「うち少ない」を消します。

ロ　平成24年4月1日前に開始した事業年度（平成元年4月1日以後に開始した事業年度に限ります。）又は令和2年改正前の法（ロにおいて「令和2年旧法」といいます。）第15条の2第1項《連結事業年度の意義》に規定する連結親法人事業年度が平成24年4月1日前に開始した連結事業年度において納付することとなった控除対象外国法人税の額又は令和2年旧法第81条の15第1項《連結事業年度における外国税額の控除》に規定する個別控除対象外国法人税の額が、同日以後に開始する事業年度において増額又は減額された場合　「35％」とあるのは「50％」として記載します。

参考資料　6

外国子会社配当益金不算入の対象とならない剰余金の配当等の額のうち特定課税対象金額等を超える金額等に対応する控除対象外国法人税額に関する明細書

| 事　業
年　度 | ・　・ | 法人名 | |

別表六（四）の二　令六・四・一以後終了事業年度分

外国法人の名称等	名　　　　称	1					
	本店又は主たる事務所の所在	国　名　又　は　地　域　名	2					
		所　　在　　地	3					
	発 行 済 株 式 等 の 保 有 割 合	4	%	%	%	%	%
	発 行 済 株 式 等 の 通 算 保 有 割 合	5	%	%	%	%	%
剰余金の配当等に係る外国法人税額	税　　　　種　　　　目	6					
	納 付 確 定 日 又 は 納 付 日	7	・　・	・　・	・　・	・　・	・　・
	課　　税　　標　　準	8					
	税　　　　　　　　率	9	%	%	%	%	%
	税　　　額　(8)×(9)	10					
納付されることとなるものとみなされる外国法人税額	みなし納付の基礎となる条約及び相手国の法令の根拠規定	11					
	(11) の 規 定 の 適 用 が な い も の と し た 場 合 の 外 国 法 人 税 額　(8)×税率	12	(　%)	(　%)	(　%)	(　%)	(　%)
	みなし納付外国法人税額　(12)-(10)	13					
控除対象外国法人税額	外 国 法 人 税 額 の 合 計　(10)+(13)	14					
	損金算入配当を受ける場合	外国子会社配当益金不算入の対象とならない損金算入配当等の額	15					
		(15)のうち措置法第66条の8第3項又は第9項の規定により益金不算入とされる損金算入配当等の額　(別表十七(三の七)「25」)	16					
		益金算入される損金算入配当等の額　(15)-(16)	17					
		(14)のうち(17)に対応する金額	18					
	上記配当以外の配当等の受取りを受ける場合	措置法第66条の8第1項、第3項、第7項又は第9項の規定により益金不算入とされる剰余金の配当等の額　(別表十七(三の七)「27」)	19					
		益金算入される剰余金の配当等の額　(別表十七(三の七)「9」)-(19)	20					
		(14)のうち(20)に対応する金額	21					
	控 除 対 象 外 国 法 人 税 額　((8)×35%)と((18)又は(21))のうち少ない金額)	22					
	納付分　(22)×(10)/(14)	23	(　円)	(　円)	(　円)	(　円)	(　円)
	み な し 納 付 分　(22)-(23)	24	(　円)	(　円)	(　円)	(　円)	(　円)
	納付した控除対象外国法人税額　(23)欄の合計	25					円
	納付したとみなされる控除対象外国法人税額　(24)欄の合計	26					

423

別表六（四の二）の記載の仕方

1 　この明細書は、内国法人が法第69条第１項から第３項まで《外国税額の控除》の規定若しくは同条第18項若しくは第19項（これらの規定を同条第23項及び第24項において準用する場合を含みます。４において同じです。）の規定の適用を受ける場合又は租税条約（我が国が締結した所得に対する租税に関する二重課税の回避又は脱税の防止のための条約をいいます。４において同じです。）において定めるところによりこれらの規定の適用を受ける場合において、当該事業年度において納付した次に掲げる外国法人税（法第69条第１項に規定する外国法人税をいいます。以下１において同じです。）の額及び当該外国法人税とみなされたものの額（２及び３において「対象外国法人税額」といいます。）について記載します。

⑴　法第23条の２第１項《外国子会社から受ける配当等の益金不算入》に規定する外国子会社から受ける法第23条第１項第１号《受取配当等の益金不算入》に掲げる金額（以下この記載要領において「剰余金の配当等の額」といい、法第23条の２第２項（第１号に係る部分に限ります。）の規定の適用を受ける部分の金額に限ります。）に係る外国法人税の額（剰余金の配当等の額を課税標準として課される外国法人税の額に限るものとし、⑶に掲げる外国法人税の額を除きます。）

⑵　内国法人が外国法人から受ける措置法第66条の８第１項又は第７項《内国法人の外国関係会社に係る所得の課税の特例》の規定の適用を受ける剰余金の配当等の額（これらの規定の適用を受ける部分の金額を除きます。）に係る令第142条の２第

８項第１号《外国税額控除の対象とならない外国法人税の額》に掲げる外国法人税の額

⑶　内国法人が外国法人から受ける措置法第66条の８第３項又は第９項の規定の適用を受ける剰余金の配当等の額（これらの規定の適用を受ける部分の金額を除きます。）に係る令第142条の２第８項第２号に掲げる外国法人税の額

2 　「発行済株式等の保有割合4」の欄は、内国法人が外国法人から受ける対象外国法人税額に係る剰余金の配当等の額の令第22条の４第１項《外国子会社の要件等》に規定する支払義務が確定する日（3において「支払義務確定日」といいます。）における当該内国法人の当該外国法人に対する同項各号に掲げる割合（3において「保有割合」といいます。）を記載します。

3 　「発行済株式等の通算保有割合5」の欄は、通算法人が外国法人から受ける対象外国法人税額に係る剰余金の配当等の額の支払義務確定日における当該通算法人（他の通算法人を含みます。）の当該外国法人に対する保有割合を記載します。

4 　内国法人（措置法第66条の９の４第１項、第３項、第６項又は第８項《特殊関係株主等である内国法人に係る外国関係法人に係る所得の課税の特例》の規定の適用を受けるものに限ります。）が法第69条第１項から第３項まで、第18項若しくは第19項の規定の適用を受ける場合又は当該内国法人が租税条約において定めるところによりこれらの規定の適用を受ける場合には、この明細書に所要の調整をして記載します。

利子等に係る控除対象外国法人税額等に関する明細書　｜事業年度　・・　／・・｜法人名｜　別表六(五)　令六・四・一以後終了事業年度分

利子等に係る控除対象外国法人税額に関する明細

国　名	1				
税　種　目	2				
納付確定日又は納付日	3	・・	・・	・・	・・
納付外国法人税額　課税標準（収入金額）	4				
税　率	5	％	％	％	％
税　額　(4)×(5)	6				
納付したとみなされる外国法人税額　みなし納付の基礎となる条約及び相手国の法令の根拠規定	7				
上記(7)の規定の適用がないものとした場合の外国法人税額　(4)×税率	8	(％)	(％)	(％)	(％) (％)
みなし納付外国法人税額　(8)－(6)	9				
控除対象外国法人税額　外国法人税額の合計　(6)＋(9)	10				
控除対象外国法人税額　(((4)×(10％又は15％))と(10)のうち少ない金額)	11				
(6)と(11)のうち少ない金額	12	(円)	(円)	(円)	(円) (円)
(11)－(12)	13	(円)	(円)	(円)	(円) (円)
納付した控除対象外国法人税額　((12)欄の合計)	14				円
納付したとみなされる控除対象外国法人税額　((13)欄の合計)	15				

所得率の計算

事業年度	所得金額仮計（別表四「26の①」）	受取配当等の益金不算入額（別表八(一)「5」）	外国子会社等から受ける剰余金の配当等の益金不算入額（別表八(二)「26」）＋（別表十七(三の七)「27の計」）	外国子会社から受ける剰余金の配当等に係る外国源泉税等の損金不算入額（別表八(二)「27」）	控除所得税額（別表六(一)「6の③」）	損金算入外国法人税額	調整所得金額 (16)＋(17)＋(18)－(19)＋(20)＋(21)（マイナスの場合は0）	総収入金額等
	16	17	18	19	20	21	22	23
・・／・・	円	円	円	円	円	円	円	円
・・／・・								
・・／・・								
・・／・・								
・・／・・								
当期分								
計								
所得率 24　(22の計)／(23の計)								％

参考資料

別表六（五）の記載の仕方

1　この明細書は、内国法人（令第142条の２第２項《外国税額控除の対象とならない外国法人税の額》の規定の適用を受ける内国法人に限ります。３から５までにおいて同じです。）が法第69条第１項から第３項まで《外国税額の控除》の規定若しくは同条第18項若しくは第19項（これらの規定を同条第23項及び第24項において準用する場合を含みます。）の適用を受ける場合（外国法人（令第195条第２項《外国税額控除の対象とならない外国法人税の額》の規定の適用を受ける外国法人に限ります。）が法第144条の２第１項から第３項まで《外国法人に係る外国税額の控除》の規定の適用を受ける場合を含みます。）又は租税条約（我が国が締結した所得に対する租税に関する二重課税の回避又は脱税の防止のための条約をいいます。）において定めるところによりこれらの規定の適用を受ける場合において、当該事業年度において納付した令第142条の２第２項又は第195条第２項に規定する利子等に係る外国法人税（令第142条の２第２項に規定する外国法人税をいいます。以下１において同じです。）の額及び当該外国法人税とみなされたものの額について記載します。ただし、令第142条の２第５項に定める取引に基因して生じた所得に対して課される外国法人税の額については、記載しません。

2　「控除対象外国法人税額11」の欄は、「所得率24」の割合が10％以下である場合には「又は15％」を消し、当該割合が10％を超え20％以下である場合には「10％又は」を消し、当該割合が20％を超える場合には「（(4)×（10％又は15％））と」及び「うち少ない」を消します。

3　「所得金額仮計16」の欄の記載に当たっては、次

によります。

⑴　当該事業年度において法第64条の８《通算法人の合併等があった場合の欠損金の損金算入》若しくは令第19条第６項《関連法人株式等に係る配当等の額から控除する利子の額》又は令和２年６月改正前の第112条第20項《適格合併等による欠損金の引継ぎ等》の規定により益金の額又は損金の額に算入された金額がある場合には、これらの規定を適用しないで計算した場合の別表四「26の①」の金額を記載します。

⑵　当該事業年度が連結事業年度に該当する場合には、その連結事業年度の当該内国法人に係る令和５年改正前の別表四の二付表「33の①」の金額を記載します。

4　「受取配当等の益金不算入額17」の欄は、当該事業年度が連結事業年度に該当する場合には、その連結事業年度の当該内国法人に係る令和５年改正前の別表八の二付表「１」の金額を記載します。

5　「控除所得税額20」の欄は、当該事業年度が連結事業年度に該当する場合には、その連結事業年度の当該内国法人に係る令和５年改正前の別表六の二（一）「22」の金額を記載します。

6　「外国子会社から受ける剰余金の配当等の額に係る外国源泉税等の損金不算入額19」の欄は、法第39条の２《外国子会社から受ける配当等に係る外国源泉税等の損金不算入》の規定の適用を受ける同条に規定する外国源泉税等の額を記載します。

7　「総収入金額等23」の欄には、令第142条の２第２項各号又は第195条第２項各号に定める金額を記載します。この場合において、その金額の計算に関する明細を別紙に記載して添付します。

参考資料　6

外国関係会社の課税対象金額等に係る控除対象外国法人税額の計算に関する明細書

別表十七(三)の五　令六・四・一以後終了事業年度分

事業年度　　・　・　　法人名

			特定外国関係会社又は対象外国関係会社に係る控除対象外国法人税額の計算		
外国関係会社の名称	1		適用対象金額（別表十七（三の二）「26」）	8	
本店又は主たる事務所又は事務所の所在地　国名又は地域名	2		子会社から受ける配当等の額（別表十七（三の二）「13」）のうち(6)の外国法人税の課税標準に含まれる額）	9	
所　在　地	3		控除対象配当等の額（別表十七（三の二）「15」）のうち(6)の外国法人税の課税標準に含まれるもの）	10	
事　業　年　度	4	・　・	調整適用対象金額 (8)＋(9)＋(10)	11	
外国法人税　税　種　目	5		課税対象金額（別表十七（三の二）「28」）	12	
外国法人税額	6		(12)／(11)	13	％
増額又は減額前の事業年度の(6)の金額	7		(6)×(13)	14	

外国金融子会社等以外の部分対象外国関係会社に係る控除対象外国法人税額の計算			外国金融子会社等に係る控除対象外国法人税額の計算		
特定又は対象外国関係会社とした場合　適用対象金額(55)	15		特定又は対象外国関係会社とした場合　適用対象金額(55)	24	
子会社から受ける配当等の額((46)のうち(6)の外国法人税の課税標準に含まれるもの)	16		子会社から受ける配当等の額((46)のうち(6)の外国法人税の課税標準に含まれるもの)	25	
控除対象配当等の額((47)のうち(6)の外国法人税の課税標準に含まれるもの)	17		控除対象配当等の額((47)のうち(6)の外国法人税の課税標準に含まれるもの)	26	
調整適用対象金額 (15)＋(16)＋(17)	18		調整適用対象金額 (24)＋(25)＋(26)	27	
部分適用対象金額（別表十七（三の三）「7」）	19		金融子会社等部分適用対象金額（別表十七（三の四）「9」）	28	
部分課税対象金額（別表十七（三の三）「9」）	20		金融子会社等部分課税対象金額（別表十七（三の四）「11」）	29	
(20)≦(18)の場合 (20)／(18)	21	％	(29)≦(27)の場合 (29)／(27)	30	％
(20)＞(18)の場合 (20)／(19)	22	％	(29)＞(27)の場合 (29)／(28)	31	％
(6)×((21)又は(22))	23		(6)×((30)又は(31))	32	

(12)と(14)のうち少ない金額、(20)と(23)のうち少ない金額又は(29)と(32)のうち少ない金額	33	
外国法人税額が異動した場合　増額又は減額前の事業年度の(33)の金額	34	
(33)≧(34)の場合 (33)-(34)	35	
(33)＜(34)の場合 (34)-(33)	36	（　　　円）
課税対象金額等に係る控除対象外国法人税額 (33)又は(35)	37	（　　　円）

特定外国関係会社又は対象外国関係会社に該当するものとした場合の適用対象金額の計算

所得計算上の適用法令	38	本邦法令・外国法令	控除対象配当等の額	47	
当期の利益若しくは欠損の額又は所得金額	39		減算	48	
加算　損金の額に算入した法人所得税の額	40		算	49	
	41		小　計	50	
	42		基準所得金額 (39)＋(44)-(50)	51	
算	43		繰越欠損金の当期控除額	52	
小　計	44		当期中に納付することとなる法人所得税の額	53	
減算　益金の額に算入した法人所得税の還付金の額	45		当期中に還付を受けることとなる法人所得税の額	54	
子会社から受ける配当等の額	46		適用対象金額 (51)-(52)-(53)＋(54)	55	

参考資料

別表十七（三の五）の記載の仕方

1　この明細書は、内国法人が措置法第66条の7第1項《内国法人の外国関係会社に係る所得の課税の特例》の規定の適用を受ける場合に記載します。この場合において、措置法令第39条の18第1項《外国関係会社の課税対象金額等に係る外国法人税額の計算等》に規定する個別計算外国法人税額の計算に関する明細を別紙に記載して添付します。

2　内国法人が措置法第66条の9の3第1項《特殊関係株主等である内国法人に係る外国関係法人に係る所得の課税の特例》の規定の適用を受ける場合には、この明細書に所要の調整をして記載します。この場合において、措置法令第39条の20の7第1項《外国関係法人の課税対象金額等に係る外国法人税額の計算等》において準用する措置法令第39条の18第1項に規定する個別計算外国法人税額の計算に関する明細を別紙に記載して添付します。

参考資料　6

各通算法人の所得金額等及び地方法人税額等に関する明細書

別表十八（一）　令六・四・一以後終了事業年度等分

事業年度等	・　・	法人名	

法人名	1	通算親法人					計
法人番号							
納税地	2						
事業年度等	3	・　・	・　・	・　・	・　・	・　・	

I　各通算法人の所得金額等に関する明細書

		円	円	円	円	円	円
所得金額 （別表一付表「1」） （欠損の場合は0）	4						
調整通算外配当等流出額 （別表三（一）付表二「20」）	5						
純通算内配当等の額 （別表三（一）付表二「22」）	6						
所得金額差引計 （（（別表四「39の①」）－（別表七（三）「9」）が0以上の場合のその0以上の額）	7						
欠損金額差引計 （別表四「39の①」）－（別表七（三）「9」） （プラスの場合は0）	8						
法人税額 （別表六（二）付表五「1」）	9						
所得金額又は欠損金額 （別表六（二）付表五「13」）	10						
（10）のうち0を超える金額	11						
（10）が0を下回る場合のその下回る額	12						
非課税国外所得金額 （別表六（二）付表五「17」）	13						
（13）が0を下回る場合のその下回る額	14						
（13）のうち0を超える金額	15						
加算前国外所得金額のうち0を超えるもの （別表六（二）付表五「19」のうち0を超える金額）	16						
調整前国外所得金額 （別表六（二）付表五「25」）	17						
調整前控除限度額 （別表六（二）付表五「31」）	18						
（18）が0を下回る場合のその下回る額	19						
（18）のうち0を超える金額	20						
当初損金算入超過額 （当初申告の別表七（一）「4の計」－「2」） （マイナスの場合は0）	21						
当初損金算入不足額 （当初申告の別表七（一）「2」－「4の計」） （マイナスの場合は0）	22						
損金算入限度額 （別表七付表一「2」）	23						
控除対象欠損金額 （別表七（三）付表「8」）	24						
中間申告における発生災害損失欠損金額のうち通算対象外欠損金額以外の部分の金額 （別表七（五）「5」）	25						
通算対象外欠損金額以外の部分に係る繰戻し額 （別表七（五）「7」）	26						
通算前所得金額 （別表七の二「1」）	27						
調整通算前欠損金額 （別表七の二「7」）	28						
適用関連法人配当等の額の合計額 （別表八（一）付表「1」）	29						
支払利子合計額 （別表八（一）付表「6」）	30						

II　各通算法人の地方法人税額等に関する明細書

		円	円	円	円	円	円
地方法人税額 （別表六（二）付表五「37」）	31						
調整前控除限度額 （別表六（二）付表五「39」）	32						
（32）が0を下回る場合のその下回る額	33						
（32）のうち0を超える金額	34						

429

参考資料

別表十八（一）の記載の仕方

1 各通算法人の所得金額等に関する明細書

⑴ この明細書は、通算法人若しくは他の通算法人
が法第27条《中間申告における繰戻しによる還付
に係る災害損失欠損金額の益金算入》の規定の適
用を受ける場合又は通算法人が当該事業年度（当
該通算法人に係る通算親法人の事業年度終了の日
に終了するものに限ります。）において次に掲げる
規定の適用を受ける場合（他の通算法人が同日に
終了する事業年度において次に掲げる規定の適用
を受ける場合を含みます。）に記載します。

　イ　法第57条第1項《欠損金の繰越し》（法第64
　　条の7第1項第1号から第3号まで《欠損金の
　　通算》の規定の適用がある場合に限ります。）の
　　規定

　ロ　法第59条第2項《会社更生等による債務免除
　　等があった場合の欠損金の損金算入》（震災特
　　例法第17条第1項《被災法人について債務免除
　　等がある場合の評価損益等の特例》の規定によ
　　り読み替えて適用する場合を含むものとし、法
　　第59条第5項の規定により読み替えて適用する
　　場合に限ります。）の規定

　ハ　法第64条の5第1項から第4項まで《損益通
　　算》の規定

　ニ　法第64条の7第5項の規定

　ホ　法第66条第6項《各事業年度の所得に対する
　　法人税の税率》の規定

　ヘ　法第69条《外国税額の控除》（同条第14項の
　　規定の適用がある場合に限ります。）の規定

　ト　令第19条第2項《関連法人株式等に係る配当
　　等の額から控除する利子の額》（同条第4項の
　　規定の適用がある場合に限ります。）の規定

　チ　令第139条の8第2項《留保金額から控除す
　　る金額等》の規定

　リ　措置法第42条の3の2《中小企業者等の法人
　　税率の特例》の規定

⑵ 「法人番号1」の欄は、国税庁から通知を受けた
13桁の法人番号（被合併法人の場合は合併前の法

人番号）を記載します。

⑶ 「当初損金算入超過額21」及び「当初損金算入不
足額22」の各欄は、当該通算法人が修正申告又は国
税通則法第23条第1項《更正の請求》の規定によ
る更正の請求をする場合において、法第57条第1
項の規定の適用を受けるとき（法第64条の7第5
項の規定の適用がある場合に限ります。）に別表七
（二）付表二の記載要領3（⑶及び⑷に係る部分に
限ります。）及び5⑴に準じて記載します。

⑷ 通算法人が提出した法第72条第1項各号《仮決算をした場合の中間申告書の記載事項等》に
掲げる事項を記載した中間申告書（法第71条第1
項《中間申告》の規定による申告書をいいます。
以下⑷において同じです。）にこの明細書が添付さ
れている場合には、他の通算法人が提出する中間
申告書（当該通算親法人が提出した中間申告書に
係る法第72条第1項に規定する期間の末日に終了
する当該他の通算法人の同項に規定する期間に係
るものに限ります。）についてはこの明細書の添付
を要しません。

⑸ 通算親法人が提出した確定申告書（法第74条第
1項《確定申告》の規定による申告書をいいます。
以下⑸において同じです。）にこの明細書が添付さ
れている場合には、他の通算法人が提出する確定
申告書（当該通算親法人が提出した確定申告書に
係る事業年度終了の日に終了する当該他の通算法
人の事業年度に係るものに限ります。）については
この明細書の添付を要しません。

2 各通算法人の地方法人税額等に関する明細書

⑴ この明細書は、通算法人が当該課税事業年度（当
該通算法人に係る通算親法人の課税事業年度終了
の日に終了するものに限ります。）において地方法
人税法第12条《外国税額の控除》（第2項を除き
ます。以下⑴において同じです。）の規定の適用を
受ける場合（他の通算法人が同日に終了する課税
事業年度において同条の規定の適用を受ける場合
を含みます。）に記載します。

⑵　通算親法人が提出した地方法人税法第17条第１項各号《仮決算をした場合の中間申告書を提出する場合の記載事項等》に掲げる事項を記載した中間申告書（同法第16条第１項《中間申告》の規定による申告書をいいます。以下⑵において同じです。）にこの明細書が添付されている場合には、他の通算法人が提出する中間申告書（当該通算親法人が提出した中間申告書に係る同法第17条第１項第１号に規定する期間の末日に終了する当該他の通算法人の同条第４項第１号に規定する期間に係るものに限ります。）についてはこの明細書の添付

を要しません。

⑶　通算親法人が提出した確定申告書（地方法人税法第19条第１項《確定申告》の規定による申告書をいいます。以下⑶において同じです。）にこの明細書が添付されている場合には、他の通算法人が提出する確定申告書（当該通算親法人が提出した確定申告書に係る課税事業年度終了の日に終了する当該他の通算法人の課税事業年度に係るものに限ります。）についてはこの明細書の添付を要しません。

参考資料

分配時調整外国税相当額の控除に関する明細書

事業年度	・ ・	法人名	

別表六五の二　令六・四・一以後終了事業年度分

区　　　分		収　入　金　額 ①	①に係る分配時調整外国税相当額 ②	②のうち控除を受ける分配時調整外国税相当額 ③
合同運用信託、公社債投資信託及び公社債等運用投資信託(特定公社債等運用投資信託を除く。)の収益の分配並びに特定公社債等運用投資信託の受益権及び特定目的信託の社債的受益権に係る剰余金の配当	1	円	円	円
集団投資信託(合同運用信託、公社債投資信託及び公社債等運用投資信託(特定公社債等運用投資信託を除く。)を除く。)の収益の分配	2			
特定目的会社の利益の配当、投資法人の投資口の配当等、特定目的信託の受益権の剰余金の配当(社債的受益権の剰余金の配当を除く。)及び特定投資信託の受益権の剰余金の配当(特定公社債等運用投資信託の受益権の剰余金の配当を除く。)(みなし配当を除く。)	3			
そ　　　の　　　他	4			
計	5			

法　　　人　　　税　　　の　　　額 (別表一「9」)又は(別表一の二「6」)	6	円
法　人　税　の　額　か　ら　控　除　す　る　金　額 ((5の③)と(6)のうち少ない金額)	7	
(　5　の　③　)　の　う　ち　法　人　税　の　額　を　超　え　る　金　額 (5の③)-(6) (マイナスの場合は0)	8	

集団投資信託(合同運用信託、公社債投資信託及び公社債等運用投資信託(特定公社債等運用投資信託を除く。)を除く。)の収益の分配又は特定目的会社の利益の配当、投資法人の投資口の配当等、特定目的信託の受益権の剰余金の配当(社債的受益権の剰余金の配当を除く。)及び特定投資信託の受益権の剰余金の配当(特定公社債等運用投資信託の受益権の剰余金の配当を除く。)に係る控除を受ける分配時調整外国税相当額の計算

個別法による場合	銘　柄	収入金額	分配時調整外国税相当額	収益の分配等の計算期間	(11)のうち元本所有期間	所有期間割合 $\frac{(12)}{(11)}$ (小数点以下3位未満切上げ)	控除を受ける分配時調整外国税相当額 (10)×(13)
		9	10	11	12	13	14
			円	月	月		円

銘柄別簡便法による場合	銘　柄	収入金額	分配時調整外国税相当額	収益の分配等の計算期末の所有元本数等	収益の分配等の計算期首の所有元本数等	$\frac{(17)-(18)}{2}$又は$\frac{(18)}{12}$ (マイナスの場合は0)	所有元本割合 $\frac{(18)+(19)}{(17)}$ (小数点以下3位未満切上げ)(1を超える場合は1)	控除を受ける分配時調整外国税相当額 (16)×(20)
		15	16	17	18	19	20	21
			円					円

そ　の　他　に　係　る　控　除　を　受　け　る　分　配　時　調　整　外　国　税　相　当　額　の　明　細						
支払者の法人名	支払者の所在地	支払を受けた年月日	収　入　金　額 22	控除を受ける分配時調整外国税相当額 23	参　　考	
		・ ・	円	円		
		・ ・				
		・ ・				
		・ ・				
		・ ・				
	計					

432

別表六（五の二）の記載の仕方

1　この明細書は、法人が東日本大震災からの復興のための施策を実施するために必要な財源の確保に関する特別措置法（2において「特別措置法」といいます。）第33条第1項《復興特別所得税に係る所得税法の適用の特例等》の規定により読み替えられた法第69条の2《分配時調整外国税相当額の控除》又は第144条の2の2《外国法人に係る分配時調整外国税相当額の控除》（これらの規定を措置法第9条の6第4項《特定目的会社の利益の配当に係る源泉徴収等の特例》、第9条の6の2第4項《投資法人の配当等に係る源泉徴収等の特例》、第9条の6の3第4項《特定目的信託の剰余金の配当に係る源泉徴収等の特例》若しくは第9条の6の4第4項《特定投資信託の剰余金の配当に係る源泉徴収等の特例》又は第9条の3の2第7項《上場株式等の配当等に係る源泉徴収義務等の特例》の規定により読み替えて適用する場合を含みます。）の規定の適用を受ける場合に記載します。

2　「合同運用信託、公社債投資信託及び公社債等運用投資信託（特定公社債等運用投資信託を除く。）の収益の分配並びに特定公社債等運用投資信託の受益権及び特定目的信託の社債的受益権に係る剰余金の配当1」から「その他4」までの「①に係る分配時調整外国税相当額②」の各欄並びに「分配時調整外国税相当額10」、「分配時調整外国税相当額16」及び「控除を受ける分配時調整外国税相当額23」の各欄は、分配時調整外国税相当額（特別措置法第33条第1項の規定により読み替えられた法第69条の2第1項又は第144条の2の2第1項（これらの規定を措置法第9条の6第4項、第9条の6の2第4項、第9条の6の3第4項若しくは第9条の6の4第4項又は第9条の3の2第7項の規定により読み替えて適用する場合を含みます。）に規定する分配時調整外国税相当額をいいます。4において同じです。）を記載します。

3　措置法第62条第1項《使途秘匿金の支出がある場合の課税の特例》に規定する使途秘匿金の支出がある場合には、「法人税の額6」の欄には、別表一「9」の外書の金額又は別表一の二「6」の外書の金額を加えた金額を記載します。

4　「その他に係る控除を受ける分配時調整外国税相当額の明細」の「参考」の欄には、分配時調整外国税相当額を証明する書類の有無その他控除を受ける金額の計算に関し参考となる事項を記載します。

参考資料

外国関係会社に係る控除対象所得税額等相当額の控除に関する明細書	事業年度	・・ ・・	法人名		別表十七(三の六) 令六・四・一以後終了事業年度分
控　除　対　象　所　得　税　額　等　相　当　額 （別表十七（三の六）付表「31」）	1			円	
法　　　　　　人　　　　　税　　　　　の　　　　　額 （別表一「9」）－（別表六（五の二）「7」）	2				
法　人　税　の　額　か　ら　控　除　す　る　金　額 （(1)と(2)のうち少ない金額）	3				
(1)　の　う　ち　法　人　税　の　額　を　超　え　る　金　額 (1)－(2) （マイナスの場合は0）	4				

434

別表十七（三の六）の記載の仕方

1　この明細書は、内国法人が措置法第 66 条の 7 第 4 項《内国法人の外国関係会社に係る所得の課税の特例》（東日本大震災からの復興のための施策を実施するために必要な財源の確保に関する特別措置法（3において「特別措置法」といいます。）第 33 条第 1 項《復興特別所得税に係る所得税法の適用の特例等》の規定により読み替えて適用する場合を含みます。）の規定の適用を受ける場合に記載します。

2　措置法第62条第 1 項《使途秘匿金の支出があ る場合の課税の特例》に規定する使途秘匿金の支出がある場合には、「法人税の額 2 」の欄の記載に当たっては、別表一「9」の欄に外書きした金額を「別表一「9」」に含めて計算します。

3　内国法人が措置法第66条の 9 の 3 第 3 項《特殊関係株主等である内国法人に係る外国関係法人に係る所得の課税の特例》（特別措置法第33条第 1 項の規定により読み替えて適用する場合を含みます。）の規定の適用を受ける場合には、この明細書に所要の調整をして記載します。

参考資料

外国関係会社の課税対象金額等に係る控除対象所得税額等相当額の計算に関する明細書

事業年度	・　・	法人名	

別表十七（三）の六付表　令六・四・一以後終了事業年度分

外　国　関　係　会　社　の　名　称		1		特定控除対象外国関係所得税額等相当額の計算又は対象外国関係会社に係る	適　用　対　象　金　額（別表十七（三の二）「26」）	6	
本店又は主たる事務所の所在する	国　名　又　は　地　域　名	2			子会社から受ける配当等の額	7	
	所　　在　　地	3			控　除　対　象　配　当　等　の　額	8	
	事　　業　　年　　度	4	・　・		調　整　適　用　対　象　金　額（6）＋（7）＋（8）	9	
	所　得　税　等　の　額	5	円		課　税　対　象　金　額（別表十七（三の二）「28」）	10	
					$\frac{(10)}{(9)}$	11	％
					（5）×（11）	12	円
外国金融子会社等以外の部分対象外国関係会社に係る控除対象所得税額等相当額の計算	特定にはた定該外当象国する外もの国関の係会社し	適　用　対　象　金　額（49）	13		外国金融子会社等に係る控除対象所得税額等相当額の計算	特定にはた定該外当象国する外もの国関の係会社し	適　用　対　象　金　額（49）	22	
		子会社から受ける配　当　等　の　額	14				子会社から受ける配　当　等　の　額	23	
		控除対象配当等の額	15				控除対象配当等の額	24	
		調整適用対象金額（13）＋（14）＋（15）	16				調整適用対象金額（22）＋（23）＋（24）	25	
	部　分　適　用　対　象　金　額（別表十七（三の三）「7」）		17			金融子会社等部分適用対象金額（別表十七（三の四）「9」）		26	
	部　分　課　税　対　象　金　額（別表十七（三の三）「9」）		18			金融子会社等部分課税対象金額（別表十七（三の四）「11」）		27	
	（18）≦（16）の場合　$\frac{(18)}{(16)}$		19	％		（27）≦（25）の場合　$\frac{(27)}{(25)}$		28	％
	（18）＞（16）の場合　$\frac{(18)}{(17)}$		20	％		（27）＞（25）の場合　$\frac{(27)}{(26)}$		29	％
	（5）×（（19）又は（20））		21	円		（5）×（（28）又は（29））		30	円
控　除　対　象　所　得　税　額　等　相　当　額（12）、（21）又は（30）							31	円

特定外国関係会社又は対象外国関係会社に該当するものとした場合の適用対象金額の計算						
所　得　計　算　上　の　適　用　法　令	32	本邦法令・外国法令		控　除　対　象　配　当　等　の　額	41	
当期の利益若しくは欠損の額又　　は　　所　　得　　金　　額	33		減		42	
加	損　金　の　額　に　算　入　し　た法　人　所　得　税　の　額	34		算		43	
		35			小　　　　　計	44	
		36		基　準　所　得　金　額（33）＋（38）－（44）		45	
算		37		繰　越　欠　損　金　の　当　期　控　除　額		46	
	小　　　　　計	38		当期中に納付することとなる法　人　所　得　税　の　額		47	
減	益　金　の　額　に　算　入　し　た法　人　所　得　税　の　還　付　額	39		当期中に還付を受けることとなる法　人　所　得　税　の　額		48	
算	子会社から受ける配当等の額	40		適　用　対　象　金　額（45）－（46）－（47）＋（48）		49	

436

別表十七（三の六）付表の記載の仕方

1 この明細書は、内国法人が措置法第66条の7第4項《内国法人の外国関係会社に係る所得の課税の特例》（東日本大震災からの復興のための施策を実施するために必要な財源の確保に関する特別措置法（3において「特別措置法」といいます。）第33条第1項《復興特別所得税に係る所得税法の適用の特例等》の規定により読み替えて適用する場合を含みます。）の規定の適用を受ける場合に記載します。

2 「所得税等の額5」の欄は、内国法人に係る措置法第66条の6第2項第1号《内国法人の外国関係会社に係る所得の課税の特例》に規定する外国関係会社に対して課される措置法第66条の7第4項に規定する所得税等の額を記載します。

3 内国法人が措置法第66条の9の3第3項《特殊関係株主等である内国法人に係る外国関係法人に係る所得の課税の特例》（特別措置法第33条第1項の規定により読み替えて適用する場合を含みます。）の規定の適用を受ける場合には、この明細書に所要の調整をして記載します。

著者紹介

山内　克巳（やまうち　かつみ）

国税庁法人税課課長補佐，税務大学校教授，東京国税局課税第一部審理課長，大森税務署長，東京国税不服審判所部長審判官，高松国税不服審判所長を歴任し，平成26年退官。現在，税理士。

（主な著書）

『DHC 会社税務釈義』，『DHC コンメンタール　法人税法』，『詳解　会社税務事例』，『税務重要裁決事例　個人編　～元審判官が解説！　税理士が誤りやすいポイント～』（以上，共著，第一法規），『国税 OB による　税務の主要テーマの重点解説』（共著，大蔵財務協会），『税法入門ハンドブック』（中央経済社）

サービス・インフォメーション

───── 通話無料 ─────

①商品に関するご照会・お申込みのご依頼
　　　　TEL 0120(203)694／FAX 0120(302)640
②ご住所・ご名義等各種変更のご連絡
　　　　TEL 0120(203)696／FAX 0120(202)974
③請求・お支払いに関するご照会・ご要望
　　　　TEL 0120(203)695／FAX 0120(202)973

●フリーダイヤル(TEL)の受付時間は、土・日・祝日を除く
　9:00〜17:30です。
●FAXは24時間受け付けておりますので、あわせてご利用ください。

改訂版　図解と設例で理解する！
外国税額控除の仕組みと実務上の留意点
＜令和6年補訂版＞

2024年10月5日　初版発行

著　者　山　内　克　巳

発行者　田　中　英　弥

発行所　第一法規株式会社
　　　　〒107-8560　東京都港区南青山2-11-17
　　　　ホームページ　https://www.daiichihoki.co.jp/

外税控除改補　ISBN978-4-474-02221-8　C2033　(0)